一流课程方阵的建设与运行指南

——基于“马工程”《民法学》课程方阵的教学实践

主　编　王　竹

副主编　张晓远　严斌宇　冯　珂

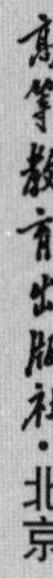

高等教育出版社·北京

图书在版编目（CIP）数据

一流课程方阵的建设与运行指南：基于“马工程”《民法学》课程方阵的教学实践 / 王竹主编. -- 北京：高等教育出版社，2021.9

ISBN 978-7-04-056671-0

Ⅰ. ①一… Ⅱ. ①王… Ⅲ. ①民法-法学-教学研究-高等学校 Ⅳ. ①D923.01

中国版本图书馆 CIP 数据核字(2021)第 159737 号

Yiliu Kecheng Fangzhen de Jianshe yu Yunxing Zhinan：Jiyu Magongcheng Minfaxue Kecheng Fangzhen de Jiaoxue Shijian

策划编辑 姜 浩 程传省　　责任编辑 程传省　　封面设计 王 鹏　　版式设计 王艳红
插图绘制 李沛蓉　　责任校对 吕红颖　　责任印制 朱 琦

出版发行 高等教育出版社　　网 址 http://www.hep.edu.cn
社 址 北京市西城区德外大街 4 号　　http://www.hep.com.cn
邮政编码 100120　　网上订购 http://www.hepmall.com.cn
印 刷 河北新华第一印刷有限责任公司　　http://www.hepmall.com
开 本 787mm × 1092mm 1/16　　http://www.hepmall.cn
印 张 20
字 数 480 千字　　版 次 2021 年 9 月第 1 版
购书热线 010-58581118　　印 次 2021 年 9 月第 1 次印刷
咨询电话 400-810-0598　　定 价 52.00 元

本书如有缺页、倒页、脱页等质量问题，请到所购图书销售部门联系调换

物 料 号 56671-00

本书编委会

本书编写组成员

何谓“一流课程方阵”？
（代前言）

本书实际上是本人主编的《慕课的制作与运行指南》（高等教育出版社2015年版）的第二版，只是因为内容已经从“慕课”扩展到了四类“一流课程”建设，才更名为《一流课程方针的建设与运行指南》。从这一延续性也不难看出，本书编写的目的，并非对一流课程方针的建设与运行提出新的教育理论框架，而是真实分享我们团队的建设与运行经验，希望能够为更多的愿意在一流课程建设上投入时间和精力的高校教师及助教团队提供具体的可操作的运行指南，避免走弯路，提高课程建设质效。

本书以“一流课程”为题，也并非“标题党”。本人主讲的“侵权责任法”① 被认定为“2017年首批国家精品在线开放课程”，并被认定为2019年“首批国家级线上一流课程”；主持建设的“道路交通事故纠纷‘网上数据一体化处理’虚拟仿真课程”② 被认定为“2019年首批国家级虚拟仿真实验教学一流课程”，副主编张晓远副教授主讲的“亲属继承法”③ 被认定为“2019年首批国家级线下一流课程”，主讲的“侵权法”入选“2020年四川省第二批省级线上线下混合式一流本科课程”。副主编冯珂则全程参与了这三门国家级一流课程的建设、运行和申报工作。另一位副主编严斌宇副教授不但主讲的“计算机通信与网络”被认定为“2019年首批国家级线下一流课程”，还担任四川大学教务处副处长，在一流课程的建设规划和运行管理方面经验丰富。四川大学法学院马克思主义理论研究和建设工程重点教材《民法学》（简称“马工程”《民法学》）课程教学团队也一直坚持以“一流课程”的高标准建设和运行全部课程。

经过10余年的教学实践，我们逐渐认识到，一流课程的建设是一个常态化和动态化的过程。在一流课程的运行过程中，除了不断地对课程本身的教学资料和课程录像进行更新之外，还可以在广度上拓展为一流课程系列，在深度上扩展为一流课程群，在维度上拓展为一流课程体系，最终从量变到质变，实现一流课程体系的方阵化。

一、广度的扩展：从一流课程到一流课程系列

所谓广度的扩展，首先要求一流课程在设计之初，就预留扩展的接口。如果没有事先预留扩展的接口，可以考虑对一流课程讲授过程中较为简略的部分展开讲授，通过替换的方式进行扩展。

（一）一流课程本身的扩展

以“侵权责任法”课程为例，这门课程在设计之初就预留了一般侵权行为类型的内容没

① 课程地址：http://www.icourse163.org/course/SCU-46013，可以直接访问：www.tortliabilitylaw.com。
② 课程地址：http://traffic.cncsedu.com.cn/index.html。
③ 课程地址：https://www.icourse163.org/course/SCU-1461118166。

有展开讲授，未来可以在侵害人格权、物权、知识产权和商事利益等领域进行扩展。在特殊侵权行为领域，网络侵权、医疗损害、产品责任、交通事故责任、高度危险责任、环境污染与生态破坏责任、物件致害责任、施工责任等领域，都是可以进一步展开的内容。待时机成熟后，上述内容均可以作为未来单独开设新课程的基础。

（二）一流课程系列的建设

更广泛的扩展计划，是以课程讲授的内容为中心，在整个教学计划中提前规划，不仅对课程内容进行扩展，还需要在课程设计上对课程予以扩展，形成一流课程系列。以“侵权责任法”课程为例，其前置课程为“民法总论”“债权法”，平行课程为“物权法”“合同法”“人格权法”和“知识产权法”，交叉课程为“医事法学”和“消费者权益保护法”。

二、深度的扩展：从一流课程系列到一流课程群

在广度上扩展为一流课程系列的基础上，还可以考虑在深度上对一流课程进行扩展。现在各高校的一流课程开设对象主要为本科生，解决的是“打基础”问题。这种教学方式将授课对象预设为学习能力和需求相近的学生群体，违背了一流课程开设的多样化培养初衷。建议从建设研究生课程、学术讲座课程和实务讨论课程三个方面，对一流课程进行深度上的扩展。

（一）研究生课程

各高校，尤其是设有研究生院的高校，本科生教学归口在教务处，研究生教学归口在研究生院，这种设置恰恰不利于本科一流课程的深度扩展。考虑到开设一流课程的高校一般在相关领域的研究水平较高，且都设有研究生学位授权点，建议整合相关研究生课程资源，对一流课程予以深度扩展。

可以考虑以与本科生课程对应的研究生课程为建设对象，这就对教师的授课内容区别化提出了要求。本人讲授的本科课程“侵权责任法”合计36课时，主要讲授基础知识；研究生课程“侵权法（双语）”① 则以专题形式讲授，内容为主编发表的12组中英文论文，每次3课时，合计36课时。这样，研究生课程便能够与本科一流课程形成1∶1的时长配比，从而为该门课程的深度扩展奠定基础。

（二）学术讲座课程

如果能够邀请到著名学者就一流课程相关主题做学术讲座，包括疫情期间的线上讲座，应该在征得主讲人同意的前提下进行录像或者保存在线直播录像。如果开设博士生课程，且开设方式为讲座形式的，也可以作为学术讲座进行录像。学术讲座作为深度扩展内容，具有理论深入和时效性强的特点，可以通过长期的积累，成为深度扩展一流课程的有机组成部分。录像后，应当再次请主讲人确认讲授的内容，予以适当编辑后作为深度扩展内容发布。

（三）实务讨论课程

除了系统性的研究生课程和理论性的学术讲座之外，还可以增加实务讨论课程。以“侵权责任法”课程为例，实务讨论课主要体现为审判实务和律师实务两个方面，其载体为案例讨论课。在案例的选择上，可以选择最新和热点案例作为素材进行讨论。案例讨论课有教师主

---

① 部分授课内容参见《侵权责任法总论：“侵权责任法专题讲座系列”第一辑》，课程地址：http://www.icourse163.org/course/SCU-1001955003。

导型和模拟法庭型两种形式。

教师主导型案例讨论课，是指教师在课前提供案例材料，对基本案情、主要法律关系、争议焦点和适用的法律规范进行初步讲解，引导学生参与到实务讨论中来。模拟法庭型案例讨论课，则由教师在课前提供原被告双方的主张和相关证据，引导学生分别从原告律师、被告律师和法官三个不同角度，参与到实务讨论中来。

三、维度的扩展：从一流课程群到一流课程体系

一流课程在广度和深度上的扩展主要是以原有的线下课程为基础，建设线上课程。近年来随着“新文科”的建设，虚拟仿真实验教学课程逐渐得到重视。以线下课程为基础，建设依托线上课程和虚拟仿真实验教学课程的线上线下混合式课程也成了提升教学质量的新趋势。

（一）线上一流课程

本人主讲的“侵权责任法”是“中国大学 MOOC”平台上的第一门法学类课程，四川大学民商法教学团队在《民法典》颁布之后更新的“马工程”《民法学》教材配套一流课程系列，包括“民法总则”“物权法”“合同法”“人格权法”“婚姻家庭继承法”和“侵权责任法”六门课程，已经全面上线学习强国、中国大学 MOOC、智慧树和学堂在线四大平台。

（二）虚拟仿真实验教学一流课程

本人主持的“道路交通事故纠纷‘网上数据一体化处理’虚拟仿真课程”是国内法学界虚拟仿真实验教学项目的先驱之一。该课程依托四川大学“智慧法治”超前部署学科承担的国家重点研发计划项目群成果，由四川大学法学院和计算机学院联合打造。四川大学民商法教学团队已经建成了“离婚纠纷虚拟仿真课程”，未来将形成虚拟仿真实验教学项目系列。

（三）线下一流课程

本人主讲的“侵权责任法”课程和“英美侵权法（全英文）”课程，已经连续开设多年。《民法典》通过之后，教学团队已经根据最新立法变化更新教案和课程 PPT，展开“侵权责任法”课程新的教学尝试，并编写《侵权责任法权威案例教程》。针对“英美侵权法（全英文）”课程教学实践中体现出的“名为英美法，实为美国法”的案例选择偏颇，教学团队编辑出版了《英美侵权法经典案例教程（英汉对照）》①，实现了英国侵权法和美国侵权法在案例数量上的平衡和对应。

（四）线上线下混合一流课程

依托本人主持的“侵权责任法”线上一流课程和“道路交通事故纠纷‘网上数据一体化处理’虚拟仿真课程”，在“侵权责任法”线下课程的基础上，结合《民法典》通过后的全新授课内容，教学团队正在开展全新的“侵权责任法”一流线上线下混合课程教学改革尝试。

四、从量变到质变：一流课程的方阵化

从一流课程到一流课程系列、一流课程群，再到一流课程体系，都是在“度”上的扩展，是“量变”。由本人担任首席专家的四川大学“智慧法治”超前部署学科，整合了校内来自法学、数学、统计学、计算机科学与技术、语言学和新闻传播学等六个一级学科的科研团队，不

① 王竹、吴震宇、吴至诚编译：《英美侵权法经典案例教程（英汉对照）》，北京大学出版社 2021 年版。

但开设了“智慧法治技术装备”系列交叉课程，还与教务处积极合作，展开“智慧教改”方面的探索。在上述教学改革实践的基础上，我们通过在教学方面加强课程思政与课程国际化，在教务方面加强一流课程建设规划与智慧教学条件保障，在教辅方面加强智能辅助与配套平台群建设，以点带线，交叉方阵，思政为魂，智能辅助，最终实现一流课程方阵化的“质变”。

<table>
<tr><td rowspan="6">思政为魂</td><td>课程名称/类别</td><td>民法总则</td><td>侵权责任法</td><td>亲属继承法</td><td>人格权法</td><td>物权法</td><td>合同法</td><td rowspan="6">智能辅助</td></tr>
<tr><td>线上课程</td><td>▲</td><td>★</td><td>▲</td><td>▲</td><td>▲</td><td>▲</td></tr>
<tr><td>线下课程</td><td>▲</td><td>▲</td><td>★</td><td>▲</td><td>▲</td><td>▲</td></tr>
<tr><td>虚拟仿真</td><td>▲</td><td>★</td><td>▲</td><td>▲</td><td>▲</td><td>▲</td></tr>
<tr><td>混合式课程</td><td>▲</td><td>☆</td><td>▲</td><td>▲</td><td>▲</td><td>▲</td></tr>
<tr><td colspan="7">国际化、能动教务管理、智慧教学保障、配套平台群建设</td></tr>
</table>

图例：★国家级一流课程；☆申请国家级一流课程；▲已经建成的课程。

（一）教学质变：课程思政与课程国际化

以“马工程”《民法学》教材配套慕课的课程思政为代表，教学团队主动将社会主义核心价值观“整体”而非“个别”地融入对中国民事立法活动、学术研究和司法实践的讲解，明确提出“中国特色社会主义民法核心价值观”的理论概念，并形成相应的理论体系。① 在中国特色社会主义民法核心价值观指导下，分层次地构建民法典、民事部门法、民事法律规范群和具体民事法律制度的精神框架，认为在民法具体规则的构建和理论研究中，应践行中国特色社会主义民法核心价值观，避免法律移植和制度构建过于“技术化”而忽略了其“价值性”。

教学团队依托“民法总则”课程，着手打造“The General Provisions of Civil Law of China”全英文线上一流课程，并计划依托“马工程”《民法学》教材配套系列慕课扩展为“Chinese Civil Law”全英文课程系列，未来将建设“Chinese Tort Law”全英文线下一流课程，全面实现课程国际化。

（二）教务质变：能动教务管理与智慧教学保障

四川大学教务处为一线教师和教学工作提供了能动教务管理的软件支持和智慧教学保障的硬件支持，全面助力一流课程方阵的建设与运行。

一流课程方阵建设首先需要学校层面有前瞻性的课程规划和全方位的教务支持，实现能动教务管理，使教改实践不再成为教师的负担和学生的任务，最终实现“教学相长”的良性互动。四川大学为一流课程建设提供了充足的资金保障、合理的政策鼓励和必要的激励措施，让一线教师在做好传统课堂授课之余，有条件谋划，有兴趣参与，建成和运行一流课程有成就感。

线下一流课程需要智慧教学环境的支撑，线上一流课程和虚拟仿真实验教学一流课程离不开智慧教学平台的搭建与运维，教学团队依托四川大学“智慧法治”超前部署学科打造的“智慧模拟法庭”满足线上线下混合式一流课程对智慧教学保障提出的更高需求。未来，面对数以千计、丰富多彩的课程与数以万计、需求各异的学生，更需要借助智能课程推荐功能助力

① 王竹、吴涛：《论中国特色社会主义民法核心价值观》，《中国矿业大学学报（社会科学版）》2019年第1期。

深度学习探索。

（三）教辅质变：智能辅助与配套平台群建设

在《民法典》文本正式发布后仅10小时，四川大学“智慧法治”超前部署学科应用自有技术，通过AI辅助视频修改与合成，极速更新发布“民法总则”课程。“人格权法”课程和“侵权责任法”课程也在补充录制必要内容后，通过AI辅助完成更新并上线。未来学科团队计划利用国家重点研发计划项目群科研成果，工具化和流程化地实现中英文线上一流课程的修改与合成。

除了线上一流课程和虚拟仿真实验教学项目平台之外，为了满足校内外和手机用户的学习需求，学科团队打造了与一流课程方阵配套的课程中心群和互联网平台群，后者包括学术网站和微信公众号。针对校内学习需求，团队主持了“侵权法”“民法学”“法律大数据分析”三大中文课程中心和“Anglo-American Tort Law”“Comparative Tort Law”两大英文课程中心。针对校外用户，四川大学“智慧法治”超前部署学科开通了“智慧法治”学科网站（laiw.scu.edu.cn），由本人担任副所长的中国人民大学民商事法律科学研究中心侵权法研究所开通了“中国侵权法网”（www.qinquanfa.com/www.chinesetortlaw.com）。针对微信用户访问需求，团队开通了“马工程民法学教材配套慕课”微信公众号（minfadian）和“智慧法治LAIW”微信公众号（SCULAIW）。

五、致谢

首先，要对四川大学教务处表示诚挚的谢意！如果没有四川大学教务处各位老师的支持和鼓励，很难想象2009年刚走上讲台时的我，能够被推荐参评2014年度宝钢优秀教师奖，2017年和2019年能够先后获评两门国家级一流课程，而且还能与教学团队一起继续成长，实现教学相长良性互动。四川大学法学院为团队的一流课程方阵建设提供了政策和经费支持。“马工程”《民法学》课程方阵的建设离不开高等教育出版社的信任与托付，感谢中国高等教育学会高等教育科学研究“十三五”规划课题“中国特色社会主义法治理论在线课程群”（16ZC004-38）对本书出版的资助，感谢学习强国、中国大学MOOC、智慧树、学堂在线等平台对我们课程上线的大力支持，感谢纵链科技、联合映像、知识视觉、秘塔科技等智慧教育行业企业的通力协作，共同打造智慧法治教育“产学研用生态圈”。

王竹　法学博士
四川大学法学院教授、博士生导师
四川大学市场经济法治研究所所长
四川大学“智慧法治”超前部署学科首席专家
辛丑年立夏于白鹿镇

目　　录

第一章　一流课程建设的前期准备

第一节　一流课程建设概述

一、一流课程建设的背景

课程是高校人才培养的核心要素，课程质量直接决定人才培养质量。人才培养的本质要回归到一流的本科教育，目标是培养出一流人才。《国家中长期教育改革和发展规划纲要(2010—2020年)》提出“要提高我国高等教育教学质量和人才培养质量”。2018年，习近平在全国教育大会上进一步提出了“加快推进教育现代化、建设教育强国”的要求。

2018年教育部印发的《关于狠抓新时代全国高等学校本科教育工作会议精神落实的通知》(教高函〔2018〕8号）明确要求：“各高校要全面梳理各门课程的教学内容，淘汰‘水课’、打造‘金课’，合理提升学业挑战度、增加课程难度、拓展课程深度，切实提高课程教学质量。”这是教育部文件中首次正式提出“淘汰‘水课’、打造‘金课’”的概念。①《通知》中提到的“水课”，指的就是一些内容低阶、陈旧且不利于学生学业发展的课程，这类课程也恰恰是大学里反映最强烈的教育教学问题，部分大学生在“水课”课堂里进行与课堂无关的活动，比如打瞌睡、玩手机、打游戏、发呆等，甚至直接逃课。教师也容易在“水课”课堂上混日子，甚至达到学生没有兴趣学、教师也懒得教的地步。这种现象已经成了中国高等教育教学改革与创新的绊脚石②。《通知》提到的“金课”，或称“一流课程”③，是指具有高阶性、创新性和挑战度（即“两性一度”）的课程。④

2019年10月，教育部印发《关于一流本科课程建设的实施意见》，提出实施一流本科课程“双万计划”，即经过三年左右时间，建成万门左右国家级和万门左右省级一流本科课程。⑤纵观国内外一流大学的优质课程早期建设历史，可以看出它们对待一流优质课程的建设是具备严肃性和科学性的，并且形成了一定的思路和理念，它们的经验值得借鉴、思考与创新。⑥

（一）国外一流大学课程建设概述

美国作为教育强国，建设了一批在世界范围内具有较大影响力的一流大学。美国高等教育

---

① 参见吴岩：《建设中国“金课”》，《中国大学教学》2018年第12期。

② 参见韩筠：《以在线课程为重要抓手，促进一流本科专业建设》，《中国高等教育》2019年第18期。

③ 参见祝士明、郭琰：《深度融合智能技术的金课建设：框架与路径》，《现代教育技术》2020年第8期。

④ 参见邓忠波：《大学课程中“水课”现象审视与“金课”建设进路》，《中国电化教育》2020年第4期。

⑤ 参见陈德良、边霞：《一流大学建设视角下本科教学问题的思考》，《中国大学教学》2017年第7期。

⑥ 参见乐毅：《亚洲一流大学本科课程设置与课程管理特点评析》，《中国高教研究》2015年第2期。

的成功很大程度上归功于高校对课程的变革，它们结合以学生为主体和以市场需求为导向的理念进行课程改革。美国高校的课程改革经历了三个不同的时期：早期，要求课程进行“纵+横”设计规划以拓展课程的深度和广度，既要求对知识进行深入探索与理解，也要求进行横向的跨学科学习以追求知识的广泛性；中期，要求课程涉及更广泛的领域：人文科学、社会科学及自然科学，对这三个领域要有概括认识；后期，要求多学科相互交叉、相互渗透，以适应社会与国际化的动态变化需求。① 伴随着课程改革，美国高校先后开设了以下三类课程：强调知识结构的逻辑性和系统性的课程；重视主题活动型，以现实的社会问题为主题将相关学科融合起来的课程；以学生的实践活动等为主的课程。② 这三类课程的构建不仅丰富了美国高校的课程种类，也考虑到了市场因素和课程的广泛性，使得美国高校获得了快速发展。

近年来，美国一流大学课程改革逐渐重视通识教育与专业知识教育的深度融合，要求学生全方位掌握人文、社会及自然相关知识，不仅培养学生的职业能力，也培养学生的社会责任感③，逐步形成了独具特色的通识教育，其中以哈佛大学的通识教育课程体系最为典型。哈佛大学通识教育着重培养能够面向未来的“T 型人才”，即既要培养学生广博的知识面，引导学生自主制订学习计划，也要使学生深入了解和掌握专业知识，有效适应和引领社会发展。《哈佛通识教育红皮书》里提到，哈佛大学通识教育特色是培养“全人”（Whole Man，见图 1-1），并自 2019 年起正式实施改进版的通识教育方案，将原先通识教育方案中的八大门类课程结构更改为“4+3+1”的新课程模式，即包括 4 门必修通识教育课程、3 门分布式必修课程及 1 门必修推理类课程，更加注重学生的实际需求。④ 改进版的通识教育方案要求学生分别从“美学与文化”“伦理与公民”“历史、社会与个人”“社会科学技术”四个领域中，挑选出 1 门必修通识教育课程；3 门分布式必修课程则对应“艺术与人文”“科学与工程应用科学”和“社会科学”领域，要求学生在三个不同领域各修 1 门分布式教育课程；1 门必修推理类课程要求学生掌握必要的数学推理能力。⑤ 优质的通识教育课程模式是一流高校本科教育的关键因素，不仅可以促进学生进行多学科或跨学科的学习，而且能够培养学生独立思考的能力，使他们成为一流人才。⑥

与此同时，跨学科课程教育备受美国研究型大学重视。它们认为跨学科课程可以将学科基础知识与研究领域的前沿知识有效结合，促使人才培养与科学研究由单一学科向跨学科转变，可以让学生跨越传统的知识界限遨游于广阔的知识海洋，培养学生多角度思维方式和创新能力。其中，美国杜克大学的跨学科课程经验最为丰富，它们的跨学科课程深度学习计划——“焦点计划”，以跨学科、专题研讨、焦点讨论等为主导，让学生学习重心回归到核心课程上，鼓励学生大胆质疑和发现问题并进行深度学习。⑦ 自 2011 年美国斯坦福大学的教授在网上免费开设了“人工智能导论”课程，吸引了来自上百个国家的十几万名学生参与以来，世界一

① 参见高海：《爱尔兰法学本科课程设置及其启示》，《中国大学教学》2015 年第 9 期。

② 参见孙芳、王凯：《20 世纪美国一流大学本科课程变革的“遗产”——兼论对我国“金课”建设的启示》，《黑龙江高教研究》2019 年第 10 期。

③ 参见黄坤锦：《大学通识教育的基本理念和课程规划》，《北京大学教育评论》2006 年第 3 期。

④ 参见金顶兵：《中美两所一流大学本科课程比较分析》，《比较教育研究》2007 年第 3 期。

⑤ 参见谢鑫、张红霞：《一流大学本科教育的课程体系建设：优先属性与基本架构》，《江苏高教》2019 年第 7 期。

⑥ 参见黄坤锦：《大学通识教育的基本理念和课程规划》，《北京大学教育评论》2006 年第 3 期。

⑦ 参见林冬华：《如何教与学——美国杜克大学焦点计划的启示》，《中国校外教育》2010 年第 4 期。

流大学正在以不同的形式将在线教育课程融入高等教育系统①，使线上课程教育得到快速发展②。越来越多的世界一流大学开始制定具有自身特色的线上教育战略，使线上课程教育成了一种趋势和热门教育模式。其中，哈佛大学在制定在线教育规划时始终坚持“质量第一”的战略性原则，在线课程的建设与开发都以保证质量为基本准则③，通过不断改进技术提升学生在线学习能力。④

（二）国内一流高校课程建设概述

一流课程建设需要面向新时代、新挑战，把握学科前沿，贴近时代脉搏，加强互联网技术与教育教学的深度融合，关注学生个性需求，制定各类“金课”的评价指标体系和遴选办法，打造具有创新性、高阶性、挑战度的“金课”，推动课程“质”与“量”双轨建设，构建可供借鉴和推广的四川大学系列“金课”建设新模式，为培养面向未来且能够胜任新挑战、具有全球竞争力的一流人才提供有力支撑。⑤

课程建设一直以来都作为国内一流高校人才培养工作的重点和高等教育教学建设的重要组成部分而受到重视。国内一流高校都在积极开展本科课程建设⑥，真正实现一流人才培养回归本科课程教育。其中，北京大学 2016 年的本科培养方案将课程体系分为公共与基础课程、核心课程、限选课程、通识与自主选修课程，将核心课程建设作为推动本科教育课程建设和提升本科教育教学水平的关键。⑦ 北京大学不仅要求各院系从专业课程角度明确对学生基本素质和能力的要求，也要求各院系认真思考其人才培养目标及相应课程设置，不要简单地拼接原有课程，而要用心打造优质的核心课程，实现培养一流本科人才的目标。⑧ 清华大学始终围绕人才培养目标，不断加强构建通识教育与专业教育相融合的本科教育课程体系，已建设了基础读写课/STEM（科学、技术、工程、数学）课、文素核心课和文化素质课等课程；并在 2017 年人才培养方案修订过程中，提出具有清华特色的核心专业课程要设置 10—15 门的要求。复旦大学作为国内高校通识教育的典型，一直非常重视本科教育，先后建立了具有复旦特色的复旦学院、复旦大学通识教育研究中心和复旦大学通识教育核心课程体系。其中，复旦学院作为推进通识教育改革的重要平台，要求所有本科新生，不分专业，入学后都要接受一至两年的通识教育，然后再进入专业院系学习。

（三）四川大学课程建设情况

四川大学课程建设具备良好的基础和环境。2010 年以来，为了实现个性化教育，学校在国内高校中率先实施“万门课程建设计划”⑨，努力建设 5 000—6 000 门次的学术研究型课程（培养学生的学术思维与创新素质）、2 000—3 000 门次的创新创业型课程（培养学生的创

① 参见金顶兵：《中美两所一流大学本科课程比较分析》，《比较教育研究》2007 年第 3 期。

② 参见王宇：《高校慕课学分认定的模式、维度及其拓展性应用》，《现代教育技术》2020 年第 9 期。

③ 参见韩筠：《以在线课程为重要抓手，促进一流本科专业建设》，《中国高等教育》2019 年第 18 期。

④ 参见金顶兵：《中美两所一流大学本科课程比较分析》，《比较教育研究》2007 年第 3 期。

⑤ 参见柯政：《“双一流”中的课程建设：上海纽约大学的启示》，《中国高等教育》2016 年第 Z2 期。

⑥ 参见乐毅：《亚洲一流大学本科课程设置与课程管理特点评析》，《中国高教研究》2015 年第 2 期。

⑦ 参见黄坤锦：《大学通识教育的基本理念和课程规划》，《北京大学教育评论》2006 年第 3 期。

⑧ 参见徐国兴、李梅：《一流本科如何建设——基于“双一流”高校本科课程综合改革的实证分析》，《教育发展研究》2018 年第 17 期。

⑨ 祝士明、郭琰：《深度融合智能技术的金课建设：框架与路径》，《现代教育技术》2020 年第 8 期。

新思维与创业能力）和 1 000—2 000 门次的实践应用型课程（强化学生的实践动手能力）。① 四川大学贯彻落实《教育部关于深化本科教育教学改革全面提高人才培养质量的意见》（教高〔2019〕6 号）和《教育部关于一流本科课程建设的实施意见》（教高〔2019〕8 号），打造具有四川大学特色的一流课程，以适应新时代高等教育教学改革创新要求，真正实现培养学生开放式、主动性、创新型思维的教育目标，着力提升本科教育教学质量和人才培养质量。②

四川大学以教育部《教育部关于一流本科课程建设的实施意见》文件为指引，从本校实际情况出发，深化坚持了 10 年的“探究式—小班化”教学改革，推动“课堂革命”向“质量革命”的进一步发展。

以新理念引领一流本科课程建设，确立学生中心、产出导向、持续改进的理念，提升课程的高阶性，突出课程的创新性，增加课程的挑战度；以目标为导向加强课程建设，立足经济社会发展需求和人才培养目标，优化重构教学内容与课程体系，聚焦新工科、新医科、新文科建设，体现多学科思维融合、产业技术与学科理论融合、跨专业能力融合、多学科项目实践融合，建设一批培养创新型、复合型人才的一流本科课程③；以培养培训为关键点提升教师教学能力，实现基层教学组织全覆盖，强化教学研究，定期集体备课、研讨课程设计，加强教学梯队建设，实现青年教师双证上岗制度，新入职教师必须经过助课、试讲、考核等环节，获得教师教学发展中心等学校培训部门颁发的证书，方可主讲课程；以提升教学效果为目的创新教学方法，强化课堂设计，强化现代信息技术与教育教学深度融合，强化师生互动、生生互动，解决创新性、批判性思维培养的问题，杜绝“教师满堂灌、学生被动听”的现象；以激发学习动力和专业志趣为着力点完善过程评价制度，继续推行全过程考核、非标准答案考试改革，提升课程学习的挑战度。

四川大学教务处开设了“四川大学 e 教务”微信平台，及时将开设的一流课程的典型案例和效果、社会实践活动等以新闻稿形式发布到平台上；树立榜样标杆，邀请校内开展一流课程教学的优秀教师现身说法。本书主编王竹教授开设的《民法总则》课程在“四川大学 e 教务”上进行了宣传，让更多的学生了解我国民法总则法律体系，结合实践中的相关案例系统讲授了我国民法总论的一般理论，内容清晰易懂，收到了良好的教学效果，起到了优秀课程的标杆示范作用。如图 1-1 所示。

截至 2020 年 12 月，四川大学共有 64 门课程获得国家级一流本科课程认定，其中包括 29 门线上课程、25 门线下课程、3 门线上线下混合式课程、6 门虚拟仿真课程和 1 门社会实践课程。

---

① 参见柳礼泉、陈宇翔：《精品课程建设与一流教师队伍培养》，《高等教育研究》2007 年第 3 期。

② 参见王宇：《高校慕课学分认定的模式、维度及其拓展性应用》，《现代教育技术》2020 年第 9 期。

③ 参见黄坤锦：《大学通识教育的基本理念和课程规划》，《北京大学教育评论》2006 年第 3 期。

四川大学e教务 >

MOOC第三十一弹：《民法总则——"马工程"<民法学>教材配套慕课系列之一》上线，带你领略民法的魅力~

四川大学e教务 2019-05-24

MOOC

聚焦我国民法总则法律体系
结合实践中的相关案例
系统讲授我国民法总论的一般理论
学习"马工程"《民法学》教材的同学尤其不能错过呀~
一起和教务君看看吧

课程简介

课程概况

本课程是"马克思主义理论研究和建设工程重点教材"《民法学》教材配套慕课的第一部分《民法总则》，以编纂《民法典》的立法规划为背景，系统讲授我国民法总论

图 1-1

二、一流课程建设的类别

（一）线上一流课程

线上一流课程即国家精品在线开放课程①。该类课程突出课程优质、开放、共享原则，结合现代网络信息技术，打造质量高、具有示范引领作用和中国特色的线上开放课程（慕课）。以四川大学为例，四川大学重视在线课程教育，重点支持有特色的通识教育课程和专业教育课程，大力支持学校特色课程申报国家级和省级精品在线开放课程，实现精品知识资源共享，起到引领示范作用。②

（二）线下一流课程

线下一流课程是指以课堂面授为主的课程。此类课程以提升学生综合能力为重点，更新课程内容，创新教学方法，打破学生在课堂上的沉默状态，焕发课堂生机活力，较好发挥课堂教学主阵地、主渠道、主战场作用。以讨论为主的这些线下一流课程可以使课堂教学活跃起来，提升学生学习兴趣，提高学生课程学习的"抬头率"，助力实现培养一流人才的目标。

（三）线上线下混合式一流课程

线上线下混合式一流课程主要指基于慕课、专属在线课程（英文缩写为 SPOC）或其他在

① 参见李青、王涛：《MOOC：一种基于连通主义的巨型开放课程模式》，《中国远程教育》2012 年第 3 期。

② 参见李曼丽：《MOOCs 的特征及其教学设计原理探析》，《清华大学教育研究》2013 年第 4 期。

线课程①，运用适当的现代网络教学技术，结合本校实际对校内课程进行改造，推进线上线下教学的深度融合。② 线上线下混合式一流课程探索并开展翻转课堂、混合式教学等多种教学模式，打造在线课程与本校课堂教学相融合的混合式“金课”。③ 四川大学借助“互联网+教育”重点打造具有四川大学特色的线上线下混合式一流课程，首批获得三门国家级一流线上线下混合式课程认定。④

（四）虚拟仿真实验教学一流课程

虚拟仿真实验教学一流课程旨在解决目前人才培养过程中存在的真实实验条件不具备或实际运行困难，涉及高危或极端环境，高成本、高消耗、不可逆操作，以及大型综合训练等问题。该类课程将现代网络信息技术、智能化信息技术与实验教学需求进行深度融合，以有效解决真实实验所遇到的困难。

（五）社会实践一流课程

社会实践一流课程以培养学生综合能力为目标，通过“青年红色筑梦之旅”“互联网+”大学生创新创业大赛、创新创业和思想政治理论课社会实践等活动，推动思想政治教育、专业教育与社会服务紧密结合，培养学生认识社会、研究社会、理解社会、服务社会的意识和能力。四川大学积极开展社会实践活动，通过开展红色实践活动，培养学生“不忘初心，牢记使命”的责任感，支持社会实践和创新创意类特色课程申报国家级及省级社会实践一流本科课程。

第二节 一流课程教案的制作

教案是授课教师针对所承担的教学活动，根据教学大纲和教科书的要求及学生的实际情况，以课时为单位，对教学内容进行的具体设计和安排。对于讲授同一门课程的多位教师来说，统一教案能够确保讲授内容的统一；对于用同一门线上课程进行课堂翻转的不同学校的教师群体来说，教案则是确保课堂翻转达到线上课程授课教师教学目的的关键。课程教案包括如下几个方面：（1）教学目标，即一门课程所要完成的教学任务。（2）教学课型，即授课教师讲授一门课程时所采用的授课方式，主要分为讲授型、提点型、讨论型以及综合型。（3）教学安排，即授课教师在授课前对所讲授课程的总体学时安排，包括课程教学安排和实体教学安排。⑤（4）教学重点与难点，即授课教师开课前对授课内容难易程度的整体把握。

一、教学目标

按照课程的基本分类，课程分为基础课、专业基础课和专业课以及选修课，不同类型的课

① 参见康叶钦：《在线教育的“后MOOC时代”——SPOC解析》，《清华大学教育研究》2014年第1期。

② 参见陈然、杨成：《SPOC混合学习模式设计研究》，《中国远程教育（下半月）》2015年第5期。

③ 参见刘婷、陈瑶：《慕课支持下的混合式教学模式实验研究——以“实用日语（上）”慕课为例》，《现代教育技术》2019年第12期。

④ 参见刘徽、滕梅芳、张朋：《什么是混合式教学设计的难点？——基于Rasch模型的线上线下混合式教学设计方案分析》，《中国高教研究》2020年第10期。

⑤ 由于线上一流课程的类型不同，一般只有SPOC需要实体教学安排。

程具有不同的教学目标。基础课更多地为通识性质的课程，专业基础课则是专业通识的载体，专业课必须以基础课和专业基础课的学习为前提，选修课则是对专业课的进一步深入和扩展。① 线上课程的开设使得学生更有可能跳开上述教学序列安排进行学习。同时，由于线上课程面向对象的不确定性与选课学生基础的差异性，在制作一门线上课程的教案时应首先说明课程的教学目标，尤其明确先修课程和适用的年级，如果课程的教学目标纯属扩展学生视野类则另当别论。

二、教学课型

与课程类别相比，课型对线上课程的影响更大。线上课程对教师群体带来的最大冲击，就是学生“不怕不识货，就怕货比货”。一旦网上出现了教学效果明显更好的同内容线上课程，学生就会面临参加实体课堂学习还是参加线上课程平台学习的选择。尤其是单向灌输型的课程，线上与线上课程的教学相差不大，学生在有限的时间内不可能同一门课程上两次，更何况同一门课程还可能有多门线上课程可供选择，因此，在确保教学效果的前提下，录制线上课程一般选择“讲授型”课程。若通过翻转他人的线上课程展开教学，因为不需要再讲授一遍，则需要考虑“提点型”课程和“讨论型”课程以及二者兼具的“综合型”课程。

所谓“讲授型”课程，即对课程进行全程录像，对该门课程的全部知识点进行细致讲授。由于录制线上课程不受学生须按时参加课堂学习的限制，除了可以按照一学期课程进行全程录制之外，还可以根据需要延长录制时间和增加录制内容，甚至可以一学年分上下半年进行录制以确保授课内容的完整性。

所谓“提点型”课程，即在安排学生观看了“讲授型”课程录像之后，根据教学经验和学生的提问，对线上课程的重点、难点内容进行“提点”，使学生深入重点、理解难点。“提点型”课程的另一功能是在线上课程内容改变，需要重新录像之前，对“讲授型”课程录像进行修正。②

所谓“讨论型”课程，即在安排学生观看了“讲授型”课程录像之后，利用有限的课堂时间，结合实训材料，鼓励学生利用在“讲授型”课程录像中学习到的知识，解决实训材料所提出的问题。“讨论型”课程要特别注意实训材料的安排与“讲授型”课程录像的进度保持一致，力争精确插入知识点或者知识点群中。

所谓“综合型”课程，即根据学生观看“讲授型”课程录像之后的实际需要，综合安排“提点型”和“讨论型”的内容。

不管是“提点型”“讨论型”还是“综合型”课程，都是针对学生观看“讲授型”线上课程之后的课型设计，其本身不宜作为线上课程进行录制。

三、教学安排

线上课程的教学安排包括周视频时长安排和学期整体教学安排。线上课程的视频时长是根

---

①　参见黄坤锦：《大学通识教育的基本理念和课程规划》，《北京大学教育评论》2006 年第 3 期。

②　【“提点型”课程切忌反复讲授】由于线上课程可重复观看，没有必要对视频中涉及的重点、难点进行反复讲授。传统学习中存在的疑难问题在线上课程教学环境下可通过学生自行重复观看来解决，授课教师应将更多的时间投入到启发式教学实践中。

据听课学生在听课过程中注意力的集中程度进行设计的。美国印第安纳大学的约安·米登多夫教授和阿兰·卡利什教授的报告①表明，学生在听课过程中注意力最集中的时间长度为 15 分钟左右，因此，线上课程的每一个视频应以小知识点为核心进行碎片化，时间控制在 15 分钟左右，每周尽量安排 5—6 个小视频进行学习，即周视频时长总计 90 分钟，合计 2 课时。这样设计的目的是尽量使学生成为主动驾驭课程学习这辆车的“司机”而不是被动的知识灌输对象。②

一般而言，一门课程应当安排为 10 周左右，若该门课程本身所涵盖的知识容量较大，需要持续较长教学周数的，可以考虑将课程分为两个学期开设，分别命名为“课程名（一）”和“课程名（二）”。如此安排的前提是授课教师要保证每一阶段授课内容的完整性。以侵权责任法为例，“侵权责任法（一）”可讲述侵权责任法概述以及一般侵权责任，“侵权责任法（二）”可讲述特殊侵权责任类型。如果授课教师按照 SPOC 提供翻转课程，则可以按照教学周数进行安排。③

线上课程不需要实体教学场地，选课学生只要有一台电脑和正常连接的网络即可学习，因此线上课程的开设不受非网络因素如恶劣天气、法定节假日等的制约，授课教师按照正常的教学周数安排即可。

线上课程平台一般以学生个人选课的方式开设课程，部分线上课程平台如 WEMOOC 平台则以学校为单位进行选课。两种选课方式在形式上并无优劣之分，不同之处在于，以学校为单位进行选课，在线上课程开课之初即可确定选课学生人数与具体名单，学生在课程开课后再加入的可能性较小，故以学校为单位进行选课的线上课程平台可以按照正常的教学计划设置教学单元；以学生个人为单位进行选课的线上课程平台，在课程开始后还会陆续有学生选课且高校一般都允许前三周选课和退课，并给予两周时间的缓冲期，因此在设置教学单元尤其是前三单元的作业与测验提交的截止日期时，应当设置为第 5 周截止时提交，尽量减少选课学生无法参加前几单元测验与提交作业的情况，为线上课程的后续正常运转打好基础。④

四、教学重点与难点

每门课程都有教学的重点和难点。重点是教师取向型的，是这门课程必须讲授的内容和必须解决的关键性问题。难点是学生取向型的，是学生在学习这门课程过程中难以把握和容易产生障碍的知识传授与能力培养点。

目前高校每学期授课时间要求一般是 17 周，根据教学的任务量和课程的重要程度分配学分，能够讲授的内容总比可以利用的课时多。对于线上课程，虽然从理论上说，录像的长度可

---

① 参见［美］萨尔曼·可汗：《翻转课堂的可汗学院：互联网时代的教育革命》，刘婧译，浙江人民出版社 2014 年版，第 15 页。

② 李曼丽等：《解码 MOOC：大规模在线开放课程的教育学考察》，清华大学出版社 2013 年版，第 102 页。

③ “翻转课堂”（Flipped Classroom）指让学生按照自己的学习进度在家中听课，然后在课堂上与教师和同学一起解决疑问。参见［美］萨尔曼·可汗：《翻转课堂的可汗学院：互联网时代的教育革命》，刘婧译，浙江人民出版社 2014 年版，第 85 页。

④ 【学生必须实名注册】并非所有线上课程平台的课程学分均被教育部承认，若教师欲采用非讲授型课型教学，即将线上课程视频学习作为授课教师在学校开设实体课程时学生平时成绩的获得途径，必须要求该校在线上课程平台上对选课的学生以“学校名+姓名+学号”为昵称进行注册，以便后期导出与计算选课学生的平时成绩。

以是无限的，但学生投入一门课程的时间是有限的。尤其是本科生，与研究生不同，其尚未确定研究方向和研究兴趣，每门课程在授课安排上都应该保持克制，以确保学生多元化发展。

确定教学的重点和难点，旨在使讲义的制作和线上课程录像的录制有所侧重。除了从教师的角度确定重点、预估难点之外，与学生的交流、学生在 SPOC 报告的情况、在 MOOC 平台的做题结果等，都可以作为确定重点和难点的依据。

第三节　一流课程讲义与 PPT 课件的制作

确定课程教案之后，就可以开始课程讲义和 PPT 课件的制作了。本书在此介绍一种简单易行的 PPT 制作流程，就是先用结构文档制作课程讲义，再将课程讲义转化为 PPT 课件。①

一、结构文档简介

使用结构文档制作课程讲义，核心是熟悉结构文档快捷键的使用和自动序号的设置。

（一）结构文档快捷键

结构文档，即大纲视图，是 Word 的高级使用功能。结构文档与普通页面文档的差别，是对 Word 文件增加逻辑结构。类比一下我们常用的 Windows 文件夹功能。结构文档下，一个 Word 文件的各级标题相当于文件夹，各级标题下的文字相当于文件夹中的文件。这样，不同级别标题下的文字与下一级的标题就相当于储存在同一个文件夹下面的文件和文件夹，然后下级文件夹中又包含文件和下级文件夹。如果将某一级标题收缩起来，就相当于在资源管理器中浏览某一级标题。如果移动全部收缩起来的某一级标题，就会将该标题下的文字内容和标题一起移动，这就相当于在资源管理器下移动某一文件夹。

结构文档常用快捷键如下：

Alt+Tab：窗口之间交换；

Ctrl+Alt+O：转化为结构文档；

Ctrl+Alt+P：转化为页面格式；

Ctrl+Alt+S：上下分栏；

Ctrl+Shift+N：任何标题转化为正文；

Tab：（正文和标题）调整为下一级目录；

Shift+Tab：（正文和标题）调整为上一级目录；

Shift+Alt+A：全部展开或者全部变为标题；

Shift+Alt+1（2、3、4、5、6、7、8、9）：展开到 1（2、3、4、5、6、7、8、9）级目录；

Shift+Alt+“-”收拢一级光标以下目录；

Shift+Alt+“=”展开一级光标以下目录；

Shift+F5：回到上个编辑位置；

Shift+Alt+↑：向上移动（包括收拢的目录内容）；

---

① 【工具的选择】对于逻辑结构清晰的法学类课程以及其他课程，建议尽量在 Windows 系统下使用 Microsoft 的 Office 中的结构文档制作讲义并进行 PPT 课件的转化，以便后续自动调整序号。

Shift+Alt+↓：向下移动（包括收拢的目录内容）；

Ctrl+C：复制；

Ctrl+X：剪切；

Ctrl+V：粘贴。

（二）自动序号

Word 提供强大的“项目符号和编号”功能，包含“项目符号”“编号”和“多级符号”三大类。“项目符号”提供简单的■◆▲●等图形作为段落的引导，能够起到醒目的作用，只适合于无逻辑结构的文档。“编号”提供平面逻辑结构的序号功能，如 1、2、3 或者 A、B、C 等，适合于逻辑结构简单的文档。“多级符号”，顾名思义，就是能够提供多级逻辑结构所需的序号。例如写论文时，大标题使用“一、……”“二、……”“三、……”，每个大标题下面分“（一）……”“（二）……”“（三）……”，这种上下层级关系就是最简单的多级逻辑结构。Word 的“多级符号”最多支持 9 级逻辑层级，能够满足绝大多数讲义制作的需要。

对于使用结构文档制作讲义来说，“多级符号”是最佳选择。为了配合后期的线上课程录制，还需要对“多级符号”各级的表达规范进行设置。线上课程平台一般要求将课程内容分为“章”和“节”①，“节”之下再分级，最多可设置 9 级，一般建议为：

第一章

　第一节

　　一、……

　　　（一）……

　　　　1. ……

　　　　　（1）……

　　　　　　a. ……

　　　　　　　①……

　　　　　　　②……

　　　　　　　③……

　　　　　　b. ……

　　　　　　c. ……

　　　　　（2）……

　　　　　（3）……

　　　　2. ……

　　　　3. ……

　　　（二）……

　　　（三）……

　　二、……

① 【论文与章节的序号】与论文序号大标题使用“一、……”“二、……”“三、……”等，每个大标题下面分“（一）……”“（二）……”“（三）……”等，建议课程的讲义在这两级标题之上设置“章”和“节”。如果习惯于使用论文的结构文档自动设置序号，可以在制作完成后，套用课程讲义的结构文档设置。

三、……

第二节

第三节

第二章

第三章

使用结构文档多级符号的自动序号设置，最忌讳的就是手工删除序号。新手不熟悉结构文档，往往错误删除序号，或者删除后由于不知道如何恢复，再手工添加序号。这些都会导致整个文档序号体系紊乱。正确的做法是：将文档全部展开到正文，光标放到序号出错的标题上，按“Ctrl+Shift+N”，将该标题转化为正文。然后使用“Tab”或者“Shift+Tab”将该正文级别调整为下一级或者上一级目录，此时序号会正常出现。

（三）更换电脑时替换 Normal. dot

所有手工设置的序号，都保存在一个叫作 Normal. dot 的文件中。换电脑时，只需要将该文件拷贝出来，新电脑安装了 Word 之后，将备份的 Normal. dot 拷贝到新电脑的对应位置，就可以省去重复设置的麻烦了。

WinXP：C：\Documents and Settings\ * * * \Application Data\Microsoft\Templates

Win7：C：\Documents and Settings\ * * * \AppData\Roaming\Microsoft\Templates

“* * *”为电脑的用户名。

由于 Windows 的权限控制，需要先将隐藏文件和系统文件显示出来，然后利用 Administrators 的权限，将“C：\Documents and Settings”及其以下文件夹的权限改为“完全控制”，才能完成上述操作。基于安全性的考虑，建议拷贝 Normal. dot 之后，将“完全控制”权限删除。上述操作建议在电脑安装杀毒软件之前操作，以免杀毒软件“从中作梗”，待完成上述操作后再安装杀毒软件。

二、使用结构文档制作课程讲义

（一）章节的设置

不同的教材，在章节设置上，往往篇幅长短不一，内容详略不一，在讲义编写过程中要尤为注意。讲义是 PPT 制作的基础，现代高校教学离不开 PPT，每个章节 PPT 页数将直接决定该章节所需授课时间。①

因为每页 PPT 的内容和承载功能不同，讲授时间也有区别。对于提纲型的 PPT，一般每页讲 1 分钟左右；对于讲授内容型的 PPT，一般每页讲 2 分钟左右；对于引人思考型的 PPT，一般每页讲 3 分钟左右。此外，每页 PPT 还会因为学生参与讨论而延长讲授时间，所以每节课准备 20 页左右 PPT 是较为合适的。在章节设置上，要照顾到章节本身的内容含量和逻辑结构，取长补短，合理安排。尽量将课容量较少的知识点与其他相关联知识点合并，以确保录成视频后每个知识点都有足够饱和的内容。内容特别长的章节，可以用“……之一”“……之

① 【根据授课时间调整内容】高校每学期授课时间一般设置为 16—17 周，且公共假期可能涉及 1 周的课程。为确保课程录像的可控性，可以有意地将内容合适的相邻两章安排相对较少的内容，如果少 1 周课程时间，则可以在同一周安排录制课程录像和学生观看录像。

二”的方式，将下一级目录提升为更高级目录，以介绍一章或者一节的内容。尽量控制在每次课一章，每一节或者半节课一节，以方便录像。①

（二）内容的填充

内容的填充包括各级目录的设置和每级目录下的正文。

每级目录下面的正文分为三类：

第一类是要点型正文。该类正文一般放在最下级标题之下，是对内容的具体展开，在内容填充上，一般与其标题安排在同一页。建议对要点用“1.”“2.”“3.”或者“第一,”“第二,”“第三”进行引导。

第二类是导语型正文。该类正文一般放在非最下级标题之下，具有导出下级标题展开内容的作用，一般是一段或者两段话，也可能是对某一概念的说明。

第三类是目录型正文。如果同一标题下子标题较多，且录像时有必要先作体系化介绍的，可以将各个子标题复制后以无格式文本粘贴到该标题下，保留原自动序号，作为一页 PPT 的内容。

以上三类具体范例如下：

第 1 页［目录型正文］：

一、……

（一）……

（二）……

（三）……

第 2 页［导语型正文］：

一、……

……………………………

……………………………

……………………………

第 3 页［要点型正文］：

（一）……

1. ……

2. ……

3. ……

第 4 页［要点型正文］：

（二）……

1. ……

2. ……

3. ……

第 5 页［要点型正文］：

① 【以章为单位保存文件】建议每章保存为一个 PPT 文件，一方面方便查找、修改，另一方面因为 PPT 文件过大，制作、修改和播放过程对于电脑来说负担都过重。

（三）……

1. ……

2. ……

3. ……

三、以讲义为基础制作 PPT 课件

（一）标题模板的制作

建议选择上部为标题①、下部为正文的模板。如果有特别需求，如展示较多内容的页面，可以就个别页面删除标题栏；如果需要增加内容框，可以就个别页面进行处理。

切换幻灯片视图下，在标题中填写“侵权法 I：侵权责任法概述”

切换到大纲视图，选中“侵权法 I：侵权责任法概述”之前的“□”，此时“侵权法 I：侵权责任法概述”会被选中，然后按“Ctrl+C”，再按“Ctrl+V”5 次，在首页和末页之间，就会出现 6 个以“侵权法 I：侵权责任法概述”为标题的空白页面，这样就可以保证每页的标题是相同的了。

PPT 若由不同的人共同制作，所有章节的封面应当统一，负责人应当统一制定字体、字号、字间距、行间距等排版要求。

（二）无格式文本粘贴

将光标移动到第一页“侵权法 I：侵权责任法概述”标题后，回车，然后再按两次 Tab。②

先到 Word 文档中选择合适的章节内容，再回到 PPT 中选择无格式文本粘贴，将所有内容粘贴到第一页“侵权法 I：侵权责任法概述”下。③ 此时最后一段会有一个空格，连同该空格删除该行。

（三）PPT 内容的调配

将光标移动到正文最后，按“Shift+↑”选择最后一页 PPT 希望呈现的内容，然后按“Shift+Alt+↓”6 次，此时选中的内容就成了最后一页 PPT 的内容。将光标移动到第一页的最后，按“Shift+↑”选择倒数第二页 PPT 希望呈现的内容，然后按“Shift+Alt+↓”5 次，以此类推，直至完成倒数第 1—5 页 PPT 的制作。

光标回到倒数第 6 页的标题，重复“标题模板”的制作流程，再生成以 6 个“侵权法 I：侵权责任法概述”为标题的空白页面，然后重复最后 5 页 PPT 的内容安排方式，这样就可以按照 5 页一个单元进行内容安排了。④

（四）PPT 内容的修改

2020 年 5 月 28 日通过的《民法典》对民事单行法的改动较大，如依据《民法典·侵权责

---

① 【PPT 文档标题设置】用结构制作的讲义，一般在各级标题下都会分不同子标题，直到正文部分。每页 PPT 内容，原则上是正文部分及其标题，在每个标题的第一个子标题，可以保留该上级标题。

② 【按两次 Tab 设置 PPT 标题】按两次 Tab 是为了让随后粘贴的文字处于退格的位置，由于标题的段落数少于正文的段落数，这样按较少的“Shift+Tab”次数，就可以设置 PPT 中的标题。

③ 【避免直接使用“Ctrl+V”的方式粘贴】如果直接按“Ctrl+V”粘贴，会将 Word 中的格式与自动序号直接带入 PPT，不利于后面的页面安排，不符合中文排版习惯。

④ 【以 5 页 PPT 一个单元安排授课内容】如果制作人愿意，也可以按照任意页数为单元安排，但要考虑到制作用的电脑性能。以 5 页一个单元安排内容，便于计算 PPT 的页数，在操作上也不容易延迟。

任编》修改原依据《侵权责任法》制作的PPT时，不仅法条条文号需要全部修改，部分法条的内容需要修改。① 在修改PPT时需要特别注意保持PPT的原有格式②、通过Word查找功能进行搜索比对③、修改PPT上的章节设置④、修改PPT法条条文号⑤、筛查比对最新的法律法规⑥、统筹修改内容并交叉检查⑦等问题。⑧

（五）文字调整

在Word中，我们常用红色字体、加框、斜体、加下划线和加着重符等方式突出相关内容，但通过无格式文本粘贴后，这些文字格式都无法带入PPT，需要重新设置。从简洁实用的角度看，建议用黑色字体，红色突出为主。加框不太美观，斜体、加下划线和加着重符的效果不明显。转变为PPT时，内容呈现方式有所不同。授课教师在制作PPT时，不应当将所有上课内容都编辑到PPT页面上，而应当按照课程内容以知识点形式呈现。同时，为了使学生观看视频时能按照教师的教学思路慢慢进入学习状态中，可考虑采用文字渐入式呈现相关知识，即教师讲一句，PPT呈现一句，而不是将本页PPT所有内容一次性呈现。

切换到幻灯片页面，用鼠标点击幻灯片页面的正文部分，开始进行文字调整。调整幻灯片文字内容，主要就是将标题性质的内容提到最左侧。具体操作为：将鼠标移动到标题性质内容的第一个字符前，按“Shift+Tab”。如果一页PPT上有设置多级标题的需要，可以将鼠标移动到需要调整的段落，按“Shift+Tab”或者“Tab”以实现多级设置，但按“Shift+Tab”时段落字体会变大，按“Tab”时段落字体会变小，需要进行相应的调整。⑨ 调整字体时，可以先按“Shift+→”或者“Shift+←”进行选择，然后按“Crtl+［”缩小，按“Crtl+］”加大。按“Crtl+［”缩小和按“Crtl+］”加大时，选中的文字会缩小或者变大4个字号，有时会导致

① 【法条的更新】在更新法条时，可以借助法条对比表等辅助工具，直接通过PPT的搜索功能找到需要修改的地方后，进入课程视频中找到相关地方进行记录，以便后期同步视频中法条的更新。

② 【保持PPT的原有格式】粘贴复制时要右键选择“只保留原文本”的粘贴方式，不要直接“Ctrl C+Ctrl V”。

③ 【通过Word查找功能进行搜索比对】切勿通过目测新条文与PPT上原有的法条对比修改。检查法条时应复制PPT中的法条内容，通过Word查找功能与《民法典》条文进行搜索比对。例如用Word打开《民法典·侵权责任编》的条文，复制PPT中原《侵权责任法》法条内容，将复制的这段内容放到《民法典·侵权责任编》Word的导航栏中进行查找。如果能够查找到，则该法条不需要修改；如果查找不到，则其中一定出现了错误，需要进行修改。

④ 【修改PPT上的章节设置】《民法典·侵权责任编》删除了原《侵权责任法》的“第三章 不承担责任和减轻责任的情形”，因此其整个章节设置比《侵权责任法》少一节内容。同时，要注意每页PPT的最上方都要有与该页PPT内容相对应的章节名称，以方便使用者进行内容对应。

⑤ 【更换条文号】需要注意的是，不能复制整段原PPT上的《侵权责任法》法条内容，否则很可能会因为格式问题在《民法典·侵权责任编》的Word文档中查找不到。可以以标点符号为分界点，逐次复制查找。查到后应当准确记录需要更换的条文号，避免遗漏或出现仅更换了条文内容却没有更换条文号的情况。

⑥ 【筛查比对最新的法律法规】PPT中会涉及不少其他法律法规和司法解释，在修改PPT时一定要对这些法律法规进行核查，看其是否有更新。如果有更新，则需要把PPT内容更新为最新版本的相应内容。进行核查的法律法规来源要权威，比如北大法宝、威科先行法律数据库、中国人大网、中国法院网、中国政府网等。

⑦ 【统筹修改内容并交叉检查】统筹PPT修改工作时需要反复交叉检查，确保格式统一且没有内容错误。如果工作量较大，可以在小组内交叉检查，但统筹时一定要全部统一审核，做到整体统一。

⑧ 【PPT的修改汇总】PPT的修改对学术水平的要求会比其他工作更高，可以组织团队成员尽量汇总意见，然后由博士生初步审核，标注出需要教师调整PPT的部分，以便教师查看和修改。

⑨ 【序号自动粘贴产生空格的清除】将正文无格式文本粘贴到PPT中后，原文如存在自动排序的情况，如“1.”“2.”“3.”，会紧跟一个空格。这种空格不同于一般的空格，在每行字数不同的情况下，空格大小也不同，影响美观。对于此种空格，首先复制该字符，然后通过“替换”功能，可以全部清除。

排版不合适，如多一行或第二行只有1个字。此时只能点击上部字号框，输入具体字号。一般先尝试缩小或者变大2个字号；如果不行，改为1个字号；特别情况下，改为0.5个字号。①

如果遇到原安排在一页PPT中的文字内容太多，可以点击左侧幻灯片列表的该页面，先按“Ctrl+C”，然后按“Ctrl+V”，这样就产生了连续的两个相同的PPT页面，先删除前一个页面中过多的内容，然后在第二个页面中相应地删除前一个页面中的内容，这样就不会出错。如果一个页面的内容需要分为三个页面甚至更多，也可以重复上述步骤来完成，以确保内容不丢失。

（六）插入表格

无格式文本粘贴无法将表格带入，因此需要重新设置。PPT为横幅面，与Word竖幅面排版有所不同，如果表格行数较多，建议交换X轴和Y轴。可在PPT中先设置与Word中表格行数和列数相同的空白表格，然后将光标移动到表格左上角，将Word中的表格使用快捷键“Ctrl+C”复制后，再使用快捷键“Ctrl+V”将内容粘贴过来。此时字体可能不美观，可以先将表格全部选中，再使用“Crtl+［”或者“Crtl+］”调整字体大小。

（七）图片和Flash动画等辅助素材

为了使PPT内容更加美观，授课教师可以根据所讲授学科的特点和内容插入图片和Flash动画等辅助素材。以“侵权责任法”课程为例，授课教师在开课之初，为了让选课学生了解侵权责任法的立法宗旨，可以在PPT中插入插图，通过图片所反映的内容导入课程学习，这个图片也可以作为本门课程的标志性图片贯穿整个课程的讲授过程。涉及人物和事件关系比较复杂的案例时，授课教师可以采用插入flash动画的方式进行讲解。

① 【PPT字体与字号】根据讲义内容制作PPT时要注意，PPT应当选用合适的字体和字号。这里的“合适”应当以后期录制视频时方便学生观看为标准，一般而言，建议采用宋体或楷体28号字。

第二章　线上一流课程的制作

线上一流课程是一个教学过程，而不仅仅是由资料、视频组成的资源库。基于课程本身的特性，在线开放课程有两个特点：一是系统性，是对一门课程的系统化展现，是整个教学过程在互联网平台上的呈现。① 二是成长性，就像大多数教师在教学过程中不断完善课程一样，所有的在线开放课程也需要根据教师的使用需求不断调整。

相较普通的线下课程，线上一流课程具备两项优势：一是可高度共享。学生不限时间、地点等，可以共同学习一门课程。这样，好的讲授方式、好的见解可以惠及更多的人。线上一流课程的建设，把专业内最好的师资集中起来，塑造最好的知识点表达形式，让更多的人感受到大师讲授专业类课程的魅力，这个对于很多专业学科学生的发展是非常有价值的。二是数据可视化。也就是说，课程的所有内容均可在线展示，学生的学习过程、教师的教学过程、教学设计的效果和效率问题也可以在线评估。这样就形成了一个可以完全在线的、可以量化的、可视化的教学过程。基于以上特点，线上一流课程在运行时，教师的教学过程和学生的学习过程是完全配套的。教师可以通过线上形式组织教学，也可以通过线上形式补充线下教学，具体由教师来掌握。②

第一节　线上一流课程的录制管理

线上一流课程录像的类型很多，有类似央视春节联欢晚会的豪华型，也有单人单机讲授的质朴型。线上一流课程的教学视频，以高质量的授课内容为基础，尽量做到简单大气，正如亨利·沃兹沃斯·朗费罗所言："面孔、技法、风格，所有的一切都在追求极致的简洁与卓越。"③

一、线上一流课程录制前准备

要想制作一个成功的线上一流课程，除了需要在录制线上一流课程之前准备好教案、讲义与 PPT、习题库、辅助教学资料等，还需要在正式录制视频之前进行一系列的其他准备工作，尤其是作为线上一流课程教学基础性材料的录像。为了能够为选课学生呈现一个良好的授课视频，授课教师需做好如下准备工作：

---

① 参见刘盛峰等：《我国远程教育研究 2019 年度进展报告》，《远程教育杂志》2020 年第 5 期。

② 参见柳礼泉、陈宇翔：《精品课程建设与一流教师队伍培养》，《高等教育研究》2007 年第 3 期。

③ ［美］萨尔曼·可汗：《翻转课堂的可汗学院：互联网时代的教育革命》，刘婧译，浙江人民出版社 2014 年版，第 13 页。

（一）保证良好的教学状态

录像的前一天要充分休息，尤其是保护好嗓子，不宜吃不利于嗓子的食物，尤其是辛辣食品。如果下午录像，建议中午休息，以保持清醒的头脑。建议录像的课程是当天教师讲授的第一门课程。①

（二）提前备课

按照本书主编的经验，每门课程从实体课堂转为线上一流课程之前，至少需要讲授 3 年。即使教师对课程内容已经非常熟悉，仍然需要提前备课。这是因为研究与教学是“内化”与“外化”的不同过程，内化程度高，并不能保证外化的效果好。②

（三）做好课程安排

即使经过长期的准备，每学期授课时仍然能够发现一些课件的瑕疵。为确保线上一流课程录像万无一失，建议录像学期每周安排两次相同的课程，且不安排在同一天。第一次授课过程中，发现课件需要修改的地方或者录像时需要注意的事项，应该及时记录下来，课后修改课件。这样在第二次课程录像时，就能够更好地保证录像的效果。

（四）布置教室环境

录像教室应当安装厚窗帘，且光线充足，这主要是为了避免室外光线变化影响录像效果。录像前应当对录像设备进行试运行，确保录像系统的可靠性。③

（五）检查教学设备

课前应该检查教学设备在录像中的效果，例如，检查激光笔在录像中是否明显，如果录像中的激光笔指示效果不好，应该换功率更大、效果更好或者颜色不同的激光笔。

（六）检查电脑软件

尽量在播放的电脑上安装与制作 PPT 电脑相同版本的 PPT 软件，否则在播放 PPT 时可能无法显现背景图效果，取而代之的是白底背景。④

（七）设计讲稿内容

每个授课教师都有其擅长的讲授方式，所以授课教师只需要精心把多年积累的经验转化为语言，将对知识的理解用最熟悉的呈现方式表达出来就好。对于不善于表达的教师来说，有一种万能的讲授逻辑可以参考，即将一个知识点分成四部分：第一部分是引入，即通过故事、案例、数据分析等方式，做个开场，把学习者的思路引到知识点中；第二部分是概念陈述，即直接讲述概念、基本逻辑；第三部分是类比，即通过故事、案例、数据分析等方式引导学习者理解相关知识点；第四部分是延展，即讲述这个知识点对世界的意义和影响。对于难懂的知识

---

① 【不宜长距离驾车后录像】如果上课的校区离家太远，一旦长途驾车后马上上课，授课精神会相当不好。建议录像时间安排在午休之后。

② 【对“最熟悉的陌生内容”充分备课】建议将重要内容提要都写在 PPT 上，以避免“最熟悉的陌生内容”的出现。本书主编主持《四川省〈中华人民共和国道路交通安全法〉实施办法》和《四川省非机动车条例》的修改工作，对于电动自行车相关的道路交通法规较为熟悉。但恰恰就是这最熟悉的部分，由于时间冲突没有充分备课，在录制线上一流课程时讲授的效果却是整个录像中最差的部分之一，实为遗憾。

③ 【录像中的重音】线上一流课程录像一般采用无线话筒，录像之前务必检查电池，如可能应该提前确定更换电池的计划。本书主编的录像，在极少情况下出现了重音的情况，应该是电池的问题。

④ 【软件原因导致 PPT 字体问题】应保证播放电脑的字库兼容制作 PPT 的字库，否则会出现字体的扭曲。有时，这种扭曲是由 Office 版本不同或者使用 WPS 软件造成的。

点，可以在第三部分多举几个例子。①

二、线上一流课程录制过程控制

录像过程的控制分为教师、学生与制作公司三个方面。

（一）教师录像过程的控制

教师的录像过程控制要点包括时间、教师仪态妆容、教师教学内容等方面。具体如下：

第一，时间控制。录像过程中，建议教师将手表放置在讲台上，不要使用手机。如果教室中有挂钟，上课前应确定挂钟时间是否准确。

第二，教师站位。教师应该通过前期预备录像，确定摄像机镜头所涵盖的范围。一定要在摄像机范围内站位，尽量站在黄金分割点，并减少走动。②

第三，教师着装。为了保持录像的一致性，在整个录像过程中应当尽量保持着装的统一。③ 建议在有空调的教室录像，以保证着装不因为温度的变化而受到影响。着装应当相对正式，一般建议选择较为得体的正装，且主色调应该与 PPT 背景谐调。

第四，教师发型。教师发型是容易被忽略的细节，发型的突然变化会在录像中显得尤为突兀。男教师建议保持发型的基本统一，女教师建议不染发，发型尽量简洁。④

第五，教师妆容。一般来讲，不管男女，在拍摄的时候都要化妆，因为即使形象很好，如果不化妆，人物的轮廓也会受外界灯光的影响而变得有些模糊，对拍摄效果是不利的，所以化妆是有必要的。但不建议化浓妆，应以正常的淡妆为主。

第六，教师体态和表情要求。一般来讲，不管是站姿、坐姿还是侧坐姿，都应当以比较正规的访谈类节目的姿势为主。授课本身是一种严肃的活动，诙谐幽默的方式不太适合。但是可以根据授课内容和氛围适当调整。在拍摄的过程中，精神状态很重要，一般建议教师采用微笑的表情，半微笑状态（以微笑为主的一种状态）是最为合适的。需要注意表情和授课内容之间相匹配，比如讲授严肃或者悲伤的话题，需要做相应的调整。

第七，灯光要求。灯光对于场景有直接的塑造作用。对于课程的录制而言，需要清晰展现教师的面貌和立体的形象，主要是面光和轮廓光的设计。所以，棚内拍摄通常选择由面光和轮廓光组成的灯光，面光主要保证录制教师面部颜色接近于自然色，而轮廓光主要保证教师的轮廓清晰，跟背景之间能够形成一个有效的景深和区别，让人物更有立体感。⑤

---

① 【疑难问题的处理】有的知识讲授起来很困难，至少需要学习者有足够多的知识积累，甚至需要学习者有足够的想象力。对于这种知识，建议用视觉化的表现方式引导学习者理解，即通过 3D 模型、动画、虚拟仿真实验等直观的方式予以表现。

② 【授课时的眼神】录像时，应当借鉴接受采访时的经验，不要盯着摄像头看，要保持自然，多观察学生的反应，相应调整授课的节奏和进度。

③ 【避免着装过于随意】“侵权责任法”课程在刚开始录像时，并未在有空调的教室录像，且开学时间为夏末，着装略显随意，并与秋季、冬季录像的着装不统一，是录像的重大缺憾之一。

④ 【录像时教师发型的保持】为保持发型的基本统一，建议春季学期在开学前和“五一”长假前，秋季学期在开学前和“十一”长假前分别理发，这样一周时间可以让新剪的头发显得不太突兀。

⑤ 【避免反光】在灯光直射的情况下，如果脸上有油或衣服整齐度不够高，都会影响拍摄质量。如果脸部比较油腻，就需要适当补一些粉，以避免过度反光，如果衣服褶皱不规则就需要处理。另外需要避免眼睛、眼镜反光，建议根据当时的场景对灯光做调整，从下往上打灯光。

线上一流课程因为影响范围广，所以对内容的审核也非常严，以下情况需要特别注意：① 积极倡导社会主义核心价值。在国际交流日益频繁的当下，多元文化的碰撞会产生不同的价值观，其中不乏消极的违背公序良俗的价值因素，容易引发学生的不良反应，对整个社会的发展具有反向作用，不符合社会主义核心价值观的要求。② 慎用地图。因为世界格局经常变化，各国边境线可能会有一些变化，引用的时候不注意地图的发布时间，就会产生负面影响。③ 有版权的音像文字需要授权。我国的知识产权保护日趋完善，不建议轻易使用他人受版权保护的音像制品作为素材，如果使用的话应该得到对方的充分授权。④ 引用数据要标明出处。课程中的数据、图表等资料中如果系引用他人的数据，一定要标明出处，尤其对国外的数据，需要向提供者表示感谢。

（二）学生录像过程的控制

学生录像过程的控制包括如下要点：

第一，节次安排。建议不安排在早上第一节课。否则一旦有学生迟到，将会直接影响录像效果。

第二，座位安排。课前应当安排学生尽量到前排就座，这样显得参与度较高，也有利于提高教师的授课热情。

第三，课堂组织。学生在课堂上要尽量减少走动，确有必要的，一定要保持安静，避开镜头，从教室后门出入。

（三）制作公司录像过程的控制

1. 拍摄现场课程顾问的工作要求

课程顾问是线上课程视频制作的总导演，需要指导授课教师如何进行在线教学。从课程顾问的视角看，在线课程的制作是一个工程。课程顾问作为总工程师，需要和授课教师团队梳理内容、确定章节、明确要求、准备讲稿、收集素材、制作脚本。课程顾问需要和视频制作团队一起安排拍摄计划、制定拍摄要求、协调教师时间、完成脚本设定，以确保达到预期效果。课程顾问还需要从资料上线、习题制作、任务发布、考核安排等方面指导教师进行线上教学，以保证教师能够顺利开展线上教学。

2. 视频工程师的工作要求

视频工程师在拍摄现场主要做两件事：一是按照课程顾问对脚本的安排进行拍摄；二是及时调整教师的情绪，对出现的一些问题进行现场调整。视频工程师要提前知道整个拍摄安排，根据课程顾问的拍摄要求准备设备，提前进行现场布置，等待拍摄。此外，视频工程师对拍摄现场的掌控力非常重要。优秀的视频工程师可以对课程录制、制作质量进行严格把控，对授课教师的姿态、状态进行现场指导和调节以拍摄出最佳状态。

3. 课程视频配套素材的收集

课程的素材通常来源于以下几个方面：一是网上查找的一些资料；二是教师常用的 PPT 与常用的课程讲授的音视频相关资料；三是根据课程的需要临时拍摄收集的内容。对于教师而言，收集课程素材时，能够体现课程核心的知识点素材准备得越多越好，这样在后期制作的时候创作的空间会更大，课程视频就会做得更好。

第二节 线上一流课程的录制方式

一、录影棚专业录像

（一）录像的准备工作

录制过程是教师授课展现的过程。为了保证教师在录制过程有稳定的表现状态，达到预期的效果，在录影棚里录制要作好充分的前期准备工作。

1. 准备讲稿

在录影棚录像，教师是否需要准备讲稿要根据具体情况确定。如果教师对PPT的内容非常熟悉则不需要准备讲稿，允许教师有一定程度的发挥。但为了保证教师的讲授过程整体流畅，即使熟悉的内容，一般也建议教师准备课程内容提要，对所讲授的重点内容予以提示。待教师讲授完成之后通过语音转文字的方式导出，随后进行校稿，形成最终的正式讲稿。如果教师对讲授的内容不熟悉，建议准备讲稿，并且要在录制之前至少熟悉三遍，以保证教师在录制过程中表达流畅，不会出现不正常的断句和比较明显的读稿情况。

2. 准备PPT

在录影棚录像，并非所有的课程都需要准备PPT，但PPT作为线上课程视频常用的素材一般情况下是需要准备的。通常会根据录制现场的要求对PPT进行一些修改。比如要求PPT的内容尽量靠左，靠某一个方向；要求PPT的颜色以某种色调为主；要求PPT的字体以某一种字体为主。PPT有的时候借助动画可以达到强调重点或者展示逻辑的效果，PPT中的一些设计也可以让录制的页面表现得更充分、更生动。一般情况下，PPT的内容越丰富越好，PPT里面的图片、视频等素材越丰富越好，这样可以使后期制作视频的人员有充分的调整余地。

3. 准备服装

尽量保证整个录制过程的服装是相对统一的，至少要保证每一个章节教师的服装是同一套。建议教师采用四季皆宜的服装，这样可以让学生在学习过程中对教师不会有太大的差异感。比如，在冬天看到一个教师穿短袖难免显得突兀。采用常规的服装也容易在今后调整和优化课程内容的时候保持一致。建议着装跟专业保持一致，如医学的课穿医学的服装、礼仪课穿正装等。

4. 准备妆容

男教师在录制之前很少有特意化妆的情况，但是女教师在录制之前应进行一些必要的化妆。如果条件允许的话可以找专业的化妆师化妆，以保证在录制过程中保持最佳的状态。

5. 现场准备

现场布景是根据课程的内容设计的。如果是绿幕，现场可以不进行布景，可在后期处理。建议准备一些东西装饰课程现场，如医学类的课程就建议在录制现场放置一些与医学课程相关的物品。

（二）拍摄过程中的现场问题处理

在拍摄团队的帮助下，教师大约需要用时两天完成一门课程的录制工作。在录制现场即使准备特别充分也可能产生各种问题，而这些问题通常由课程顾问和现场拍摄视频的工程师来处理。

1. 情绪问题

大部分的课程都需要教师保持精神饱满且愉悦的状态。但在实际的录制过程中经常会出现教师状态不佳或者当天教师心情不好的情况，这些情况对课程的录制都会产生非常大的影响。此时，课程顾问可以针对课程内容与教师具体沟通，引导教师逐渐进入课程的内容中去，帮助教师逐渐适应录制过程，也可以采用转移话题的方式让教师进入一种放松的状态。

教师往往面对成百上千名学生都不会怯场，但在面对镜头讲话的时候却会感到紧张。这就需要教师有充分的心理转变过程，课程顾问需要保持耐心不断地调整教师的状态、建立教师的信心并且给予及时的鼓励。① 经过反复沟通仍无法调整好状态的，可以另约时间进行拍摄。

2. 声音问题

录课时教师的声音以平时聊天的状态最佳。此时经常出现两种问题：一种是对讲稿不熟悉，出现断断续续、不流畅的状态。这需要教师重新熟悉讲稿再进行拍摄。另一种是教师像朗诵一样读稿，建议教师参考一些访谈类节目的声音来调整自己的状态，最终形成一种日常交流的声音或者一种讲课的声音。线上课程本质上是一对一的交流，教师面对一个学生讲课，最平易近人的状态其实是聊天，而聊天的语言和声调最适合目前线上课程，标准可以参考访谈类的节目。

3. 眼神问题

要保证在教师与学生进行眼神的交流，就必须保证在录制过程中教师与摄像机的眼神交流。也就是说教师的目光必须注视摄像机的镜头，不能出现飘忽或者左顾右盼的情况。视频其实是通过一个小窗口看一个人的讲授过程。在这个小窗口里面每一个眼神都会非常直观地在视频中表现出来，并且被放大。拍摄过程中，视频工程师一定要在保持监听的同时关注教师的目光，如果出现不正常的目光移动要及时提醒和纠正，以保证在整个视频的拍摄过程中不会出现太大的问题。

4. 姿势问题

讲课姿势通常是站姿和坐姿，站姿和坐姿在我们正常的生活里面是有标准的，要求身体正直、挺胸、收下巴、目光平视。视频里面通常出现的姿势问题是驼背和一些小动作。教师在拍摄视频过程中因为一直要保持正直、挺胸的状态，持续一定时间之后就会感到累，容易产生弯腰驼背的问题。教师面对镜头因为紧张也会出现小动作变多的问题。此时需要现场的视频工程师不断提醒，随时关注教师的状态。

5. 内容问题

讲稿准备得再充分，讲课过程中也会突然发现有可以优化的地方。出现这种情况，一般建议进行现场优化以保证达到最理想的效果。在特殊情况下，也会出现把原来讲稿完全推翻的情况。为了保证视频最终质量，如果出现这种情况，建议教师重新制定讲稿，重新安排拍摄时间。讲课内容越生动越好，所以如果条件允许，现场可以临时加一些小故事来烘托氛围。在录

---

① 【拍摄期间紧张状况的处理】由于部分教师是第一次录制，拍摄过程中难免紧张。偶尔出现发音或者语序错误是不可避免的，教师稍微停顿 1—2 秒重新录制即可。

制过程中，如果有一些人生感慨，也可以录下来作为课程思政部分，也许能起到意想不到的好效果。①

6. 整体确认

在录制过程中，由录制团队的教师负责注意教师提词器的一般性问题，协助拍摄的学生注意讲稿方面的专业内容，二者结合可以帮助教师减少录制问题。现场拍摄过程中不论整体效果如何，拍摄完成后都要进行确认，即开课的教师需要确认视频里面的自己是接近理想的状态。若发现状态不对或者与理想的状态差别比较大，应及时进行调整；当时无法调整的，可以另行安排时间；在无法确认是否达到预期时，课程顾问和视频工程师需要提供专业的建议供教师参考。巧妇难为无米之炊，拍摄过程的把控程度决定了后期制作的效果。为了保证录制效果，在拍摄过程中可对 PPT 内容再次进行调整。比如，考虑到时长问题，对某一节的内容设置上下小节，以方便后期的剪辑以及同学们观看。

（三）录像完成后的工作

若录制时对于重录内容作了细微的调整，比如将需要录制内容的前后 PPT 内容进行了录制，或者对几部分内容进行了连续录制，录制结束后就需要在关于重录内容的表格相应位置进行修改，以便制作公司后期插入视频。此外，录制过程中发现讲稿和 PPT 需要修改的，也一并进行更正。录像完成后，制作公司需要进行以下工作以便后期制作：

1. 内容备份

部分线上一流课程的拍摄和制作是不同的团队进行的，此时拍摄的资料一定要按照标准进行存档以方便后期制作团队介入。按照标准对视频资料进行拷贝、备份、编码、存档是非常重要的工作，这个工作需要拍摄后马上进行，不能拖延到隔天。

2. 现场情况备注

在拍摄过程中会有一些调整和更好的设计想法，这种调整和想法须在前期或者棚内拍摄完成之后被及时地记录到备注信息中去，这些信息越完整越好，以便后期剪辑的人员借鉴。

二、实体课堂随堂录像

在实体课堂上进行随堂录像，一方面保持了课堂的原汁原味，另一方面可以通过平衡课堂教学与线上一流课程录制获得更好的录像效果。随堂录像有两种处理方式：一是直接录制课堂，剪掉无效部分，把课堂如实地呈现出来。这种方式比较简单，但对教师的要求很高，需要教师提前设计内容，逻辑清晰，结构严谨，并且能够充分把控课堂。为了达到好的效果，教师需要调整心态，甚至需要提前演练。对于制作公司，必须跟教师充分沟通，可以加入多媒体甚至学生的互动②，这些都会为这个课程添色不少。③ 二是精细化剪辑。例如把一位名师的课程翻新，就需要像做纪录片一样，把课程内容的台前幕后的内容都放进去，这样课程才能圆满。

---

① 【授课时长与内容调整】在实际拍摄过程中，如果讲稿事先准备得较为充分，在录制过程中就会较少大篇幅地增添与删改内容，但因为预估的讲授时长与实际讲授时长会存在差异，教师仍需要配合时长对部分章节进行适当调整。

② 参见王奇才：《论高校法学专业在线教学的要旨与趋势》，《中国大学教学》2020 年第 8 期。

③ 【对课堂讨论的录像处理】现在高校大多鼓励课堂讨论，但在线上一流课程录像过程中建议尽量减少讨论，以确保突出线上一流课程录像的主旨。如果必须开展一定的课堂讨论，应该尽量控制时间或者将讨论部分在后期剪辑时单独剪出，作为学生学习的素材。

具体要点如下：

第一，前后衔接。教师应当根据经验在课程快结束时注意讲授内容的进度，宁可提前 10 秒完成讲授，也不要在下课打铃过程中讲课。每节课开始时对上节课的内容作 1 分钟左右的回顾，这样在前后两次录像中可以就这部分内容选择更好的版本作为原始录像。

第二，突发情况处置。上课过程中会遇到突发情况，有的来自学生，如热水杯突然摔碎引起尖叫；有的来自教师，如突然咳嗽、打喷嚏。此时建议在突发事件结束后，由助教记录下时间点，并对着摄像镜头说明这一段需要剪辑，尽量恢复到突发事件发生之前的站位和姿势，此时切忌翻动 PPT。课后将突发事件记录告知剪辑工作人员，以便他们处理。

第三，课时安排。因国家调休等，每学期都会耽误 1—2 次课程。考虑到线上一流课程在线教学不受调休影响，线上一流课程录像应当按照一学期的实际长度录制，解决方案就是在期末进行集中录像。此时还可以对之前录像需要补充和修改的部分重新录制。

根据录制的方式不同，具体可以分为人工录像和自助录像两种方式。具体如下：

第一，人工录像，即由专业的摄像师到授课现场录制。这种录制方式的优点在于录像质量可以保证，缺点在于摄像师的到场往往会引起学生的注意，进而影响教学效果。人工录像的要点包括：（1）课前与摄像师的沟通。每位教师都有自己的授课习惯，因此课前与摄像师的沟通是必要的。沟通内容主要包括站位、走动习惯、突发事件的处理等。（2）学生座位与摄像机机位的协调。不少学生第一次见到专业摄像设备和经历课堂摄像，难免兴奋或者紧张。建议将学生安排在前排就座，摄像机尽量安排在学生座位之后，并保持一定的距离，避免出现因为意外触碰导致摄像机摔倒等情况。（3）课后给摄像师 PPT。摄像师对于课程内容并不熟悉，课后一定要将 PPT 发给摄像师，并在邮件中详细说明每次课程对应的 PPT 页数，避免出现剪辑过程中“张冠李戴”。由于大多数录像制作公司并无 PPT 版权保护的流程和规则，如果教师的 PPT 有版权保护的必要，建议转化为 PDF 格式并加密。

第二，自助录像，即由教师自助使用高清录像设备进行录像。这种录像的优点在于没有摄像师在场，学生可以照常上课而不受干扰，教学效果较好。缺点在于教师需要兼顾教学和录像两项工作。但根据本书主编的经验，经过对相关设备操作的学习和熟悉，从保证教学效果和主导教学进程的角度，自助录像更适合线上一流课程的录制。自助录像的要点如下：（1）录像准备。教师需要在上课之前进行试录像。一方面是为了检查机器设备，另一方面能够确保录像设备的开启。① （2）录像管理。教师自助录像的优势在于可以主导录像进程，建议在喝水、停顿等时使用暂停功能，每节课结束时使用停止功能。按键动作要自然，以确保录像效果。② 后期剪辑时可以将按键动作删除。（3）录像管理。自助录像实现的前提是摄像头可以自动跟踪教师的位置，但教师走动速度不能过快，否则将导致摄像机无法自动跟踪或者聚焦困难等问题。此外，课前应确保固定摄像范围刚好能够涵盖整个黑板和 PPT 幕布，这样一方面可避免学生观看录像时无法看到黑板和幕布上的内容，另一方面也可避免镜头拉得太远导致黑板和幕

① 【上课前忘记开启录像】自助录像时要注意录像设备的录像状态提示灯，也可以由助教提醒教师录像，做到双保险。

② 【开始/停止键的条件反射】教师可以有意地在打铃时按开始/停止键，形成打铃就按开始/停止键的条件反射，以避免忘记开启/停止录像的错误。

布上的内容不清晰。①

三、特殊技术处理录像

（一）绿幕模式

绿幕模式的拍摄形式是目前应用最广泛的模式，很受教师喜欢。这种方式在讲授教师身后挂一个绿色帷幕来拍摄，拍摄后通过计算机程序将教师的形象提取出来放在指定的场景中，这样就能满足教师对背景环境的要求，也便于插入各种形式的素材。这也是很多在线课程制作单位比较推崇的模式。

（二）纯背模式

纯背模式指的是用纯色幕布作为背景的拍摄模式。严格说来，绿幕也是纯背模式的一种。常用的纯背标准一般是灰、白、黑三种颜色，这三种颜色比较容易搭配课程内容。因为其背景简洁，衬托人物清晰立体，能够突出人物形象，所以纯背模式很受讲授者欢迎。尤其对个人形象要求高的人，更倾向选择该模式。纯背模式在后期制作的时候，可以叠加一些花纹配饰，以达到精致效果。

（三）书架模式

书架模式在访谈类节目中经常看到，是非常好的拍摄环境。这种模式容易衬托人的内涵，也让画面更丰富，同时可以让一些细微失误更容易被忽略。书架背景，给人一种学者的气息，很多教师愿意选用。

（四）真人动画模式

真人动画模式是在真人讲解过程中，及时插入一部分动画。人在讲述的同时动画也在运动，此时动画起到强调和画龙点睛的作用。

（五）纯动画模式

纯动画模式就是用动画展现课程内容。很多教师以为这种方式会比教师直接讲述效果更为生动。但在实际制作过程中就会发现，该模式的核心难题是为了保证准确度，需要讲授教师投入大量的精力。也就是说一个动画要做得好，教师在里面投入的精力是非常多的。动画需要设计脚本、打磨细节、配套知识、精细制作，做一分钟的优质动画，教师就需要耗几天的时间。所以不建议全面铺开，但有针对性地、精准地制作动画会产生很好的效果。

（六）虚拟仿真模式

虚拟仿真模式是近几年出现的新型慕课的一种形式。对于一些技能型的课程，虚拟仿真内容的插入会为课程添色不少。如将道路交通的虚拟仿真内容插入课程，学生就可以在学习课程的同时通过虚拟仿真进行演练和深度理解。虚拟仿真模式②作为学生实践体验环节，可以直接提升学生的学习效果。

（七）PPT 加绿幕模式

PPT 加绿幕模式就是以教师讲 PPT 的方式进行录制。PPT 是课程配套最直接的素材，讲

---

① 【录像摄制技巧】在摄制录像时，应当将全部屏幕纳入摄像头的录制范围，尽量不要将授课教师与多媒体设备放到同一个画面中，否则会导致多媒体设备上的 PPT 内容因底幕颜色过白而无法显示。

② 参见杨志等：《地方民族院校环境工程虚拟仿真实验教学课程的建设与实践》，《云南民族大学学报（自然科学版）》2020 年第 2 期。

授 PPT 也是教师最熟悉的状态，这种方式在制作课程的时候速度是最快的。PPT 加绿幕的形式非常接近于教师授课的实际环境，也是教师最熟悉的场景，用这种场景进行线上一流课程的制作，教师授课的效果可能是最好的，后期制作往往能起到一些锦上添花的作用，所以这种方式深受教师的喜欢。

（八）板书模式

有一些教师尤其是资深教师，他们有非常好的板书能力，但对于 PPT 的讲课方式往往还不太适应。在这种情况下，可以采用板书方式，也就是教师身边会有一块黑板，其他的素材会作为辅助材料呈现。一个好的板书凝聚了教师多年的教学经验，对于习惯板书授课的教师，板书模式录制效果也非常好。

（九）实景模式

实景模式是一种以实际场景为背景的模式。这种模式下的拍摄特点是背景特色鲜明，更有意境。场景和内容有直接关联，授课教师会更有状态。有的授课教师更愿意实景拍摄，如拍王阳明先生相关的内容就希望到阳明祠或者阳明洞去拍，拍杜甫先生的内容就到杜甫草堂去拍。但就实际情况来看，实景拍摄很受限制。如果有一个风景极佳、很安静、光线较温和的地方，那是非常好的。但如果只是基于情怀去选一个有历史意义的地方，而不考虑它的实际环境是否利于拍摄，则不容易达到预想的拍摄效果。如杜甫草堂是拍摄杜甫最好的地方之一，但是在旅游景点拍摄，想找到没有人且环境幽静的地方是很困难的，并且阳光太足或者光线太暗都不适合拍摄。

第三节　线上一流课程的字幕校对

由于字幕内容具有专业性，所以即使制作公司已经进行了字幕校对，仍然需要安排助教团队进行字幕的专业校对。制作字幕的公司很多是不具备法律知识基础的，在理解法律概念以及法律专业术语上会有偏差，同时因讲述者语速的原因，字幕录入者可能会有遗漏以及存在标点乱用、不符合标点符号用法的情形。字幕校对工作是考验耐心和细心的工作，因为规定了校对时间，“时间紧、任务重”，看似毫无技术含量，但课程的品质往往就体现在细节，以细节去丈量观众的认同感。

一、在 Word 中进行字幕校对

（一）字幕校对的准备工作

字幕校对首先应由助教将课程视频进行分发，并组织学生分组进行，助教分配视频片段后，其他学生需向该助教拷贝相关视频。进行校对工作，应当首先从头到尾观看线上一流课程视频，结合课件，确认字幕是否正确。如果视频中教师所说内容与字幕不一致，则需要判断是否为教师口误。如果是口误，则应确保字幕所呈现的内容是教师应该说的内容而非实际说的内容。其次，确认画面呈现的 PPT 内容是否有误，与实际课件不一致的应反馈。最后，确认审核字幕是否出现延迟、错别字等情况，根据视频时间轴记录错误的地方，记录格式为“视频编号、视频错误的具体时间段、错误内容、正确内容”。

在校对视频字幕时，将需要校对的视频按照 1.25 倍速播放，校对用时大约在 10 小时，需

要2—3天完成。① 线上一流课程视频的校对、标注一定要结合字幕和视频进行，并将字幕插入视频中播放，切忌只看其中一部分。② 应当以讲义为蓝本，先根据字幕进行一轮标注，再根据视频进行二轮标注，两轮标注完成后一定要进行检查。③ 线上一流课程视频标注因为分类很细，花费的时间较多，要提前做好规划，保持头脑清醒，仔细认真地标注。④ 校对的字幕和视频合一，因此校对的反馈形式是在Word里面注明需要纠正的时间和内容。⑤ 视频时间标注采用00：00：00的形式。纠正内容主要分为以下几类：（1）纠正错字。错字的纠正格式是“原来的错字”更正为“××”。字幕总体的错字率虽然较低，但仍应当认真对待。（2）减少不必要的语气词。对于诸如“了”“哦”“嗯”之类的语气词，如果不加删减地存在于字幕中会影响学生的信息获取，故应当对相关内容进行删减。（3）规范用语。当《民法典》及其相关司法解释出现在字幕中时，应当从方便学生查找相关资料的角度出发，使用有关法律文件的全称，如《中华人民共和国民法典》。对于司法解释应当使用全称并注明字号。（4）提示需要合理分段。视频字幕应按照意群等方式分段，而不是穷尽每一行字幕字符范围的极限，否则将影响观看体验。（5）特殊处理。对于字幕颜色因和环境、教师着装颜色接近而难以辨别的情况，应当注明字段并提示更改颜色。

在Word中进行字幕校对需要将ass文件⑥的内容全部复制，然后“无格式粘贴”到Word中，保存文件名为“《侵权责任法》第××讲”，同时将对应的视频文件保存为同样文件名。将同一章的视频和对应的Word文件，放在“《侵权责任法》第××章”的文件夹中。

同时，校对过程中应注意表格⑦格式统一⑧、视频时间格式统一⑨、原文本和修改建议一栏的标红字体部分统一⑩、标点符号格式统一⑪、记录格式统一⑫等问题。在修改过程中，应

---

① 【视频倍速播放】看视频尽量使用1.25倍速播放，以节约时间、提高效率。需要注意的是，非百度云会员无法使用倍速播放功能，但可以下载视频（一定要下载原画画质），再将下载后的视频导入VLC播放器，这样就可以倍速播放了。

② 【分设备进行校对】同时看线上一流课程视频与定位制作表格需要在电脑上同时切换窗口，比较麻烦，使用两个设备如平板与电脑，在平板上看线上一流课程视频，在电脑上制作表格较为方便。此外，也可以在电脑上并列显示窗口功能。

③ 【重复确认检查】完成所有的校对工作后复听一遍，可以倍速复听，也可以常速复听，重要的是对查出错误的部分要再做一遍检查。

④ 【校对工作需细致认真】线上一流课程视频字幕校对需要结合课件全程观看线上一流课程视频，需要专心、专注，完整记录错误出现在视频里的时间、具体错误内容以及如何修改。

⑤ 【校对时发现问题的处理】发现字幕有错误时应当及时暂停、倒带，一帧一帧地听教师的表述，确认是否自己理解有误。发现确有错误的，应当截图保存，尝试写出听到的正确语句以及正确的法律术语，交给授课教师做最后的验证。

⑥ 【用srt格式文件修改字幕】用srt格式字幕文件作为Word文件的原版，可以省去很多显示上的干扰，因为srt格式文件只有“序号-时间轴-字幕-空白行”，而不存在字幕前面的一大串口令干扰校对。

⑦ 【表格的合并】标注工作通常都将法合码出现的时间单独标记在一个表格当中，法合码出现之前的字幕需要删除的，可以将法合码删除的建议直接放入一个表格当中。

⑧ 【表格格式统一】对于格式的统一问题，需要在小组建群时提出来讨论并由负责人确认，避免后期因为格式不一致导致返工。如在更新“民法总则”课程的时候，对于将“《民法总则》”改为“《民法典·总则编》”的表述需要保持统一。

⑨ 【视频时间的格式统一】视频时间的格式采“00：00”还是“00：00：00”形式都需要统一，以便后续检查校对。

⑩ 【原文本和修改建议一栏的标红字体部分统一】原文本和修改建议一栏的字体是否需要标红应该在分工时统一。

⑪ 【标点符号格式统一】在替换法条的过程中，注意《民法典》条文的标点符号是半角符号，替换之后需要把标点符号换成中文状态下的标点符号。

⑫ 【记录格式统一】如在进行校对工作时，对于一个时间段内出现的问题，需要事先确定是只记录问题开始的时间，还是记录整个问题存在的时间段。两种方法都行，只是为了最后的格式统一，需要事先确定一个固定格式。

及时更新文本内容，在背靠背交叉检查完成后①，及时反馈和汇总校对信息。②

（二）左侧 Word，右侧录像

建议使用“暴风影音”软件配合 Word 进行字幕校对。选择一台宽屏电脑，将需要校对章节的 Word 字幕文件打开，调整大小比例到 Word 界面正好能够显示一行字幕，然后用暴风影音将对应的录像打开，调整大小比例至右侧剩余宽度，加载字幕播放，并调整为全屏，开始进行字幕校对（参见图 2-1）。

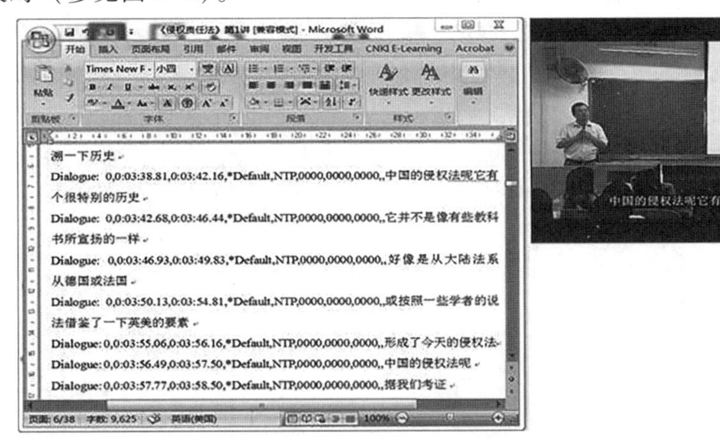

图 2-1

当发现字幕错误需要修改时，用空格键暂停，按 ESC 键缩小为右侧界面，在左侧 Word 界面检索需要修改的内容。对需要修改的内容，根据不同的情况作如下处理：（1）错误内容的修改。将错误内容标记为红色，在其后用“(???)”予以标记，将修改的正确内容写在“???”之后、右侧括号之前。（2）遗漏内容的增加。在需要插入内容的位置用“(???)”予以标记，将需要插入的内容写在“???”之后、右侧括号之前。（3）多余内容的删除。将需要删除的内容标记为红色，用 Word 其他格式的横划线功能标记为“~~ABC~~”，在其后用“(???)”予以标记。（4）断句错误的修改提示。发现字幕断句错误的，如“……实事求是……”断句为第一行字幕为“……实事求”，第二行字幕断句为“是……”，在第一行字幕末尾用红色“(??? 断句错误)”予以标记，供后期 ass 文件修改时参考处理。③ 尽管 Word 修订功能能够很容易展示文件的修改情况，但考虑到字幕修改的不同情况需要作不同处理，建议用上文建议的“土办法”处理，以免出现错误。

（三）举一反三

对于在同一个字幕文件乃至整个授课过程中的常见错误，在第一次遇到时，可以做“举一反三”的处理。如果是整个授课过程中的常见错误，由于存在跨字幕文件的情况，为避免

---

① 【背靠背交叉检查】统筹工作中大家背靠背同时进行，最后由一位学生汇总，这样可以最大限度地保证内容的全面覆盖。实践证明没有一个人找出了所有的问题，所以类似的工作应该保证同一段内容至少有两个人校对过，这样可以避免内容的遗漏。

② 【反馈和汇总校对信息】将以上信息汇总至负责人处并及时反馈给字幕公司修正。另需要针对字幕修改内容意见，形成下一次字幕制作的工作守则，避免重复劳动和不必要的工作量。

③ 【“???”的标记作用】字幕文件中一般不会出现“???”的符号，因此该符号可以作为检索的标记。如果字幕文件较为特殊，包含“???”，建议用“！@#”，即 Shift+1、2、3。

混淆，建议纳入《字幕校对常见错别词表》，在开始校对字幕文件时进行检索，并在 ass 文件中修改断句后作最后的检索。

由于断句错误，有些常见错别词在调整之前检索时会被遗漏，因此需要在 ass 文件断句修改完成后利用《字幕校对常见错别词表》进行最后一轮检索校对。如果是在同一字幕文件中重复出现的错误，按“Ctrl+Alt+S”对文档进行上下分栏，逐个检索错误字词，进行修改。①

二、修改 ass 文件

（一）对 ass 文件的修改

在已经修改的 Word 文件中，通过查找“???”搜索出需要进行修改的词句。对于需要修改的 ass 文件，点击右键，使用“记事本”程序打开（参见图 2-2）。

图 2-2

打开后的文件不仅会显示字幕内容，还会有时间标记等文字（参见图 2-3）。

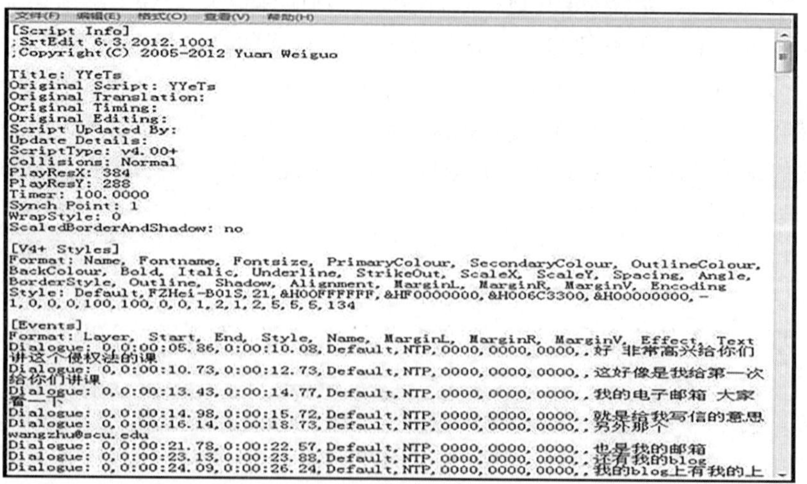


```
[Script Info]
;SrtEdit 6.3.2012.1001
;Copyright(C) 2005-2012 Yuan Weiguo

Title: YYeTs
Original Script: YYeTs
Original Translation:
Original Timing:
Original Editing:
Script Updated By:
Update Details:
ScriptType: v4.00+
Collisions: Normal
PlayResX: 384
PlayResY: 288
Timer: 100.0000
Synch Point: 1
WrapStyle: 0
ScaledBorderAndShadow: no

[V4+ Styles]
Format: Name, Fontname, Fontsize, PrimaryColour, SecondaryColour, OutlineColour,
BackColour, Bold, Italic, Underline, StrikeOut, ScaleX, ScaleY, Spacing, Angle,
BorderStyle, Outline, Shadow, Alignment, MarginL, MarginR, MarginV, Encoding
Style: Default,FZHei-B01S,21,&H00FFFFFF,&HF0000000,&H006C3300,&H00000000,-
1,0,0,0,100,100,0,0,1,2,1,2,5,5,5,134

[Events]
Format: Layer, Start, End, Style, Name, MarginL, MarginR, MarginV, Effect, Text
Dialogue: 0,0:00:05.86,0:00:10.08,Default,NTP,0000,0000,0000,,好 非常高兴给你们
讲这个侵权法的课
Dialogue: 0,0:00:10.73,0:00:12.73,Default,NTP,0000,0000,0000,,这好像是我给第一次
给你们讲课
Dialogue: 0,0:00:13.43,0:00:14.77,Default,NTP,0000,0000,0000,,我的电子邮箱 大家
看一下
Dialogue: 0,0:00:14.98,0:00:15.72,Default,NTP,0000,0000,0000,,就是给我写信的意思
Dialogue: 0,0:00:16.14,0:00:18.73,Default,NTP,0000,0000,0000,,另外那个
wangzhu@scu.edu
Dialogue: 0,0:00:21.78,0:00:22.57,Default,NTP,0000,0000,0000,,也是我的邮箱
Dialogue: 0,0:00:23.13,0:00:23.88,Default,NTP,0000,0000,0000,,还有我的blog
Dialogue: 0,0:00:24.09,0:00:26.24,Default,NTP,0000,0000,0000,,我的blog上有我的上
```

图 2-3

① 【重复错误的修改】在修改第一个错误时，检索该错误字词，然后复制修改后的字词。检索到第二个相同错误时，直接复制就可以快速完成重复错误的修改。为避免意外的错误替换，不要使用全文替换。

在 Word 文档中用“Ctrl+F”键搜索“???”，并在 ass 文件中查找和替换（参见图 2-4）。

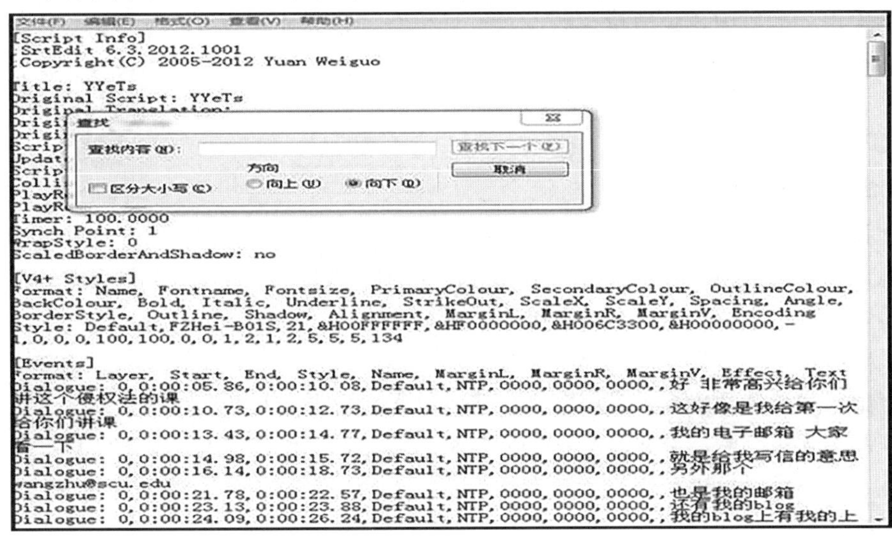

图 2-4

保存修改后的文件时，应在原命名之后加上“修改”，以与之前的文件进行区分。

（二）修改断句

授课过程中，所说的语句有长有短，而字幕每行的字数为了整体美观应有所限制。对于字幕中的断句可以通过三种形式进行修改：（1）在进行字幕听写时注意断句。因为在打字时，注意力要很集中，很难分身再进行断句。（2）制作时间轴时，可以在检查除错过程中，对于每行超过 20 个字的地方进行拆分。（3）在字幕制作完成后，使用 Time Machine 进行剪辑。

三、制作《字幕校对常见错别词表》

由于授课教师授课时间较长，授课内容庞大，在字幕听写过程中可能出现错别字。为了提高授课视频的质量，字幕制作团队需要在后期对全部字幕进行修改。通过对“侵权责任法”字幕文件的整理，归纳出以下六种常见错别字词类型，分别是：同音字、同音词；录入字词理解错误；删减和增加；英文字词句；人名；内容更新。

（一）同音字、同音词

所谓同音字、同音词，就是现代汉语里语音相同但字形、意义不同的字或者词。这种错别字词类型较普遍，同样的语音，会有很多汉字与之相对应。虽然在不同的语境下，我们知道该用什么字词，但是在记录过程中，还是免不了会出错。这些错误，有些比较简单，很容易判断，如“证明”与“正名”；但有些则不容易判断，如“权利”与“权力”，需要在不同的语境中进行判断。

（二）录入字词理解错误

在整理字词时，有些字词需要主观判断，如“转存”与“转承”、“设备”与“设施”、“发明”与“发现”，这些字词虽然只是一字之差，意思却相差甚远，如果没有听明白教师的意思，仅凭自己的判断，便会出现错误。

（三）删减和增加

这类错误出现的原因比较简单，要么是重复多余，要么是遗漏内容。但是，这种类型的错误还是比较普遍的。通过对所有的错误的整理分析，发现重复主要是粗心所致，而遗漏内容在很大程度上是因为不能理解教师的意思或者听不清楚，这就需要根据教师的意思进行修改，进一步完善。

（四）英文字词句

如果在授课中有英文，那么英文的出错率是极高的，甚至可以达到百分之八九十，这是尤其需要注意的。为了方便学生更加清楚地理解授课内容，需要在制作字幕以及修改字幕时，和授课教师沟通，提高专业英语词汇的正确率。

（五）人名

之所以把人名单独列出来，是因为其出错率也很高，十之八九会出现错误。人名无法根据自己的常识和主观来判断。中文名字不容易判断，英文名字更是难上加难，所以此类错误很难避免，只能在整理的时候进行修改。

（六）内容更新

由于视频的录制与学生看到视频之间存在时间差，有些法律文件需要予以更新。以“侵权责任法”课程为例，其中提及的《环境保护法》在 2014 年 4 月 24 日修订，所以之前课堂录制中提到的《环境保护法》都需要修改为“原《环境保护法》”。并在视频中对此作出相应的解释，比如根据新法，应该如何进行判决。

第三章　线上一流课程平台的搭建

线上一流课程平台的搭建是开设一门课程的最基本的条件。目前，国内各大线上课程平台要求的搭建过程大同小异。本部分将以中国大学 MOOC 平台为例详细介绍线上课程平台的搭建过程。

第一节　线上一流课程习题库的制作

一、习题库制作概述

习题库是各大线上课程平台都必备的内容，也是必要的辅助教学材料。相较传统授课方式，线上课程教学有着无可替代的优势，如拓宽受众范围、提高教学效率等。但与此同时，由于缺乏面对面的沟通，视频的交互性①和对学员的约束性可能达不到传统课堂的效果。为了解决这些问题，达到更好的线上教学效果，项目组成员设计了与课程配套的习题演练环节。这一方面是因为“现学现卖”对加深知识点的理解会有所帮助；另一方面是因为从听课到答题的切换也能在一定程度上丰富课程节奏，有效避免单一听课引发的“灵魂不在线”。此外，答题的过程也可以被理解成一个获得反馈的过程，学员通过答题可以了解和评估自己的学习效果。②

由于各大线上课程平台对习题的要求都比较高，而且基于突出各平台的教学特点以及版权方面的考虑，各平台均要求线上课程的习题具有独创性。因此，授课教师在建设线上一流课程之前，建立具有独创性的习题库是必不可少的。但由于出题工程工作量大、题目质量要求高，按照项目组的测算，出题的数量在 2 500 道左右，出题小组一共 12 个人，每个人平均是 200 道以上的工作量，在时间安排上也比较紧张，需要在 3 个月内分批完成全部任务。为避免大家在最后期限之前密集“赶作业”，导致出现题目质量不高的情况，统筹布置、科学分配团队的出题工作量是很重要的。

习题库可以分为基础习题库、实训习题库和专业考试习题库。基础习题库包括客观题和主观题两类，客观题分为单项选择题、多项选择题和判断题，主观题分为简答题和论述题。实训习题库包括客观题和主观题两类，客观题分为单项选择题和多项选择题，主观题为案例分析题。每种题型所占比例和难度系数分布都需要严格按照预先设计的模型进行。除了极少量可以直接“引用”历年法（司）考真题之外，其他都需要大家充分发挥专业能力与想象力现场创造。专业考试习题库是由某专业领域具有一定权威性的考试题目汇编而成的题库，这类题目难度系数较高，可以作为线上课程平台习题库中的拔高类试题。对于法学类课程来说，实训习题

① 参见王孝金、穆肃：《在线学习中深层次学习影响因素研究》，《电化教育研究》2020 年第 10 期。

② 参见张丙印、于玉贞：《在线课堂的过程控制与教学效果分析》，《高等工程教育研究》2020 年第 5 期。

库体现为案例习题库。① 以“侵权责任法”课程为例，国家统一法律职业资格考试作为中国法律人的权威考试，难度系数较高。我们选取历年考试中考查《民法典·侵权责任编》和原《侵权责任法》相关内容的试题，将这些试题按照《民法典·侵权责任编》的条文顺序进行整理，进而按照习题的难易程度和习题类型将其编入基础习题库和实训习题库。

基础习题库不仅可以用于单元测试，也可作为插入的弹题以及课后习题。插入线上课程弹题的意义有两点：一是辅助学习线上课程的学生巩固该小节的知识点，加深对法条和学理的印象；二是防止学生在学习过程中注意力分散。题目以弹题的方式呈现时，需要根据课程进度确定弹题的出现时间点②，最后将所有的弹题的题目、答案以及时间点整合在一起。需要查看线上课程视频中的讲课内容，根据课程内容编制相应的题目。当视频中出现某个重要的知识点时，视频会在指定的时间点弹出对应的问题帮助学生理解吸收。要做好弹题需要确定好视频相对应的时间，把 PPT 文本当中的知识点加以整理和修改成一项单选题或者多选题，安插在线上课程视频当中。③ 具体的插入弹题方法如下：进入教学单元内容发布页，点击插题的小节，编辑教学内容。再点击上传视频那里的向下箭头，在传字幕的下面“课间提问”确定插题的时间点，再把内容替换为新的即可，点击右边的笔进行编辑（参见图 3-1、图 3-2）。

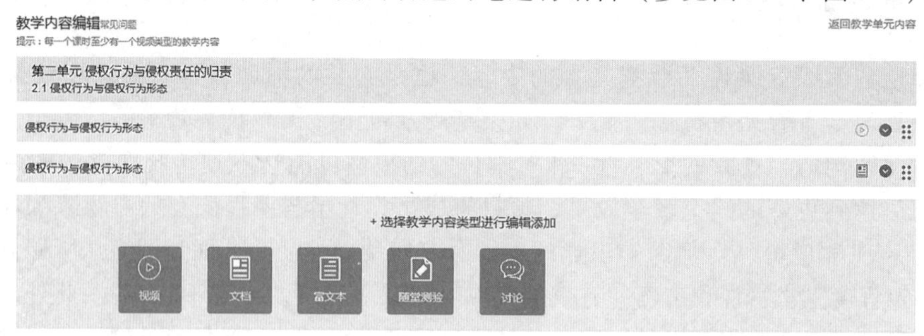

图 3-1

图 3-2

① 【习题库的出题内容】习题库的题目应当尽量保证在教师的 PPT 范围内。题目内容可以分为两种类型：一是直接将 PPT 原文稍作改动设置的题目；二是需要理解后才能作答的题目。以前者为主，后者为辅，因为线上课程的受众包括了非法学专业的学生。

② 【弹题出现位置的定位】在进度条部分弹题出现的位置有一个小点，可以拉进度条到小点的前面一点，注意不能直接拉到小点的位置，否则题目的答案可能无法显示，且容易出现失误。

③ 【弹题文档汇总】根据文档的要求在视频播放期间插入弹题，需要依照 PPT 找到对应内容的知识点，再将这个编成文件。如某节课某节几分几秒出题的内容是什么，答案是什么，形成文档并汇总。

插题环节一定要严格按照预先设计好的模板操作，包括但不限于字体型号、字体大小、标注位置、选项后空格的数量、标点符号设置的状态（中文/英文）等，若标准不统一则会出现多版本，最终是不可用的。为了避免返工，应当从一开始就仔细观察模板再开工，甚至可以完成两道、三道习题插入后就进行交叉检查，查看是否具有忽略的细节，从而避免一错到底、返工重做的情况。

设置细致的课后习题是为了进一步确保教学质量。为了让学生及时巩固所学知识，不仅需要在视频播放的过程中穿插弹题，还要在课后设置题量合适、难度适中的习题。课后习题主要测试学生对当前视频的掌握程度和学习效果。如果同学没有达到相应的分值，则无法通过测试。在设置习题时，应根据视频小节的主要内容出一些基础性的题目，以起到巩固知识点的作用。线上课程课件的习题插入是指在标题页 PPT 以外的其他 PPT 备注中插入与对应页面内容相关的练习题。每张 PPT 后插入一道题目，题目如在前期编写的题库已有，可以直接插入；如题库中没有与该页课件知识点一致的题目，则需要另行编制。① 插入题目时在题干最后根据题目的难度标记不同数量的“★”：“★”代表 PPT 知识点或者法条的直接再现，“★★”代表知识点和案例实践的简单结合，“★★★”代表法（司）考题难度。这样可以清楚地表示每个题目的难度类型，方便学生了解自己掌握知识点的情况。线上课程习题的插入虽然看上去简单，但也容易出差错。在题库中查找每页 PPT 对应知识点时可以用关键词查找法，避免遗漏。②

二、基础习题库的编写

编写线上课程练习题的前提是准确理解法律法规或法学原理背后的逻辑。出题时需注意题目的类型和难度的划分。③ 题目基本以单选题为准，难度要适中，适当控制偏简单和偏难的题目，需要出题人自己根据课程受众把握。因为线上课程适用的人群一般是非法学学生，太难会影响学生的学习激情，过于简单则难以体现学生之间学习质量的差异。题目最好比较综合，保证认真学习的同学能够综合所学找出答案。在基础习题库难易程度上，分为三个层级④：

第一，初级习题。该类习题应当按照 PPT 内容进行编写，即只要观看了视频并熟知了 PPT 的内容，就可以找到标准答案。这部分习题主要安插到视频中，即时检测学生是否按照要求完成视频学习，主要题型为单选题和判断题。

第二，中级习题。该类习题应当具有一定的综合性，可以综合授课教师的讲课内容和多张 PPT 的内容。这部分习题应当达到需要学生综合多张 PPT 或者一节的相关内容才能作出正确回答的难度，可以用于章节测验，主要题型为多选题和简答题。

第三，高级习题。该类习题应当具有灵活性和实用性。这部分习题可以设置为无标准答案

---

① 【习题库的修改更新】更新题库既要熟悉法律专业基础知识，又要了解《民法典》的最新动态，并结合教师讲课所用的配套讲义或者 PPT，及时发现题库错误，根据热点和新修改的条文，对原题库进行修改和更新。

② 【检查配套习题】插入习题时，页面下方之前已有习题的，需要注意检查课件内容是否更新，之前的题目是否仍适合，应避免课件中的法条或内容已更新但题目仍然是旧版的情形。

③ 【同一知识点试题的编写】对于同一简单知识点，尽量避免单选题与判断题、多选题与简答题实际考查点的重复。论述题与案例分析题可以就同一综合知识点进行考查，即从不同角度引出同一综合知识点。

④ 【习题难度分级的标注】为了标记习题的难度，建议在试题编写页面用“（Ⅰ）”“（Ⅱ）”和“（Ⅲ）”等区分，以避免和选项的 A、B、C、D 混淆。

的开放性试题，旨在发散学生思维，可以用于期末考试，主要题型为论述题。

（一）基础习题库的编制要求

线上课程习题的制作主要由博士生按照授课教师的要求把具体任务分配给研究生来完成。合理分配每个人的工作量，并设定任务完成的截止时间，以保证工作效率。制作线上课程习题是线上课程负责人与课程参与人共同的责任，线上课程的开发和建设是一个系统性的工作，需要团队合作完成，因此顺利完成课程的制作必须建立团队合作意识。

线上课程题库的出题一共分为两个阶段。第一阶段由大家自行出题并附上答案，题型分为选择题①、填空题、判断题②，难度为中等，汇集成一个题库。为了保证线上课程的教学效果，每页课件下方都有对应的一道练习题，主要考核该页课件的关键知识点；每个章节结束后也有少量的练习题用来检验每章的学习效果。每个课程的题库数量是500道，题型都是客观题，题目的来源主要是法（司）考真题、模拟题以及法律法规条文。第二阶段是在已经出好的题库中对题目进行筛选，选出适合相应年级和专题的题目进行重新排版。③

建立基础习题库是一项艰巨而耗时的工作，需要习题编制者在熟悉授课教师所讲授内容以及现有习题资源的基础上充分发挥创造性和能动性。首先需要把出视频弹题的PPT全部看一遍，寻找适合出题的内容，规划出题的位置。其次是出题。视频弹题内容一般比较简单，大多时候直接用PPT里面的内容就可以了。有的章节PPT内容比较丰富，出题就很容易；有的章节PPT内容相对较少，就需要额外出题，通常可以将网上的试题和答案改编后作为题目。④

为了建立较为完善的习题库，对基础习题库的编制有如下要求：（1）每道习题至少经过习题初稿编制人、习题复审人和习题定稿人三轮审查程序方可定稿。初级试题可由高年级硕士生编制初稿，博士生复审，教师定稿；中级试题可由博士生编制初稿，另一位博士生复审，教师定稿；高级试题应当由博士生编制初稿，一位教师复审，另一位教师定稿。（2）作为习题编写的准备工作，包括教师在内的习题编写参与人至少还应该另行认真听完一遍该门线上课程的全部录像，这样，才会有足够的经验将授课和上课时自己对本节课程的思考和难点进行初步记录和整理，进而使得该部分内容成为习题编写参与人日后编制习题的有效资源。（3）参与试题初稿编写的博士生和硕士生应当至少全程参与过该门线上课程对应的实体课堂的教学工作，如担任过该门课程的助教。试题复审人的工作内容包括内容和形式两方面。内容方面主要侧重该习题所对应的知识点是否有争议、习题选项与题干是否对应等；形式方面主要侧重习题所使用的语言是否为该领域的通用语言以及是否编制习题的正常用语。（4）负责定稿的教师应当对该门线上课程所在领域有较深研究和丰富的教学经验，并实际承担过该门线上课程对应实体课程的教学工作。定稿工作需要根据对所授课程的理解对习题进行全方面的审查编辑，并

---

① 【选择题的选项设置】在编制选择题的选项时，有时会出现无法凑够4个选项的情况。如果是单选题，建议改为判断题；如果是多选题，建议尽量编制4个选项，要杜绝“以下/以上选项全对/全错”这样明显不符合习题编制习惯的表达。

② 【判断题的编写】建议判断题的编写以法律、司法解释明文规定或者确定的学说为基础，尽量避免编写有学术争议的题目。

③ 【客观题与主观题的编写界面】为方便后期的线上课程平台上传工作，建议客观题“初稿-复审-定稿”均在PPT的备注栏目中完成，这样上传到线上课程平台时，就可以参考PPT的排序直接选择插入位置。同时建议每节主观题与客观题所在的PPT同样命名，这样在同一个文件夹中就会连续排序了。

④ 【传图识字识别网题】当网上有些题不让复制时，可以用微信小程序“传图识字”，比较方便、快捷、准确。

最终定稿。

中国大学 MOOC 平台允许对一个选择题编写超过 4 个答案，但系统在前台只显示 4 个选项。例如，正确选项为 2 个以上的选择题，总选项可以为 5 个及以上。系统会随机选择 4 个选项，如果设定为单选题，系统将选择 1 个正确选项和 3 个错误选项；如果设定为多选题，系统将选择 2 个以上的正确选项和相应的错误选项。但如果出题本身对答案的设定有一定的学理性或者逻辑性，则不宜编写 4 个以上答案，以免随机选择的答案误导学生。对于多选题选项的设置，可以“侵权责任法”课程为例予以说明。如第十二单元“医疗损害责任”，在编写多选题时可进行如下设置。

题目：客观病历资料包括（　　）。

正确答案：保管住院志；医嘱单；检验报告；手术及麻醉记录；病理资料；护理记录；医疗费用清单。

错误答案：死亡病例讨论记录；疑难病例讨论记录；上级医师查房记录；会诊意见；病程记录（参见图 3-3）。

图 3-3

（二）基础习题库的题目数量

确定题库数量时，首先要根据课程章节所对应的法律条文数量和法（司）考真题数量确定每章的题目总额，确定总额后再根据单选题（为主）、多选题（不超过 20%）、判断题（不超过 10%）的标准确定不同题型的数量。出题过程中法（司）考真题可以直接用，模拟题需要重新编写，法律条文也可用来编制不同类型的练习题。

关于习题的数量，需要授课教师在把握所授课程的基本进度和内容的基础上确定。① 虽然建立习题库是一项长期项目，习题的增加也是循序渐进的，但授课教师在新建一门线上课程时，至少需保证以下数量的习题：（1）保证平均每一张 PPT 至少有一道客观题，题型可以是单项选择题、多项选择题或者判断题，这样至少可以保证有足够数量的习题插入视频。（2）保

① 【基础习题题库数量】“侵权责任法”课程包括 12 章、123 节、445 张 PPT。基础习题题库现阶段共有 500 道客观题、150 道简答题、25 道论述题。

证每一节至少有一道简答题。这样至少可以保证每单元或每章的单元测验或章测验有一定数量的题目。(3) 保证每一章至少有一道综合型较强的论述题。单元测验或章测验可以由客观题和主观题组成，具体需求视所在线上课程平台的要求而定。

三、案例习题库的编写

案例习题库编写的目的在于提高学生对知识的实际运用能力，启发学生如何将所学知识与具体案例相结合。

(一) 基于简单案例的案例习题编写

简单案例的来源主要包括法治新闻、《人民法院报》刊载的法官论文、微博与微信上转载的各类相关帖子以及各类法治节目。此类案例的案情一般较为简单，适合编写客观题。

简单案例的案情一般已经经过了来源文献的处理，只需对当事人姓名进行处理①，根据出题需要进一步予以简化和调整，并设定选项。对于双方法律关系或者单一标的的案例，建议编写单选题；对于多方法律关系或者多个标的的案例，建议编写多选题。

(二) 基于复杂案例的案例习题编写

复杂案例的收集方式包括《人民法院案例选》《中国审判案例要览》《中华人民共和国最高人民法院公报》以及最高人民法院发布的指导性案例和典型案例。此类案例的案情一般较为复杂，适合编写案例分析题。具体要点如下：(1) 复杂案例的改编除了对当事人进行处理之外，更为重要的是突出需要考查的知识点，尽量简化非考查知识点，并且要考虑到题目所在章节之前的知识铺垫，尤其要避免过度考查尚未讲授的知识点。(2) 案例分析题可以提出开放性问题，让学生自由发挥；可以通过多个问题逐级引导学生针对考核的知识点进行展开，达到考核和促进学习的目的。② (3) 对于涉及法律、司法解释条文适用问题的案例分析题，可以向学生明确需要依据的法律、司法解释的名称。在课程开展的前期，如有必要，也可以列出法律、司法解释的条文供学生参考。

(三) 案例习题库的题目数量

案例习题随着教学内容深入呈现出数量逐渐增加、综合性逐渐加强的态势。在案例习题的题型上，靠前的章节以单选题为主，随着课程的不断推进，应逐渐增加多选题和案例分析题的数量。章节测试的案例分析题要尽量涵盖该章节的内容，期末测试的案例分析题则尽量综合多章节内容，或者体现整个课程的体系性。③

---

① 【案例当事人姓名的处理方式】作为线上课程习题，为避免潜在纠纷，建议不采用原案件的当事人姓名。原告建议以 P1、P2、P3 替代，即 Plantiff；被告建议以 D1、D2、D3 替代，即 Defendant；第三人建议以 T1、T2、T3，即 Third Person；雇主建议以 Er 替代，雇员建议以 Ee 替代，即 Employer 和 Employee。缩写应尽量避免使用 A、B、C、D，以区别于选项中的 A、B、C、D。

② 【“一案多题”的题型设置】对于涉及多个法律关系的复杂案件，本可以考虑一个案例编写多个试题，作为“一案多题”试题组出题，但现在的线上课程平台大都不支持这一功能。在线上课程平台支持这种出题方式之前，如果希望作为平时练习题，只能将法律关系拆分后单独出题，或者作为线下考试的试题。

③ 【案例习题题库题型及数量】“侵权责任法”课程案例题库包含 100 道案例单选题、100 道案例多选题、100 道案例分析题。

四、法律职业资格考试习题库的编制

（一）法律职业资格考试习题库的编制要求

与其他一般习题库的编制略有不同，法律职业资格考试习题库的编制不需要编制者进行创造性活动，只需要编制者将历年法律职业资格（司法）考试中关于侵权责任法的相关习题进行分类整理。但由于法律职业资格（司法）考试题目本身难度较高，且后期分类要求编制者对侵权法的相关知识都能有相对比较清晰的认识，因此对编制法律职业资格（司法）考试习题库的人员有如下要求：（1）已完整并认真学习“侵权责任法”课程一遍以上，对侵权责任法的相关知识有比较透彻的认识，建议编制法律职业资格（司法）考试习题库的人员至少是民商法学在读硕士，其中民商法学硕士（侵权责任法方向）的同学优先考虑。（2）已于近两年之内认真复习并完整参加法律职业资格（司法）考试，对考试中侵权责任法所考查的知识点有相对清晰的了解。（3）第一轮习题库初步整理完毕后，由民商法学博士（侵权责任法方向）或教师对习题库答案进行核对，尤其重点关注 2020 年《民法典·侵权责任编》颁布之前的考试题目，检查这些题目的答案是否已按照现行法的规定重新进行整理。

对历年法律职业资格（司法）考试题目进行整理时，应当注意参考书目的选用，建议选用有考点解读的《民法典·侵权责任编》法条和法律职业资格（司法）考试历年真题及考点归类精解，主要借鉴其中的已考考点及已考法条归纳部分和历年真题详解。[①]

（二）法律职业资格考试习题库的编制方式

法律职业资格考试习题库主要按照“侵权责任法”课程的大纲对历年考试题目进行体系化整理。[②] 在编制时，编制人员要从如下几个方面对考试习题进行整理：（1）将《民法典·侵权责任编》条文按照“侵权责任法”课程大纲进行分类整理，在每一节的节名称后面标注具体条文。[③]（2）从历年法律职业资格考试中筛选出与侵权责任法相关的试题。[④] 筛选题目时需注意应将题目的答案同时整理到相应题目后，建议考试真题以及答案主要参考司法部国家司法考试中心的考试课堂相关内容。司法部网站是每年法律职业资格考试的报名及成绩公布的官方网站，因此在该网站上公布的考试真题与答案具有权威性。[⑤]（3）将上述按年份整理好的真题按照《民法典·侵权责任编》法条进行体系化。具体方法是在上述整理好的已插入习题的表格中将考查条文和对应授课知识点和所属题库进一步完善。以 2014 年司法考试卷三第 66 题

---

① 【电子档书目的选用】由于所有习题最终将以电子档的形式编辑到线上课程网站中，建议尽量将上述书目的电子档尤其是历年真题的电子档在互联网中搜索并下载到电脑中，以便随时编辑，最大限度地节省时间。

② 【编制法律职业资格考试习题库并整理索引】由于法律职业资格考试习题库中的所有题目将分门别类地整理到基础习题库和案例习题库中，且在线上课程平台上将以考查“侵权责任法”课程相应知识点的形式出现，因此可以编制法律职业资格考试习题库并整理索引，方便查询。

③ 【条文与课程大纲相匹配】将《民法典·侵权责任编》条文按照课程大纲进行整理时，建议细化到节，原因在于各线上课程平台以碎片化的视频为单位进行组织教学，法律职业资格考试习题库编制完成后也要以碎片化视频为单位上传，而“侵权责任法”课程的碎片化视频是以节为分界点进行剪辑的，这样做能最大限度地避免重复劳动。

④ 【法律职业资格（司法）考试题目添加前缀】为便于后期整理，在筛选题目时需注意在前述表格中添加前缀，内容为题目类型、考试年份、试卷、题目编号。如 2014 年卷三第二大题第 66 题的前缀设置为：[多选 2014-3-66]。

⑤ 【法律职业资格（司法）考试题目分类整理】《中华人民共和国侵权责任法》2009 年 12 月 26 日由十一届全国人大常委会第十二次会议通过，于 2010 年 7 月 1 日起施行，因此在筛选题目时，首先应当以 2010 年为分界点，将 2010 年以前和 2010 年以后有关侵权责任法的考试题目进行分类整理。

为例，如表 3-1 所示。

表 3-1 法律职业资格（司法）考试真题范例

考试年份及试卷	考试题目	题目类型	题目答案	考查条文	对应授课知识点	所属题库类型
2014-3-66	甲家盖房，邻居乙、丙前来帮忙。施工中，丙因失误从高处摔下受伤，乙不小心撞伤小孩丁。下列哪些表述是正确的？ A. 对丙的损害，甲应承担赔偿责任，但可减轻其责任 B. 对丙的损害，甲不承担赔偿责任，但可在受益范围内予以适当补偿 C. 对丁的损害，甲应承担赔偿责任 D. 对丁的损害，甲应承担补充赔偿责任	多选	AC	35	第七章 责任主体的特殊规定 第二讲使用人责任	案例习题库

所有整理好的考试题将按照侵权责任法授课大纲的知识点顺序分别归入基础习题库和案例习题库。为避免重复劳动，进行第三步整理时，建议在电脑上同时打开基础习题库工作表和案例习题库工作表，首先确定习题所属的习题库类型，将确定好的习题通过“Ctrl+C”复制键和“Ctrl+V”粘贴键编辑到相应表格中，然后再完善考查条文和对应授课知识点，最后按照授课知识点的顺序通过“Ctrl+X”剪切键和“Ctrl+V”粘贴键将各自习题库的试题排序，以便后期上传线上课程平台。

第二节 线上一流课程平台搭建的资料

一、课程名称和章节名称设计

课程名称和章节名称设计是非常重要的一项内容，能够让学生第一时间了解学习的内容与结构。阅读时往往可以一目十行去搜寻想要的字句，但看视频时是很难做到的，学生必须从头往后看，或者快进看，或者跳跃地来寻找，而这种寻找的方式比读书的效率低很多。视频不太适合学生进行精细化的内容搜索，章节的标题应满足学生搜索内容的需要。彰显视频特点的标题，能够直接反映视频的内容，让学生少走弯路，也能够吸引到更多的学生。在设计标题的时候，有三种方式推荐给大家：第一种方式是将概念直接作为标题。这种方式可以让学生一目了然地知道讲课的内容。第二种方式是将知识点或课程所解决的问题直接作为标题。学生对这个问题感兴趣，就可以去学习了解。如果能够与学生心中的疑问产生共鸣，就是非常好的标题。第三种方式是以学习后的效果为标题。此处的效果就是告诉学习者学习之后有什么好处。

二、课程推介词和课程概述

课程推介词是与片花相对应的文字性表述，其不同于课程概述。课程推介词应当具有一定的文学色彩，而不是简单的平铺直叙。课程推介词应当囊括授课教师的风采和线上一流课程的特色。打一个不太恰当的比喻，课程推介词和片花相结合即这门线上一流课程的“脸”，课程推介词和片花的编制应当达到给选课学生一个选该门课程理由的程度。

课程概述是对线上一流课程的基本介绍，与课程推介词不同，课程概述尽量以客观的笔墨翔实地向选课学生介绍该门课程所囊括的内容。但撰写该部分内容时需注意，课程概述是以概述性的文字展示课程的基本信息，因此不要求面面俱到地对各章内容予以表述，内容尽量控制在 300 字左右。

三、公开学习资料

公开学习资料是部分 MOOC 平台上要求上传的除正式上课内容以外的供选课学生理解本门线上一流课程内容的资料。根据各大线上课程平台的要求，公开学习资料主要包括参考资料、公开视频和公开资料。

（一）参考资料

参考资料主要包括推荐教材和参考书目。授课教师在制作推荐教材目录时需注意尽量选择较新版本的与授课教师观点相差不大的教材作为推荐教材。与授课教师授课观点相左的图书可以作为参考书目。之所以这样区分，是因为 MOOC 平台上的选课学生大部分没有经过严格的法学基础系列课程的培养，贸然为其推荐与授课教师观点相左的图书很可能导致这些学生在学习过程中产生更多疑惑，将其作为参考书目，可以使选课学生在扎实理解授课教师所讲基本理论的基础上扩展其视野。

（二）公开视频

公开视频主要作为选课学生学习课程的辅助材料。由于各大 MOOC 平台的栏目设置和预期对象不同，公开视频在部分网站上没有专门的栏目予以呈现。

可作为公开视频的资源较多，主要包括授课教师自己主讲的公开视频和由其他教师主讲并经主讲教师授权的与授课内容相关的公开视频。视频的类型包括教师公开课视频、讲座视频、讨论会视频、研究生课程视频等。①

（三）公开资料

公开资料是与公开视频相对应的文字资料，主要包括两类：第一类为授课教师发表的论文等文献；第二类为经作者授权或已发表的与授课教师讲授内容相关的文字资料。公开资料的类型包括论文、研讨会资料、法条解读等。

第三节　线上一流课程的申请

受国际线上一流课程潮流的影响，国内先后有清华大学、北京大学、复旦大学、上海交通大学等高校加入 edX、Coursera 等平台。与此同时，2013 年清华大学正式发布第一个中文 MOOC 平台——“学堂在线”②，随后“中国大学 MOOC”“中国东西部高校课程联盟”“好大

---

① 参见孙长永、李燕：《建设一流研究生课程　培养一流法治人才——西南政法大学法学专业研究生课程改革实践探索》，《学位与研究生教育》2017 年第 8 期。

② 吴剑平、赵可等：《大学的革命：MOOC 时代的高等教育》，清华大学出版社 2014 年版，第 98 页。

学在线”等 MOOC 平台陆续推出。由本书主编开设的“侵权责任法”是全国第一门上线中国大学 MOOC 平台并开课的法学类课程。下文以该课程从准备到开课的全过程为例，对中国大学 MOOC 平台的建课以及运行方式等进行介绍。

一、中国大学 MOOC 平台简介

“爱课程”网作为教育部、财政部“十二五”期间启动实施的“高等学校本科教学质量与教学改革工程”① 支持建设的高等教育课程资源共享平台，于 2014 年 5 月 8 日与网易云课堂联袂打造并上线的中国大学 MOOC② 网站是目前唯一由教育部主导的线上一流课程官方平台。该平台免费提供工程技术、哲学历史、文学艺术、经管法学和农林医药等各类学科的课程。

中国大学 MOOC 平台主要由以下版块组成：(1) 课程介绍页。包括课程概述、证书要求、预备知识、授课大纲、参考资料、课程负载、内容类型、课程分类和授课教师简介等。(2) 教学单元内容。该页面主要通过添加视频、视频中习题、讲义文档、单元测验、单元作业等将每一周的教学内容展示给学生。(3) 公告区。该页面可由授课教师或其助教发布对学习进度或考核方式的提醒，勾选邮件通知选项后即可由系统发送到学生注册时使用的邮箱。(4) 讨论区。授课教师可在该区域组织对某一问题的讨论，学生也可在该区域向教师提问。简言之，讨论区为教师与学生的互动区。(5) 学生成绩管理区。主要包括作业批改及成绩发布。

二、中国大学 MOOC 平台课程申请

中国大学 MOOC 平台以学校为单位进行申请，申请程序相对比较简单，包括书面材料申请和视频材料申请两部分。书面材料主要通过文字形式向教育部相关负责人如实反映授课教师及所授课程的具体情况；视频材料主要通过动态的画面从侧面反映授课教师的精神面貌以及所授课程在学生中的受欢迎度等。

(一) 书面材料申请的准备

向中国大学 MOOC 网站申请课程上线需作如下准备：(1) 由授课教师所在高校与高等教育出版社有限公司签订“爱课程”网中国大学 MOOC 合作备忘录，双方就在“爱课程”网发布的课程所涉及的知识产权及课程运营、推广费用达成协议。(2) 填写中国大学 MOOC 授课登记表，包括课程基本信息、课程推介词、课程预备知识、课程团队信息（即课程负责人信息和主讲教师信息）以及课程建设团队的相关职责。(3) 填写中国大学 MOOC 课程信息表，包括课程名称、课程编码、所属大学、课程负责人、课程分类、课程起止日期、课程介绍视频和参考资料等。③

(二) 视频材料申请的准备

视频材料即上文所述课程介绍视频，俗称“片花”。为方便论述，本书统一以片花来代称此处的视频材料，以区别后文的教学视频。片花的制作类型丰富多样，有通过反映真实的校园

---

① 徐国兴、李梅：《一流本科如何建设——基于“双一流”高校本科课程综合改革的实证分析》，《教育发展研究》2018 年第 17 期。

② 参见李曼丽：《MOOCs 的特征及其教学设计原理探析》，《清华大学教育研究》2013 年第 4 期。

③ 【申请材料准备时间】此项申请所涉及的信息实质上是中国大学 MOOC 课程介绍页所需要的内容，为了使审核人员全面了解授课教师以及所授课程的全部内容，申请团队应至少提前两周将所有材料准备齐全。

生活一隅来展示所授课程在学生中的受欢迎程度的，也有完全通过动画制作来体现课程教学内容的，等等。片花的制作成本不一，有高价请专业的制作公司参与筹划制作的，也有制作团队 DIY 制作的，等等。

中国大学 MOOC 网站对片花的制作内容和级别等均没有要求，只要能客观真实反映授课内容即可。不过，因各专业内容不同，对片花的时间要求可能会有所不同，经过审核人员同意可根据具体情况调整。①

三、中国大学 MOOC 平台基本信息发布

授课教师准备好前述申请资料并申请成功后，需在中国大学 MOOC 平台发布基本信息，主要包括网站注册、发布教师官方主页、设置课程团队、发布课程介绍页和发布课程学习页。基本信息发布完成后，拟选课学生可以通过网页介绍大概了解授课教师开设课程的基本情况，进而作出是否选择该门课程的决定。

（一）网站注册

课程负责人首先以申请时使用的邮箱在中国大学 MOOC 网（http:/ /www. icourses. cn/home/）上注册并通过邮箱链接激活账号。然后以注册时确定的用户名和密码登录中国大学 MOOC 网的主页面，在页面右上角点击申请实名制认证，进入页面后根据实际情况填写申请认证教师的基本情况，并上传申请认证教师正反面身份证照片，之后等待管理后台根据申请认证教师之前提交的纸质申请材料进行审核，审核通过后即完成了实名制认证。最后返回到中国大学 MOOC 网主页面点击学习任意一门课程，以便管理后台能完全显示申请认证教师的全部信息。

学生若想学习这门课程也需先完成注册，注册方式与教师注册类同，但不需要进行实名制认证，如果在校生经过学校教师和教务处的允许需要选修该门课程来配合授课教师的线下授课方式，在进行注册时昵称最好用学生的学号+姓名，以便助教在学期结束时通过中国大学 MOOC 平台导出该名学生包括平时成绩在内的所有学习情况。②

（二）发布教师官方主页

发布教师官方主页之前需先由高校管理员创建新课程和新学期。③ 教师输入用户名和密码登录后，任意点击一个在授课程进入一个新页面，点击右上角的教师头像④，出现一个下拉菜单，点击教师官方主页。进入页面后，教师根据实际情况填写自己的相关信息，具体内容包括姓名、头像、所属大学、职称、个人介绍（参见图 3-4）。⑤

---

① 【MOOC 平台片花时长】时长建议控制在 3 分钟之内，太短无法反映所授内容的全貌，太长则略显累赘。

② 【授课教师的实名制认证】包括课程负责人、授课教师在内的课程团队成员要使用身份证照片进行实名制认证，因申请实名制认证的时间可能相对较长，课程负责人和授课教师可以委托助教协助申请。

③ 创建新课程和新学期的权限仅高校管理员享有，具体创建过程比较简单，此处不赘述。

④ 此时因未设置教师头像，该处为空白。

⑤ 【上传授课教师的照片】上传头像时一定要选取一张授课教师精神面貌较好的照片，同时在个人介绍中尽量突出主讲教师在所讲授课程领域的突出成就。

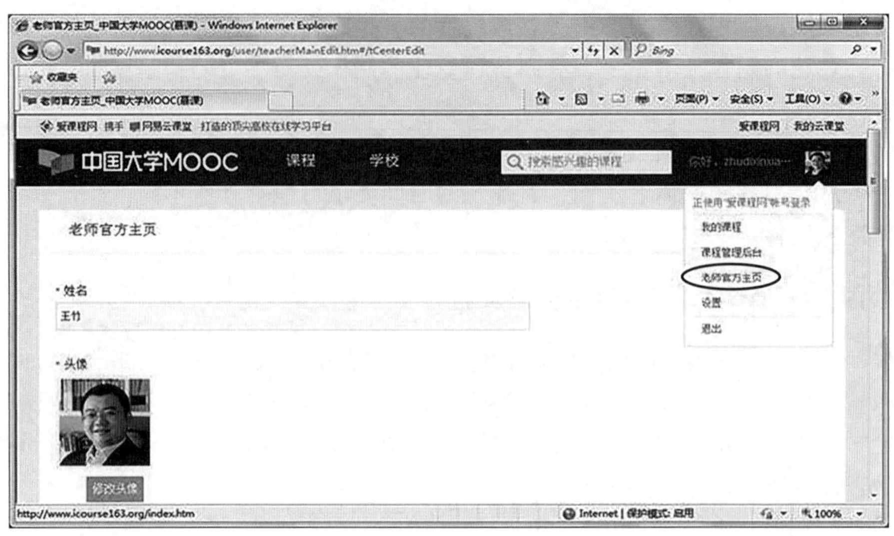

图 3-4

（三）设置课程团队

如图 3-5 所示进入在建课程主页面后，发布课程介绍页下面的第一步显示设置课程团队，点击后进入设置课程团队的主页面。此时课程负责人的基本信息已添加，可根据本门课程的实际情况添加讲师和助教。① 讲师享有同课程负责人相同的权限，助教享有除编辑课程团队以外的权限。

图 3-5

（四）发布课程介绍页

如图 3-6 所示，进入在建课程主页面后，发布课程介绍页下面的第二步显示发布课程介

① 【MOOC 平台添加助教】中国大学 MOOC 平台有专门的添加助教页面，建议授课教师尽量添加助教，而不是将自己的课程账户名转让给助教使用。原因在于，在处理该门课程相关事务时，尤其是回答论坛中选课学生问题时，助教可能出现回答错误的情况，这样授课教师可以以教师身份在相应位置补充回答。

绍页，点击进入编辑课程的相关信息。[①] 需要强调的是，课程名称、所属大学和开课时间是后台管理员设定的，教师不可随意更改，若确需更改，需联系后台管理员进行。

图 3-6

如前所述，课程介绍页包括课程概述、证书要求、预备知识、授课大纲、参考资料、课程负载、内容类型、课程分类和授课教师简介等。

课程概述是对所讲授课程基本内容的简介。[②] 证书要求是向学习者说明通过哪些途径可以获得平时成绩、平时成绩和期末成绩在总成绩中所占的比重以及总成绩达到多少时可以获取合格证书或优秀证书。预备知识是向学习者说明学习本课程是否需要具备相应专业的学习基础。以“侵权责任法”课程为例，侵权责任法学是民法学的一个子学科，只有具备相应的民法学基础才能更好地理解掌握侵权责任法学，这也是学校授课时一般将民法总论和民法分论安排到大学一年级学习，而将侵权责任法安排到大学二年级学习的原因，因此授课教师在建设网站时应充分向学习者说明该门课程所需要具备的专业功底，否则可能导致学习者因无法理解过于晦涩难懂的专业词汇而放弃学习，浪费前期所投入的人力和物力。[③] 授课大纲是与开设课程相对应的按照周数学习的教学日志，区别于传统的授课大纲，该授课大纲需向学习者明确表明每一个教学周要讲授的内容和要求。参考资料一般包括推荐教材和参考书目两类。需注意的是，在网页上提供参考资料，一定要与市面上的书目仔细核对，将该参考资料的最新版本提供给学习者。课程负载是指周学时计划。内容类型是指授课教师提供的本门课程的学习途径，一般包括视频、文档、随堂测验、富文本[④]和讨论。课程分类一般指工程艺术、哲学历史、文学艺术、经管法学、基础医学和农林医药几大类。授课教师简介包括教师职称、所发表的论文、过去几年的学术生涯等能反映该教师在所讲授课程方面优势的个人经历。

---

① 课程介绍页上的相关信息均为向中国大学 MOOC 平台提交课程建课申请时的纸质档材料内容，此处不赘述。

② 【MOOC 平台课程名称的确定】注意课程名称与授课内容的一致性。以本书主编开设的“侵权责任法”为例，该课程内容以《民法典·侵权责任编》为主讲述侵权责任法相关知识，因此申请时将其命名为“侵权法”，但 MOOC 平台管理教师审核后发现该课程讲义主要以“侵权责任法”作为标题，课程名称为“侵权法”似乎不太合适，遂决定将课程名称改为“侵权责任法”。

③ 参见刘坤轮：《论民法学在法学本科专业课程体系中的基础地位》，《中国大学教学》2019 年第 11 期。

④ 富文本，即 RTF（Rich Text Format），是一种类似 DOC 格式（Word 文档）的文件，有很好的兼容性，使用 Windows“附件”中的“写字板”就能打开并进行编辑。

（五）发布课程学习页

发布课程学习页包括发布公告、发布评分方式、发布教学单元内容和设置讨论区结构四部分（参见图 3-7）。

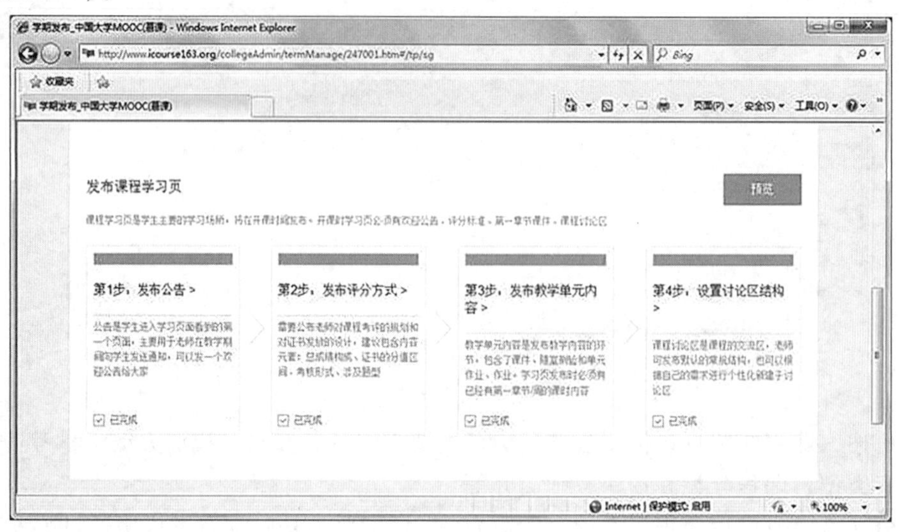

图 3-7

发布公告是学习者进入学习页面后首先看到的页面，主要用于教师在教学期间向学生发送通知。该通知可直接发送到学生注册的邮箱，开课之初可以发送一个欢迎大家选课的公告。

发布评分方式包括评分标准、题型设置、总分设置及证书设置。以“侵权责任法”课程为例，评分标准为平时成绩占 50%，考试成绩占 50%，采取百分制计分，60 分及其以上为合格，80 分及以上为优秀。题型设置包括单元测验题型设置和单元作业题型设置。单元测验题型设置为单选题 2 分/题、多选题 3 分/题、判断题 1 分/题，最高分为多次提交的有效得分。单元作业题型设置主要涉及是否采用生生互评方式。因中国大学 MOOC 平台是面向全国的免费学习平台，参加学习课程的往往几千甚至上万人，若全部采取教师批改作业的方式，将导致教师工作负担过于繁重，不利于整个教学活动进行。但生生互评方式也有其弊端，学生批改作业可能影响成绩的公正性并产生判断标准不一的问题，因此教师在采用该种方式批改作业时应当将评分标准进行详细说明，最好给每一个答题点提供相应的分值，并在生生互评完成后对最终成绩进行抽样查看，若发现有不合理的地方需及时纠正。总分设置是指单元测验、单元作业和考试在总成绩中所占的比例。证书设置是对获得合格证书和优秀证书需达到的分值进行设置。①

发布教学单元内容包括发布大纲、发布视频和字幕、发布课件、发布视频中插入的习题、发布单元练习和单元测验等。该项内容比较繁琐，后文将分几项对此一一介绍，此处不赘述。

设置讨论区结构包括设置论坛名称、论坛介绍和论坛版块。论坛名称和论坛介绍是系统默认内容，教师也可根据需要进行编辑。论坛版块分为系统默认版块和自定义增加版块。系统默

---

① 【MOOC 平台题目分值设置】设置题型时，各题型分值为每一道题的分值而非该题型总分值，这有利于教师随机设置每一单元的习题数量。在设置证书中，若教师设置了合格证书和优秀证书两类，则应当填写证书设置的第二栏内容：合格证书成绩要求：60≤得分<80，优秀证书成绩要求：得分≥80。该部分内容需设置完成后马上点击“保存并发布”按钮。

认版块有教师答疑区、课堂交流区和综合讨论区，自定义版块可增加测试作业讨论区等新版块。

第四节　线上一流课程的发布

中国大学 MOOC 平台基本信息发布完毕后，需按照要求上传发布课程大纲、视频等学习资料。与 WEMOOC 平台不同，中国大学 MOOC 平台发布课程时可按照行课周数安排提前两周左右上传视频，而无须在全部视频都上传后再行开课。这样，授课教师便能按照最新法律法规等及时更新知识点，让选课学生了解最前沿的知识。上传时，需要提前准备好所需要的材料，然后将线上一流课程所需要的视频、PPT、试题逐个上传。① 整个线上一流课程准备工作，不论是简单的排版、调格式还是上传文件，都需要耐心与细心。由于现在的准备工作是为以后很多期线上一流课程服务的，在线上一流课程相关内容更新之前，这些数据和资料都不会更新，所以现在的准备工作很重要，一旦出错，将对后续的线上一流课程上线、学生学习、教师查看等产生很大影响。②

一、大纲上传

中国大学 MOOC 平台③的课程大纲和传统的课程大纲有些许不同，在上传课程大纲前，需要整体考虑本学期的学习进度，详细安排好每一周要学习的内容，尽量做一张行课时间安排表，使学生在表中能清晰地了解每一单元的内容、具体的学习日期，在此基础上再在中国大学 MOOC 平台上上传大纲。④

二、视频上传

此处的视频⑤包括教学视频和前述片花。中国大学 MOOC 平台为了便于视频的永久保存设置了视频库，即即便上传的大纲出现问题需要调整，已上传的视频也不会丢失，仍存放于中国大学 MOOC 网站的视频库中，在编辑好新的大纲后可直接将视频与相应章节关联起来。具体

① 【注意上传保存】线上一流课程网站不会自动保存所有记录，所以在制作和更新课程内容时要及时保存，以免丢失。需特别注意线上一流课程的管理账号不能同时登录，在后登录行为会导致在先登录退出，系统的信息也不会自动保存，所以在登录时要确定该管理账号无人登录，以免丢失已制作的课程内容。

② 【章节上传要求】上传时章节可根据网站要求及本门课程的行课特点进行命名，可命名为第×单元、第×讲，也可命名为第×章、第×节，同时建议设置章（单元）简介和节（讲）简介（字数应控制在 100 字以内），方便学生了解。需提前规划好每章节发布的时间，以免各个章节发布时间错乱不一。

③ 参见李青、王涛：《MOOC：一种基于连通主义的巨型开放课程模式》，《中国远程教育》2012 年第 3 期。

④ 【MOOC 平台行课安排】根据线上一流课程的特点，比较可行的发布方式是按周发布，因此上传大纲时要按照行课时间安排发布，如有的章节内容比较多，需要两周以上（包括两周）完成的，则尽量将其划分为几个单元，可分别命名为“章节名”之一、“章节名”之二等。

⑤ 【视频上传要求】上传视频时应特别注意网站要求的上传格式，若网站有特殊要求，需先将视频转换格式后再上传，一般推荐采用 MP4 格式。尽量选择好的电脑硬件环境上传；尽量在 Windows 系统下使用 Google Chrome 浏览器或火狐浏览器等对视频插件支持比较好的浏览器；不建议在 macOS 系统下使用 Safari 浏览器上传，以免浏览器崩溃；注意上传负荷应和电脑承载量相适应，避免上传过程中死机；尽量选择使用与网站具体类别相同的网络上传，如以 edu. cn 网站尽量选用教育网。

上传步骤如下：

有两种登录中国大学 MOOC 平台的方式：（1）在百度搜索中输入“中国大学 MOOC”字样，进入中国大学 MOOC 平台的登录页面（参见图 3-8），点选右边的“爱课程登录”，输入账号、密码。（2）在地址栏直接输入 http://www.icourses.cn/home/（参见图 3-9），进入爱课程网页，点击右上角的“登录”，输入账号、密码。

图 3-8

图 3-9

用第一种方式登录的，将鼠标移至右上角授课教师头像，在弹出窗口点击“课程管理后台”；用第二种方式登录的，点击“中国大学 MOOC”，在出现的页面中单击第一个在授课程，进入中国大学 MOOC 页面，将鼠标移至右上角授课教师头像，在弹出窗口点击“课程管理后台”。此时，两种登录方式都进入了相同的页面（参见图 3-10）。

图 3-10

点击“发布内容”（参见图 3-11）。

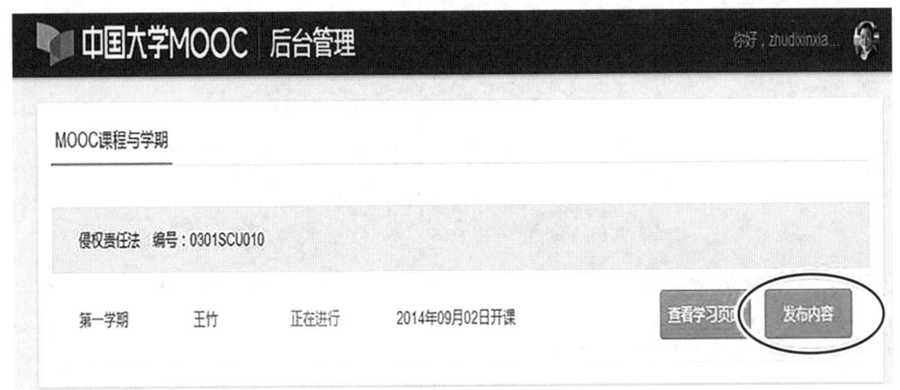

图 3-11

点击引导栏“内容”，下拉框中点击“教学单元内容发布”（参见图 3-12）。

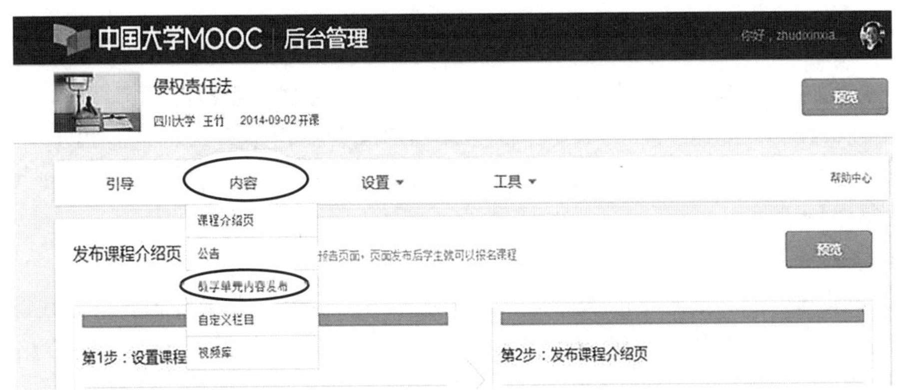

图 3-12

上传字幕、课件和在视频中插入习题等内容，在节内容后点击“编辑教学内容”。添加章内容，在章内容后点击“添加单元测验”或“添加单元作业”。

三、字幕上传

字幕上传有两种方式：（1）字幕做好后与视频整体压缩，在上传视频时已经带有字幕。

这样处理的优势在于不容易因网速等各种原因造成字幕与画面不一致，并且因字幕与视频已融为一体，所以不需要考虑字幕的格式转换问题。(2) 字幕单独上传。中国大学 MOOC 平台采取此种方式。这样操作的好处在于可以在后期根据教学进度对字幕进行加工修改，也可加入英文字幕从而促进课程的国际化。字幕集体上传步骤如下：

在节内容后点击“编辑教学内容”；点击页面中用红色椭圆标记出来的小箭头（参见图 3-13）。

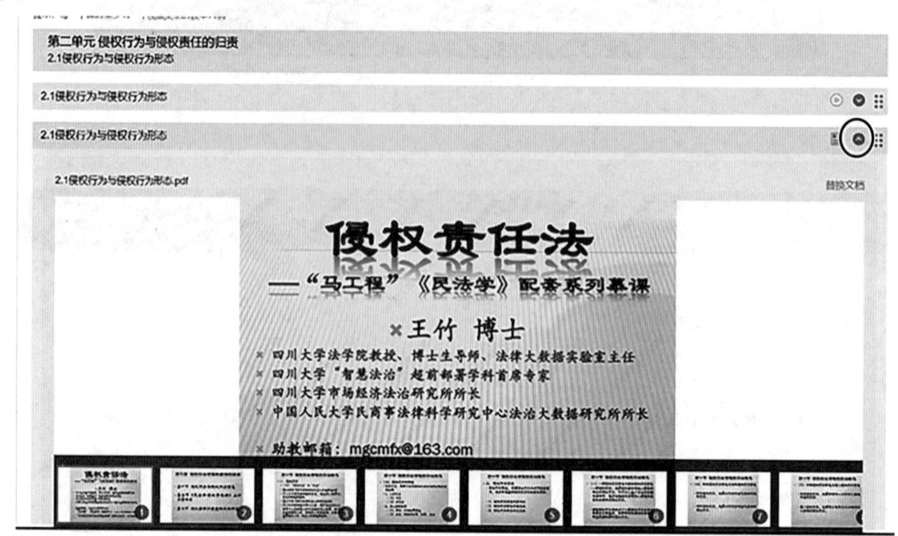

图 3-13

视频左下角有“上传字幕”按钮，点击该按钮，显示插入字幕的对话框，选取已经制作好的字幕插入即可。①

四、课件格式转化与上传

中国大学 MOOC 平台要求上传网站的课件必须为 PDF 文件，而授课教师在正常行课时一般采取 PPT 文件讲授，因此需要将 PPT 文件转换为 PDF 文件。由于有些功能是 PPT 文件专有的，因此需要授课教师在将 PPT 转换为 PDF 之前进行 PPT 美化，使之更适宜转换为 PDF 文件。

（一）课件格式转换

1. PPT 美化

PPT 是学生网上学习最主要的参照物，是学生学习的提纲，各平台均要求上线课程配备相应的 PPT。因此，授课教师在建设一门线上一流课程之前，制作具有自身特色、格式统一的 PPT 是必不可少的。

授课 PPT 通常包含两个部分：

第一，授课信息部分。这一部分通常需要包含课程名称、本章节题目、授课人基本信息

① 【字幕文件命名与格式要求】在插入字幕时，一定要保证即将插入的字幕与视频的对应性。为了避免出现插入的字幕与视频不能一一对应的情况，建议字幕制作完成后，将字幕文件命名为与视频文件相同的名称。在上传字幕时应特别注意网站要求的上传格式，若网站有特殊要求，需先将字幕转换格式后再上传。一般采用 ass 格式，也有采用 srt 格式的，中国大学 MOOC 平台采用后者。

等。对于这一部分 PPT，格式与美工设计一定要采取统一规格（参见图 3-14）①。

侵权责任法

——“马工程”《民法学》配套系列慕课

王竹　博士

- 四川大学法学院教授、博士生导师、法律大数据实验室主任
- 四川大学“智慧法治”超前部署学科首席专家
- 四川大学市场经济法治研究所所长
- 中国人民大学民商事法律科学研究中心法治大数据研究所所长

- 助教邮箱：mgcmfx@163.com
- “马工程”《民法学》课程中心：www. minfadian.com
- “马工程民法学教材配套慕课”微信公众号：minfadian

图 3-14

第二，课程内容部分。依据知识点将课程细化为多张 PPT，便于网上学习的学生时刻把握住重点（见图 3-15）。②

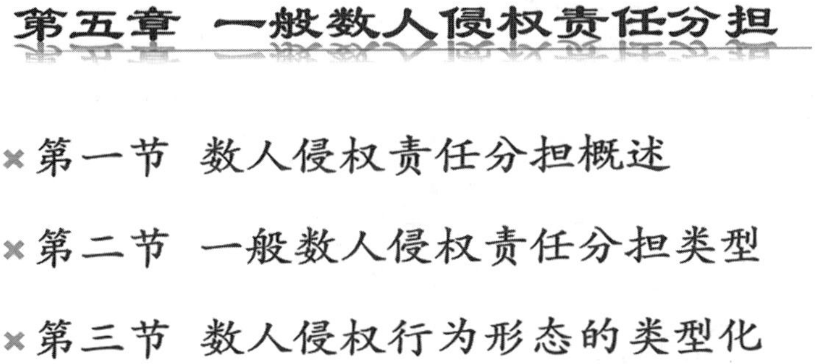

第五章　一般数人侵权责任分担

- 第一节　数人侵权责任分担概述
- 第二节　一般数人侵权责任分担类型
- 第三节　数人侵权行为形态的类型化

图 3-15

授课教师进行 PPT 美化时需注意以下问题：（1）灵活设置背景。在美化 PPT 时，如果希望某些幻灯片和母版不一样，可以进入“格式”菜单，选择“背景”，点击“忽略母版背景图形”选项之后，就可以让当前幻灯片不使用母版背景。（2）隐藏重叠的图片。如果需要在幻灯片中插入很多精美的图片，编辑的时候将不可避免地重叠在一起，妨碍我们工作，怎样让它们暂时消失呢？方法如下：首先单击“开始”选项卡，找到“编辑”功能组，再点击“选择→选择窗格”，在工作区域的右侧会出现“选择和可见性”窗格。此窗格列出了所有当前幻灯片上的“形状”，并且在每个“形状”右侧都有一个“眼睛”图标，单击想隐藏的“形状”

① 【提前制作统一模板】基于线上课程平台通常要求课程内各章节 PPT 的格式与美工设计保持一致，建议预先制作好统一的模板，后期的工作只需要填制相应章节的内容即可；如果将 PPT 全部做好以后再统一进行美工设计与格式调整，会造成大量的重复劳动，导致效率低下。

② 【PPT 内容尽量简化】PPT 的作用是辅助教学，没有必要将大量内容摘录进去，特别是网上授课平台。因页面显示范围有限，如果单张 PPT 内容过多，会给人过于拥挤的感观，而且字体大小各异，影响美观。所以制作时，尽量做到内容简洁、干练。

右侧的“眼睛”图标，就可以把挡住视线的“形状”隐藏起来。此功能只能在 PPT 2007 及以上版本使用。（3）注意统一 PPT 制作软件的使用。有的电脑同时安装有 Office 与 WPS 两款软件，如果将二者混合使用，容易造成格式不统一，为方便后期上传，建议使用 Office 软件。（4）注意随时保存，并使用多种存储设备分别存储，预防突发情况造成的数据灭失。

2. PPT 格式转换

各大 MOOC 平台基本都要求课程配套上传相应章节的 PPT，并转换为 PDF 格式，以便在网站上显示。①

将 PPT 转换为 PDF 时，通过 PowerPoint 2010 可以直接将 PPT 文档另存为 PDF 格式，点击“文件”中的“保存并发送”即可（参见图 3-16）。

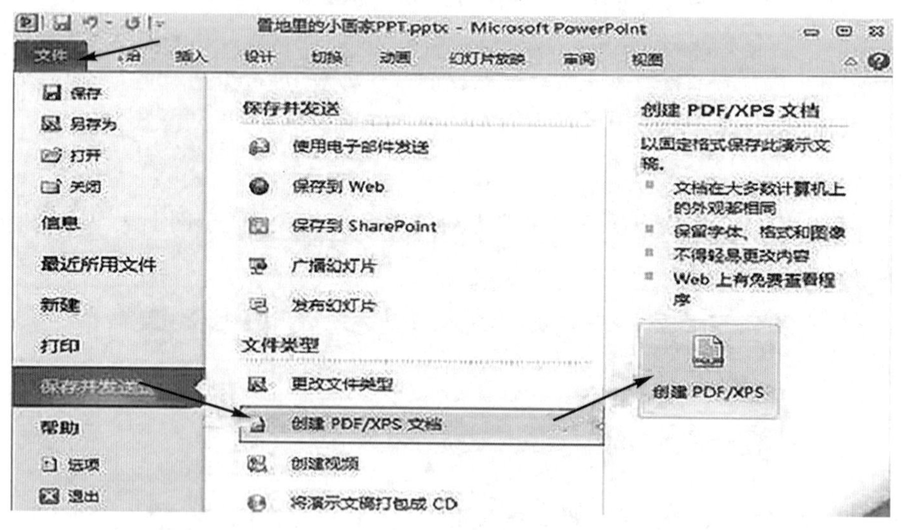

图 3-16

注意分章节保存转换好的 PDF 文档，PDF 文档以“×章×讲”的形式命名保存，以免出现漏传现象。

（二）课件上传

课程课件可采用富文本格式（RTF），也可采用 PDF 格式。② 采用 PDF 格式者居多。③

课件上传的步骤如下：

按照前述要求完成字幕上传后，可以直接在该页面完成课件的上传。如果已经退出，需要重新进入的，在节内容后点击“编辑教学内容”；将页面拉到最下方，单击“文档”（参见图 3-17）。

在出现的页面中输入这一讲的名称，单击“保存”。此时页面中出现一个“上传文档”按钮，单击该按钮，出现上传文档的对话框，选择与此节视频相对应的课件上传即可。

---

① 【PPT 格式转化软件】上传课程中心时需要将 PPT 转换为 PDF 格式。在转换文档格式时，需要考虑兼容性，建议在工作中使用 PowerPoint 2010 进行格式转换。

② 为了最大限度地保护知识产权，中国大学 MOOC 平台不允许上传 Word 或 PPT 格式的课件，若教师的课件是 Word 或 PPT 格式，则需要在上传前转化课件的格式。

③ 【课件命名和格式】为了保持文档的完整性，上传课件时可采用 PDF 格式上传，并将其文件名命名为本章节具体内容，而非简单命名为第一章第一节等，以方便学生检索。

图 3-17

线上一流课程课件的上传需要注意以下问题：（1）要把课件 PPT 导成 PDF 格式，还要注意大小，调整大小可以通过降低 PDF 分辨率实现；字幕、PPT 内容要和视频内容一致；视频名称和文档名称都要和目录名称一致。这些内容都需要仔细核对，以免出错。（2）由于课件是一个完整的 PPT，但上传时需要按照小节上传，所以需要我们对 PPT 进行分割，同时给每一小节加一个封面。应统一封面设计、用电脑调整好格式后，发给学生进行加工。① （3）每一章第一节的 PPT 前两页一般是章的标题（可能还会有教师简介）和每一节的名称，但我们只需要上传每一小节的内容，这两页就显得多余。所以，需要做一个封面，封面上包括线上一流课程名称、章名称、节名称、授课教师名字，接着把教师简介（如果有）放在封面后面，之后再接具体节的 PPT 内容。这些步骤都很容易导致课件与课件之间不一致，一定要注意统一。（4）如果视频分上下两部分，但是内容并不是独立而是相关联的，此时 PPT 如何上传？建议两个视频都传整个小节的内容以便参考，避免内容过分割裂、强行分节。②

五、习题上传

中国大学 MOOC 平台对习题的要求比较高，要求原创。在中国大学 MOOC 平台上上传习题需注意以下几点：（1）上传的习题类别分为两类：第一类是添加到视频中，通过观看视频、学习课件就可直接找到正确答案的习题。这类习题主要用于检测学生是否认真观看视频，这部分习题应以小知识点为单位插入视频，建议插入时间为 3—5 分钟，可根据学科特点和讲授内容适当增减。第二类是单元练习与单元作业，这类习题应具有一定的难度，推荐采用简答、论述、案例分析题或其他开放性试题的形式。（2）在题型选择上，第一类试题通常采用单选题、多选题、判断题，第二类习题通常采用单选题、多选题、简答题、论述题和案例分析题。（3）在设置第二类试题时，应当在网站后台建立一个题库，每一单元开放给学生的试题数要远远少于本单元题库中的数量，学生答题时采用抽题法，从而避免学生答题雷同。当题型为单选题或多选题时，所设置的选项应当多于试题应有选项，这样可以使不同学生抽同一道习题时所抽到的选项不同。以下分别介绍各类习题的上传方式。

（一）在视频中插入习题

在前述字幕上传页面出现如图 3-18 所示画面。

点击视频开始播放按钮，在应当插入习题的时间点点击暂停按钮，此时点击获取时间按钮。

---

① 【办公软件的选择】设计出来的封面图片在手机端和电脑端显示出来的效果是不一样的。使用的办公软件不一致，可能导致显示的效果图不一致，导致最终做出来的 PPT 封面因不统一需要返工。所以，尽量统一用微软的 Office 系列办公软件。

② 【上传文件大小限额】线上一流课程课件文件上限只有 5M，课件较大的，难以上传，若删减则会造成内容完整性欠缺等问题。此外，视频上传也有大小限制，通过降低分辨率的方式压缩文件上传会导致清晰度不够。所以，最好的办法是将课件拆分成大小不超过 5M 的多个课件。

若已经提前知晓上传习题的视频时间点，可直接在选题提问时间处输入具体时间，点击“确定”按钮即可。此时屏幕下方会弹出具体的时间点和插入习题的对话窗口（参见图 3-19）。

图 3-18

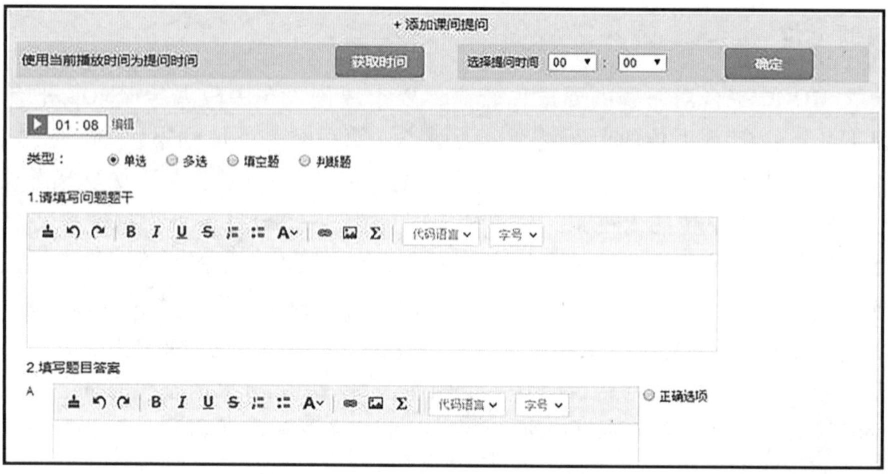

图 3-19

在弹出的习题插入窗口中选择题型。[①] MOOC 题型包括单选题[②]、多选题、判断题、填空题。

① 【上传习题前需选择题型】一定要在输入题目内容之前选择题型，如果在输入题目之后选择题型，之前输入的项目将会全部清空，导致习题插入无效。题型选择完毕后，按照提示在第一个对话框中填入问题题干。每类题型的插入对话框都不一样，这也可以用来检验上面题型的选择正确与否以及是否选择了题型。

② 【选项序号的设置】在插入选择题时，因 MOOC 自动设置 A、B、C、D 在选项之前，所以在选项对话框中不用再重复输入选项序号；插入习题后，每个选项对话框的后面有一个白色空心圆形，点选空心圆形则表明此选项为正确项，不点选（保持圆形空心状态）则表明其为错误选项。

在完成上述步骤之后，点选屏幕中的预览按钮可以检查该题插入后的情况。①

预览之后点击（或者不预览，直接点击）“保存”按钮，将之前的操作保存。保存之后插入的题目会以“时间点”+“题目”形式显示在该视频之下，表明保存成功，否则保存失败。

保存完毕后，需要检查插入的习题内容，在课程后台管理页面放映视频，无法自动弹出视频中插入的习题，因此，检查上传习题内容需要从非后台管理页面进入。在有习题插入的地方，视频放映进度槽有白色标注显示。将视频放映进度拖到该白色标注处，即可弹出刚才插入的习题，进行检查。②

（二）上传单元测验

点击课程后台管理页面中每单元下方的“添加单元测验”③，进入单元测验上传界面后，需要选择章习题中各种习题类型的个数。每个习题的分值为授课教师开课之前设定的分值。以“侵权责任法”课程为例，授课教师开课前设定的分值为判断题 1 分/题，单选题 2 分/题，多选题 3 分/题。④

和节视频中插入题目一样，单元测验题目的上传也需要先选择题目类型。此步骤一定要在输入题目内容之前完成，此处不赘述。单元测验的题目上传与视频中习题的上传略有不同。单元测验允许答案选项数多于 4 个，可以有多个错误答案和多个正确答案。将需要的答案输入对话框，如需要添加正确选项，则在正确答案一栏点击“添加正确选项”；同理可添加错误选项。如果需要减少选项，则直接在不需要的选项框后面点击“删除”按钮。完成后点击“保存”按钮，点击“添加题目”按钮可添加下一题。⑤

（三）上传单元作业

点击课程后台管理页面每单元下方的“添加单元作业”。

与单元测验上传窗口不同，单元作业的上传窗口只包括题目和答案两部分，将题目内容全部输入题目对话框，将所有答案内容全部输入答案对话框即可，上传完成后点击“保存”按钮。如要上传多道主观题⑥，在对话框下方点击“新增”即可。

---

① 【视频中快速插入习题】小节中插入习题，不用一直被动地等视频播放到一个知识点讲完，可以主动拖动视频到下一张 PPT 播放页面。因为教师换 PPT 意味着这一页 PPT 内容已经讲完，以提高插入习题效率。

② 【避免重复插题】在小节视频中插入题目时要注意将已经插入的题目标注出来，以避免之后在单元测验中插入习题时，再重新去筛选之前插入过的习题。

③ 【章节测试时间】上传的时候要注意章节测试时间的设置，一般是视频发布同一天的 10：30，提交截止时间为测试公布后的第 5 天，成绩公布时间为截止时间后的第 5 天。

④ 【分值设置技巧】单元测验全部为客观题，按照授课教师在开课之前设定的分值由系统批阅，授课教师也可根据情况在开课后对习题分值进行变更，但一旦变更习题分值，将只影响分值变更后单元测验的分值。为了减少对选课学生成绩的影响，建议尽量避免在开课后重新设定题型分值。并且，由于所有设定的分值在最终总成绩上都将换算成 100 分计算，为了避免学生分数换算时出现小数，建议尽量将总分设置为能被 100 整除的分值。

⑤ 【上传习题数量】中国大学 MOOC 平台的单元测验具有题库性质，为了避免所有选课学生抽到同样的题目发生作弊现象，在上传习题时可以上传多于原定习题数量的习题。以“侵权责任法”课程为例，某单元计划上传判断题 10 道、单选题 5 道、多选题 10 道，共计 50 分的题目，可以在上传时上传判断题 15 道、单选题 10 道、多选题 15 道。

⑥ 【主观题的评阅】因线上一流课程选课学生较多，若授课教师选择生生互评方式，则尽量在单元作业的答案栏点击继续添加答案，并添加详细的得分点，同时在右侧具体分值处添加该得分点的相应分值，以最大限度地避免主观题批改的随意性。

六、发布考试

发布考试主要分为发布期中考试和期末考试两类。授课教师可根据课程类型以及是否有阶段性考核目标设置期中考试。本书主编主讲的“侵权责任法”课程因受授课时间和内容的限制，只进行期末考试。下文以“侵权责任法”课程期末考试发布为例进行阐述。

首先进入“侵权责任法”课程发布页面，点击内容下拉页上的“教学单元内容发布”菜单（参见图 3-20）。

图 3-20

之后，在教学单元内容发布页面最下方点击“添加考试”按钮（参见图 3-21）。

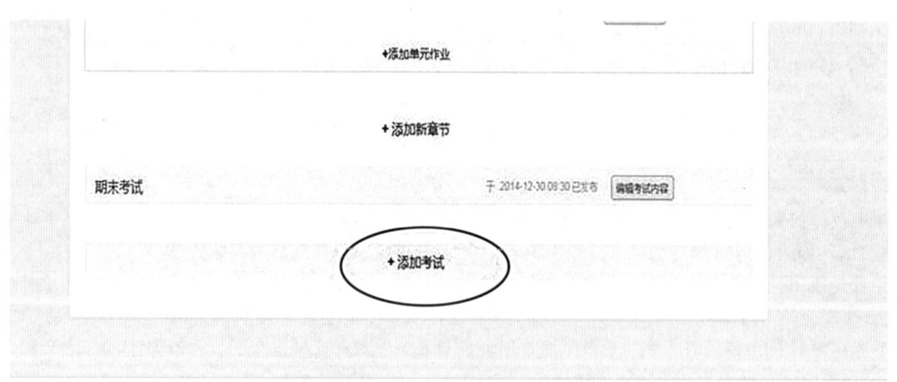

图 3-21

在弹出的对话框中，输入考试名称“期末考试”，同时设置考试日期和时刻，设置完成后点击“保存”按钮，图 3-22 中的期末考试即已设置的期末考试内容，之后点击“编辑考试内容”按钮（参见图 3-22）。

进入编辑考试内容页面后，可选择制作客观题考试试卷和制作主观题考试试卷两种方式。本书主编主讲的“侵权责任法”课程的期末考试采取主观题考试方式。

在期末考试编辑主页面，设置考试总分、截止提交时间和成绩公布时间（参见图 3-23）。

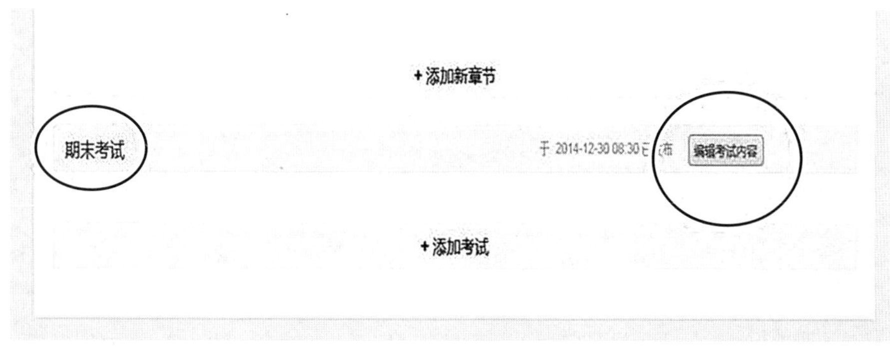

图 3-22

图 3-23

同时设置考试持续时间、评分方式。图 3-24 为已经编辑好的期末考试时间和评分方式。

图 3-24

因选课学生在中国大学 MOOC 平台线上考试时间比较随意，为保证所有选课学生按时完成期末考试，建议助教在期末考试的前一周发布公告，通过邮箱告知所有选课学生期末考试的时间以及最终成绩的构成比例，要求学生认真复习。在考试前一天再发布公告，提醒所有选课学生第二天将进行期末考试（参见图 3-25）。①

上述内容全部设置完成后，即可进入试卷的制作页面，助教按照题目和答案的顺序将期末考试制作完成后即可点击“保存”按钮。

期末考试所有内容设置完成后不可点击“发布”按钮。因期末考试试卷的制作时间早于

① 【期末考试时间设置】为保证所有选课学生都能完成课程的期末考试，建议将期末考试时间周期设为两周。

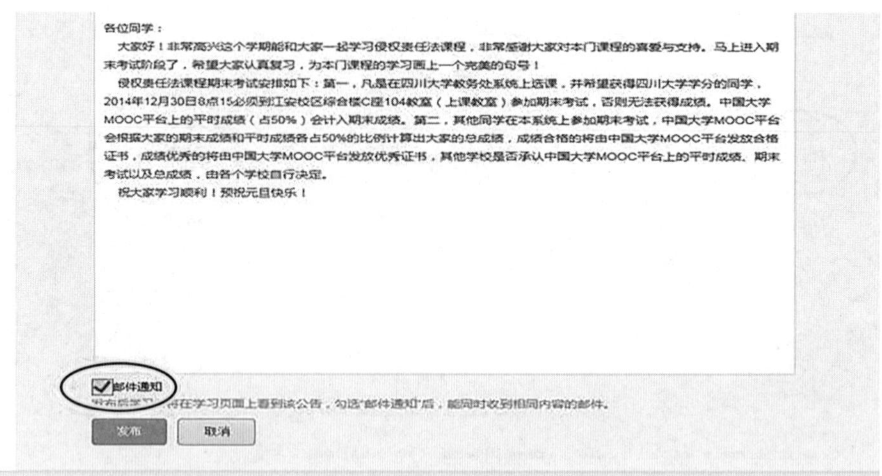

图 3-25

考试时间，一旦直接点击“发布”按钮，可能造成试卷内容提前发布。尤其是当授课教师在SPOC上的期末考试内容与在中国大学MOOC平台上的期末考试内容一致时，这一点需尤为注意，否则容易造成泄题而导致教学事故的发生。所有内容设置完成后，助教应在指定考试时间点击“发布”，公开考试内容，请所有选课学生参加该门课程的期末考试。至此，在中国大学MOOC平台上发布课程的所有程序全部完成。①

① 【课程设置检查】设置的课程数据和内容在发布之前要认真审查，避免存在错误。需要注意的是：考试、测验、作业发布之后不能修改；单元内容发布后可以修改；课程视频所配置的字幕也可以更改。

第四章　线上一流课程的运行

第一节　线上一流课程的平台运行

在线教育的4A①优势在使得选课学生获取知识更加便捷的同时，也对MOOC平台的运行提出了更高的要求。课程开课后，MOOC平台的运行主要包括导学课、资料发布时间、公告和邮件的单向资源管理、论坛双向资源管理、作业和试卷的批改、统计报表的分析和证书的管理。此外，线上助教的参与也是不可或缺的一环。

为了避免遗漏线上一流课程的运行环节，建议在开课之前制作教学进度安排表，明确列明哪个时间点上传哪些材料，并在课程开课前一周审核下一周的全部内容，以便及时查漏补缺。

一、课程数据设置

在课程内容已经上传或更新到MOOC平台后，需要根据平台的要求设置开课有关内容并交有关人员审核完成开课。开课数据的设置关系到课程整个学期的流程走向，本门课程教学单元页上各单元课件、测验、作业的发布时间和作业提交截止时间以及成绩公布时间等数据设置都必须做好全面规划、科学设置，以达到事半功倍的效果。在当前的各大MOOC平台，每一门线上课程都有指定的平台负责人，负责协助教师和助教完成教学工作。助教在开课设置前需要联系负责本门课程的线上课程平台教师，确定课程开课需要设置的内容与程序，与授课教师确认完毕后开始设置开课数据，设置完成并保存后提交对应的平台管理教师审核。以中国大学MOOC为例，通常按如下要求进行开课设置并于设置完成后发布：

（一）课程团队设置

课程团队成员是指开课学校负责本课程设计、授课等主要教学工作的教师。与授课教师确认团队成员名单后完成课程团队设置并发布。

（二）课程介绍页设置

课程介绍页是让学生清晰地了解本课程基本内容的页面，因此要求简洁明了地说明本课程的主要内容，需要助教设置课程名称、课程大纲、课程介绍、课程宣传片、开课与结课时间等内容。需要注意，课程结束时间应设置在本门课程期末考试成绩公布之后，而申请证书和发放证书的时间在课程结束时间之前或者之后均可。

（三）评分设置

评分方式包括“评分标准”“题型设置”“总分及证书设置”三个部分。“评分标准”是

---

① 4A（四个任何），即任何人（Anyone）可以在任何地方（Anywhere）、任何时间（Anytime）学习任何知识（Any Knowledge）。

对本门课成绩构成的规定，包含平时成绩和考试成绩所占的百分比、合格成绩分数线、优秀成绩分数线。“题型设置”是对单元测验和单元作业题型、多次提交如何计分等相关问题的设置。“总分及证书设置”规定了单元测验、单元作业、考试在总分中的占比。证书包括两类：一类是“仅有合格证书”，另一类是“有合格证书，还有优秀证书”。选择其中一类证书后，要对合格或优秀证书的标准作出设置，比如总分≤60 分<80 分者获得合格证书，总分≥80 分者获得优秀证书。

（四）讨论区结构设置

对“教师答疑区”“课堂交流区”“综合讨论区”进行设置。

（五）时间设置

在设置之前，先观看每个视频是否完整，查看题目是否正确，是否需要修改更正，检查完毕后，按照本学期的课程时间安排设置每个单元课程的发布时间以及作业提交时间等内容。设置完毕后，请求平台教师核查并发布课程。课程内容发布的时间，应根据校历排除节假日后，再根据课程内容与教师的具体安排予以确定，课程发布后学习之前可以更改时间设置，但建议减少更改次数。课程中每个单元作业的提交截止时间也尽量不要变动，避免影响学生的学习安排。

通过公告将本门课的开课时间告知选择本门课程的学生，并勾选邮件通知选课学校。在开课与结课时间上，由于一门线上一流课程的运行时间大多是与学校学期同步的，因此助教需要根据学期时间、课程的章节数、助教工作量等确定课程的开课与结课时间，以免因时间设置不合理导致学生不能按时完成学习、提交作业或者助教工作难以跟上进度等。至于课程成绩的计算方式，需要考虑平时的作业、测试与期末考试所占百分比，并根据具体情况设置。

二、导学课

导学课，顾名思义是指引导学生学习的一节课，有时也称课程说明。它对于线上一流课程而言是非常有必要的。选课高校可在学期伊始安排导学课，由助教给选修该门课程的学生进行讲解，帮助选课学生了解该门课程，并协助选课学生尽快认识线上一流课程的学习方法，引导学生使用线上课程平台进行相应的课程学习。① 导学课应包含如下主要内容：

（一）课程简介

课程简介主要向选课学生介绍该门课程的名称、开课学校、授课教师的基本情况、授课地点及授课时间。向学生介绍开课学校，主要是因为线上一流课程作为线上教学的一种手段，除了本校学生以外还有许多外校学生选课，向这些校外选课学生介绍一下开课学校就显得有必要，这也是显示这门课程的师资力量和教学水准的一种侧面表达方式。介绍授课地点是因为本校的选课学生需要在指定时间到指定的教室参加见面课，一般一学期有四次见面课。见面课就是授课教师和选课学生线下或线上见面沟通交流的一种授课形式，本校学生在教室里与授课教师进行面对面的交流，而外校学生则通过线上课程平台与授课教师即时沟通交流。所以，课程简介这一部分看似简单，却比较实用，能让本校和外校选课学生都受益。

---

① 【导学课讲解形式】主要给学生讲解线上一流课程注册等事宜，最好形成 PPT，将步骤细化，课堂上现场联网登录讲解，课后将 PPT 发给学生，方便学生查看，以节约助教事后回答问题的时间，提高效率。

（二）教学计划

教学计划首先应讲明该门课程的学时计划，即由多少个在线学时和多少个见面课学时构成，并向学生介绍课程的混合式教学模式①的含义，即网络视频学习、见面课学习和作业考试检测等。此外，若有需要还可以向学生介绍一下网络视频课的大纲，让学生能够更加清晰地了解该门课程的具体内容，有一个大致的框架和预期。

其次，在介绍网络视频课大纲的时候，主讲教师通常会播放一两个短视频给学生观看，短视频的内容一般对应课程大纲里某一章节的内容。例如，针对“侵权责任法”这门课程第九章“机动车交通事故责任”，给学生们播放了《今日说法》某一期的一个片段，该期节目即一起机动车交通事故引发的侵权纠纷。播放短视频，一方面能够对学生起到提神的作用，另一方面可以让学生对该门课程产生浓厚的学习兴趣，尤其是对于非法学专业的学生而言，短视频可以生动形象地向他们展示《民法典·侵权责任编》规制哪些行为、哪些法律关系。

最后，设计见面课时，需要告知学生该学期见面课的具体安排，包括见面课的日期、周次、主题以及是否设置自由提问、答疑时间。② 同时也要明确相对应录像的进度，即每次见面课之前必须学习完哪些章的网络视频课，以免学生学习进度不达标，使见面课学习效果大打折扣。

（三）考核方式

首先，向学生介绍该门课程的最终成绩权重。比如“侵权责任法”课程设置的权重比例分别为视频进度及章节测试占 40%，见面课考勤及互动占 30%，期末考试分数占 30%。其次，还可以适当地给学生讲解一下每类成绩的获得方式。例如，视频进度成绩要结合学生的学习进度，如果过分落后于标准进度，系统会自动进行判定并给予相应的扣分处罚。最后，应介绍期末考试的时间和考试方式。考试方式为线上考试，但本校选课学生要求在指定时间内前往指定的学校机房参加期末考试。

（四）平台使用教学

这一版块主要结合线上课程平台的学生使用手册，引导学生学习。包括注册账号、身份认证、确认课程、信息认证以及学习。教学完成后还可以针对学生容易出现的一些具体问题，如手机注册刷新不出来学校、电脑登录很难找到具体课程、没有弹出课程确认选项等，给学生介绍解决方案。

（五）书籍推荐

所有的线上一流课程都建议给学生推荐一些学习该门课程的书籍，包括推荐教材以及推荐阅读书目，课外书籍的阅读对于深化和补充该门课程的知识内容十分必要。

（六）建立群聊

建议各选课高校助教自行建立一个专门用于发布通知、交流问题的 QQ 群，因为 QQ 群上传群文件可以一直保留着，过期不会被清理。将 QQ 群的群号及二维码放进导学课 PPT 中，以便学生加群。助教可以通过该群聊通知学生参加章测试、督促学习进度、参加期末考试等相关

① 参见刘婷、陈瑶：《慕课支持下的混合式教学模式实验研究——以“实用日语（上）”慕课为例》，《现代教育技术》2019 年第 12 期。

② 参见刘徽、滕梅芳、张朋：《什么是混合式教学设计的难点？——基于 Rasch 模型的线上线下混合式教学设计方案分析》，《中国高教研究》2020 年第 10 期。

事宜。当然，也可以留下助教的联系邮箱，便于学生在学习过程中出现问题时及时联系助教解决。

如果出现平台使用上的技术问题，可以让学生通过客服热线或在线联系客服解决。

三、教学管理①

（一）公告和邮件管理

公告可向学习者发布课程动态、课程计划、课程信息的更新等信息，是授课教师与学生之间沟通教学信息的途径。比如，发布每单元的授课内容前要发布公告，告知各选课学生该单元的课件、测验、作业的发布时间，并勾选邮件通知。以中国大学 MOOC 平台为例，进入建课主页面后，点击内容下拉菜单中的“公告”选项即进入公告主页面，点击左上角的“创建公告”按钮就可以编辑相关公告内容（参见图 4-1、图 4-2）。②

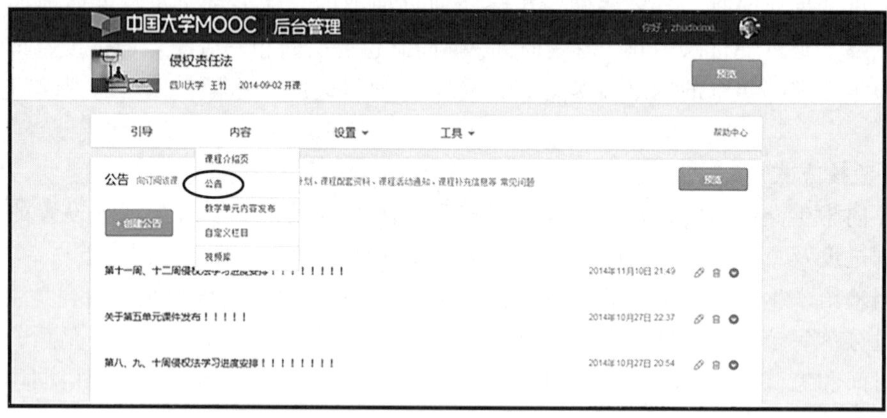

图 4-1

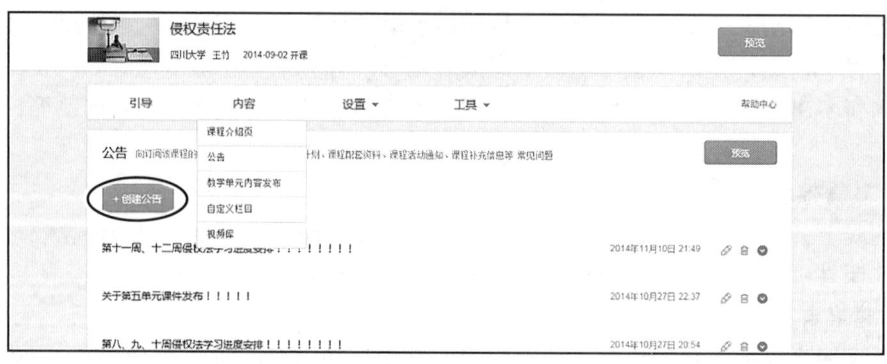

图 4-2

公告内容创建完成后，勾选邮件通知选项框并点击“发布”即可发布新公告（参见图 4-3）。

① 【单纯共享课程的处理】作为面向社会开放的共享课程，本校开课教师的助教账号拥有较大权限，开课教师助教的问答和通知发布针对所有选课学校学生。但选课学校也有自己的课程助教，会处理相关事宜，建议开课教师助教尽量不要干扰其教学。共享课程不需要开课教师助教发布通知、安排考试、批改作业。

② 【课程调整的预告】因突发状况需要调整课程安排的，提前在公告处发出公告，以免影响学生的学习进度。

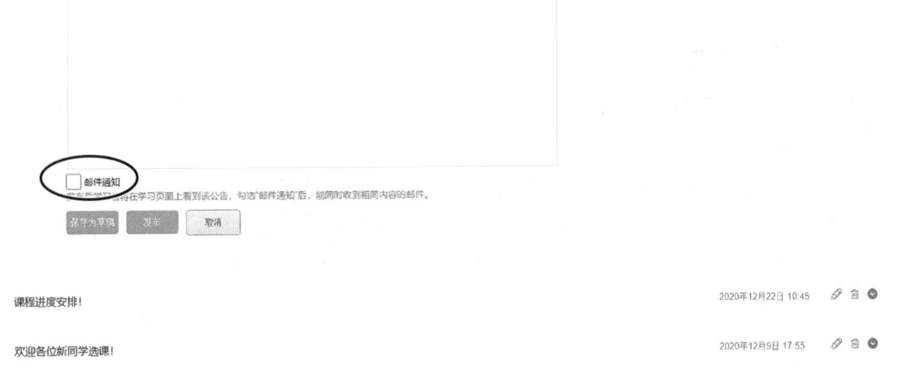

图 4-3

课程管理者也可通过邮件向学习者发送教学内容更新等相关内容。其与发布公告的唯一区别是邮件内容只能由学习者在自己的邮箱中查收，而无法显示到中国大学 MOOC 平台课程页面。发送邮件的具体方式与发布公告类同，即教师进入建课主页面后，点击工具下拉菜单中的邮件选项即可进入邮件主页面，在左侧邮件列表中点击“发邮件”即可对邮件内容进行编辑，编辑完成后点击“发送”按钮即可完成邮件发送。在右侧邮件设置中有关于欢迎邮件和课程开课提醒邮件的设置，有系统默认的邮件内容，教师可对邮件内容进行修改，增加如课程安排、邀请选课学生加入 QQ 群等内容。

（二）发布教学内容

教学单元内容①是发布教学内容的重要环节，包含了课件、随堂测验和单元测验、单元作业。按照要求，学习页发布时必须已经有第一章节或第一周的课时内容。在设置教学单元页时要对每单元的课件、单元测验、单元作业的发布时间、发布内容进行设置，还要对单元测验、单元作业设置提交截止时间，一定要规划好整个时间，使其与整个学期的教学周相适应。

教学视频和习题以周为单位进行更新，节假日照常更新。一般而言，教学视频的更新时间为每周确定更新日的上午 10 时，单元测验的发布时间为上午 12 时，单元作业的发布时间为 13 时，若有特殊情况可与 MOOC 平台管理员协商将发布时间调整为授课教师要求的时间。以“侵权责任法”课程为例，为了便于线上线下同时观看，本书主编将视频发布时间调整为每周二上午 8 时，单元测验的发布时间调整为每周二上午 10 时，单元作业的发布时间调整为每周二上午 11 时。

（三）导入学生名单

如果线上一流课程被纳入教务系统的课程系统，在正式上课之前，则需要助教借助线上课程平台的工作人员将选课学生名单录入平台系统，保证选课学生在结束线下实体课程后可以进行线上学习。

针对第一节课之后才选课的学生，一方面让学生之间相互提醒，另一方面助教也应在相关课程群中发布消息，及时告知新选课的学生相关信息，然后由助教将其导入线上课程平台，保

① 【教学内容修改】在开课前一周审核下一周发布的教学内容，发现有需要修改的部分应及时修改，并点击“发布”按钮，这样才能将修改的内容及时反映到页面前端，否则学生看到的页面仍旧是修改前的页面。

证其及时跟上学习进度。①

（四）内容更新与修改

在某些情况下，课程团队教师需要更新课程内容，而课程内容更新属于课程管理②的重要部分，助教需要对接更新的内容，及时组织学生上传和更换课程内容。在更新的过程中，应同教务教师与管理教师进行细致的沟通，了解更新的流程以及替换的方法与注意事项。

例如，由于课程期间《民法典》经人大审议通过，并于 2021 年 1 月 1 日起施行，本书主编在第一时间对原《民法总则》线上一流课程利用 AI 技术进行了辅助更新，在《民法典》发布后，助教及时将修改后的线上一流课程上传至智慧树、中国大学 MOOC 平台，学生可以在第一时间学习到修改更新后的课程内容。③ 此外，还对本门课程的期末考试题库进行了更新，将不合适的试题进行删减、替换和调整，以适应《民法典》颁布后的授课需要。

若有学生对课程内弹题、单元测试题的题目及答案产生怀疑，可采用三种处理方式：（1）在每周的面授课上由学生提问，授课教师课堂答疑。（2）学生发送问题至群内并@助教，由助教汇总向授课教师传达，请授课教师在面授课堂上统一为学生解答。（3）学生直接将问题发送至助教邮箱，助教和授课教师直接针对问题进行解答。在答疑讨论过程中，如果遇到题目本身错误或需要调整的情况，由助教联系课程平台的工程师对后台数据进行修改和更新。

（五）根据学习进度督促学生

线上课程平台的后台会显示选课学生的学习进度，作为助教应当定期查看学生的学习进度，对于慢于计划进度的学生，助教应当统一在后台发出督促通知，以提醒学生抓紧时间，好好学习，起到监督学习的作用。

（六）学习和考试时间调整

除了课程内容方面诸如字幕错误、试题错误的修改外，还存在课程学习时间、考试时间的合理调整。例如，线上课程各章测试的原截止时间跟教学计划不符，发现问题后需要及时联系平台教师将课程开放时间进行适当调整，一方面，可以使其与授课教师的授课计划相匹配，另一方面，延长课程开放时间，学生将会有更多的时间和机会反复观看课程，有利于巩固和复习所学知识。

（七）讨论区答疑

学生在线上课程平台完成线上学习任务的同时，授课教师或助教应当定期针对学习内容进行答疑，以达到更好的教学效果。选课人数和学生积极性不同，课程讨论区的活跃度与提问也有所差别。助教可以根据具体情况合理安排自己的时间。答疑要求助教对于自己所负责的课程的知识有比较好的掌握与了解，具备回答学生提出的问题的能力。有时助教需要查阅书籍文献以更有深度、更有见解地回答问题，因此，这也是一个学习的过程。对于助教知识范围以外的问题，须询问授课教师后再行回答，不可误导学生。对于比较有价值的问题，助教可将其记录在 Word 文档内，以更好地帮助学生。在讨论区回答学生的问题是一项很重要的工作，关系到本门线上一流课程的级别评定，需要认真对待。另外，学生在讨论区会提出一些有关课程内容

① 【提醒课程确认】在高校 SPOC 课程中，没有进行课程确认的学生无法参加期末考试，所以助教一定要注意上课前通过实体课程进行线下提醒，然后在课程群里进行线上提醒，避免出现无法参与期末考试的情况。

② 参见乐毅：《亚洲一流大学本科课程设置与课程管理特点评析》，《中国高教研究》2015 年第 2 期。

③ 参见李曼丽：《MOOCs 的特征及其教学设计原理探析》，《清华大学教育研究》2013 年第 4 期。

的问题，比如某视频没有字幕或字幕错误、测试答案有疑问等，对此助教应及时予以纠正。

（八）请假审批

助教还需要及时处理“课程事务”中本校选课学生的请假事宜，其他学校的选课学生由所在学校的助教予以核实和处理，未提供请假凭证的学生不予准许请假，参加考试的须提供准考证，实习的学生须提供实习证明或实习单位工作证等，一般只要求提供电子版即可。

（九）回答问题

回答问题要注意以下要点：（1）要及时回复学生的信息，最好在批改每个单元作业前先进行回复，这样不仅可以了解大家的学习疑惑，也可以查看课程内容是否需要修正。（2）回答问题需要分主次、分层次，很多类似的问题可以统一回复，疑难问题不要简单回答，需要认真查资料或请教授课教师。另外，很多学生会积极主动在评论下方留言，应当全面查看大家的讨论，找到大家共同的问题进行解答，这样效果会更好。（3）对于询问资料或者学习方法的问题，需要与学生进一步交流，了解该学生的基本学习情况后，再予以回答，而不能笼统敷衍回答。

（十）不诚信行为处理

有个别不诚信的学生，可能会通过淘宝、微商等购买线上一流课程的“刷课”服务。所谓“刷课”服务，是指由学生向不良商家支付报酬，不良商家代为上课、考试。对于这类作弊行为，有两种应对办法：一种是由助教人工判断。助教进入线上课程平台，查看学生的章节测试情况。课程平台除了会显示学生的分数以外，还会显示做题时长。章节测试通常至少有10道题，但作弊学生的做题时长通常不到1分钟就拿到了高分甚至满分，这很明显存在信息技术介入的情况。期末考试的时候，这类作弊学生在点击进入考试以后，整个系统界面就会自动把题目的选项全部选好，甚至还不可更改选项，助教在协助监考时就需要注意一下学生的计算机界面，对于那种刚开考几分钟就全部做完的学生，加强监控，核实确为作弊行为的，及时上报给监考教师进行处理。另一种办法就是定期与线上课程平台的工作人员联系，要求他们安排技术人员排查是否有“刷课”行为。为了有效避免这类作弊行为，打消部分学生不努力学习却想刷高分的懒惰心理和认为这种技术性作弊不容易被发现的侥幸心理，建议在每学期之初，比如上导学课的时候，对此进行严正警告。

四、作业与试卷批改

（一）操作说明

中国大学 MOOC“侵权责任法”课程的单元作业需要由助教批改，助教从课程后台进入，在“工具”栏下的“查看课程数据”里批改单元作业。这里还能看到提交作业的人数，方便规划批改作业所需要的时间。在批改单元作业时，需要先分析参考答案的得分要点，对每个得分要点进行分值规划。对于某一道作业题，如果大部分学生没有答出得分要点，则需要做一下调整，适当放宽评分标准。① 作业要按时批改，按时公布。②

① 【作业分数评估】线上一流课程的单元作业一般是主观题，评分的随意性比较大，尽量先由授课教师对选课学生作业情况作一个整体评估，然后按照分数段划分不同的等级。

② 【作业批改时间与标准】课程中尽量合理安排每个单元作业的批改时间，考虑到课程人数较多，提交作业人数较多，可以适当延迟作业成绩公布时间，给助教充足的时间批改作业。批改作业时注意在人数较多的情况下尽量保持分数段标准统一。

以中国大学MOOC平台为例，习题分为三种类型，其中第一种类型（即视频中插入的习题）和第二种类型（即单元测验）全部为客观题，选课学生答题后系统会直接判分，需要助教手动批改的只有第三种类型的习题——单元作业。①

助教进入课程管理主页面后，点击最右边的“工具”下拉菜单中的“查看课程数据”，进入批改作业页面（参见图4-4）。

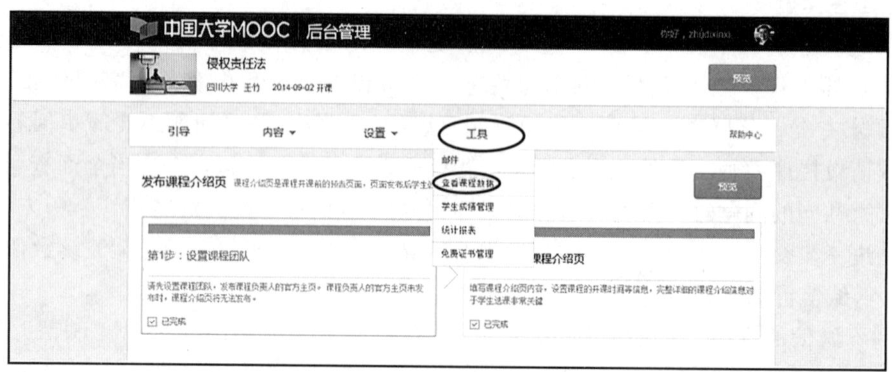

图4-4

该页面由单元测验和单元作业组成。单元测验在简单查看后直接点击“确认成绩”即可（参见图4-5）。

查看课程数据　课程总数据管理提供章节维度的数据查看　常见问题　　导出数据

参与计分类型：单元测验、单元作业、课程考试，单元作业和课程考试只有确认成绩发布后学生才能看到自己的成绩

	名称	发布时间	当前状态	提交人数	平均得分/总分	评分方式	操作
	第一单元测验	2014年9月2日 10:00	已结束	277人	359.2分/450分	系统评分	查看或修改 成绩已确认
	第三单元单元测验	2014年9月23日 10:00	已结束	113人	17.7分/20分	系统评分	查看或修改 成绩已确认
单元测验	第四单元测验	2014年9月30日 10:00	已结束	74人	18.6分/20分	系统评分	查看或修改 成绩已确认

图4-5

然后，在单元作业栏中相应单元右侧点击“评分”按钮，获取在该单元提交作业的学生名单，点击学习者名单右侧的“评分”按钮即可批改作业。若评分方式为学生互评，授课教师或助教可点击“查看”按钮，修改不合理的分数。作业批改完成后，授课教师或助教点击“确认成绩”按钮，学生就可看到自己相应单元的成绩了（参见图4-6至图4-8）。

期末考试试卷的批改方式与作业的批改方式相似。进入前述查看课程数据页面，待期末考试试卷发布后，可在该页面看到期末考试的基本情况，如提交人数、试卷批改情况等。如图

① 【批改作业按份保存】将每一份作业批改完毕后务必点击“保存”，待页面显示“保存成功”后再点击“返回”按钮进行下一份作业的批改，否则容易导致重复批改。

4-9 所示，授课教师点击页面右侧的“查看”按钮即可对选课学生的试卷进行批改。试卷批改完毕后点击“确认成绩”按钮即完成试卷的批改工作。

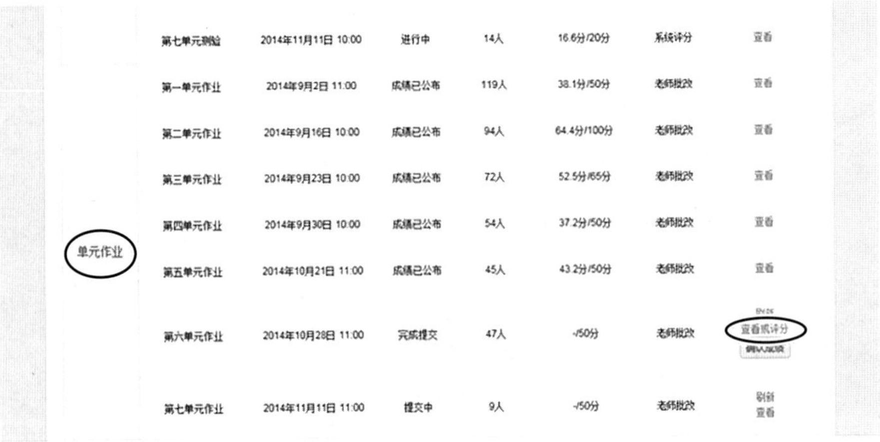

	第七单元测验	2014年11月11日 10:00	进行中	14人	16.6分/20分	系统评分	查看
	第一单元作业	2014年9月2日 11:00	成绩已公布	119人	38.1分/50分	老师批改	查看
	第二单元作业	2014年9月16日 10:00	成绩已公布	94人	64.4分/100分	老师批改	查看
	第三单元作业	2014年9月23日 10:00	成绩已公布	72人	52.5分/65分	老师批改	查看
	第四单元作业	2014年9月30日 10:00	成绩已公布	54人	37.2分/50分	老师批改	查看
单元作业	第五单元作业	2014年10月21日 11:00	成绩已公布	45人	43.2分/50分	老师批改	查看
	第六单元作业	2014年10月28日 11:00	完成提交	47人	-/50分	老师批改	查看或评分 确认成绩
	第七单元作业	2014年11月11日 11:00	提交中	9人	-/50分	老师批改	刷新 查看

图 4-6

图 4-7

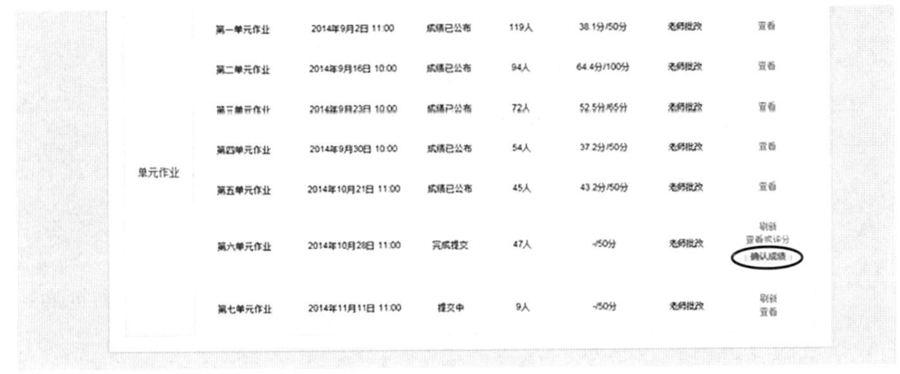

图 4-8

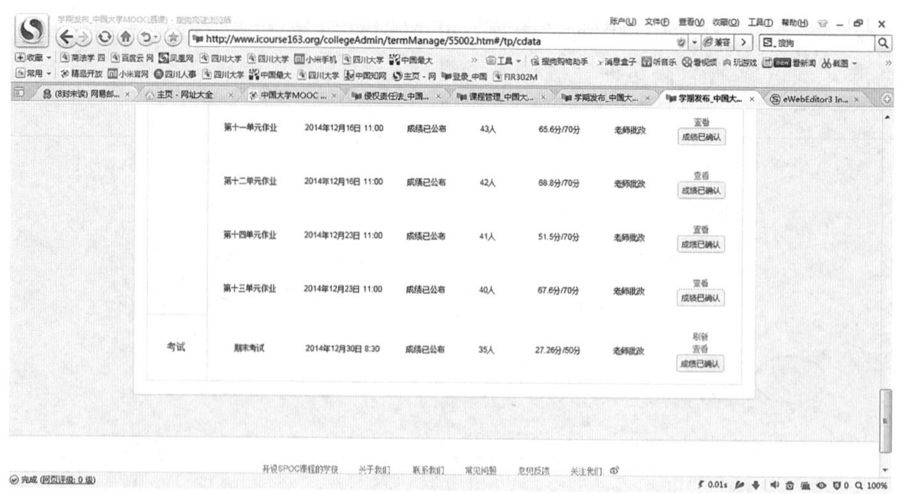

	第十一单元作业	2014年12月16日 11:00	成绩已公布	43人	65.6分/70分	老师批改	查看 成绩已确认
	第十二单元作业	2014年12月16日 11:00	成绩已公布	42人	68.8分/70分	老师批改	查看 成绩已确认
	第十四单元作业	2014年12月23日 11:00	成绩已公布	41人	51.5分/70分	老师批改	查看 成绩已确认
	第十三单元作业	2014年12月23日 11:00	成绩已公布	40人	67.6分/70分	老师批改	查看 成绩已确认
考试	期末考试	2014年12月30日 8:30	成绩已公布	35人	27.26分/50分	老师批改	刷新 查看 成绩已确认

图 4-9

（二）不规范情形处理

对于提交的不规范作业需要进行特殊处理：（1）部分学生会通过截屏的方式截取教师的 PPT 作为作业答案，这种做法虽然比较快捷方便，但不利于学生掌握和消化所学的知识。（2）部分学生把两道题目的答案填反或者重复输入；个别学生答题敷衍，将一两句话或者一两个字作为题目答案。以上情况都是完成作业的错误示范，建议根据具体情况予以扣分处理。

五、分析统计报表

进入课程管理主页面后，点击工具下拉菜单中的“课程数据统计”按钮进入统计报表分析页面，该页面包括课程趋势、课时/测验/作业、讨论区和成绩/考核四个方面的报表分析（参见图 4-10）。

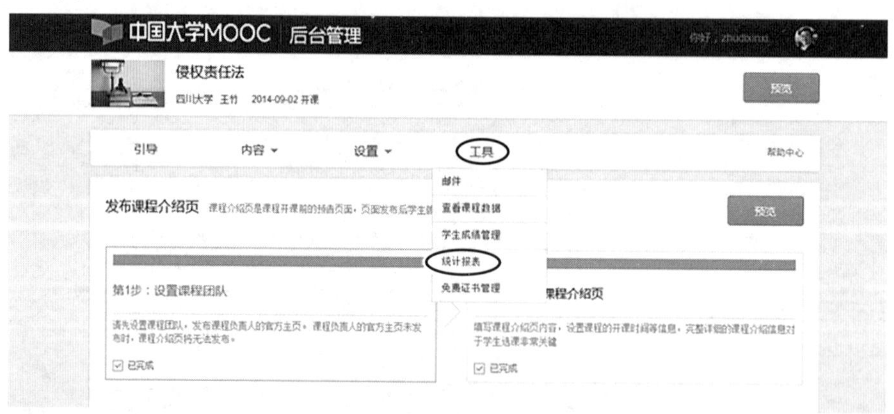

图 4-10

课程趋势报表的分析内容包括选课人数、退选人数、累计参加人数、退选总人数四个方面，该分析可为下一次开课提供借鉴。通过课时/测验/作业报表分析可以了解观看每一个视频、浏览每一份文档、参加每一次测验和作业的新增人数和整体学习人数。讨论区报表分析包括主题新增数量分析、回复和评论新增数量分析、各版块参与讨论人数分析以及活跃用户列表。通过成绩/考核报表分析可以了解每一单元作业和测验的成绩分布和考核通过情况，了解每一位选课学生基本的学习情况，从而有针对性地进行后期考查辅导等。

六、成绩考核

（一）线上一流课程的平时成绩考核

按照现在各高校的规定，学生必须在教务处系统注册后才能获得学分。考虑到 SPOC 的容量有限，为了向学生提供更多的学习方式，可以将平时成绩获得渠道分为通过自主的 MOOC 平台学习获得和通过参与 SPOC 获得，期末参加统一的考试。①

MOOC 平台平时成绩主要通过三种方式获得：（1）观看全部录像并按照系统提示答题。由于这是选课学生进行课程学习必须完成的项目，因此，部分线上课程平台如中国大学 MOOC 平台并未将这部分作为平时成绩的组成部分，而是采取检查选课学生观看视频进度条的方式来查验该学生是否完整观看录像，授课教师可根据需要自行考虑是否将这部分作为平时成绩的组成部分。（2）完成单元测验与单元作业。平时成绩主要通过这种方式获得，授课教师可按照比例分别规定单元测验和单元作业在平时成绩中所占的比重。（3）论坛讨论。在线上一流课程教学环境下，论坛是师生学术交流的主要场地，学生在论坛中的提问以及互动充分体现了选课学生对教师授课内容的深入思考，授课教师可根据需要按照一定的比重将该部分纳入平时成绩的计分范畴。

在线上一流课程教学环境下，学生成为教与学的重要主体，相较于传统教学，平时成绩在线上教学中的比重更为显著。建议授课教师将平时成绩的比重控制在总成绩的 50%以上，其中单元测验和单元作业各占 20%，论坛讨论占 10%。若授课教师考虑将观看视频部分纳入平时成绩的计分范畴，可适当缩小单元测验与单元作业两部分的比重。

（二）线上一流课程的期中和期末考试

线上一流课程期中②、期末考试，除了可以考查学生半个学期或整个学期的学习效果外，还具有“预防捉刀”的功能。③ 由于互联网具有匿名性，无法确定通过 MOOC 平台获取平时成绩的就是学生本人，也无法确定全程观看录像和做习题的均为学生本人，因此，设计线上一流课程的期中、期末考试时必须注意以下几点：

第一，兼容性。由于通过 SPOC 获取平时成绩的学生没有被要求去做 MOOC 平台的习题，而通过 MOOC 平台获取平时成绩的学生也没有被要求撰写指导性案例和作案例报告，因此期末考试的内容，应该以线上一流课程录像讲授的内容为准。

第二，开放性。线上一流课程的开放性应该延续到考试中，开卷考试不失为较好的选择。闭卷考试可能导致学生死记硬背，也不利于考查学生的实际运用能力。开卷考试可以携带图书

① 参见康叶钦：《在线教育的“后 MOOC 时代”——SPOC 解析》，《清华大学教育研究》2014 年第 1 期。

② 目前，各大线上课程平台并不强制要求设置期中考试，授课教师可根据本门课程的特点自行安排，若有阶段性考核目标，可组织期中考试。

③ 参见张丙印、于玉贞：《在线课堂的过程控制与教学效果分析》，《高等工程教育研究》2020 年第 5 期。

和讲义 PPT 打印件，甚至 Kindle，但不允许携带电脑。①

第三，检验性。如前所述，线上一流课程期中、期末考试除了考查学生的学习效果外，还应当能够甄别平时“捉刀”的情况。② 因此，建议设置两道开放式题目：一道案例分析题（25 分），一道论述题（25 分），合计 50 分。设置案例分析题可以考查学生综合运用知识解决实际问题的能力。为确保通过 SPOC 获得平时成绩的同学与通过 MOOC 平台获取平时成绩的同学相比，不具有不当的优势，选择分析的案例应当确保与 SPOC 分析的案件类型不类似、不相关，并且通过 MOOC 平台的学习就可以分析和回答。③ 设置论述题则可以综合考查学生对这门课程的理论学习深度。通过这两道题目的配置，能够较好地达到全面考查的目的。

七、证书管理

选课学生在 MOOC 平台上完成课程学习后，需申请证书发放。以中国大学 MOOC 平台为例，管理员需根据选课学生的申请为其颁发证书。在颁发证书前，需先对选课学生的课程成绩进行核查与确认，再根据选课学生学习成绩的级别为其发放证书。具体制作步骤如下：

（一）成绩核查与确认

在考试结束后，授课教师需要对学生的课程成绩进行审核并确认。

平台一般会设置学生成绩管理的功能。学生成绩管理允许单个学生查看相关数据。成绩确认需符合以下条件：（1）所有参与计分的单元测验、单元作业、课堂讨论、考试都已经公布了成绩；（2）如果修改了总分，需审核通过后才能确认成绩；（3）如果修改了计分规则，需要等待系统重新计算、生成所有用户成绩后才能确认成绩。

平台系统会根据总分设置的权重分别计算单元测验、单元作业、课堂讨论和考试的分数，加总后得出学员的成绩。在平台系统计算出学员成绩后，授课教师要对成绩进行审核，并有权对个别成绩进行调整。但调整成绩要慎重，要公平对待所有学员。授课教师对成绩审核无误后，提交平台审核。平台会对成绩进行再次审核，平台审核结束后，提交教师做最后确认。成绩确认一般只可操作一次，一旦确认后所有学生的成绩将被锁定，无法再对计分设置、学生成绩进行重置或修改；证书将依照确认成绩后的列表发放，一经发放不可撤回。

（二）证书设置与发放

证书可以设置为仅有合格证书，也可设置为优秀证书和合格证书。合格证书成绩一般要求 60 分以上（含 60 分）。如果包含优秀证书和合格证书，一般合格证书成绩设置为 60 分以上（含 60 分）85 分以下；优秀证书成绩设置为 85 分以上（含 85 分）。

在证书正式发放之前，授课教师需要做如下准备工作：（1）需要提供自己的签名。签名

---

① 【禁止携带电脑】开卷考试仍然不应携带电脑参加，主要考虑是：（1）并非每位学生都有笔记本电脑，会对没有笔记本电脑或者家庭贫困的学生造成歧视；（2）使用电脑可以比使用纸质资料更高效地进行资料检索，这对于没有携带电脑的学生在效率上是不公平的；（3）电脑可能联网，有“交头接耳”或者“场外指导”的嫌疑。

② 【“捉刀”的确认】如果学生作答的案例分析题和论述题均答非所问，或者与 MOOC 平台上的表现迥异，则可能存在“捉刀”，应进一步确认。授课教师可对该学生进行加试，加试应当对选课学生的硬件设备予以限制，即要求对方在日常登录的 IP 地址的电脑上开启摄像头设备，由助教拍照记录；或者采用语音口试方式要求对方重新抽题加试。

③ 参见陈然、杨成：《SPOC 混合学习模式设计研究》，《中国远程教育（下半月）》2015 年第 5 期。

一般签在白纸或者手写板上，字体大小要适中。① （2）需要按照平台提供的标准格式签署电子签名授权使用声明，授权平台在授予学员的证书中使用本人的电子签名。（3）撰写课程介绍。内容一般在 150 字以内，以能体现课程学习的内容、学习技能的获得为佳。（4）再次提醒学员，确保个人设置中的“真实姓名”一栏内容准确。系统发放证书会调用这一项，如果有错误，发完证书后就没有修正机会了。以“爱课程网”为例，参见图 4-11。

资料设置　帐号设置

绝不会以任何形式向第三方透漏你的身份信息

* 昵称　爱课程网Amy

真实姓名

用于证书上的名称，如不填写，则默认为昵称

图 4-11

平台发放的证书一般分为免费证书和收费认证证书两类。免费证书和收费认证证书一般是二选一的：收费认证证书需要先期申请，获得证书资格但未申请收费认证证书的学员自动获得免费证书。免费证书为电子版，如果达到合格以上的要求，会发到学员的电子邮箱。收费认证证书除电子版外，会增加一个纸质版本，证书上含有二维码和证书编号，可以在线验证真伪，最终通过快递寄送。以“爱课程网”为例，免费证书参见图 4-12。

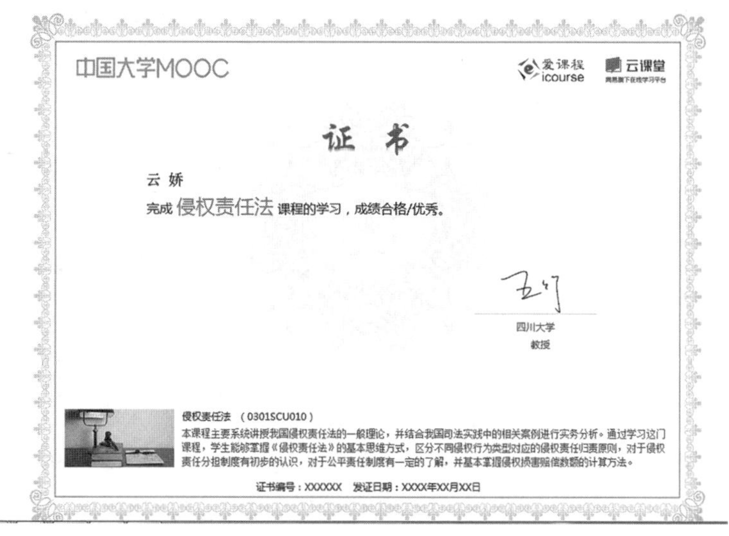

图 4-12

以中国大学 MOOC 为例，收费认证证书参见图 4-13。

① 【授课教师签名】由于授课教师签名最终将由技术人员编辑到证书中，因此授课教师在签名时尽量采用粗线条的签字笔，尽量将姓名签得大一些，以方便技术人员处理。

图 4-13

免费证书和收费认证证书设置完毕，且成绩已经确认完毕的，课程的认证证书申请页就是可申请状态。授课教师可以设置认证证书申请时长，一般设置为 2 周至 1 个月。收费认证证书还需要设置价格，价格的高低根据课程类型和时长确定，一般在人民币 100 元以上（参见图 4-14）。

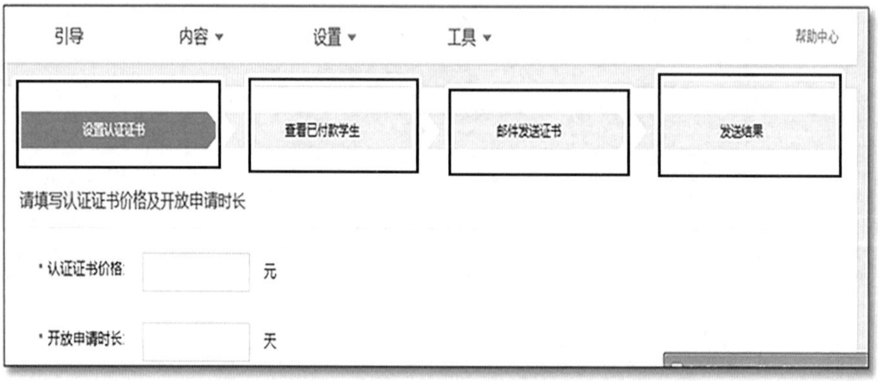

引导 内容 设置 工具 帮助中心

设置认证证书 查看已付款学生 邮件发送证书 发送结果

请填写认证证书价格及开放申请时长

*认证证书价格 元

*开放申请时长 天

图 4-14

授课教师完成以上步骤后，需通过课程公告、邮件、讨论区发帖等途径告知学习者尽快完成认证证书申请环节。免费证书一般通过邮件发放，因此学员要确保自己的邮箱地址准确无误。认证证书申请人的信息需要审核验证。若申请人的信息有误，教师要通过电话或常用邮箱及时与学员沟通联系，将新的信息进行更新并确认。同时，授课教师要删除重复的证书申请。

生成证书名单必须满足以下三点：（1）在申请时间截止后方可生成证书名单；（2）在全

部申请人信息审核完成后方可生成证书名单；（3）将重复的证书申请删除后方可生成证书名单。一般来说，课程负责人、平台的编辑可以审核、修改、确认信息，可生成证书名单；课程团队的其他成员仅能审核、修改、确认信息，无权生成证书名单。证书名单生成后，平台会按照名单中的学员信息将认证证书寄送给学员。

八、线上课程评价

参与线上课程学习的学生在完成学习后会对本次线上课程予以评价。对线上课程的评价反映出线上课程是否受到欢迎、线上课程建设是否有成效，也是激励制作团队高质量完成线上课程建设有力的外部监督手段之一。① 团队设置的线上课程评价采用留言的形式。但线上课程的评价形式可以多样化，既可以由学生在学习完整个课程后综合打分，也可以通过发放调查问卷的形式供学生评价，再加上学生在线上留言栏对线上课程优缺点的反馈，有助于制作团队调整课程设置，更好地适应和满足学生的需求。

第二节　线上一流课程的论坛管理

一、论坛管理概述

论坛管理，也称 BBS 管理，是 MOOC 课程运行过程中比较关键的一环。BBS 是 Bulletin Board System 的简称，即电子公告板。MOOC 的 BBS 一般体现为讨论区形式，类似于微型论坛。该论坛在整个 MOOC 的运行管理中成了师生间高效率学习交流的媒介：（1）它为学生与教师之间、学生与学生之间、教师与教师之间提供了交流平台，为参与在线课程学习的学生提供了一个与授课者积极互动的有益空间。（2）学生在讨论区可以讨论问题，教师亦可以发起讨论，以充分调动学生的积极性。②（3）大家对于学习过程中遇到的问题各抒己见，智慧集中交汇，为问题的解决提供更新更宽的思路，也有助于教师更新自己的知识体系，形成师生互助、互补的良好局面。（4）讨论区的良好运行是该门课程乃至整个 MOOC 平台的重要一环，有讲授有反馈的课堂才是真正值得学习的课堂。

为了充分实现师生之间的互动，各大慕课平台均设置论坛讨论区，选课学生进入论坛讨论区的方式基本相同。以中国大学 MOOC 平台为例，学生在地址栏输入中国大学 MOOC 平台的网址（http://www.icourses.cn/iMOOC/）进入爱课程网页，点击界面右上角的“登录”，输入登录邮箱及密码。进入课程界面后点击右侧的“进入学习”，之后到达下一个界面，点击左侧“讨论区”。讨论区共有三个子版块：教师答疑区、课堂交流区、综合讨论区。教师可分别进入不同的版块进行回复。

登录后于“在授课程”中选择自己所开设的课程并点击进入。进入讨论区后界面出现“子版块”“我关注的主题”以及“全部主题”三部分内容。进入不同的“子版块”可以回答

---

① 参见柯政：《“双一流”中的课程建设：上海纽约大学的启示》，《中国高等教育》2016 年第 Z2 期。

② 【节日祝福的发布】在网络课程中，适时调动选课学生的学习兴趣极为重要。授课教师可在国家法定节假日在讨论区发起祝福主题，内容除对选课学生进行节日祝福外，还可就法定节假日中与所授课程相关的话题引导选课学生思考。

学生在该版块提出的问题。“我关注的主题”显示的是已经经过助教处理过的问题。“全部主题”即三个子版块的全部主题。

此外，界面右侧的绿色小号字分别为：（1）“发帖排行榜 top100”，可以用来查看发帖数较多的学生，以作为期末成绩参考项。（2）“我的论坛主页”可以浏览已经回复的全部主题。进入子版块中的某个主题，可直接在问题下面的对话框中进行回复，无须点击绿色箭头的“回复”。所要回复的内容输入完毕后，点击对话框右下角的蓝色“发表回复”即可。① 另外，还可根据需要在对话框下选择是否匿名发表。

二、论坛管理团队的选任与规则的制定

论坛是联系授课教师与学生的媒介之一，论坛的良好运行有助于授课教师了解选课学生的专业知识水平，进而调整授课内容，促进学生深入了解所选课程。在 MOOC 课程的论坛管理中，课程负责人需从论坛管理团队的选任和论坛管理规则的制定两方面进行把握。

（一）论坛管理团队的选任

MOOC 课程的选课人数较多，常达几千乃至几万人，所提出的问题涉及范围较广，因此一般选择两位助教专门负责论坛的管理。这两位助教在管理论坛时要各有侧重：一位助教主要负责论坛中学生提出的学术问题，另外一位助教主要负责论坛中提出的操作方面的问题，其中负责回答操作方面问题的助教应与前述完成各项资料上传的助教为同一人。在助教的选任上，主要考虑如下两个方面：（1）专业知识水平。负责回答学术问题的助教应当至少完整学习过一次授课教师所讲授的内容，对该门课程的知识有比较深入的理解与把握。（2）技能水平。对 MOOC 平台的操作流程比较熟悉，且每天可以分配出合理的时间及时查看讨论区的问题，并予以回复。②

（二）论坛管理规则的制定

讨论区要良好运行，制定明确规范的管理规则是十分必要的。主要包括如下内容：（1）明确各自版块的功能。教师答疑区是学生发表关于作业、测试、课件内容的疑问并希望能够得到教师回答的区域；课堂交流区呈现的是对课件中教学内容的讨论；综合讨论区用于发表任何想与大家分享的经验及想法，即关于本课程、学习、工作、生活等的一般性话题。（2）明确讨论区的规则。鼓励学生通过学习在线课程提出问题、质疑与建议。③ （3）明确回复问题的范围。一般来讲，有关本课程以及 MOOC 平台操作等问题，助教均应予以解答。但是对于课件中存在答案的问题或者通过简单查阅相关资料、法条就可以解答的问题，不提倡一一解答，鼓励学生自主解决问题，助教仅对参考资料的选择加以提示。④

---

① 【回复须知】进入主题直接回复即可，不要在回复的对话框中输入内容后再点击回复，这样会导致输入的内容清空。回答问题不局限于论坛上，确有必要时可以采用多样形式，比如电子邮件、QQ 等。

② 【助教轮值管理】应当以负责回答学术问题的助教为论坛管理的主要负责人，回答论坛操作问题的助教作为论坛管理的辅助者，同时注意安排两位助教的轮值顺序，避免出现论坛问题长时间无人回复的状况。

③ 【积极发起主题营造氛围】助教不要局限于回答问题，可以定期或者不定期在讨论区中发起主题供学生讨论，调动学生的学习积极性。

④ 【不当言论立即删除】对于涉及敏感话题、政治问题以及用语中存在不文明、不健康、有悖于社会主义和谐社会建设内容的问题，应及时删除，不予回复，可给予警告。

三、论坛版块设置

MOOC 平台讨论区的问题可大致分为四个类别，即测验与作业问题、系统操作问题、学术问题以及其他问题。

（一）测验与作业问题

这部分问题主要是围绕课程中的单元测验与作业提出的①，如对测验与作业中的题目存在疑问或者有不同的看法，想向教师请教等。由于系统原因某些习题的答案在完成后也不会显示，若有学生寻求答案，管理讨论区的助教在无法解答时，可与负责上传习题的助教联系咨询题目的答案。当对某个问题、某道题或者某个选项存疑或者持有不同意见时，助教可利用专业知识予以解答，前提是保证结论的正确性。若无法保证，则用电子邮件的形式请教教师，待教师解答后回复给提问的学生。②

（二）系统操作问题

此类问题一般与课程知识无关，需要熟谙 MOOC 平台操作方法的助教予以解答。涉及的问题包括作业提交问题、课程发布问题、教学资源问题等。现举例如下：

第一，作业提交问题。

问：基于某些原因我没有在系统设定的期限内提交作业，还能提交吗？

答：同学你好！作业的截止日期到了就不能再提交了。

第二，课程发布问题。

问：《侵权责任法》第二单元在 10 月开课吗？谢谢！

答：同学你好！开课时间为下周二，也就是 9 月 16 日。

第三，教学资源问题。

问：我想问教师讲的视频能下载吗？只能下载课件吗？

答：同学你好！视频因为版权问题暂时不提供下载，可以在互联网上观看，祝你学习顺利！

（三）学术问题

学术问题即有关 MOOC 在线课程的专业问题，如有关某一学术观点的疑惑、个人见解、理论实践化的咨询等。对学术问题的解答需要具有一定的相关领域的知识储备，助教往往力不能及。此时可将该类问题整理出来，定期咨询教师，并作为日后动态习题库的主要组成部分。

（四）其他问题

暂且将无法列入以上三类问题的问题归纳为其他问题。此类问题没有明确的划分依据。根据经验而言，目前包括学习感想、对教师授课的评价、成绩问题、对课程提出的要求等。试举若干实例：

问：老师，我觉得我学起来比较吃力，不知道该怎么学习，每一段视频我得看上好几遍。

---

① 【习题与答案的备份工作】管理讨论区的助教需备份在线课程的习题与答案，方便回答问题时直接检索答案。

② 【习题编制错误的处理】除了问题之外，学生还会对课程、作业、测验中习题的编制提出意见与建议，如重复选项、错别字、遗漏内容、内容冗杂、不符合基本学理等。助教需要及时回复、致谢并与相关负责人员联系修改。

答：同学你好！不知道你是不是法学专业的学生。即使是法学专业的学生在学习时也会存在一定难度。所以在听课前，可以借阅相关书籍进行预习，并且熟悉法条，入门有些吃力是正常的，不要着急，慢慢会好起来的，加油！

问：虽然老师讲得挺不错，但是我觉得讲得有点快了，对于我们非本专业的人来说，底子有点儿薄，有点跟不上节奏。

答：同学你好！谢谢你的建议。因为教学时长和教学内容的限制，对有些同学来说，可能语速有些快，如果有些跟不上节奏，同学们可以结合字幕反复观看，我也会尝试放慢语速，祝你学习顺利！

问：平时成绩 50%，考试成绩 50%。采用百分制计分，60 分及其以上为合格，80 分及其以上为优秀。也就是说除了平时的作业成绩和最后的考试，平时的发言、讨论区发帖数不计入总分是吗？

答：同学你好！我们鼓励在讨论区发言，因此讨论区发帖是可酌情加分的。

第三节 线上一流课程的论坛回复

一、论坛问题回复

在论坛回复问题时，需要注意如下三个方面：（1）回复用语的使用。尽量使用敬语、礼貌用语。比如在每次回复问题之前加上“同学你好”，而回复完毕时可以“祝好”等作结。此外，亦可在回复问题时对学生加以鼓励以及适当表扬。① （2）回复时间的把握。将学生提出的问题搁置很久的团队不是认真负责的团队，要形成良好的团队形象就必须合理把握处理问题的时间。出于人员安排的限制，也许无法做到第一时间回复，但是尽量要做到当日回复或者次日回复。因故延迟回复的，应在回复时向该学生致歉。② （3）回复的内容，原则上应为原创。对于比较有把握的问题，管理讨论区的助教可以查阅相关资料，根据自己的理解回复③；对于存在一定困难的问题，助教应集中请教教师后再解答，切不可误导学生。④

二、日常提问与回答

习题库的日常提问与回答主要涉及学习者针对静态习题库即测验、作业提出的疑问、见解以及部分学术问题。主要有三个来源⑤：

第一类问题来源于习题答案。如对习题提供的答案不理解、不赞同，或者习题答案的编制

---

① 【暂缓回答的先予回复】遇到需要一定时间处理的问题，切勿搁置学生提出的问题，而应先回复，告知学生需要一定的处理时间，会尽快回复。

② 【及时查看留言和提问】负责答疑的助教要及时查看有没有留言和问题。所有人的留言和问题是不会有提示的，只有登录了网站才能看到。

③ 【引用要注明出处】若引用了他人的文章著作等，需要注明作者、出处。

④ 【问题反馈】将问题定期形成 Word 文档并通过电子邮件发送给教师，教师回复邮件后，由助教将教师的解答反馈给提问的学生。每次的文档不要删除，以后遇到类似问题即可直接予以解答，而不必重复咨询教师。文档可采用以下形式命名：年月日+讨论区/论坛疑问，如 20140928 论坛疑问。

⑤ 【注明问题来源】提醒学生注明问题的出处，这样助教只需查找教学内容就可以找到问题所在。

存在文字、理论等错误。(1) 对习题提供的答案不理解。如："两道判断题：新闻媒介与出版机构转载，当事人以侵害名誉权为由提起诉讼的，人民法院应当受理。国企、社会团体、企事业单位对管理人作出处理与决定，当事人以侵害名誉权为由提起诉讼的，人民法院应当受理。看起来两道题内容差不多，为何前面一道正确，后面一道错误？是否由二者主体的差异性导致的？"(2) 对习题提供的答案不赞同。如："在第九单元测试题中有一道测试题：'无民事行为能力人、限制民事行为能力人造成他人损害的，监护人尽到监护职责的，可以（　）其侵权责任。'《民法典·侵权责任编》第 1188 条规定无民事行为能力人、限制民事行为能力人造成他人损害的，由监护人承担侵权责任。监护人尽到监护责任的，可以减轻其侵权责任。而答案不是'减轻'。"(3) 习题错误。[①] 如："针对'人格权受到侵害时，可以如何要求救济'的问题，为何答案中有'消除危险'一项，人格权受到侵害后应该是不可逆的，如何消除危险？"[②]

第二类问题来源于习题，但又高于习题，往往由同学基于对习题的延伸思考，提出疑问或者自己的见解。解答此类问题需要具有一定的相关领域的知识储备，助教在作答时难免会遇到困难。这时就应该向授课教师咨询，给出专业的回答。

第三类问题是与本课程有关，但与习题无直接关联的问题，如现实生活中发生的案例咨询等。可以将其中有学习、参考价值的部分作为独立的补充知识或者选读内容编入习题库。[③]

三、FAQ 库的制作

FAQ 是"Frequently Asked Questions"的缩写，即"常见问题库"。FAQ 的制作并不复杂，需要以讨论区的学生提问为基础，辅以本课程讲义的章节目录进行制作。

（一）FAQ 库问题来源

FAQ 的问题主要来自两个方面：(1) 上文提到的"论坛疑问"，当然，并非所有问题都具有编入 FAQ 的价值，需要"取其精华，去其糟粕"，将论坛疑问中专业性较强、有一定借鉴意义的问题单独筛选出来[④]；(2) 讨论区中由助教回答的问题往往是比较基础但值得强调的问题，建议浏览讨论区主题时将这样的问题筛选出来，编入 FAQ。同学们往往对某个问题的疑问比较集中，或者针对一个问题衍生出数个颇具意义的疑问，可将此类问题整理编入 FAQ。例如，下面这道关于"机动车损害责任"的习题：

甲在某乡村道路上晾晒稻谷，乙驾车行驶至该路段，为躲避晾晒的稻谷急打方向盘，因操作不当突然进入对向车道，迫使对向车道来车驾驶人丙紧急避让，将路边行人丁撞伤。本案中的侵权责任主体是（　　）。(AB)

A. 甲　　B. 乙　　C. 丙　　D. 丁

---

① 【错误习题的修改和公告】学生提出的问题，有可能是习题本身或者答案存在谬误。应告知该学生并及时从后台改正，同时在公告中予以发布，提醒学习课程的学生存在问题的地方，以防误导。

② 这道题实际上属于录入错误，应该为"消除影响"，根据学生的提问已经在系统上作了相应的修改，此处作为范例列出。

③ 【搜索栏的巧妙应用】如遇到之前已经解答而学生又重复提出类似问题的情况，可告知其在讨论区首页右侧的搜索栏搜索之前的解答予以参考，这样可以保证相同问题有一致的回答，便于学生把握。

④ 【问题的适当修改与文饰】有些题目的表达用语或者提问方式存在问题，如果直接放入动态习题库中恐有不妥，整理时可进行必要的修改或文饰，将口语化的字眼去掉。

问：《道路交通安全法》第 76 条规定，机动车一方没有过错的，承担不超过 10%的赔偿责任。本题中，丙虽然没有过错，但依然要承担不超过 10%的责任。那丙还是要承担责任的，是因为他可以向第三人追偿吗？

答：请你参考这个法条思考一下：《民法典·侵权责任编》第 1256 条规定：在公共道路上堆放、倾倒、遗撒妨碍通行的物品造成他人损害的，由行为人承担侵权责任。公共道路管理人不能证明已经尽到清理、防护、警示等义务的，应当承担相应的责任。

问：那么丙不承担赔偿责任的理由又是什么呢？丙的紧急避险行为难道没有超过必要的限度，没有造成不应有的损害？请赐教。

答：①本案为典型的第三人原因造成的紧急避险。②即使避险过当，承担的也是补偿责任而非侵权责任。

问：关于您提到的《民法典·侵权责任编》第 1256 条的规定，愚以为：公共道路上的堆放、倾倒、遗撒物，应是造成他人损害的直接原因，而非间接原因。公共道路上的堆放、倾倒、遗撒物应与损害后果具有直接的因果联系。在此情形下，有关的单位或个人才承担侵权责任。公共道路上堆放、倾倒、遗撒的物品，在客观上有妨碍通行的情形发生，但妨碍通行并不一定产生损害他人的后果，堆放、倾倒、遗撒物与损害后果之间没有直接的因果联系。只有在堆放、倾倒、遗撒的物品与外来因素结合时，才会致害。如行人因踩在遗漏、排放在公路上的液体物上而滑倒；司机因被在公路上的堆放物挡住视线，驾驶机动车撞到了路边的建筑上；司机驾驶的车辆辗压遗撒在公路上的固体物，致固体物飞出公路致伤他人等。这些都有堆放、倾倒、遗撒物的直接参与。而本案中，司机并未与晾晒在公路上的粮食发生直接接触，而是其操作不当驶入了对向车道，发生了交通事故。鉴于甲晾晒的粮食并未直接参与到侵权行为中来，故甲不应承担侵权责任。如果按《民法典·侵权责任编》第 1256 条的规定来处理本案的话，根据《最高人民法院关于审理道路交通事故损害赔偿案件适用法律若干问题的解释》第 9 条，是否还遗漏了对公路负有管理、维护职责的公路管理部门呢？其在公路管理、维护方面的缺陷，导致了机动车交通事故的发生。

答：《最高人民法院关于审理道路交通事故损害赔偿案件适用法律若干问题的解释》第 9 条第 1 款规定："因道路管理维护缺陷导致机动车发生交通事故造成损害，当事人请求道路管理者承担相应赔偿责任的，人民法院应予支持，但道路管理者能够证明已按照法律、法规、规章、国家标准、行业标准或者地方标准尽到安全防护、警示等管理维护义务的除外。"本条的参照对象是《民法典·侵权责任编》第 1253 条，规定的是道路管理维护者责任，管理维护的对象是道路的通行条件，而不包括路面的整洁。

你说的应该是该解释的第 10 条："因在道路上堆放、倾倒、遗撒物品等妨碍通行的行为，导致交通事故造成损害，当事人请求行为人承担赔偿责任的，人民法院应予支持。道路管理者不能证明已按照法律、法规、规章、国家标准、行业标准或者地方标准尽到清理、防护、警示等义务的，应当承担相应的赔偿责任。"设计题目的时候，考虑到道路管理者是否存在过错不好判断，涉及巡逻的频率等多种因素，因此本题没有涉及。

（二）FAQ 库初步编录

这一步为制定 FAQ 的关键步骤。具体编入方式如下：第一步，编制人员须对 MOOC 上线课程内容有较为深入的理解，将 MOOC 课程目录制作成结构文档版，后期 FAQ 的制作即以此为框架。第二步，将第一步中的问题及答案按照关联程度分别编入结构文档不同的章节中。① 有些问题无法编入章节中但确具较大的参考意义的，如实际生活中的案件咨询等，可编在FAQ最后的补充内容中。FAQ的格式可自由确定，以整洁美观为原则。以“侵权责任法”课程为例，格式为：问题1 答案1 问题2 答案2。

（三）FAQ库的审阅与更新

FAQ库初步编录完成后，需要在此基础上进行审阅与更新。FAQ的审阅对象主要包括文字、格式和位置的调整等。FAQ的更新主要根据论坛上的提问对FAQ中的问题进行同步更新扩充。②

第四节 线上一流课程的动态更新

一、线上一流课程教学内容的更新

现代社会的快速发展和知识体系的不断进步，凸显了线上一流课程更新的重要性。就法学线上一流课程而言，在法律发生大的修改或者更新的情况下，通常将产生更新需求。线上一流课程的更新通常涉及范围比较广，因而需要团队合作。③ 线上一流课程更新主要包括以下几个方面。

（一）大纲的更新

线上一流课程更新，首先需要通过比较新旧课程大纲，确定课程更新的大致范围。在确定需要更新的课程范围后，就可以着手安排更新工作。

（二）视频及字幕与PPT的更新④

视频及字幕的更新工作是在新的课程视频、字幕已经由授课教师录制完毕，视频制作公司制作完成，PPT已经更新完成并交接给助教的基础上进行的。因此，此处的更新实际上指的是上传工作。应将需更新的章节平均分配给小组成员，并将相关视频、字幕及PPT交给小组成员。⑤ 小组成员应注意核对视频、字幕及PPT是否与自己所分配到的章节相对应，并确认视频播放及字幕匹配的正确性，避免给后面的工作带来不便。

由于各大平台对上传的要求和限制不同，在上传过程中可能出现乱码、文件大小不符等情

---

① 【题目范围不明确的处理】与授课内容联系不大或者与多节内容有关联的题目可以放在补充内容中或者与其关联较紧密的一节。题目内容宽泛，无法细化到节的，可以编入章名称后节名称前。

② 【FAQ库的题目数量与补充录像】由于论坛中选课学生的提问在不断增加，FAQ库的题目数量是呈递增趋势的。当选课学生对某类问题的提问频率较高并且这类问题对于本门课程的理解有一定意义时，可以考虑由授课教师对这类问题进行讲解，并制作成录像上传到MOOC平台上。

③ 【接收工作尽可能避免转述】负责人或各合作方在通知更新团队工作的时候，可以通知该小组的所有学生，避免再分工时因转述而产生遗漏或者误差。一个小组的人共同参与，还可以互相交流，以免发生理解错误。

④ 【课程更新的“背靠背”策略】前期需要不断摸索更新的方法和范围。可先由少数学生试标注，同时安排其他人核对问题。正式确定标记方案后，再开始大规模的团队工作，团队内部应保持沟通，保证标记方式统一。团队成员应最大限度保证需更新内容的全覆盖，避免遗漏，标注的内容由负责人汇总。

⑤ 【团队分工的连贯性】线上一流课程标注的分工最好能和前期修改PPT、替换讲义法条的分工相一致，因为在前期修改PPT和替换讲义法条的过程中，负责这部分的学生对该部分内容比较熟悉，操作起来容易上手。

况，此时需要及时与平台工作人员和视频制作公司人员沟通，保证上传顺利进行。此处需要特别提及 PPT 的更新，通常来说，PPT 是按照统一的模板制作的，在上传过程中并不会出现太大问题。但在更新“民法总则”课程时就屡屡遇到 PPT 更新文件大小不符的问题。由于上传的 PPT 文件皆在平台要求范围之内，但在上传时却出现了部分 PPT 显示文件太大无法上传的情况。这时就需要及时与平台课程负责教师沟通，确定问题所在，并根据教师的指引作出相应修改。

视频部分内容最多，上传速度最慢，每个单元章节的上传速度也不一致，在分工的时候应特别注意均衡分配；视频部分更换后，后台会自动转换，部分视频内容较多，转换过程耗时较长，需要耐心等待，不能中途退出或中断上传；视频部分上传完毕后需要播放，检查内容是否完整、通畅。

1. 字幕的更新

字幕的修改工作一直持续到《民法典》通过，因而字幕的更新经历了三轮：第一轮是第一次修改版的上传，做到基本更改完毕；第二轮是在第一轮的基础上进行的补正修订；第二轮完成后，学生检查时发现了一些字幕与视频匹配方面的新问题，因而有了第三轮的字幕更新。

2. PPT 的更新

由于课程配套的 PPT 只能用 PDF 格式上传，制作公司给的 PPT 是每个单元制作一个 PPT，但一个单元的 PPT 对应的是几个小节的视频，因而需要把一个单元完整的 PPT 切分成与几个小节的视频相对应的 PPT。

在教学资料的更新过程中，应当将全部更新内容单独作记录，以便进行统一的线上一流课程录像更新。尽管团队已经尽到了最大注意，仍然不免有所疏漏，所以线上一流课程录像的更新还应包括错误的修改。

由于线上一流课程的制作环节较为复杂，对内容尤其是线上一流课程录像内容的更新应谨慎实施，尽量兼顾原有授课体系，采用替换方式更新。即先删除原线上一流课程录像需要更新的部分，并重新录像，再插入。①

第一，讲义中法条的替换。讲义是整个教学活动的基础，只有先修改讲义，才能确保讲义与 PPT 课件的一致性。② 讲义中法条的替换方法与 PPT 中法条的替换方法相同，复制讲义中原有的《侵权责任法》或者《民法典·侵权责任编》的法条内容，将复制的这段内容放到存有《民法典·侵权责任编》法条的 Word 文件的导航栏中进行查找，如果能够查找到，该法条就不需要修改，千万不要复制整段法条内容，因为全部复制很可能在《民法典·侵权责任编》的 Word 文档中找不到，可以以标点符号为分界点，逐句复制查找，并注意修改法条的条文号码。讲义中涉及的相关法律法规、司法解释也应逐条比对，如果该法律法规、司法解释已经更新，也要在讲义中进行相应修改，可以参照替换《民法典·侵权责任编》条文的方法，但要保证作为参照标准的法律法规、司法解释来源于可信赖的权威网站。替换完成所有法条后，务

① 【录像更新的对象】录像更新的应当是原始课程录像，且不包含字幕。原始课程录像是各线上一流课程平台碎片化的基础性文件，在此基础上再根据各个平台的要求分别替换相应的录像片段。

② 【讲义修改中的标题序号】如果内容更新过程中，删除和增加的标题数量不同，将导致 PPT 制作过程中自动排序不同，因此在标题设置上，尽量作等量替换。如果必须增加或者减少标题，则只能考虑在录像中多使用 PPT 页面代替教学过程的录像，但这样仍然不能解决录像中的序号问题，所以是得不偿失的。

必进行检查，避免疏漏和出错。①

第二，对照更新的讲义修改 PPT 课件。PPT 课件的修改在录像更新中尤为重要，要特别注意用新的 PPT 页面代替旧的 PPT 页面。修改 PPT 课件的注意事项如下：

（1）要保持 PPT 的原有格式，不能在修改法条的时候破坏原格式，导致格式不统一，特别是在粘贴复制时，要右键选择“只保留原文本”的粘贴方式，不要直接“Ctrl+C—Ctrl+V”。

（2）千万不要自己用眼对《民法典》条文与 PPT 上原有的法条对比修改，因为需要修改的内容较多，很容易引起视觉疲劳，导致遗漏一些内容。比较合适的方法是：用 Word 打开《民法典》的条文（此时一定要确保 Word 中的《民法典》的条文是正确的），然后复制 PPT 中原有的法条内容，将复制的这段内容放到《民法典》的导航栏中进行查找，如果能够查找到，该法条就不需要修改。这里有一点需要特别注意，就是千万不要复制整段原 PPT 上的法条内容，因为全部复制很可能在《民法典》的 Word 文档中找不到，可以以标点符号为分界点，逐句复制查找。

（3）一定要记得更换条文号，因为很可能出现更换了条文内容但没有更换条文号的情况。

（4）要注意修改 PPT 上的章节设置。以《侵权责任法》为例，因为《民法典·侵权责任编》的章节设置与《侵权责任法》是不一样的，《民法典·侵权责任编》删除了《侵权责任法》的“第三章　不承担责任和减轻责任的情形”，所以《民法典·侵权责任编》的整个章节设置相较《侵权责任法》是少一节的。此外，每页 PPT 在最上方都要有与该页 PPT 内容相对应的章节名称，在修改 PPT 时一定不能漏掉，以便使用者清楚该内容对应于哪一章节。

（5）PPT 中还会涉及不少其他相关法律法规和司法解释，在修改 PPT 时一定要对这些法律法规进行核查，看其是否有更新。如果有更新，要用最新版本的相应内容。如果原 PPT 中存在错别字，也一定要修改。要特别注意核查法律法规要用权威的来源，比如北大法宝、威科先行法律数据库、中国人大网、中国法院网、中国政府网等。

（6）标注完成后一定要检查，以确保前期修改过程中不会出现疏漏和错误。检查法条时有一个既方便又高效的窍门，即复制 PPT 中的法条内容，在《民法典》的 Word 文档中查找所复制的内容，这时可以整段查找，但一次只能复制一段，如果复制两段及以上，第二段及以后的内容在《民法典》的 Word 文档中查不到。复制的内容如果在《民法典》的 Word 文档中刚好能够查找到，就说明是正确的；如果查找不到，则其中一定出现了错误，需要进行修改。

（7）统筹 PPT 修改工作时，在汇总大家修改的 PPT 成果后，一定要再次进行检查，确保格式统一，不出现错误。如果工作量较大，也可在小组内交叉检查。但统筹时一定要把其他学生返回的内容全部看一遍，做到整体统一。另外，需要注意的是，由于课件对学术水平的要求比其他工作更高，在修改中应先让组员尽量提修改意见，然后由博士生初步审核并确定需要教师后期调整的部分，以便教师最终查看和进行具体的修改。

第三，使用新 PPT 进行录像。在录像过程中，建议从替换部分的前一个同级标题开始讲

---

① 【条文对比和修改的技巧】可以采用 Word 自带的文档对比功能，将需要对比的内容首先截取下来，然后调整成完全相同的格式和字体，之后直接开始比较。这种比较方式效率远高于人工对比，且准确率较高，建议在更新课程内容和出现法条变化时使用。

授，这样教师更容易进入状态。① 授课时长也尽量与之前的授课时长接近，避免课时过分加长。要点如下：(1) 更新原始录像。新的录像片段完成后，需要将原始课程录像中需要替换的部分剪掉，然后将新的片段插入该位置。(2) 更新字幕和时间轴。除了录像需要更新之外，原始课程对应部分的字幕也需要相应修改，并对时间轴作相应的调整，该段录像之后的时间轴也需要作整体处理。(3) 更新录像片段。各线上一流课程平台要求上传的②都是碎片化后的录像片段，且不同平台对上传的格式、是否包含字幕等要求不同，需要对更新的部分重新进行碎片化处理。③

（三）习题的更新

课程视频及 PPT 更新后，还需要对课程练习、作业进行相应更新。尤其是在法律条文发生变化的背景下，以往课程的练习和作业存在与现行法律规定以及课程内容不符的问题，因此课程练习、作业的更新是一项非常重要的工作。要顺利完成此项工作，需要根据更新的课程练习、作业的范围，将章节内容分配给小组成员，由小组成员根据现行法律法规、已更新的课程视频和 PPT，结合所学进行课程练习、作业的出题工作。

这项工作要求小组成员对于所负责章节的知识有良好的把握，以此保证练习、作业题目的质量。在各小组成员完成出题后，为检验出题效果，可以在小组内部由各成员进行交叉校对，指出问题并进行修改。课程练习、作业的出题工作完成后，就进入了上传工作。依然由助教将工作量分配给各小组成员，由各小组成员按照平台的指引上传。

需要特别注意的是，由于系统的问题、上传成员的状态不同，上传工作可能出现题目遗漏、答案选项设置错误问题，因此在上传完成后我们需要对课程练习、作业进行校对检查。

1. 弹题的更新

首先，弹题的更新具有一定的特殊性。设置课程弹题的目的在于检验学生的听课专注度和学习效果，因此弹题最重要的是与视频内容相匹配且有一定的创新性。从内容上来看，弹题的内容不宜难度过大，应该以检验基本知识为主，同时弹题的内容最好能够及时地进行更新，应结合一些具体的情境和时事新闻设置，以帮助学生更好地理解和学习。

其次，在上传弹题时若发现一些弹题的内容之间有重复甚至错误，后期修改和检查的难度会很大，还会对一门课程的初学者产生较大的不良影响，因此，弹题交由富有教学经验的教师或者助教来设计更好，设计时务必与视频的内容和时间相匹配，以保证弹题出现的时间尽量和视频时间相一致。

再次，弹题设计进行的时间不能过早，过早会导致在后期修改视频之后弹题不能够和视频很好地配合，从而出现在学习的过程中讲课内容被弹题粗暴打断或者完全脱节不知所云的情况，给学习者带来不佳观感，影响课堂效果。

① 【更新录像的场景】为了避免新制作的录像与原线上一流课程录像之间存在不当衔接，在录制新课程时，应当尽量维持原课程录像时的穿着和录像背景，因此整个录像过程在原录像教室开空调录制较为合适。

② 【上传工作经验】负责人应当提前熟悉线上一流课程上传的具体操作及耗时，协调安排合作分工，及时沟通应对突发情况，相互协作帮助处理未完事项；不同于课程的初始上传，课程每个组成部分更新的操作都不一致，需要先熟悉操作，了解清楚每一步骤；尽量选择晚上更新上传，避免后台操作影响学生的正常学习。

③ 【整段内容的录制】如果需要替换的内容本身就占碎片化后的录像片段的较大部分，建议对该部分整段录制，这样就省去了更新录像片段的步骤，直接替换即可，但仍然需要对原始录像进行更新。

最后，上传工作全部完成后进行最终交叉检查。在检查时，要着重查看字幕是否和课程视频的进度保持一致、弹题出现的时间是否恰当、PDF课件的内容是否和课程视频的内容相匹配。由于对线上一流课程上传成果的检查工作耗时较长，且极为考验耐心和细心，因此在最后检查时，尽量采取分工合作、交叉检查的方式。即每个人只负责检查其中的一项，在检查完自己的工作后，再交叉检查其他人的工作，从而提高工作效率、减少失误。

2. 测验、作业和期末测试题的更新

线上一流课程的配套练习题或者作业，既要注重考查学生的基础知识，又需注重考查学生对法律修改的掌握情况。针对不同部分，设置不同类型和不同难度的题目。例如一般侵权责任的构成、责任分担等部分，应主要根据侵权责任法基础知识出题；“污染环境与破坏生态责任”一章因条文变动较大，则主要根据修改后的法律条文出题。同时，考虑到线上一流课程的受众对象可能是一些双学位学生，其法学基础知识的储备相对较弱，因此线上一流课程的课后作业设置不宜过难，应当着重考查基础知识。但要兼顾考试应当拉开一定差距的要求，设置少量的难题，保证高分和低分之间的差异性。我们的题目设置分为测验、作业和期末测试三类。对于线上一流课程配套试题的出题经验及试题更新经验总结如下：

第一，测验。测验题目类型分为单选、多选、判断。题目来源分为两类：一类是线上一流课程讲解内容的变形，此类题目较为简单，多是基于课程PPT直接出题，但需要注意，不要和设置的弹题重复。另一类是历年的法律职业资格（司法）考试题目。法律职业资格（司法）考试题目相对来说权威性较强。但需注意，此类题目需要考虑涉及的相关法律是否已经更新，若更新，或者不采用，或者对相应内容进行修改。

第二，作业。作业题目类型为简答、论述。其题目来源和测验相同，在此不再赘述。作业类试题需要助教手工批改，所以题目可以适度允许自由发挥，而不是固定式答案试题，但注意不要与弹题、测验题重复。此处需注意避免只出了题目而未将答案和采分点附后的情况的发生。在出作业类题目时，答案部分应当注重采分点的设计，以便助教批改作业。

第三，期末测试。期末测试题目为论述题。题目来源上文已经提及。注意不要与弹题、测验题、作业题目重复。题目设计方面要更加注重综合性，采分点也需要更加细致。

3. 习题库的更新

习题库的更新包括被动修改更新和主动新增更新两类。第一，习题库的被动修改更新。结合教学资料的更新机制，在月度更新、春季更新、秋季更新和不定时更新，以及年度检查的同时，根据知识点的变化和错误进行习题库的修订。知识点变化的主要原因包括：（1）新的立法、司法解释颁布，或者法律、司法解释修改；（2）理论通说发生实质性变化；（3）司法实务观点发生重大转变。如《最高人民法院公报》2013年第8期刊载的《谢叶阳诉上海动物园饲养动物致人损害纠纷案》“裁判摘要”指出：“《侵权责任法》第八十一条①就动物园无过错责任作出了明确规定，同时规定，如受害人或监护人确有过错，动物园可以减轻或者不承担责任。”据此，司法实务中对动物园饲养动物致害的归责原则，已经从过错推定责任改为了无过错责任。此时，就应对习题库内容作出修订。举例如下：

动物园饲养动物致害的归责原则是（　　）。(原答案为B，新答案为C)

① 条文内容同《民法典》第1248条。

A. 过错责任原则　　B. 过错推定责任原则
C. 无过错责任原则　　D. 公平责任原则

第二，习题库的主动新增更新。主动新增习题库主要适用于三种情形：（1）根据新的案例进行改编；（2）根据教学活动需要虚构新的案例；（3）根据“常见问题库”（FAQ）新增案例，进一步引导学生了解知识点。

新增案例时要确保与原有案例库案例相协调，避免同一知识点以完全相同或者近似的方式考核，从而出现系统自动抽取试题时相同或者近似案例重复考核的情形。如 2014 年，成都市锦江区人民法院审理了一起“高空抛掷物致害”案件。该案有两大特点：（1）被告人数创新高，达到 144 户。（2）原告起诉了一楼及地下二层的商户，以及在大楼另一侧的商户，引起了较大争议。为此，本书主编先将该案作为期末考试案例题进行考查，随后改编为习题：

案例分析：2011 年 8 月 15 日，成都市民陈先生骑电瓶车准备到太升南路选一个手机。当骑到提督街锦阳商厦楼下时，一个坠落的杯子正中陈先生的头部。后来，虽被及时抢救治疗，陈先生仍留下了创伤性癫痫等严重后遗症，整个治疗已花费 17 万多元。陈先生经过 3 年多的努力，最终确定了整座大厦的 144 户商家为被告，包括一楼及地下二楼的商户，以及在大楼另一侧的商户。

请问：本案应该如何处理？请结合《民法典》的相关规定和法理对此案进行分析。

二、线上一流课程教学资料的更新

线上一流课程助教团队应该建立教学资料的更新机制，包括月度更新、春季更新、秋季更新和不定时更新四个方面，并安排年度检查。由于课程性质不同，教学资料更新的内容也不尽相同。下文以“侵权责任法”课程教学资料更新为例进行阐述，其他课程教学资料的更新类比适用。

（一）月度更新

月度更新安排在每个月的第一个周末。主要更新内容为：（1）访问全国人民代表大会网站（www.npc.gov.cn），更新最新颁布、修改的法律和解释法律的文件。（2）访问最高人民法院网站（www.court.gov.cn），更新最新颁布和修改的司法解释以及其他规范性法律文件。（3）访问中央人民政府网站（www.gov.cn），更新最新颁布和修改的行政法规和重要部门规章以及其他规范性文件。

（二）春季更新

春季更新安排在“五一”假期。重点更新内容为：（1）全国人民代表大会通过的相关决议和后续国务院相关部门的配套规范。（2）依据前一年下半年的《最高人民法院公报》电子版，更新案例库。（3）依据各省高级人民法院民事审判第一庭公布的前一个年度有关统计数据，更新计算人身损害赔偿数额的依据。

（三）秋季更新

每年的秋季更新安排在“十一”假期。重点更新内容为：（1）依据上半年《最高人民法院公报》电子版，更新相应的案例库。（2）依据北大法宝、LexisNexis 等网站对前一年法律和《最高人民法院公报》案例的英文翻译的更新，更新相应的教学资料。

（四）不定时更新

除了月度更新、春季更新和秋季更新之外，如下内容还需要不定时更新：（1）最高人民法院发布的新的指导性案例和典型案例；（2）媒体报道的社会热点案例；（3）新书出版信息和其他新发现的教学参考资料；（4）全国人大常委会、国务院、最高人民法院和最高人民检察院批量废止和修改的法律、行政法规和司法解释。

（五）年度检查

即使经过了月度更新、春季更新、秋季更新和不定时更新四道程序，仍然不免有所遗漏，因此还应该安排年度检查，时间以春节假期为宜，因为此时我国前一年的各类政法事务才真正告一段落。年度检查的重点工作是复查以下内容：（1）复查前一年的法律更新情况，体现为每年持续更新的“中华人民共和国现行有效法律分类目录”。（2）复查前一年与《民法典》相关的司法解释、行政法规和部门规章更新情况，体现为每年持续更新的“《民法典》主要相关法律、行政法规、规章和司法解释目录”。（3）复查前一年《最高人民法院公报》刊载的案例，体现为每年持续更新的“《最高人民法院公报》案例目录”。

第五章　线下一流课程的建设与运行

第一节　线下一流课程的建设

一、线下课程的教学改革

党的十八大以来，习近平就教育改革发展①作出了一系列重要讲话、指示批示，提出了一系列新理念新思想新观点，形成了习近平关于教育的重要论述，从根本上阐明了新时代中国特色社会主义教育发展方向、道路、方针、原则等一系列方向性、根本性、战略性问题，以全新的视野深化了对社会主义建设规律、教育发展规律、人才培养规律的认识，开拓了马克思主义教育思想的新境界，标志着中国特色社会主义教育理论发展达到了新高度，为加快推进教育现代化、建设教育强国、办好人民满意的教育提供了根本遵循和行动指南。②

习近平关于教育的重要论述丰富了马克思主义教育思想，是指引新时代教育改革与发展的思想旗帜，也是指导教育教学和课程开设的重要遵循，具有丰富的教育学学理价值和实践价值。很有必要研究、设计面向教育学学科学生的课程，进行深入的学术解读和政策运用分析。

一是发挥优秀教师标杆示范作用，建设老中青结合的教学团队。集中最优秀的教学团队，共同把课程开设好。二是分类、分梯度设计教学内容，打造本硕博一体化的课程体系。以专家学者为主，并借助全国专家力量，将习近平关于教育的重要论述根据一定的逻辑体系讲活讲深，将讲义转化成教案，按照学段和年级分类、分梯度设计教学内容。为响应改革，面向本科生开设基础性课程，线下一流课程的设计内容包括习近平关于教育的重要论述的理论来源、实践基础、主体框架等。

（一）课程与教学改革解决的重点问题

1. 正确处理理论教学与实践教学的关系

在课堂教学中综合采用案例教学③、专题研讨、观摩法庭等教学方法，拓展课堂，开展实务交流、实务讲座等实践教学活动，形成理论教学和实践教学相辅相成的教学体系。

2. 注重与司法实务部门的合作

邀请兼职教师辅助教学，以亲属继承法为例，应当组织学生进行实践观摩和实习，真正了解纠纷解决的实务状况和家事案件审理情况，加深对婚姻、继承等纠纷解决程序的理解。

---

①　参见徐国兴、李梅：《一流本科如何建设——基于“双一流”高校本科课程综合改革的实证分析》，《教育发展研究》2018 年第 17 期。

②　参见韩宪洲：《以“课程思政”推进中国特色社会主义一流大学建设》，《中国高等教育》2018 年第 23 期。

③　参见王奇才：《论高校法学专业在线教学的要旨与趋势》，《中国大学教学》2020 年第 8 期。

3. 发挥学生的主体作用，引导学生积极主动参与教学过程

运用探究式教学，为学生创造良好的主动参与条件和充分的参与机会。坚持学生是探究的主体，根据教材提供的学习材料，伴随知识的全过程进行探究活动。

（二）课程内容与资源建设及应用情况

课程内容与资源建设及应用情况的要点包括：（1）根据人才培养目标的定位和课程特点，制定教学改革方案和教学大纲。注重学生的素质和能力培养，在教学内容上体现理论教学与实务运用能力培养的有机结合，使学生在掌握基本理论的基础上，提高实践运用和创新能力。（2）根据课程的特点，将教师讲授与学生自主探究相结合，合理安排教学内容。以亲属继承法的教学为例，从亲属继承法的一般原理与基本原则、亲属制度、夫妻制度、继承制度等方面帮助学生建立亲属继承法的基本理念和理论框架，掌握亲属继承法基本知识和基本技能。（3）构建实践教学平台，完善课程教学的实践环节，具体包括开展模拟法庭演练、安排学生参加观摩法庭等实践活动。

（三）教材选择

在教材选择方面，教学团队主要选择的是符合改革要求、为教育教学改革设计的“马工程”教材《民法学》，以及课程负责人主编的“法律大数据·案由法条关联丛书”。马克思主义理论研究和建设工程是党的十六大以来我国高等教育中一项继承和发展马克思主义意义深远的伟大工程和战略工程。“马工程”教材基本覆盖哲学、政治经济学、科学社会主义以及政治学、社会学、法学、史学、新闻学、文学、艺术、教育学、管理学等学科专业的基础理论课程和专业主干课程教材，形成充分反映当代中国马克思主义最新理论成果的学科体系和教材体系。法学学科“马工程”教材实施中，如何通过教学改革来贯彻和推进马克思主义思想，其实已经有了趋于完善的研究，从教学导向性来说，非常符合线下一流课程的教学特点。

以亲属继承法教学为例，选用“法律大数据·案由法条关联丛书”之《婚姻家庭继承纠纷》一书作为本门课程的教材主要是基于以下两个方面的考虑：一是该书收录的是通过大数据整理提炼出的婚姻家庭纠纷的相关案由法条，采用真实的案例教学①，对于教学来说无疑更为生动，内容也十分贴切。二是该书是由课程负责人主编的教材，对书的结构框架、思路整理方面都相当熟悉。有这本教材的辅助，授课教师在授课过程中可以保持清晰的脉络，从而达到良好的授课效果。

二、线下课程的课前准备

（一）教案的准备

首先，在教案的准备过程中，教学目标是整堂课的中心轴，教学目标是否明确关乎该节课授课是否有条理、学生是否可以系统获取知识，因此教师要注意每节课教学目标的明确性。②③ 教师要有针对性地围绕一个或少数几个问题重点展开授课，有深度地为学生挖掘理论

① 参见王奇才：《论高校法学专业在线教学的要旨与趋势》，《中国大学教学》2020 年第 8 期。

② 参见黄坤锦：《大学通识教育的基本理念和课程规划》，《北京大学教育评论》2006 年第 3 期。

③ 【教学目标设定】教师具有明确的授课目标有助于课堂有条理地进行，每节课针对较少的知识点引导学生深入挖掘背后原理、渊源的效果，远远好过将多而杂的知识一股脑地灌输给学生。教学目标的设定有助于教师明确授课内容，良好把控课堂节奏。

背后的原理，而非东拉西扯涉及多个问题但都蜻蜓点水般一带而过。以亲属继承法教学的第一次课为例，该次课的教学目标是让学生基本了解亲属继承法的名称演变和调整对象。看似对这一目标的讲述可以言简意赅地传达给学生，但是教师在准备教案过程中需要将细小的知识点连贯中西、涉通古今，全面细致地将亲属继承法的名称演变在课堂上讲述出来，使学生了解世界上存在的婚姻法、家庭法、婚姻家庭法、亲属法的演变与争议，而非简单地接受我国法律名称而不深究其命名依据。

其次，教师在准备教案过程中要注意科学、合理地分配每一环节所占用的课堂时间①，既要留给学生充足的思考、理解、讨论等的时间，也不能拖沓不前，导致本应快节奏进行的环节浪费太多时间，或为追赶进度而减少学生思考时间，影响教学效果。

再次，在教案结尾，教师应对该次授课的重点与难点内容进行总结，甚至可以概括性地再次讲述重点与难点，对于实践中存在较大争议的制度或法律规范可布置作业，让学生通过课下大量查阅案例帮助理解。同时，向学生预先提示下次课堂上将要讲授的知识，提醒学生自觉对已学知识做好复习与理解，对即将学习的知识事先了解与思考。总之，每节课的结尾要起到承上启下的作用，既要对本节课的重点与难点进行重申与总结，又要引出下节课授课的主要方向。②

最后，教案中要对布置的作业或任务设置考核方式，如可采取班级教学群讨论、班级教学群打卡、提交读书笔记、提交小论文等方式，督促学生学习，同时便于教师了解学生的学习情况。③

（二）PPT 的准备

1. 课程基本情况

在学期第一节课，教师可通过 PPT 向学生简单介绍课程的概况、学习方式、考核方式、授课教师、课程大纲等内容。PPT 的制作应保证学生快速领悟教师所要传达的重点内容，切忌大段文字堆砌影响学生听课效果。教师可通过列举关键词、关键短语等方式将讲授的内容概括在 PPT 上，方便学生在做笔记的同时也能集中注意力从教师的讲授中获取信息，而非花大力气从大段文字中摘取信息（见图 5-1）。

图 5-1

① 【课堂时间分配】对于教案中分配好的每一环节的时间配比，教师在实际授课时应不存在太大偏差地遵循，若学生提出的问题需占用过长时间，可用课下时间帮其解决，而非停滞不前，打破授课计划。

② 【课堂结尾要求】每堂课的结尾要用来总结本堂课的重点与难点，帮助学生有效理解与牢固掌握新学的知识点。教师也有必要让学生提前预习下节课的授课内容，通过课下巩固与预习发现存在的问题，以便有机会在课上与教师探讨。

③ 【作业情况反馈】对于学生线下完成的作业，教师要及时反馈，对于完成情况最佳或观点新颖的作业，可让全班学生借鉴与参考。

2. 课程内容

就亲属继承法教学而言，由于现在处于《民法典》与《婚姻法》《收养法》《继承法》新旧法律交替的阶段，教师在教授旧的亲属继承法时也需带入《民法典》与亲属继承法有关的法条内容，这便要求教师对教学 PPT 中与法律法规有关的内容进行有针对性的修改、添加。

为更加清晰直观地让学生感受新法与旧法之间内容上的差别，在 PPT 制作的过程中可将新旧法条的不同之处用红色的字体标出，其他的相同内容则用黑色或灰色字体展示，从而在视觉上达到区别分明并加深印象的效果。

在学生掌握亲属继承法中的相关法条后，可在 PPT 中穿插一些合适的案例，让学生进行更深一步的思考，也有助于教师通过与学生讨论相关案例了解目前学生对知识点的掌握程度。

在案例选择上，建议选择需运用多个知识点方能解决的案例，这样可综合考查学生灵活运用知识点的能力，还可以节省上课时间。另外，对同一个案例，不同的角色（法官、原告、被告）会有不同的作答方式，而这一点常常会被学生搞混而无法作出正确的回答，教师可以让学生扮作不同的角色作答，让学生体会其中的差别。

学生遇到与当下时事热点相关的案例时，会展现出更多的兴趣和探索钻研能力，更加愿意主动查阅与此相关的资料并分析，所以教师也可适当选择与课堂教学内容有关的时事热点作为案例分析的材料。

第二节　线下一流课程的运行

一、线下课堂的运行

授课之前做好万全准备是成就一堂线下一流课程必不可少的条件，但一旦进入课堂，授课方式能否实现课程目标、授课教师自身的素质是否过硬，便成了决定该堂课成功与否的关键因素。本次亲属继承法线下课程，不仅授课方式相对传统课堂进行了全面革新，授课教师也注重教学技巧的运用和细节问题的调整，最终使得本次线下课程得到完美呈现。

（一）授课方式

传统课堂主要以教师的主动讲授和学生的被动学习为特征，授课教师往往注重通过语言的讲述和行为的灌输传授知识的传授，在教学过程中主导地位倾向突出，忽视了学生的主体地位，导致传统课堂存在枯燥乏味、舍本逐末、缺乏创新等问题。因此，在亲属继承法线下教学中，教学团队引入了“翻转课堂”这一新的教学模式，并坚持课堂教学和实务模拟相结合、线下课堂和线上答疑相统一的教学模式。① 同时，教学团队还在精选、整合、精简和不断更新教学课程内容，开展多向型教学互动，优化课程体系的基础上，坚持教学相长，注重启发式、互动式、探究式教学，并重视利用现代科学技术和学校设备设施的辅助作用，从而充分发挥学生的主体作用，引导学生积极主动参与教学过程，帮助学生构建完整的知识体系，缩短从知识

① 【授课方式多样化】教师在教学的时候，不宜主角意识过浓、表演欲望强烈，应充分认识到学生是重要的课程资源，是课堂的主体。在课堂教学中，可以选择穿插小辩论、演讲、分组讨论等教师演讲型授课以外的方式，提升学生的课堂参与度。

储备到实践的距离。①②

（二）授课技巧

1. 构建缜密的逻辑结构

以亲属继承法线下课程讲授“离婚财产分割”为例。要讲好这个问题，首先必须构建起缜密的逻辑结构。授课教师选择以“离婚财产分割制度的伦理性考量”为切入点，在学生理解相关制度产生的社会根源后，接着为学生介绍“离婚财产分割的原则”，方便大家理解具体的离婚财产分割相关法律条文产生的基础，最后为学生甄选了几类司法实践中具有典型意义的特殊财产分割案件，请学生思考此类案件的裁判关键点在何处，并与学生交流讨论法院的判决是否合理，如果转换思路会不会有更好的解决方法。

一般来说，司法实践中争议较大的案件在课堂上的争论也难以在短时间内止息，此时授课教师要请学生暂时停止争论，以免浪费课堂时间。随后可以选择将该案件纳入智慧模拟法庭教学中，并从争论的双方中分别抽选两到三位学生担任原告、被告的律师，从中立方中抽选法官，通过在法庭上对抗的方式解决问题。

2. 深入浅出的授课方法

大段讲述性、知识性的语言很多时候会让学生昏昏欲睡，成为知识传递的障碍，如何将晦涩的知识点浅显易懂却又不乏深度地表述出来便是考验授课教师能力的一大难题。在亲属继承法课堂中，授课教师将专业领域的知识要点融入经过精心准备的古今中外的各种案例与典故中，并巧妙地与时下热门网络词汇有机结合，不仅让枯燥的理论知识变得富有生命力，也抓住了学生的注意力，使得课堂效果最佳呈现。

3. 富有感染力的音法和手法

授课教师是否采用了适合的音法和手法是整堂课程能否吸引学生注意力的关键。在音法方面，授课教师要做到富有节奏、四腔共鸣，说话时要注意音量须有起伏变化，不能与播音腔类似。③ 另外，授课教师还应学会沉默，在重音慢说关键知识点后沉默数秒，给学生留出回味时间。在手法方面，授课教师需要灵活运用情意手势表达情感、运用指示手势指明事物和方向、运用象形手势模拟形态、运用象征手势表达抽象概念等，但切忌手舞足蹈。④

4. 对学生的平等对待与真心赞美

课堂上机会的不均等虽不如教育机会、教育均衡发展惹人眼球，但这种隐性的不均衡对学生的影响却是巨大的。在本次亲属继承法课堂中，授课教师始终对学生保持足够的关注，需要学生回答问题时并不会总是选择手举得最高的几位，而更多采取随机发问的方式。例如，讲到

---

① 参见张金磊：《“翻转课堂”教学模式的关键因素探析》，《中国远程教育》2013 年第 19 期。

② 【强化学生的主体地位】充分互动、保证学生的高度参与是呈现良好课堂效果的关键。授课教师可以特别允许学生对不清楚的部分即时提问，这样做不仅能够满足“翻转课堂”强化学生主体地位的要求，还能及时解答提问学生的疑惑，充分调动和拓展其他学生的思维。

③ 【麦克风的使用技巧】许多教师在使用麦克风时较难把握自己的音量，这主要是由拿麦克风的方法错误导致的。手持麦克风应与身体平行，置于下嘴唇处，手一般放在麦克风中下部，如遇录课等特殊情况，可以一只手握麦克风，另一只手搭在前一只手上，这样可以有效克服紧张。如果拿累了需要变换姿势，应保证麦克风向上角度不超过 45 度。

④ 【教室温度控制】温度是诸多授课教师容易忽略的一个因素，但实际上温度会在很大程度上影响学生的注意力，特别是在夏天温度较高的时候，学生的座位比较密集，很容易产生焦躁情绪。授课教师将空调温度调整到适当低于人体舒适的温度，不仅可以使学生思维和记忆力保持在最佳状态，还可以有效防止倦怠情绪。

某一个问题时刚好走到某学生旁边，便较为随意地询问其对该问题是否有自己的看法，并且对学生精彩的回答充分予以肯定。在亲属继承法线下课堂中，教学团队始终强调对学生的精彩表现应予以赞美和鼓励。

二、模拟法庭的运行

法学本身就是一门应用学科，作为教师更要处理好理论教学与实践教学的关系。亲属继承法线下一流课程采用的模拟法庭依托于四川大学法学院提供的智慧模拟法庭办公系统，在学院新搭建的“法庭”中开展实地教学，近乎百分百还原真实法庭的原貌。此外，团队还提前准备了法袍、律师袍、法槌等教学用具。在亲属继承法的课堂中，模拟法庭教学环节的设置主要围绕课堂理论知识的教授展开，目的是让学生把理论学习和实际应用结合起来，因而在时间的选择上，课程的前半部分是课堂理论教学，后半部分为模拟法庭教学。利用该智慧模拟法庭，学生在当事人、委托代理人、法官、书记员等的角色下各司其职，模拟真实法庭开庭的情形，缩短了学生从知识储备到实践的距离（见图 5-2）。

图 5-2

（一）前期准备

1. 案例选取

在案例选取上，教师应侧重选择尚未办结的真实案例。在以往的教学案例中，有些教师往往会选择真实发生的案例，但不注重该案例是否已办结。倘若选择已办结的案例，学生往往会提前获取案件的审判结果及审判依据，缺乏独立的思考和判断，如此一来也失去了课程开设的意义，偏离了课程初衷。因而在案例选取上，应倾向于未办结的真实案例，以激发学生的创新与思考能力。将所选案例发送给所有学生，以方便参与人员提前为开庭做准备，也让其他学生了解案件的背景情况。

2. 人员安排

在确定了本次模拟法庭教学的案例之后，学生应尽快确定各自的角色，并在教师的带领下进行相关的培训。由于采用了要素式无纸化审判系统，在庭审中，各位参与人员均需使用计算机，书记员还需同时控制两台电脑，实现系统的切换并展示证据及庭审笔录的记录情况。学生在开庭前应进行多次练习，确保每一位参与人员都能熟练使用系统进行操作。

3. 系统设备调试

利用要素式无纸化审判系统是模拟法庭最大的创新点，即在选定好案例后，学生需提前将案件的要素信息输入电脑中，系统会根据已输入的要素自动识别并生成相关的法律文书。在庭审前，应当要求学生对电脑、话筒、显示屏的状况进行检查。

4. 拍摄设备调试

模拟法庭课程可以进行拍摄录像教学，拍摄的人员和方位较多，因此教学团队选用了多机位拍摄方法，既可以拍摄整个模拟法庭的教学情况，也可在某位学生发言时给予特写拍摄。在正式拍摄开始前，教师应提前对拍摄设备及话筒的状况进行调试，以避免在拍摄中因设备状况不佳导致重拍或者漏拍情况发生。① 同时，教师也可事先面对镜头练习一下需要讲授的内容，熟悉在镜头前的感觉。

首次引入的要素式无纸化审判系统也给参与模拟法庭的学生提出了挑战，尤其是担任书记员的学生需同时操控两台设备，这就需要事前反复练习，充分了解与熟悉如何应用系统。目前，绝大多数的法院都采用电子化办公方式，从立案、开庭到最终审判，每一步都需要完成计算机系统内的相关操作，工作人员不仅要熟练使用 Word、Excel 和 PPT 等传统办公软件，还应熟练运用法院内部系统（见图 5-3）。②

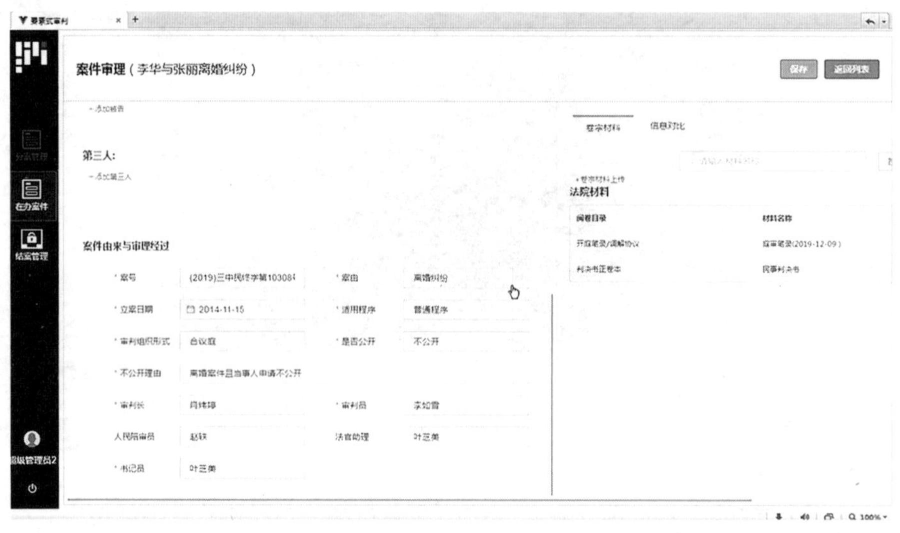

图 5-3

（二）成绩评估

模拟法庭教学应单独列明成绩，参与学生首先应当进行自我评估，然后分别由旁听学生和教师评估。教师应当指出模拟法庭过程中出现的各种问题，如案件的描述是否准确、法律依据是否正确、分析与答辩的切入点是否恰当等。旁听学生可以在模拟法庭结束后向参与学生提问或进行评价，随后要在事先准备好的“模拟法庭实践教学评分表”上对参与学生评分。

① 【部分补拍】在所有的录制工作完成之后，尽量在现场对拍摄过程中有瑕疵的部分进行补拍，尽可能避免重拍。

② 【整体统筹安排】模拟法庭是一个庞大的教学环节，任务繁杂，不仅要统筹安排前期的时间、地点、人员和器材，还要统筹安排后期的摄像、录制和剪辑，一个环节出了问题很可能造成整个教学功亏一篑，因此事前的规划安排、反复的检查与演练才是解决问题的关键。

第三节　疫情期间的“直播+线下”运行

一、线上直播课前准备

（一）组建授课交流群

在疫情防控的特殊时期①，四川大学“停课不停教，停课不停学”，校级公共课以“雨课堂”平台为主，并用超星学习通、QQ 群等辅助沟通。学生在线上产生了大量的互动消息、弹幕等。除授课外，教师们也在 QQ 群上专门开设了语音答疑和线上辅导等。②

（二）线上直播测试

1. 选择授课软件

受疫情影响，全国高校不能如常开展线下教学工作，采用线上教学方式难免会涉及授课平台/软件的选用。授课软件的选用除了常规的功能选用导向外，在教学领域，还受科目分类的限制。③ 文科类课程以研讨讲授类课程为主，多采用 QQ 群进行授课。现将常用的网络授课软件列表对比如下（见表 5-1）。

从表 5-1 可以看出，腾讯公司的三项产品 QQ 群语音通话、腾讯课堂、腾讯会议具有的相关功能可以覆盖我们文科类专业的绝大多数授课需求。表 5-1 中对常见的平台软件的相关功能和性能都有对比介绍。综合我们上课的需求，在本门课程的教学中，我们选择使用 QQ 群语音通话上课。选用理由如下：（1）QQ 用户多，几乎没有不使用 QQ 这一社交软件的学生，学生可以直接用现有的账号，无须重新下载软件和注册账号，只需要加入群聊即可。（2）QQ 在文件共享、群管理方面的功能已经首屈一指，十分全面，无论教师给学生分享教案，还是学生自己交流文档，都十分便捷，且文档保存时间久，即使学生没有及时下载或下载后文件丢、损，也可重新下载查看，这是其他软件所不能比的。（3）上课时间不受限。进入课堂便捷高效，只需要教师发起会话，学生点击即可加入。上课时长不受限制，教师可以灵活安排上课时间，便于教师们模块化讲解知识。（4）平台便捷稳定。QQ 面世时间非常久，各方面的功能都已经趋于完善，后台运行稳定。手机端和 PC 端应用都已经十分成熟且在持续更新；兼容于各种操作系统，展现出极强的包容性，教师和学生可以随时随地开启课堂。

相对 QQ 群语音通话，腾讯课堂的功能更加专业化。腾讯课堂是专门用于线上教学的课程平台，比较专业、网课功能较全，包括签到、举手、答题卡、画笔等多个选项。腾讯课堂的缺点有二：（1）版本不统一。有教师版（叫腾讯课堂极速版），有学生版（叫腾讯课堂），教师端目前只有电脑版。（2）腾讯课堂延时非常严重，卡顿情况明显，这一问题在白天上班时间尤为突出。

腾讯会议作为专业的会议软件，功能较为简捷，作为商业软件，音质、画质都要比 QQ 略

---

① 参见张建卫等：《疫情防控期高校在线教学与学生发展：基于 B 大学的案例研究》，《中国高教研究》2020 年第 6 期。

② 参见李芒、申静洁：《何谓分离式金课》，《现代远程教育研究》2020 年第 3 期。

③ 参见张建卫等：《疫情防控期高校在线教学与学生发展：基于 B 大学的案例研究》，《中国高教研究》2020 年第 6 期。

表 5-1 常用网络授课软件功能对比表

软件	视频直播	视频延迟	回看或点播	教师直播用终端	通知学生方式	屏幕共享	课堂互动	学生发言	学生观看方式
QQ 群语音通话	支持	1 s	不支持	电脑或手机	直接点击视频通话开始	支持	文字聊天、语音聊天	文字聊天、语音聊天	群里观看
腾讯课堂	支持	1—5 s	暂不支持	电脑	开始直播前，通过分享二维码和链接到班级群聊	支持	签到、答题卡、举手	支持语音实时互动，不支持视频互动	手机 App、微信小程序、浏览器
腾讯会议	支持	1—2 s	不支持	电脑或手机	会议号或邀请地址转发至学生群，微信小程序就可以打开，不需要安装客户端，也可以安装客户端加入会议	支持	聊天、文档等	文字聊天，支持音视频对话	客户端或网页打开

续表

软件	视频直播	视频延迟	回看或点播	教师直播用终端	通知学生方式	屏幕共享	课堂互动	学生发言	学生观看方式
钉钉群直播	支持	1—5 s	在钉钉软件可以回放或点播，也可在网页端回放。教师可以看到回放的详细数据，了解哪些学生看了多久	1. 电脑端有多种直播模式可选、屏幕共享、视频专业等； 2. 手机端	群公告可以清楚知道谁阅读了，谁没阅读。可以强制新加入班级学生阅读；也可使用应用内的消息、短信、电话、定时、悄悄话通知	支持	1. 直播连麦，教师可以在直播课上和某个学生视频互动，其他学生可以看到互动； 2. 弹幕； 3. 文字聊天； 4. 作业； 5. 投票	文字聊天、文字弹幕、支持音视频对话	直播需要钉钉软件，而且必须建群；回放支持电脑浏览器 Web 端
超星同步课堂	不支持	1—10 s	不直接支持教师结束直播后保存到超星网盘，教师上传后学生可直接回放观看	移动端 注意：每次直播邀请码和直播网址不变	教师启动直播后，可通过学习通、课程通、班级群聊通知学生。 无自动提醒	不支持，但只可以播放 PPT 等课件	支持：签到（点名）、投票、拍照上传、计时、主题讨论（主观题）、测验（一次多题，单选、多选、填空、判断、简答）、分组讨论、插播视频、文档等	文字聊天：学习通支持，网页端不支持。不支持视频对话，不支持音频对话	教师生成邀请码和网址，学生通过手机或电脑浏览器 Web 端学习

好些，而且手机版支持屏幕分享。但在功能方面，它不能全面覆盖授课需求，且腾讯会议本身是收费软件，在疫情期间免费，但不能确定其免费的期限，存在不确定性。①

2. 测试软件操作

在正式上课前，为保证课堂能顺利进行，助教可与授课教师提前另行组建一个 QQ 群进行模拟测试，并约定好时间，由助教扮演学生的角色，授课教师操作软件进行试讲。② 在测试课堂直播时，首先由授课教师发起群语音后，助教点击群语音进入语音课堂并关闭自己的麦克风。其后任课教师分享 PPT，助教在看到 PPT 后截图给任课教师，让教师查看是否为自己想要的展示效果。最后授课教师在分享 PPT 的同时试讲课，由助教及时将出现的问题进行反馈。例如：能否听到教师的声音？③ 能否听清楚教师上课时所说的每一句话？是否有杂音出现？是否有音量过高、过低、过大、过小的情况出现？是否出现延迟的情况？④

（三）课前准备

1. 修改群备注

在组建好授课群后，助教可在 QQ 群的公告栏新建群公告并点击下方的引导群成员修改备注的按钮，告知学生将自己的群备注改成“学院+姓名”的形式，以便遇到作业、点名、期末成绩等事情时能迅速地找到。

2. 核对入群学生名单

由于疫情期间，上课及通知消息都只能通过网络进行，需要授课名单上的每位学生都加入 QQ 群。为此，助教需先从学校教师端的教务系统中用教师的账号下载学生的名单，再与群成员的名单逐一核对。在核对的过程中，遇到尚未入群的学生需及时记录，以防止忘记。待全部核对完毕后，需将尚未入群的学生名单发给任课教师及学院教务教师，请学院的教务教师帮忙通知尚未入群的学生。⑤ 助教在核对名单前也可以让全体群成员确认一下自己认识的选这门课的学生有没有在群里，没有的话让他们邀请自己的同学进群，这样便可以减少核对名单和后续通知入群的工作量。

3. 上课方式

疫情期间，由于通过网络直播授课，教师使用软件和学生熟悉的软件可能不一样，所以在正式上课前几天，助教可在群里发布公告告诉学生授课教师的授课时间、上课时使用的直播软

---

① 参见田蕊、熊梓吟、Normand Romuald：《疫情之下全球教与学面临的挑战与应对之策——OECD〈2020 应对 COVID-19 教育指南〉解析与思考》，《远程教育杂志》2020 年第 4 期。

② 【提前熟悉直播软件】助教可在授课教师选定课堂直播软件后，快速熟悉软件和上课的操作步骤，并从软件官网上将软件课堂直播的具体操作步骤下载下来给授课教师。若软件官网没有说明书，助教可以自制一份说明书给授课教师，帮助授课教师更快熟悉软件，避免测试前不熟悉操作步骤的情况出现。

③ 【无法听见声音的处理】当无法听见教师说话声音时，助教首先需检测自己的设备是否开启了静音。若无，则需提醒教师检查自己的电脑和软件是否关闭了麦克风。若开启麦克风后还是没有声音，则可能属于内置麦克风零件坏掉的情况，需要换个设备上课或将现在的设备送去维修。

④ 【画面延迟的处置】当出现画面延迟时，可稍微等一下，因为此时可能软件还在加载；若一段时间后助教接收的画面还是有延迟的情况，则需及时与教师反馈后将自己的设备重启、切换为 4G/WIFI/5G 等网速较快的链接方式再加入群语音；若还是没有改善，则需提醒教师对自己的网络进行测试，看是否网络速度较慢难以支撑直播。

⑤ 【避免学生加入错误的群组】当授课教师开设有其他同样名称但课序号和授课时间不同的课程时，很容易出现加错授课群组的情况。助教可以在核对名单前提醒所有学生进入学生端的教务系统，查看自己的课序号及上课时间，并与群介绍里面的课序号及授课时间进行核对，让加错群的学生加入其所在课序号的授课群。

件和其他上课时需要注意的事项。①

4. 推荐 MOOC 和教材

授课教师选定本课程所需使用的教材及可供学生自己课后学习的 MOOC 视频后，助教需及时将推荐的教材（书名、出版社、作者、版本等信息）及推荐的 MOOC 发布在群里告知学生。有些学生对于 MOOC 平台的熟悉度不高，建议助教在发布推荐的 MOOC 内容前，先制作简易的操作指南，与推荐的 MOOC 内容一起发布，这样学生便会先照着指南自己摸索，以避免助教重复回答同样的问题。

5. 签到表

助教在正式上课之前，可在 QQ 群内的“收集表”这个按键里提前制作好签到表，正式上课前及时在群内发布并提醒学生在下课之前及时填写。② 下课后，助教可将收集到的表单导出与授课名单进行核对，并按照学校、授课教师的要求做好相应的记号。

二、线上直播课程运行

（一）正式授课

1. 助教在第一次授课前提醒上课

助教在第一次正式上课之前，可在授课群组里再次提醒学生上课的时间、方式和其他上课需注意的事项。以避免学生因尚未习惯网络授课而忘记上课时间和注意事项，进而出现手忙脚乱没办法正常上课的情况。

2. 平台共享屏幕线上语音授课

教师通过 QQ（TIM 版）在 QQ 群上发起语音，并分享屏幕（见图 5-4、图 5-5）。

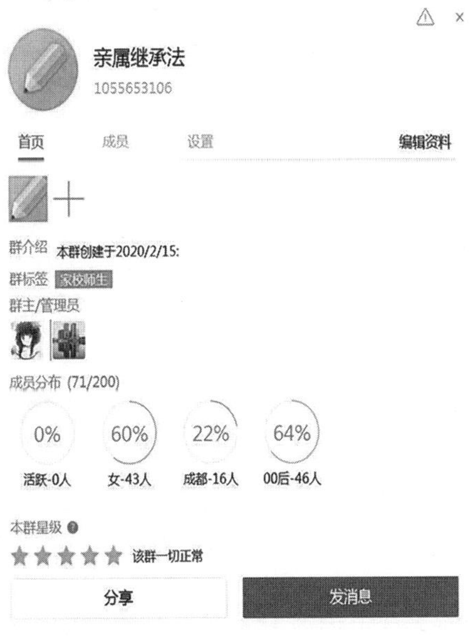

图 5-4

① 参见倪旭前、魏殿林：《“中国大学 MOOC+直播”书法教学的思考与实践》，《中国大学教学》2020 年第 9 期。

② 【制作收集表】一般收集表可包含姓名、学院、学号、班级等内容。助教在制作收集表时可启动定时收集的功能，设定好收集时间后系统便会在上课及下课时准时收集表单。

图 5-5

学生加入语音通话后，授课教师可通过选择头像控制学生的麦克风，不需学生发言交流时，可使用这个功能保证授课清晰流畅。学生也可以在需要回答问题时，自行打开麦克风。

3. 助教提前入群进行语音管理

助教提前进入 QQ 群语音，进行全体静音。虽然在正式授课前，已经多次提醒学生要记得在进入群语音后马上关掉自己的麦克风，但还是会出现一些学生对自己所使用的上课设备不熟悉、进入群语音后突然又去干别的事情等情况，导致授课教师无法正常上课。建议助教在正式上课前 1—2 分钟点击全体静音，使学生没办法自行解除麦克风。①

4. 发布签到表

助教在正式上课之前，可在 QQ 群内及时发布签到表并提醒学生要在下课之前及时填写。

① 【关闭学生的麦克风】由于软件版本不同、每位学生所使用的设备不同，容易出现群主/管理员无法在终端关闭学生麦克风的情况。建议助教在正式上课的前几天提醒学生检测上课设备上的 QQ 版本并及时更新。上课时若群主/管理员无法在终端关闭学生麦克风且能听到该学生声音的，助教需及时私戳该名学生，提醒他关闭麦克风。

5. 突发情况处理

在直播授课过程中，常常会有部分学生在群里反映遇到与设备有关的问题①，助教应在上课期间留意群消息并及时帮助学生解决问题。②

（二）下课安排

1. 关闭直播

直播授课结束后，大部分学生都会退出群语音，但可能有少部分学生忘记退出，许久之后，别的学生以为教师又上课了，就再次加入，所以助教在下课之后需及时关闭群语音。

2. 发布作业和预习任务

在下课之前，教师会将下次课将要讲解的内容告知学生，让学生提前预习，有时也会针对本堂课重要的知识点布置课后思考作业，助教需及时将相关信息发布至群组内并让学生及时查看。

当截止时间到了以后，助教可登录网站，将所有学生的作业和提交记录一并导出，所有作业的提交记录可在学期末汇总后发布到授课群组内，让学生核对确认自己作业的提交情况。学生提交的作业需及时批改登记，并将所出现的问题及时反馈给授课教师，方便教师在下一堂课上课时对相关问题进行讲解。具体范例如下：

第×次作业

主题：××××××　字数：××××

截止日期：2020/×/×24：00（过了规定时间系统会自动关闭，请大家合理安排自己的时间）

提交格式：

（1）请以 PDF 的方式发送。

（2）文件名请以“课序号+名字+学院+学号”的方式命名。

提交作业方式：请点击链接（放上表单的具体链接）并完善相关信息后，将作业的 PDF 版提交至附件，最后点击“提交”按钮（如果提交过程中遇到问题，可以私戳和助教讲）。

助教可在授课教师发布作业之前先制作好收集作业的表单（表单内容参见图 5-6）并设置好收集作业的截止时间，这样作业提交时间截止后，表单便会自动停止收集。建议同时设置每人每天只能提交一次，因为部分学生会担心自己的作业没提交成功而不停地重复提交。设置每人每天只能提交一次，会使学生当天要二次提交时无法提交，从而让学生知晓自己已经提交成功并减少收作业的工作量。

助教可在提交成功的界面上写“助教姐姐/哥哥已经收到你的作业啦”，在最后一次的作业提交成功的界面上写一些为学生期末考试加油打气的话语。③ 这样可以让学生在疫情期间学习时感受到更多的温暖（见图 5-7）。④

① 参见倪旭前、魏殿林：《“中国大学 MOOC+直播”书法教学的思考与实践》，《中国大学教学》2020 年第 9 期。

② 【部分学生无法看见 PPT】让学生先耐心等待，不要退出，一段时间后若还是看不到，则重启设备后再进入课堂。

③ 参见钟珊：《疫情期间毕业设计（论文）线上组织与实践探索》，《中国大学教学》2020 年第 9 期。

④ 参见李芒、申静洁：《何谓分离式金课》，《现代远程教育研究》2020 年第 3 期。

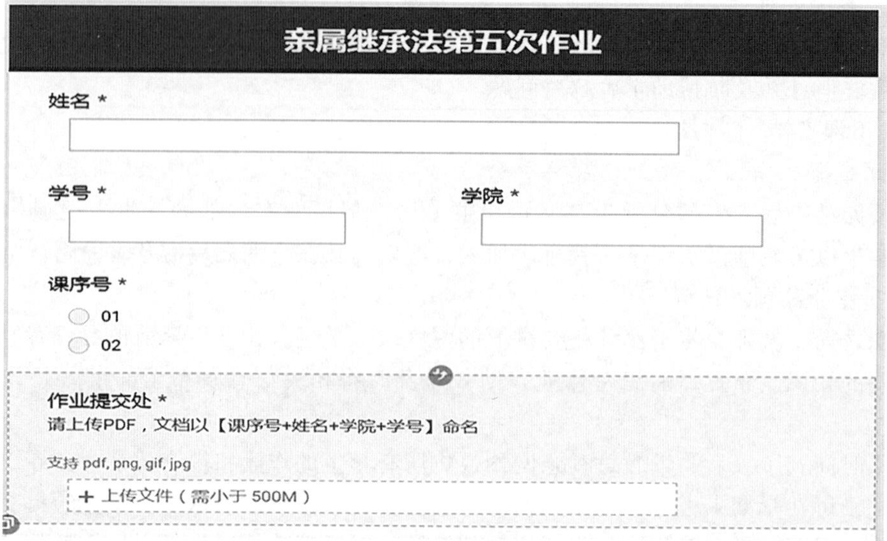

亲属继承法第五次作业
姓名 *
学号 *
学院 *
课序号 *
01
02
作业提交处 *
请上传PDF，文档以【课序号+姓名+学院+学号】命名
支持 pdf, png, gif, jpg
+ 上传文件（需小于 500M）

图 5-6

亲属继承法第五次作业
第五次作业提交成功！
助教姐姐已经收到你的作业啦
返回
亲属继承法01班期末论文
期末论文提交成功！
助教姐姐已经收到你的期末论文啦~
本学期亲属继承课结束啦~感谢你这学期的配合，我们有缘江湖再见~
PS：为了以防万一有乱码的情况出现，请你将论文保留到成绩公布的时候
返回

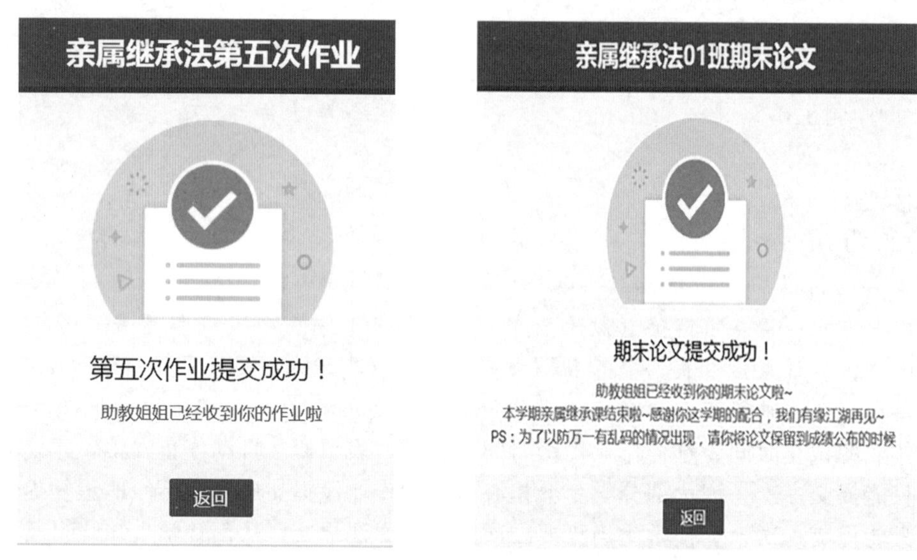

图 5-7

工作安排尽量采用建群或小组开会的形式通知，避免转述产生的遗漏或者误差。小组成员开会讨论工作内容，可以促进互相交流，帮助大家理解分工安排。

3. 问题反馈记录

学生在复习、预习上课内容后常常会产生出一些新的问题及想法，有时会在群中讨论，有时会和助教说希望教师能帮忙解答问题。这时助教需记录相关问题并及时反馈给授课教师，让授课教师有充分的时间思考如何用更加简洁易懂的方式在课上解答学生的问题。

三、线上直播与线下同步授课

（一）课前准备

1. 研究操作手册

在疫情逐渐稳定之后，学校便安排部分有紧急情况的学生返校。为保障已返校和尚未返校的学生都能有效有序上课，学校通知启动线上直播与线下面授同步授课。在接到通知后，助教需提前熟悉学校下发的同步授课操作指南，将指南的重点注意事项提醒授课教师。

2. 现场测试

在正式同步授课前几天，助教和授课教师可以约定好一个时间到达上课的教室，根据同步授课指南进行现场实际操作和调试，以防止上课时出现不熟悉操作的情况。若在操作的过程中有不会的地方，需及时向教学楼里负责教室设备的管理员询问该如何操作，并反复操作进行熟悉。

（二）同步授课

1. 提醒线下上课同学到场

由于疫情期间学生都已经熟悉线上上课，而学校规定已返校的学生需要到教室现场上课，为防止教师到教室后班级没有同学到场，助教可在上课当天提前提醒已返校的学生要记得到×××教室上课。①

2. 正式上课

在正式同步上课的过程中，线上直播部分和之前没有什么不同，但由于第一次在教室使用麦克风进行线上授课还是会出现一些小问题，如设备出现故障无法分享 PPT②、直播出现杂音等。③

线下面授部分，由于受疫情形势变化影响，具备返校条件的同学相对较少，所以教室会较为冷清。另外，学生必须佩戴口罩，教师便不能通过学生的反应来判断大家对授课的接受程度以及态度、看法，一定程度上会影响授课效果。虽然线下上课的人数较少，但大家在课间都非常积极地跟授课教师讨论不明白的地方。

---

① 【核实授课教室】建议助教提前登录教师端的教务系统查看授课教室是否发生改变，因为大部分的课程同步授课时会改变授课教室，若更改，可提前告知教师及返校的学生新的教室地点。

② 【设备故障】当设备遇到故障时，需马上联系教学楼主管设备的教师前来帮忙解决，助教需同时在授课群里和学生解释一下教室设备出了一点小状况，还未开始正式上课，请他们稍安毋躁。

③ 【麦克风出现杂音】当授课群组里的学生普遍反映听不清楚，教师讲话有一些杂音时，助教可提示教师尽量将麦克风距离嘴巴近一点，这样可最大化地收录教师的声音，减少外围杂音的收录。

第六章　虚拟仿真实验教学一流课程的建设与运行

四川大学校级虚拟仿真实验教学项目是为贯彻《教育部办公厅关于2017—2020年开展示范性虚拟仿真实验教学项目建设的通知》（教高厅〔2017〕4号）和《教育部关于开展国家虚拟仿真实验教学项目建设工作的通知》（教高函〔2018〕5号）文件精神，实现实验教学与信息技术的深度融合，探索线上线下相结合的新型教学方式而开展的项目建设工作。四川大学法学院民商法教研室教师组成的团队，与技术开发公司通力合作，共同打造虚拟仿真实验教学一流课程群。

第一节　虚拟仿真实验教学一流课程的建设

一、虚拟仿真实验教学一流课程建设概述

（一）虚拟仿真实验教学一流课程建设的背景

党的十九大报告和教育部《关于2017—2020年开展示范性虚拟仿真实验教学项目建设的通知》均指出，要深入推进信息技术与高等教育实验教学深度融合，就必须不断加强高等教育实验教学优质资源建设与运用，加强虚拟仿真技术在法学实验教学领域的运用。2018年4月13日，教育部印发《教育信息化2.0行动计划》，提出要到2022年基本实现“三全两高一大”的发展目标。其中，“一大”指建成“互联网+教育”大平台。在教育信息化2.0时代，加强虚拟仿真实验教学一流课程建设势在必行。虚拟仿真实验教学一流课程的建设有利于将复杂枯燥的专业知识形象化、实践化、角色化、情景化，增强学生的实操训练，对于倾向于案例教学的法学专业课程有积极的意义。①

法律是实践的艺术，法学是世俗的学问。一个法律问题的解决往往需要多个部门法协调作用，在实务中还存在很多流程和细节，需要理解多部门之间的关系。课堂的讲授往往仅限于知识点本身而缺乏实践性，对于一些典型案例的课堂讲解显得枯燥乏味。虚拟仿真实验教学一流课程建设以培养卓越的高素质法律人才为目标，通过虚拟仿真呈现的交互式、浸入式的学习模式，切实增强学生对专业知识的理解与掌握，培养学生融会贯通、实践操作的能力。

虚拟仿真实验教学一流课程可以全流程地模拟法律业务流程，让学生熟练掌握不同法律业务流程，打通高校教学与社会实践之间的通道。让学生学有所长、学以致用，提高学生学习的积极性与主动性。同时，虚拟仿真实验教学特有的学习体验可以让学生充分感受到人机互动的科技感，培养大数据法律分析下的数据思维，最终成为法学思维与数据思维兼具的复合型法律人才。

---

① 参见王奇才：《论高校法学专业在线教学的要旨与趋势》，《中国大学教学》2020年第8期。

（二）虚拟仿真实验教学一流课程教学团队建设

四川大学虚拟仿真实验教学一流课程服务团队主要由教师团队和其他服务团队组成。教师团队的主要成员为四川大学法学院民商法教研室、四川大学计算机学院与四川大学数学学院部分教师。四川大学法学院王竹教授作为课程负责人，与四川大学法学院张晓远副教授分别负责虚拟仿真实验教学一流课程中道路交通事故处理纠纷与离婚纠纷的设计、研发，由成都数之联科技有限公司提供课程内容中涉及国家重点研发计划成果的技术支持服务。虚拟仿真项目从设计研发到制作建设，再到投入课堂实验运行，离不开专业而精良的设计制作团队，更离不开课堂教务教师与技术开发团队的大力支持。

二、虚拟仿真实验教学一流课程的设计与制作

（一）课程背景

国家虚拟仿真实验教学项目是推进现代信息技术融入实验教学项目、拓展实验教学内容广度和深度、延伸实验教学时间和空间、提升实验教学质量和水平的重要举措。

法学作为一门实践性学科，现实中存在着教学方法单一、缺乏学生实践技能的培养等问题。而司法过程与司法场所不可能随时向法学院学生开放，虚拟仿真实验教学是填补这一教学不足的重要手段，其与模拟法庭、专业实习等共同构成在校法学生的实践路径。①

（二）课程设计

法学是一门应用性社会科学，法学教育的生命力在于其实践性。② 虚拟仿真实验教学顺应当今法学院校对应用实践型法学的发展要求，将法学的实践教学模式化、规范化、系统化。软件主要针对学生专业思维训练、职业素质修养和实践能力培养展开设计，目的是培养社会需要的应用型法学专业人才。虚拟仿真很好地弥补了用户在学校缺乏接触社会的机会的现实缺陷，克服了用户缺乏大量真实典型法学案例资源以及在分析案情中思维定向、角度单一的弊端。软件将实际生活中遇到的所有法学问题归纳整合，浓缩成一个小型的社会③，让用户更好地与他人互动交流，从多个角度探讨法学问题、社会问题、人性问题等，达到知识与情感上的双重升华。在进行虚拟仿真实验教学的同时，用户需要熟悉《民法典》等专业知识，以更加有效地推动课程与实验的进行。

如何选取合适的课程，是虚拟仿真实验教学一流课程建设首先需要确定的问题。④ 部门法学，尤其是与审判实务密切相关的部门法学，因兼具理论知识学习、实践技能培养的双重作用，是虚拟仿真实验教学一流课程建设的优先选择。鉴于此，本书以道路交通事故虚拟仿真教学为例进行介绍。

首先，根据教学大纲设计实验课程的名称与课时，根据实验教学内容确定实验目的与实验

---

① 参见杨志等：《地方民族院校环境工程虚拟仿真实验教学课程的建设与实践》，《云南民族大学学报（自然科学版）》2020年第2期。

② 参见冯果：《新理念与法学教育创新》，《中国大学教学》2019年第10期。

③ 【课程内容的便捷性】实践是纷繁复杂的，几乎不可能在课堂中百分之百还原，这既有环境差异的因素，也有教学成本的考量，因此，将实践浓缩为可操作性强的课程内容，是虚拟仿真教学取得成功的另一要点。

④ 【课程框架的完备性】在选定拟建设的课程后，需要统筹考虑该项课程在理论学习与实践中的全流程，搭建完备的课程框架，确保该类案件知识体系的完整，达到教学目的。

原理，包括实验涉及的知识点等内容；① 其次，与设计公司对接，确定实验需要的仪器设备（装置与软件等）、实验材料（预设参数）、实验所需的网络条件与安全、用户硬件要求以及实验教学项目的技术架构与主要研发技术等内容；再次，根据课程受众确定实验教学的方法、实验具体步骤要求、实验结果与结论要求、考核要求等内容（如实验面向多元化的群体，可以设计不同的难度与内容）；最后，通过与教学教务沟通，确定实验教学的特色与服务计划，明晰可能涉及的知识产权问题（见图 6-1 至图 6-3）。

图 6-1

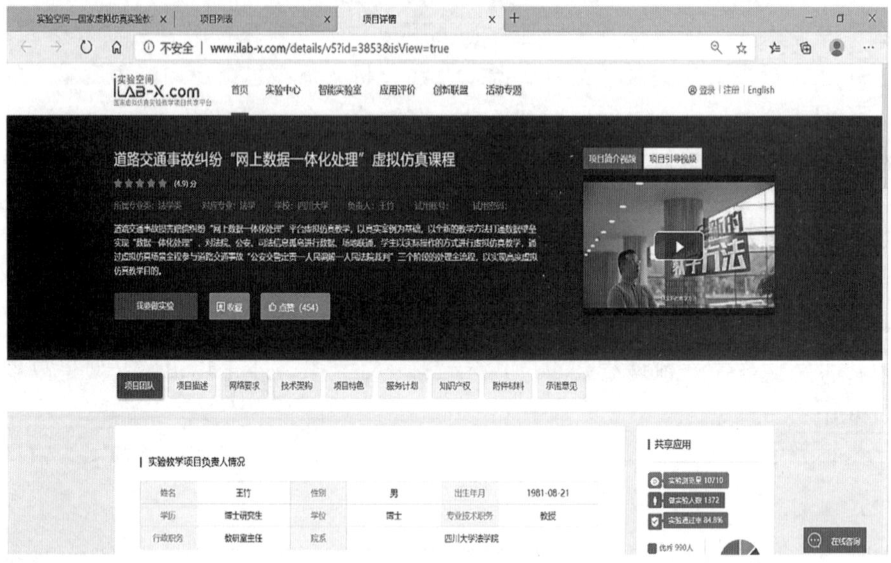

图 6-2

① 【课程内容的可配置性】授课重点的适时调整要求虚拟仿真实验教学课程建设具有灵活性。在搭建课程框架时，必须前瞻性地看到，随着时间的推移，课程需要凸显的重点也会发生变化，需要预留课程内容根据教学需求予以调整的空间，因此，课程内容的可配置性成为搭建课程框架的另一要求。

图 6-3

如道路交通事故纠纷“网上数据一体化处理”虚拟仿真课程的教学目的是通过虚拟仿真场景全程参与道路交通事故“公安交警定责—人民调解—人民法院裁判”三个阶段的处理全流程。占用“侵权责任法”课程2课时，涉及7个知识点与5个核心要素。该实验通过12个步骤，让学生在公安交警定责阶段了解道路交通事故受案登记表、道路交通事故勘察、证件核查与道路交通事故责任认定书的要素关系；在人民调解阶段了解道路交通事故责任认定书与调解书的核心关系；在人民法院裁判阶段了解调解书与判决书的自动生成技术。通过课程的学习，学生能够比较全面地掌握以上三方面的基本知识，并且通过操作，获得全流程处理道路交通事故纠纷的能力，初步获得通过“网上数据一体化处理”的真实系统出具调解书、判决书的能力。

实验考核的重要材料就是根据实验操作中真实案例数据导出人民调解委员会的调解书和人民法院的判决书。实验的总分为100分，其中客观题90分（见图6-4），主观题10分，主观

图 6-4

题是实验心得的填写。该课程具有一定的专业性，针对法学专业开设，学生需先修“民法总论”“债权法”的课程。根据各校教学计划，建议将该课程安排在大二上学期或者下学期。针对不同实验群体，实验还设计了不同的实验版本以满足大家不同的需求，包括高等学校教学版、社会公众普法版、司法人员培训版等。不同版本的实验提供精选的“难、中、易”三种难度的真实案例，并根据司法实践动态不断更新，以避免不同学校、年级的学生刷题。

（三）课程特色

如前所述，道路交通事故的处理兼具理论知识学习与实践技能培养双重作用，虚拟仿真实验教学一流课程相应地需要包含理论知识学习与实践操作两部分，以达到虚拟仿真教学的目的。

在交通事故领域，虚拟仿真实验教学一流课程的建设，以课程脚本制作为起点。课程脚本包括需要在课程中体现的场景、需要凸显的知识点。场景包括事故发生场景、责任认定场景、调解场景、诉讼场景等，每一个场景由对应的人员类型、外部环境构成。事故发生场景需要交通参与人、车辆、道路、街景等元素共同构成；责任认定场景由交警部门办公场所、交警构成，体现责任认定工作内容；调解场景由调解人员、调解场所、当事人构成，体现纠纷调解过程；诉讼场景由法官、审判法庭、当事人构成，体现案件裁判过程。

在虚拟仿真实验教学一流课程中，多处用到了旁白、交警、法官、调解员等人物的图片形象与语音播放。为了增加角色的辨识度，在人物图片形象的选取、人物配音方案的选取上，均进行了个性化的设置，力求增加学生的代入感，更加贴合实践（见图 6-5）。①

图 6-5

（四）知识介绍

道路交通事故是最高人民法院、公安部、银保监会等机构联合推行的一体化处理的纠纷类型，以网上数据一体化流转为核心，统一纠纷解决尺度，以促进道路交通事故纠纷的高效化

① 【与实践的契合性】作为虚拟仿真实验教学课程，务求达到“仿真”的程度。为此，与实践的高度契合是实现教学目的的重要保障。可以通过用户调研、市场调研等途径，保证课程建设符合实际情形。

解，降低人民群众纠纷化解成本，提高社会治理能力与水平。

不同于一般的民事纠纷，道路交通事故的解决过程包括事故现场处理、事故责任认定、调解、诉讼等环节。道路交通事故虚拟仿真教学涵盖交通事故处理全流程，对各个环节的核心知识进行介绍，包括事故现场处理、证件核验、事故责任认定等，以帮助学生全面熟悉道路交通事故处理流程。课程知识的整理以现行规范为基础。在整理时，先选定需要体现的知识点，然后从现行规范中寻求准确答案，作为课程知识纳入脚本中。学生回答正确的，提示得分情况；学生回答错误的，提示回答错误，并在下一个页面告知正确答案。

（五）操作平台

道路交通事故一体化处理平台，由四川大学“智慧法治”超前部署学科依托国家重点研发计划项目群打造，分为当事人端、调解端、诉讼端，分别对应纠纷提起、纠纷调解、法院诉讼，支持道路交通事故纠纷的在线申请调解或诉讼、在线调解、在线裁判，实现道路交通事故一体化处理。在研发操作平台前，项目团队在成都多家交警大队、道路交通事故调解委员会、保险公司、法院对交通事故发生后的现场处理、纠纷化解进行了调研。调研内容包括：警察工作内容与流程；人民调解的调解过程、调解方式、调解尺度；保险公司的调解方式、调解尺度、理赔流程；人民法院的收立案过程、分案机制、办案流程等。在此基础上，将操作平台分为当事人端、调解端、诉讼端（见图 6-6）。①

图 6-6

操作平台按照工作阶段进行设计，将工作内容设置为对应的模块，学生在对应的模块点选操作，即可实现信息的录入，完成课程学习。为了提高教学效率，系统默认提供点选内容，学生仅可点选唯一内容，以快速了解系统的全貌。操作平台将平台的使用结果与课程得分结合，完成对应系统后，即可获得相应的分数（见图 6-7）。

（六）课程内容

道路交通事故虚拟仿真实验教学一流课程，按照“事故现场处理—事故责任认定—纠纷解决发起—纠纷调解—在线诉讼”的流程设计，涵盖如下知识要点：

---

① 参见雷磊：《中国特色社会主义智慧法治建设论纲》，《中共中央党校（国家行政学院）学报》2020 年第 1 期。

图 6-7

事故现场处理阶段，受案登记表应当包括报警人信息、事故信息、伤亡信息等；事故勘查应当包括现场照片拍摄、现场图绘制、现场勘查笔录制作，机动车驾驶人涉嫌饮酒驾驶的，还应当组织抽血送交检验。现场勘查笔录需由交警、当事人、见证人签名；公安机关交通管理部门应当核查当事人身份证件、驾驶证、行驶证、车辆检验合格标志与保险标志。

事故责任认定，是在交通事故发生后，交警部门对各方交通事故参与人应承担的事故责任的认定。认定责任时，应当综合考量行为人过错程度、行为人违法行为对损害的原因力。

此外，课程嵌入了道路交通事故纠纷“网上数据一体化处理”虚拟仿真实验：在当事人端，当事人或其代理人完善纠纷当事人信息及与纠纷相关的描述、主张，并上传证据材料后，即可完成申请调解或诉讼。在调解端，调解员核实事故信息、当事人信息后，就责任认定、保险垫付、损失情况进行调解，经调解达成协议的，在线制作调解协议，并支持在线申请司法确认，实现纠纷化解（见图 6-6）。在诉讼端，对于直接提起诉讼或调解失败后转入诉讼的案件，支持在平台上立案、分案、排期，并在线办理案件，实现赔偿方案快速生成、裁判文书一键制作（见图 6-8、图 6-9）。

图 6-8

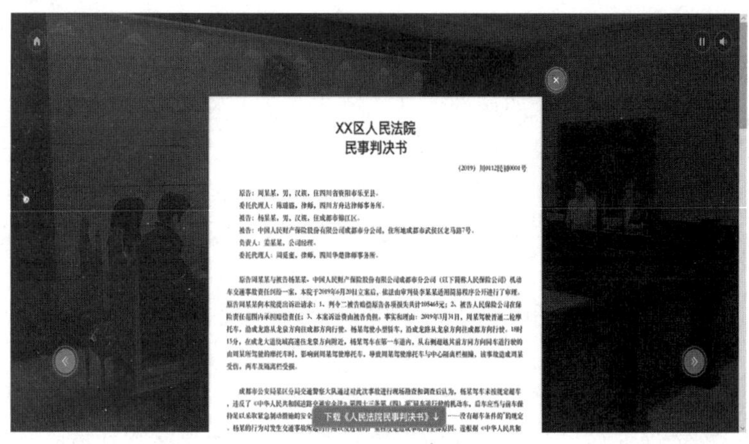

图 6-9

（七）课程对接

课程完成后，根据四川大学教务处要求，需要完成项目的集成对接工作。在四川大学教务处教务系统技术支持公司的协助下，把虚拟仿真项目对接到四川大学学校教务系统上。通过访问四川大学教务处提供的 Host 地址，登录授课教师的账户密码进行设置，待后续成绩接口更换后再导出历史成绩。对接的过程通过微信建群与学校委派的第三方技术公司进行沟通、确认操作，同时也与我们项目开发的技术公司对接，实现项目平稳对接，保证对接期间链接保持通畅，实验课程正常运行。

三、虚拟仿真实验教学一流课程群的建设

（一）虚拟仿真实验教学一流课程群的设想

本项目主要以培养卓越的高素质法律人才为目标，由四川大学法学院民商法教研室教师组成团队配合技术开发公司开发，打造虚拟仿真实验教学一流课程群，系统带领学生按照规范步骤制作法律文书，通过模拟法庭和实战庭审两种方式，采用视频、语音、文字等多种手段进行案件模拟，以便学生发散法律思维，巩固法学基础，锻炼庭审技巧，培养学生的语言表达与逻辑推理能力。学生在模拟实验中时刻以法律职业者的身份要求自己，以法律思维看待案件，充分挖掘案件深层的法律争议焦点，查询尽可能多的法律依据支持自己的诉讼请求，帮助己方当事人在诉讼中占据有利地位，从而取得诉讼的胜利。

（二）虚拟仿真实验教学一流课程群的意义

虚拟仿真实验教学一流课程群是为打造法学系列精品国家级虚拟仿真实验教学课程群设计的，主要针对民间借贷纠纷、离婚财产纠纷、道路交通事故责任纠纷等常见的流程比较简单的法律纠纷。复制道路交通事故纠纷“网上数据一体化处理”虚拟仿真实验教学一流课程建设的成功经验，提升研发技术，结合不同类型的法律案件特点进行设计。

（三）虚拟仿真实验教学一流课程群的可行性

项目团队在成都多家交警大队、道路交通事故调解委员会、保险公司、法院对交通事故发生后的现场处理、纠纷化解进行了调研，建设后的实训室集教、学、作于一体，新增虚拟仿真终端实训设备，可以满足虚拟仿真课程的实训教学的需求，实现了学生专业基本能力、专业核

心能力和职业行为能力的提升。

（四）建设虚拟仿真实验教学一流课程群的必要性

虚拟仿真技术是多种先进技术的融合结晶。随着该技术的不断成熟，其在教育领域的应用价值逐渐体现，虚拟仿真实验室成为高校实验室建设的一个发展趋势，也被教育部列入2010年的《国家中长期教育改革和发展规划纲要》。从发展趋势、特色建设、节约资源、提升教学效果等多个方面，虚拟仿真实验教学一流课程群建设对高校发展均具有重大意义。①

第二节 虚拟仿真实验教学一流课程的运行

课程开发完成后，需上传到学校虚拟仿真实验教学项目共享平台，并在校级平台正式运行两个轮次，方可经过学校推荐，参加省级虚拟仿真实验教学一流课程评选。获评省级一流课程的项目，将可以继续参加国家级虚拟仿真实验教学一流课程评选。② 在国家级虚拟仿真实验教学一流课程评审过程中，该项目应接入国家虚拟仿真实验教学项目共享平台（http://www.ilab-x.com/），向兄弟高校开放，共享学习。虚拟仿真实验教学项目的日常运行管理主要包括以下几个方面。

一、校级虚拟仿真实验教学管理平台的建设

（一）建设目标

第一，构建校级管理平台。建设虚拟仿真资源软件对接规范标准，使学校购置的所有实验软件统一接入，学生能够在平台上统一进行实验，通过系统间的无缝连接，迅速整合和部署不同类型的实验教学软件，高效管理实验教学资源，满足校内各院系建设、发布、管理、使用实验教学资源的需求，并实现跨校、跨区域、跨学科专业的实验教学资源的开放共享。③

第二，构建各个二级学院的院级虚拟仿真实验教学管理与共享平台。该类平台具有多模板的实验中心信息门户网站建设、实验教学开课/选课管理、实验教学过程化管理（课前预习、实验过程评分、在线电子实验报告、实验成绩管理）、在线学习（视频课件学习、在线练习、在线考核、在线答疑、虚拟仿真实验、课程导读）、实验教学资源开放共享等功能，同时可根据学校的虚拟仿真资源软件对接规范标准扩展集成第三方的虚拟实验课程资源或自建课程资源，为各院系虚拟实验教学环境提供服务并进行相应的应用。

第三，与学校已经建设完成的实践教学管理平台无缝对接，同步学校教务系统内的教学任务、实验课程、实验项目等信息内容，推送至各二级学院管理平台，并将各二级学院生成的实验教学成绩提交至校级实践教学管理平台或教务系统。

（二）主要功能

校级虚拟仿真实验教学管理平台包括四大建设内容和六大功能模块。

---

① 参见牟宗龙等：《基于虚拟仿真技术的实验类课程资源建设及教学模式探索》，《教育教学论坛》2020年第1期。

② 【保证系统稳定运行】进入国家级虚拟仿真实验项目评审阶段后，实验项目平台必须保证系统的稳定运行以及与国家级项目平台数据接口的有效连接，避免评审专家进入系统进行项目测试时出现无法访问或运行故障等技术问题，影响项目评审效果。

③ 【实验课程的兼容性问题】实验课程的操作系统一定要与各学校主要的教学设备等系统保持兼容，防止出现线下授课使用实验系统无法在学校电脑上打开，从而影响教师使用实验系统教学等情况。

四大建设内容包括门户网站建设、实验资源管理与共享、虚拟仿真实验教学系统和第三方实验教学资源集成。

六大功能模块包括：(1) 虚拟仿真实验教学中心门户网站及门户网站管理后台。提供信息发布和展示窗口；支持后台管理，如栏目管理、文章管理。(2) 数字化资源管理。实现虚拟仿真实验资源、理论知识库、习题库管理，方便学生在线学习，方便资源共享。① (3) 实验教学全过程管理。包括实验开课管理、实验项目安排、实验预习管理、虚拟仿真项目学习及过程中智能指导、实验报告管理和实验成绩管理。(4) 虚拟仿真实验中心数据统计。通过数据表、统计图等多种模式反映虚拟仿真实验教学中心的教学规模、教学效果等，为决策层提供数据依据。(5) 互动交流通知。提供在线交流管理，实现教师与学生、学生与学生之间的交流；通过邮件系统或留言系统实现学生离线请求教师指导。(6) 虚拟仿真实验项目开放共享。实现校内外统一展示本校的所有开放共享的虚拟仿真资源，校内用户及校外注册用户可以访问实验项目详情，并进行在线实验预约、计费管理、虚拟仿真实验学习。

(三) 规划基本原则

规划校级虚拟仿真实验教学管理平台应遵循一些基本原则，详见表 6-1。

表 6-1　校级虚拟仿真实验教学管理平台规划基本原则表

基本原则	描述
开放性	系统是开放式、适应分布式和跨平台的计算机网络系统，具有先进的体系结构
集成性	所有的软件系统形成一个统一的集成系统，用户使用统一的用户名和口令，各系统的资源实现充分共享
模块化、规范性	采用模块化的设计方法，提炼工作流程中的最小单元，形成相对独立的功能模块，使得应用系统能独立于具体的组织机构，能够适应组织机构的变革
集中数据库管理	所有应用系统使用统一的数据库管理，这样既能够节省硬件投资，又有利于数据共享，对于做好数据备份与管理大有好处，将减少后续系统维护的工作量
健壮性	具有高可靠性和高容错能力，保证局部出错不影响全系统的正常工作。应用系统对用户的操作顺序、输入的数据进行正确性检查，并以显著方式提示错误信息
安全性	具有多级安全控制措施和监控措施，保证系统的安全性。系统提供数据的自动转储和恢复机制
确认性	系统能实现业务流程中的回执确认
可监控、可回朔性	系统能实现业务流程的监控，记录流程过程
可扩充性和可维护性	具有灵活的体系结构，具有良好的可扩充性，便于将来的系统升级扩充，应用系统的基础数据应代码化，便于数据维护

二、虚拟仿真实验教学一流课程的教学实践

教师们在教学中设计虚拟仿真实验环节，让助教通知学生提前预习相关内容并携带电子设

① 参见王宇：《高校慕课学分认定的模式、维度及其拓展性应用》，《现代教育技术》2020 年第 9 期。

备。课前提前布置实验环境，调试设备，课堂上融合专业知识向学生展示虚拟仿真实验，让大家练习操作，助教现场指导，教师同步答疑解惑。[①] 通过特定情境下的虚拟仿真实验教学，让学生全方位、零距离感受实际生活中处理相关案例的全流程，亲自体验作为执法者、司法者如何运用信息技术高效处理案件（见图 6-10）。

图 6-10

三、虚拟仿真实验教学一流课程的维护

经过学校推荐，成功入选省级虚拟仿真实验教学一流课程并继续参加评选国家级虚拟仿真实验教学一流课程。同时，课程在国家虚拟仿真实验教学课程项目共享平台上线供大家共享学习。对于国家虚拟仿真实验教学课程项目共享平台的日常管理主要包括以下内容。

第一，与技术开发公司对接，保证平台正常运行，发现平台实验操作问题及时处理，[②] 并根据学生的使用反馈意见不断更新实验设计，使实验操作更加便捷。[③] 如根据学生反馈意见修改实验操作界面的入口点选设置，简化实验平台系统的操作流程，让学生点选操作更加方便。[④] 考虑到部分学生上课没有携带电脑，还可开通移动端手机版，方便学生随时随地进行实验操作（见图 6-11 和图 6-12）。

第二，与学校教务教师沟通联系，在校内大力宣传本虚拟仿真实验教学一流课程。为了课程能够惠及更多同学，我们通过微信公众号进行宣传，通过学生群进行推广，并走进课堂，在

---

① 【实验课堂的效果问题】实验课程进入线下课堂教学，教师现场引导学生进行课堂实验需要注意以下问题：实验课程系统在教学电脑上不能兼容，导致无法打开网页操作；人数较多的班级同时在线操作会出现卡顿现象；学生实验的速度不一致，课堂节奏难以把控等。

② 【实验课程服务器不稳定】实验课程涉及项目评审，一定要与公司对接好，以保证服务器正常运行，确保链接随时通畅，预防专家评审时出现无法打开的情况。需要定期检查，随时关注系统运行情况。

③ 【根据反馈修改升级系统】操作系统的更新需要与系统开发公司对接。为了保证系统的更新不影响学生使用与项目评审，更新工作主要在下班后进行。通过本轮实验课程更新，在以后的实验设计上需要注意尽量保证操作系统的高兼容性、操作环节简单流畅、隐去案件当事人真实信息、实验心得部分环节得分自动生成等。

④ 【实验课程操作稍显复杂】实验课程的设计要尽量人性化，方便学生操作，对于一些不必要的按键和复杂的操作流程以及容易误导的界面应当及时优化。

课堂上通过系统操作带领学生体验实验课程，产生了很好的宣传效果（见图 6-13）。①

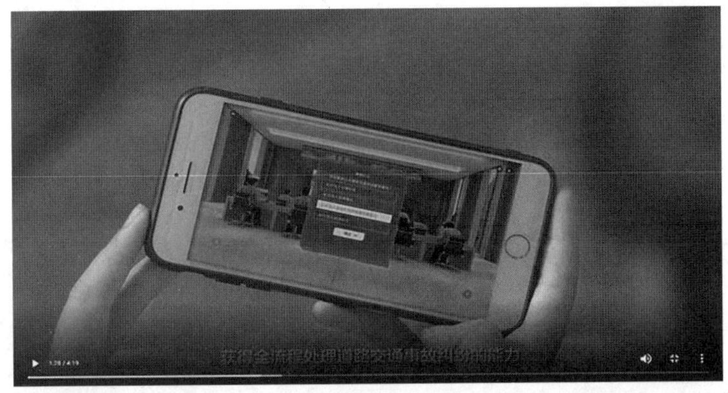

图 6-11

图 6-12

图 6-13

① 【实验课程的宣传与管理】为了指导学生进行实验学习，我们制作并发布了实验课程操作指南与操作视频等文件，并主动与学院教务教师与排课教师沟通，安排助教在课堂上演示实验课程，帮助大家熟悉平台和操作系统。同时，我们建立了班级课程群，统计学生实验操作的成绩，汇总学生反馈的问题。

第三，后期随时关注平台，查看学生的实验情况，包括点击人数与实验人数以及反馈的同学们实验的成绩，并根据平台信息不断更新优化课程。还应关注学生的留言情况，并与同期同类的课程进行横向比较，不断改进完善课程。

第三节 虚拟仿真实验教学一流课程的管理

一、虚拟仿真实验教学综合管理

（一）实验教务管理

1. 功能综述

实验教务管理能够根据教务部门制订的教学计划，将课程库、培养计划、学期信息和排课信息录入或导入系统，为教师和学生查询各种实验教学信息提供便利。各实验室根据教务处下达的教学任务安排实验项目的批次并指定实验教师。学生登录系统后，可以根据自己的培养计划和学校的开课计划选课，并查看实验相关的课程表，了解任课教师和教学安排信息。系统提供按教学任务、实验项目安排，按课程安排，按周次安排，以及教师预约开课和全开放学生自主选课模式，以适应不同学院关于实验教学的不同排课模式，并能够实现对资源冲突的自动检测。

2. 系统特点

实验教务管理系统可以支持学生选课、按照班级开课等多种开课方式，打破了以往单一的开课方式。用户数据可以导入教务管理系统，校级教务可以查看各学院的教学安排，学院教务查看管理本院系的教学安排，实现了实验教务管理的规范性。

3. 系统功能

系统的功能主要包括：(1) 设定学期时间。每学期开始，学校教务可设定每学期的开始时间和截止时间，方便进行教学活动安排和管理。(2) 管理课程库。虚拟仿真实验教学中心的课程主要为虚拟实验课程，各学院教务可在系统中录入学院要开设的课程相关信息，或通过平台提供的课程信息模板一键导入，也可通过数据集成的方式与教务系统对接，直接同步课程库信息。校级教务可通过管理平台，查看各个学院的课程信息；各个学院的教务可以查看本学院的课程信息及校内公选课信息，不同的专业管理不同的课程。(3) 制订培养计划。依据教务制订好的培养计划，可按专业添加学生的实验培养计划。(4) 开课管理。虚拟仿真实验教学管理平台支持多种开课方式，如面向全校选课和给指定班级开课。校级教务会针对全校学生确定每个学期需要开设的课程，发布选课日期，待学生选课后，审核并发布最终开课信息。(5) 学生选课。学生根据自己的培养计划和学校的开课计划选课。(6) 课表管理。导入导出课表、查看学校总课表，以个人、教室方式打印相关的课程表。

（二）实验教学过程管理

1. 综述

教师根据教务处的开课计划维护典型实验库、安排实验、查看学生实验进展、批改实验结果及实验报告、统计并发布实验成绩。学生根据任课教师的要求，进行实验预习，通过考核后才能进入实验室进行实验，完成后提交实验报告。实验教学信息管理包括实验课程管理、实验教学大纲管理、实验项目库管理，以及与教务系统的数据对接。实验教学过程管理包括实验预习管理、实验准备管理、实验成绩管理。

2. 系统特点

实验教学过程管理系统提供了一套完整的实验教学流程，贯穿教务排课、教师安排实验、学生实验的整个过程。该系统具有两大特点：一是学生在实验过程中可以使用系统的智能指导；二是学生提交实验报告后，系统会自动进行智能批改，减轻教师的工作量。教师也可以根据实际情况对学生的实验报告进行手动批改。

3. 系统功能

系统的功能主要包括：（1）管理实验库。即维护各门课程的虚拟实验典型案例，提供增、删、查、改操作。（2）安排实验。教师根据教学安排，选择虚拟实验并安排给学生，学生即可在指定时间内完成实验，并提交实验结果。（3）虚拟实验。学生根据实验要求，完成验证性虚拟实验，或者进行设计性和创新性实验。（4）批改实验。针对实验结果和实验报告进行相应的自动批改、手动批改，并填写评语。（5）导出成绩。即按照实验课程汇总成绩并输出，可以提供数据接口给教务部门的成绩管理系统。

（三）实验预习功能

1. 综述

实验前预习理论知识，目的是让学生在做实验之前，提前了解实验所用到的理论知识，进而在实验过程中运用好理论知识。系统对每个实验涉及的知识点、需要考核的习题进行统筹管理，教师只需在安排实验时设置考核习题选项，系统会将习题自动安排给学生，无须重复安排每一项内容。

2. 系统特点

有关理论知识的习题包括单选、多选、判断三种题型。教师可以通过组卷考核学生对指定知识点的掌握程度，也可以让学生在实验前练习理论习题，再进行实验（见图 6-14）。

图 6-14

3. 系统功能

课程负责人添加知识点和习题。教师根据教学需求，进行组卷考核。教师在安排实验时，应确定是否进行实验前理论知识练习。学生根据教师安排，做实验之前进行理论知识练习。

（四）实验过程智能指导

1. 综述

智能指导可以监控学习者的实验过程。一旦在实验过程中遇到问题，学生便可通过该系统寻求指导和帮助，系统会根据学生当前的实验操作，给出引导性的提示，指导学生分步完成实验操作（见图 6-15）。

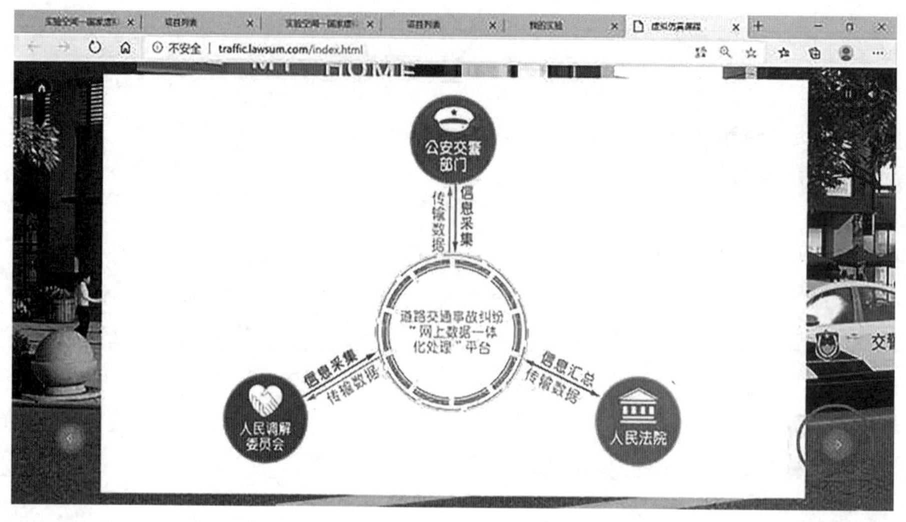

图 6-15

2. 系统特点

在学生自主完成实验的过程中，系统可根据学生目前的实验操作，自动完成对学生分步式的指导（见图 6-16）。

图 6-16

3. 系统功能

教师制定实验答案，系统生成默认的批改规则和指导规则。教师可以对默认的批改规则和指导规则进行手动修改，调整规则内容或分值。学生在实验过程中遇到问题请求指导时，系统会根据指导规则给出提示（见图 6-17）。

图 6-17

（五）实验成绩自动批改

1. 综述

学生做完实验提交结果后，系统从实验平台中获取学生所做的实验结果状态数据，进行数据处理，将有用信息提交评价推理机。评价推理机利用教师在知识库中预先录入的样例对学生的实验结果信息进行鉴别。发现匹配样例后，评价推理机继续利用教师在知识库中预先录入的批改规则对学生的实验结果信息进行推理分析，最后得出结论，并将评价结果反馈给实验平台，将评价结论反馈给学生，把成绩和相关信息汇总到成绩管理模块。教师可以设置每个实验不同部分的成绩所占权重，最终统计出实验成绩。

2. 系统特点

按照系统生成的批改规则和分数，自动对学生的实验操作评分。教师可以查看系统给出的评分细则，可以手动设置实验成绩所占比例，也可以修改系统自动给出的实验分数。

3. 系统功能

系统自动显示得分点和所得成绩，教师可手动修改系统给的分数（见图 6-18 和图 6-19）。

我的信息
修改密码
我的收藏
我的发言
我的项目
申报管理
实验管理
班级管理

用户名	姓名	实验结果	实验成绩	实验开始时间	实验结束时间	实验用时(分钟)	操作
mj_3260393	刘灵榕	完成	100	2021-08-15 16:38:12	2021-08-15 16:50:12	10	
mj_3259137	梁澜	完成	90	2021-08-15 16:34:34	2021-08-15 16:48:34	14	
mj_3260393	刘灵榕	完成	90	2021-08-15 16:38:12	2021-08-15 16:45:12	7	
mj_3259137	梁澜	完成	70	2021-08-15 16:34:34	2021-08-15 16:43:34	9	
mj_3260393	刘灵榕	完成	50	2021-08-15 16:19:23	2021-08-15 16:35:23	16	
mj_3245886	孟赵	完成	30	2021-08-14 09:36:23	2021-08-14 09:40:23	4	
mj_3213299	马国天	完成	10	2021-08-11 22:16:01	2021-08-11 22:19:01	3	
2004010330	朱一然	完成	30	2021-08-11 14:25:57	2021-08-11 14:30:57	5	
mj_3033500	李雨	完成	20	2021-08-08 20:12:35	2021-08-08 20:19:35	7	
mj_3033500	李雨	完成	20	2021-08-08 19:56:42	2021-08-08 20:02:42	6	

1　2　3　414　下一页 »　共 4132 条　GO

图 6-18

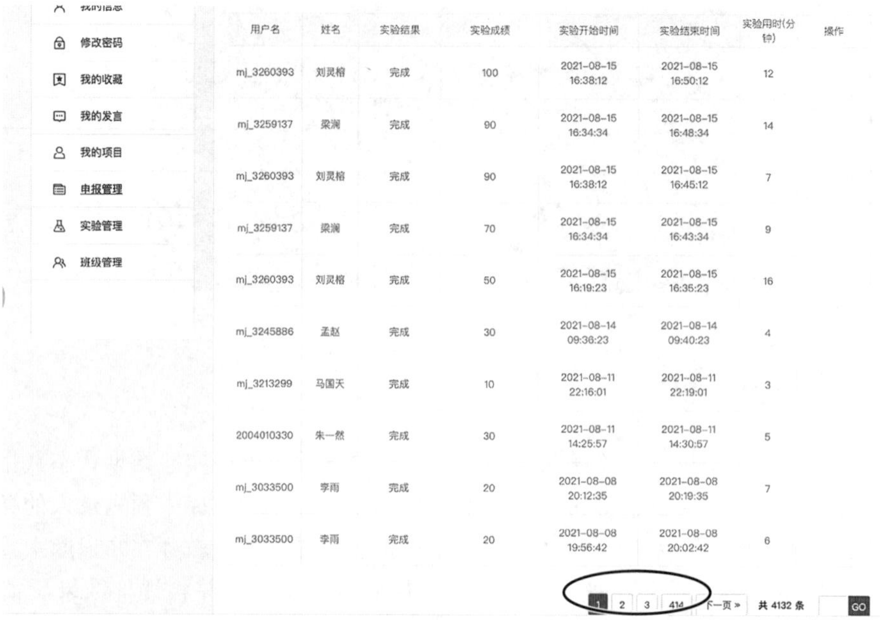

我的信息
修改密码
我的收藏
我的发言
我的项目
申报管理
实验管理
班级管理

用户名	姓名	实验结果	实验成绩	实验开始时间	实验结束时间	实验用时(分钟)	操作
mj_3260393	刘灵榕	完成	100	2021-08-15 16:38:12	2021-08-15 16:50:12	12	
mj_3259137	梁澜	完成	90	2021-08-15 16:34:34	2021-08-15 16:48:34	14	
mj_3260393	刘灵榕	完成	90	2021-08-15 16:38:12	2021-08-15 16:45:12	7	
mj_3259137	梁澜	完成	70	2021-08-15 16:34:34	2021-08-15 16:43:34	9	
mj_3260393	刘灵榕	完成	50	2021-08-15 16:19:23	2021-08-15 16:35:23	16	
mj_3245886	孟赵	完成	30	2021-08-14 09:36:23	2021-08-14 09:40:23	4	
mj_3213299	马国天	完成	10	2021-08-11 22:16:01	2021-08-11 22:19:01	3	
2004010330	朱一然	完成	30	2021-08-11 14:25:57	2021-08-11 14:30:57	5	
mj_3033500	李雨	完成	20	2021-08-08 20:12:35	2021-08-08 20:19:35	7	
mj_3033500	李雨	完成	20	2021-08-08 19:56:42	2021-08-08 20:02:42	6	

1 2 3 … 414 下一页» 共 4132 条 GO

图 6-19

二、实验教学质量综合管理

按照不同学年、学期、校、院、班级、教师、学生进行分级统计，统计范围包括师资统计、开课统计、虚拟实验统计、整体教学成果统计和资源统计。按照不同的统计模块和内容，可选择表格、柱状图、折线图等多种展现形式，以直观地查看各种统计结果；按学院统计，可准确地查看学院范围内产生的统计数据；按学年、学期统计，可查看不同学年、学期的开课、资源、成绩统计数据，便于进行数据对比分析。

（一）师资统计管理

师资统计管理系统的主要功能包括：（1）统计全校教师职称人数占比情况。以饼图的形式，统计全校教师不同职称（包括助教、讲师、副教授、教授以及其他）的人数及其占比。（2）统计各学院不同职称教师人数。以柱状图的形式，统计各学院不同职称（包括助教、讲师、副教授、教授以及其他）教师的人数情况。（3）统计全校教师学历人数占比情况。以饼图的形式，统计全校教师不同学历（包括本科、硕士、博士、博士后以及其他）的人数及其占比。（4）统计各学院不同学历教师人数。以柱状图的形式，统计各学院不同学历（包括本科、硕士、博士、博士后以及其他）教师的人数情况。（5）统计各学年学校教师增长趋势。以折线图的形式，统计各学年教师人数的增长率及其变化趋势。（6）统计全校教师人数及其占比情况。以柱状图的形式，统计不同学院教师的人数及其所占百分比。

（二）开课统计管理

开课统计管理系统的主要功能包括：（1）统计全校开课数量及其占比情况。以饼图的形式，统计不同的学院开课的数量以及所占的比重。（2）统计各学院开课与未开课情况。以柱状图的形式，统计不同学院开课与未开课的数量，横向对比不同学院之间的实验课数量、开课数量、未开课数量的情况，纵向对比某一个学院开课数与未开课数的情况。（3）统计各学院开课情况。以列表的形式，统计不同的学院开课总数、不同的开课类型和课时数所对应的开课数量，点击按钮进入新的页面查看详细的开课信息。（4）统计各学院开课数和教师人数升降对比情况。以列表的形式，比较当前学期不同学院的开课数、教师数以及在上一学期的基础上对应的升降情况。

（三）虚拟实验统计管理

虚拟实验统计管理系统的主要功能包括：（1）统计全校虚拟实验数量。以柱状图的形式，统计全校不同类型实验的数量情况。（2）统计全校实验使用情况。以面积图的形式，统计全校不同类型实验的教师安排情况以及学生参与情况。（3）统计各学院实验数量。以柱状图的形式，统计各学院不同类型实验的数量情况。（4）统计各学院实验使用情况。以面积图的形式，统计不同学院实验教师的实验安排情况以及学生参与情况。

（四）整体教学成果统计管理

整体教学成果统计管理系统的主要功能包括：（1）统计各学院学生及格人数和优秀人数，以面积图的形式，统计不同学院学生及格人数及优秀人数的情况。（2）统计各学院学生在各个成绩区间所占人数的百分比。以折线图的形式，统计不同学院学生在各个成绩区间段人数的百分比情况。（3）统计各学院开课成绩明细。以列表的形式，统计不同学院的开课数、学生人数、不及格人数、优秀人数，点击按钮进入二级页面可以查看学生详细的开课成绩及所有实验成绩。（4）统计各学院及格率和优秀率升降对比。以列表的形式，统计不同学院在当前学期的及格率及优秀率以及相应的升降情况。（5）统计各学院及格人数和优秀人数。以折线图的形式，比较当前学期与近一学期、近一年、近三年不同学院的及格人数和优秀人数。（6）统计各学院历史成绩。以列表的形式，比较当前学期与近一学期、近一年、近三年不同学院的及格率和优秀率以及相应的变化情况。点击按钮进入二级页面，可以查看不同学年学期历史成绩详细情况，并可以选择两个不同的学年学期进行历史成绩重要指标对比。（7）统计实验成绩。以条形图的形式，选择不同的学年学期、不同学院的开课，可以对所选择的所有实验在各个成绩区间段的人数进行对比分析。选择相应的实验，进入具体实验下的所有学生的成绩情况页面，以柱形图的形式统计该实验下不同成绩区间段的人数，以列表的形式统计该实验下所有学生的实验时长、实验成绩、报告成绩以及总成绩。点击“查看”可以查看相应学生的实验报告情况。

（五）资源统计管理

资源统计管理系统的主要功能包括：（1）统计全校资源库数量及详细信息。以列表的形式，统计全校不同资源类型的数量及不同资源条目的点击量、下载量和资源评分。（2）统计各学院资源库数量及详细信息。以列表的形式，统计各学院不同资源类型的数量及不同资源条目的点击量、下载量和资源评分。

第七章　线上线下混合式一流课程的建设与运行

第一节　线上线下混合式一流课程的建设

一、线上线下混合式一流课程概述

（一）线上线下混合式一流课程的定义

线上线下混合式一流课程是由 SPOC 的教学形式逐渐转化而来的，所以需要先解释一下 SPOC① 教学形式。SPOC 的全称是英文 Small Private Online Course，直接翻译是小规模限制性在线课程。区别于 MOOC 这种大规模在线开放课程，Small 和 Private 是相对于 MOOC 中的 Massive 和 Open 而言的。SPOC 是通过设置限制性条件，面向少数（几十个或几百个）达到准入条件的学生开设的在线课程。其中的限制性条件包括缴费、作业、考试、上在线见面课等。学生满足限制性条件后，可以获得相应的修读证明，部分学校甚至可以授予学分。

在中国，SPOC 逐渐转化为线上线下混合式一流课程。② 按照教育部的标准，线上线下混合式一流课程中，线上部分要占到 20%—50%，线下部分以翻转课堂③为主要教学形式。线上线下混合式课程，是指发挥互联网知识传播能力辅助教学，将课堂转化为知识的吸收、实践场所的教学形式。形式上看，就是将课堂的讲授转移到网上，学生需要提前看录像、分析案例，然后参与课堂讨论，课后再修改自己的报告。④ 因此，线上部分主要以讲授理论为主，这样学生就可以充分地反复地去理解，以达到掌握理论的目的。线下部分以消化知识、实践技能、熟练技巧为主，这样学生就可以深入理解和应用知识，以达到使从课堂走出来的学生能够直接面对社会挑战的目的。在线上线下混合式一流课程中，学生在课下需要花费时间与课堂上花费的时间比大约是 2∶1，学生的收获更大，学到的东西也更实用，更符合“卓越法治人才计划”的培养需求。⑤

2020 年春季学期，全国大范围进行的线上直播教学，多以这种线上线下混合式的教学形式为主。这种教学形式也得到了教育部的充分认可，大部分教师也进行了实践，未来它将成为

---

① 参见陈然、杨成：《SPOC 混合学习模式设计研究》，《中国远程教育（下半月）》2015 年第 5 期。

② 参见康叶钦：《在线教育的“后 MOOC 时代”——SPOC 解析》，《清华大学教育研究》2014 年第 1 期。

③ 【翻转课程考核】统一机考，确认考试安排并调整上课时间。因为期末考试也要依托线上课程平台进行线上考试，所以助教要根据教务处的考试安排，更新线上一流课程的考试时间，同时提醒学生在考试之前完成相关线上学习。

④ 参见刘婷、陈瑶：《慕课支持下的混合式教学模式实验研究——以“实用日语（上）”慕课为例》，《现代教育技术》2019 年第 12 期。

⑤ 参见孙长永、李燕：《建设一流研究生课程　培养一流法治人才——西南政法大学法学专业研究生课程改革实践探索》，《学位与研究生教育》2017 年第 8 期。

教育的一种主流形式。①

（二）线上线下混合式一流课程的政策

根据《教育部关于一流本科课程建设的实施意见》（教高〔2019〕8号）中的描述，线上线下混合式一流课程主要指基于慕课、专属在线课程（SPOC）或其他在线课程，运用适当的数字化教学工具，② 结合本校实际对校内课程进行改造，安排20%—50%的教学时间实施学生线上自主学习，与线下面授有机结合开展翻转课堂、混合式教学，打造在线课程与本校课堂教学相融合的混合式“金课”。③ 在一流课程评审中，课程团队须提交申报书、时长在10分钟以内的说课视频（包括教学理念、课程设计、课程实施、改革成效等）和其他佐证材料。④

根据《教育部办公厅关于开展2019年线下、线上线下混合式、社会实践国家级一流本科课程认定工作的通知》（教高厅函〔2019〕44号）的要求，教育部已正式开始该类型一流课程的认定。认定工作采用推荐评审的方式，其中推荐工作采取总额控制、分年度推荐的办法，即中央部门所属高校、部省合建高校和各省级教育行政部门的推荐总额分三年使用，每年申报课程数量可在规定的年度上限内统筹调配。

二、线上线下混合式一流课程的教学设计

（一）课前安排

翻转教学的课前安排非常重要，学生要跟上线上学习进度，完成课前预习是基本条件。如果课堂上要进行展示性的翻转教学，还需要学生课前充分准备。

（二）课中安排

课中要进行以学生为主的教学。⑤ 以学生为主的教学，首先要求学生的话语必须超过70%。其次，学生的展示一定要结合课前的预习和知识目标进行。最后，学生的学习结果在课堂上应该是可以看到的，或者学生在课堂上可以展示出他的学习成果，以便教师评估学生的学习效果，并作出指导。

（三）课后安排

如果课堂上的学习用来消化知识，那么课后作业实际上就是下一堂课的课前安排。SPOC的运行强调大班授课、小班教学，平时授课过程中，更需要加强教师与学生之间的教学互动。学生的平时作业以及课堂展示的课件可以作为学生在课后观看⑥ MOOC教学视频的反馈，教师也可以直接掌握学生的学习程度与进展。各组组长会在第4、8、12、16周上课之前分组对学生进行指导。学生则需要在第5、9、13、17周上课时间之前，通过课程中心提交一次“指导

---

① 参见倪旭前、魏殿林：《“中国大学MOOC+直播”书法教学的思考与实践》，《中国大学教学》2020年第9期。

② 参见姚友明、李翔、郑州：《区域化高校在线课程建设与应用机制研究——以重庆市高校在线课程资源中心的设立为例》，《现代教育技术》2020年第8期。

③ 参见祝士明、郭琰：《深度融合智能技术的金课建设：框架与路径》，《现代教育技术》2020年第8期。

④ 参见刘徽、滕梅芳、张朋：《什么是混合式教学设计的难点？——基于Rasch模型的线上线下混合式教学设计方案分析》，《中国高教研究》2020年第10期。

⑤ 参见王向东：《基于多问题学习的慕课体系及其潜在优势》，《中国大学教学》2020年第9期。

⑥ 【线上课程观看时间】观看线上一流课程的截止时间应当根据考试安排有所变动，双学位课助教在教务处发出相关考试安排文件后，应当与线上一流课程平台助教沟通，将线上一流课程观看截止时间调整至考试前一天，以便学生在考前可以反复观看线上一流课程作为复习方式。

性案例”。第9次课提交的“指导性案例”从之前的4次课（第5、6、7、8次课）上教师提供的讨论案例中自主选择，第13、17次课提交的“指导性案例”以此类推。发言人将自己课堂发言的案例作为本次指导性案例的改写案例。

学生将平时的MOOC作业按照课程的进度提交给助教，助教对作业进行批改后，根据作业中出现的问题，给学生进行教学指导。助教要注意和学生交流的密切度，首先要多交流，拉近和学生的距离，使自己和学生的交流更畅通、更高效。其次，为了提高交流的效果，可以选择一些教室以外的场所，和学生在一个更放松的环境下交流，比如咖啡馆、草地上等。最后，助教在和学生的交流中还要注意不要大包大揽地给学生讲解自己的观点和看法，要注意引导学生去思考，提示学生按照某种方法、朝着某个方向去探讨。在讨论时间的选择上，可以和学生协商确定一个大家都空闲的时间，避免和学生的课程或其他事情产生冲突，不要让课下的研讨成为学生的一种负担。如果找一个大家都空闲的时间确实比较困难，也可以减少大家见面进行集体讨论的次数，更多地通过QQ、微信等平台进行交流。

三、线上线下混合式一流课程的作业批改流程

通过课程中心完成学生作业的布置、提交和批改是大学教育网络化①的必然要求。提交电子档作业，一方面有助于选课学生在大学时代熟练操作Word文档等基础软件，为日后走上工作岗位打好基础；另一方面有助于授课教师了解学生的真实写作水平，最大限度地避免抄袭现象的发生。下文以“侵权责任法”课程为例说明课程中心学生作业布置、提交、退回和批改的整个流程。②

（一）作业布置

作业要求不同，应采用不同的方式布置作业。比如，若某次作业需要提交多个附件，内容包括不同的评语，则可以选择“线下作业”的模式。要明确作业时间限制，并确定同学知道或者应当知道作业的时间限制。在线完成作业对于很多同学是新鲜事物，助教需要予以协助。

1. 线上作业模式

进入教学管理，在辅助教学栏目中，点击“作业”（见图7-1）。

点击“新增”按钮（见图7-2）。

在作业布置的界面，输入作业名称，设置作业的发布日期和结束日期。选择做作业的对象，可以是网站全部学生，可以是教学班学生，可以是自行注册添加的其他学生，也可以选取部分学生做此作业。选择直接出题，分为客观题、主观题、客观题和主观题三种分类。法学作为社科类的学科，主要出题方式为主观题。

2. 线下作业模式

学生在课后完成作业后，将附件上传，教师可以将成绩录入系统中，便于今后的成绩汇总分析。在作业中点击新增，开始发放作业。输入作业名称，设置作业的发布日期和结束日期。

---

① 参见姚友明、李翔、郑州：《区域化高校在线课程建设与应用机制研究——以重庆市高校在线课程资源中心的设立为例》，《现代教育技术》2020年第8期。

② 【课程中心师生互动】所有的学生在课前完成对指导性案例的改写后，都要在规定的期限内将其上传至课程中心，然后由授课教师授权其指导的硕士研究生集中批改作业。学生还可以就课前、课中或课后研习过程中遇到的问题，借助课程中心的BBS和“发消息”功能与教师交流。

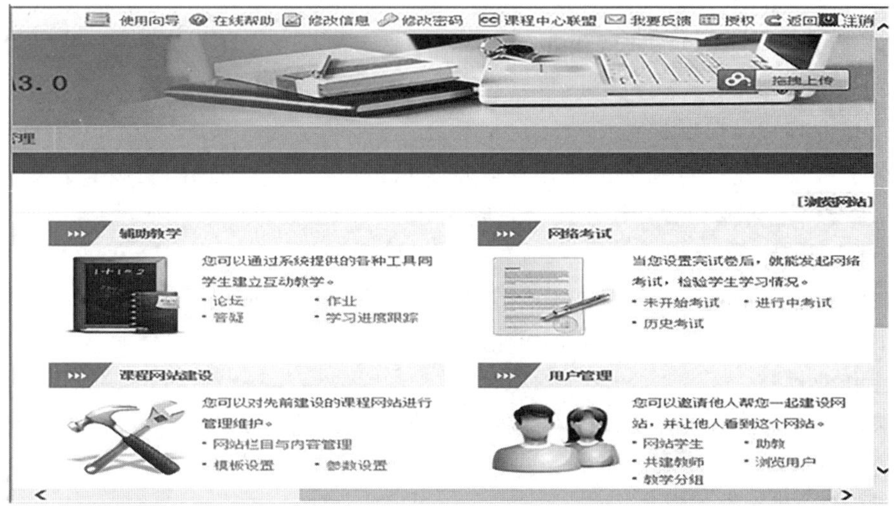

图 7-1

图 7-2

选择做作业的对象，可以是网站全部学生，可以是教学班学生，可以是自行注册添加的其他学生，也可以选取部分学生做此作业。选择线下作业，在作业内容框中输入作业编辑内容，点击“确定”，作业发放完毕。

（二）作业提交

学生在课程中心主页登录，点击自己的名字进入课程中心的课程管理，如果有未完成的作业，可以在课程管理界面查看。点击“未完成作业”，可以查看作业列表，显示有两份作业需要完成：一份是直接出题，另一份是线下作业。

1. 线上作业模式

将鼠标移至作业的最后，可以看见“做作业”的栏目，点击进入后是作业编辑栏。左边是作业内容的窗口，右上角为“答题卡”窗口。为了方便读题，也可以将“答题卡”窗口隐藏。点击“填写答案”，出现主观题答案的编辑框。可以直接输入文本，① 也可以点击编辑框下的“附件”按钮，上传已完成的作业附件。② 作业完成后，点击确定、提交，检查答案后，确定完成。

2. 线下作业模式

线下作业的提交方式是直接上传作业附件。点击“浏览”，选择需要上传的作业附件内容，③ 点击提交。上传成功后，作业提交完成。

（三）作业退回

学生在作业提交完成后，有需要修改的内容，或者网页出现问题需要重新提交的，需要先联系课程中心助教，由助教在系统上将作业退回，学生则可以重新提交作业。

1. 线上作业模式

管理课程中心的教师或者助教进入课程中心的作业系统，可以查看已经提交的作业列表。在作业后的下拉列表中，点击“批阅”进入学生名单，可以看到某位学生已经提交作业，点击“退回重做”（见图 7-3）。

图 7-3

“退回重做”完成后，该学生的作业状态便更改为“未完成”，此学生可以重新提交作业。

2. 线下作业模式

对于线下作业，需要先进入列表选项中的“学生成绩”，进入查看学生名单。可以看到所有学生的作业提交状态，点击“打回”。填写“打回理由”后，可以督促此学生完成作业。此学生可以重新提交作业（见图 7-4 至图 7-9）。

① 【课程中心提交作业备份】直接输入文本时，学生应该注意文件备份，以免上传过程中出现问题，使答案文本无法保存。

② 【采取不同的上传方式】注意上传文件的大小，如果文件过大无法上传，可以联系助教，通过邮箱方式上传。

③ 【提交作业的命名方式】要求学生将作业命名为“姓名+学号+作业名”的形式，方便助教保存。

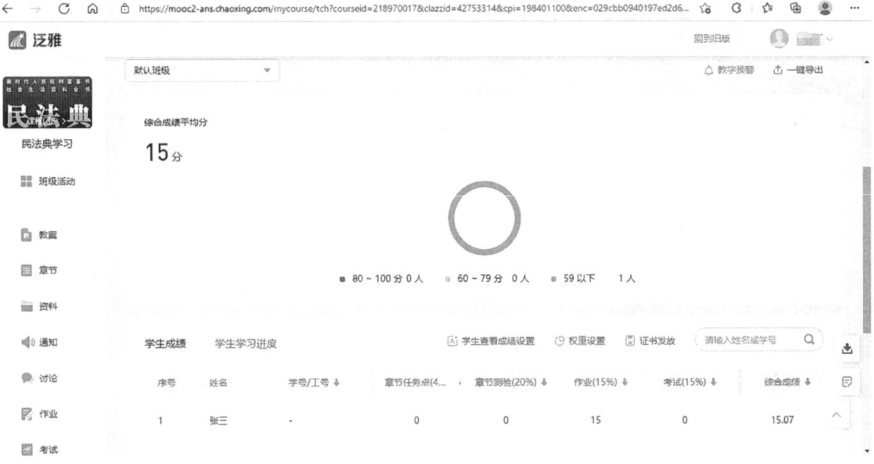

图 7-4

图 7-5

图 7-6

泛雅
民法典
民法典学习
班级活动
教案
章节
资料
通知
讨论
作业
考试
返回
第一单元测试题
默认班级
督促未交学生
导出未交名单
请输入姓名或学号
按人批阅
按题批阅
已交
未交
姓名
学号/工号
状态
成绩
操作
张三
待重做
0
督促

图 7-7

提示
系统将自动通知未交学生，督促其完成作业
取消
督促

图 7-8

首页
民法典学习
首页 任务 统计 资料 通知 作业 考试 分组任务(PBL) 讨论
我的作业
待批作业
第一单元测试题 新
开始时间：2021-08-16 23:20
截止时间：2021-08-17 23:20
作业状态：待重做
重做

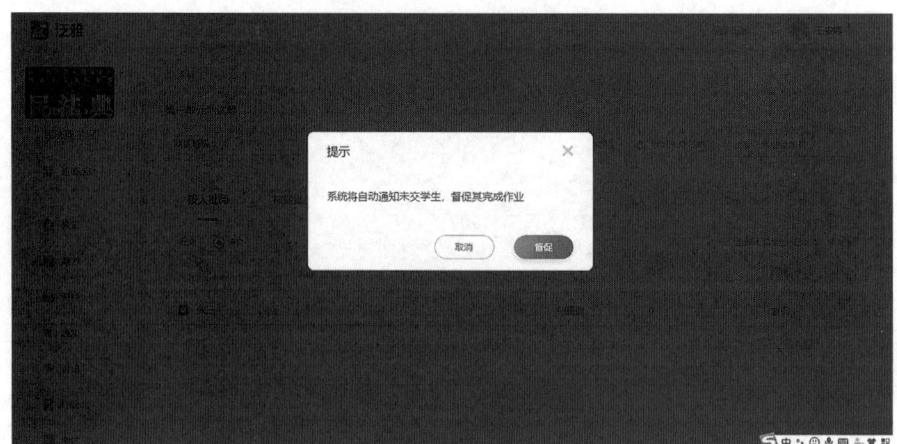

图 7-9

（四）作业批改

输入用户名和密码登录课程中心（参见图 7-10），首先点击授课教师的姓名（参见图 7-11），然后按照“教学管理→辅助教学→作业”的顺序进入每位学生的作业待批阅界面，也可以在互动信息提醒栏中点击“待批作业”进入。

图 7-10

图 7-11

1. 线上作业模式

对于直接出题，可以直接点击“批阅”，进入学生名单。学生名单中，前面显示的是“已提交”的学生，后面显示的则是“未完成”学生。点击“批阅”，进入学生提交的作业界面，学生可以直接上传相关作业附件，也可以在编辑框中直接回答。在主观题得分中，输入分数，评论后进行下一份作业的批改。

2. 线下作业模式

对于线下作业，点击“录入成绩”进入学生名单，开始线下作业的批改。由于学生上传的是线下作业附件，因此，应先将需要批改的作业下载下来查看。查看完成后，在界面录入成绩分数。成绩录入完成后，为了鼓励学生并就此次作业进行指导，可以发放评语。

（五）作业评语

课程中心中的作业评语是批改作业的可选项，即授课教师在批改作业时可选择对该份作业进行点评。

对学生而言，有针对性的评语具有强大的激励作用。因为无论是肯定成绩，还是指出不足，学生都可以感受到教师对自己的重视和关爱，进而从心理上感到充实和满足。因此，为了激发学生的学习兴趣，授课教师可根据作业的布置情况，平均一个学期对每位选课学生给予一次中肯的评语（见图 7-12）。

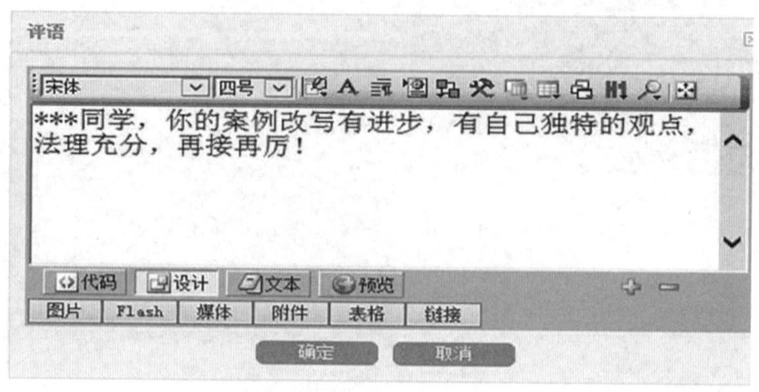

图 7-12

（六）作业批改①中需注意的问题

在批改作业前，助教需厘清如下事项，然后逐一点击学生的作业进行批改。

1. 作业信息的统计与反馈

助教在发布作业后需随时根据提交作业的情况做好如下统计：教学班学生的人数、分组情况、已交作业人数、未交作业人数和未交作业的原因，并一一做好登记，以邮件的形式向授课教师反馈。

2. 对作业要求予以全面把握

若授课教师指定本次作业由助教批改，助教在批改作业前须仔细观看授课教师的授课视频，理解授课教师授课内容的精要和布置该次作业的真正目的，了解批改作业的具体要求，从而准确地判断作业质量的高低，做到有的放矢。②

3. 反抄袭的检测方法

不可否认，大部分学生的课后作业是认真完成的，但也不排除有个别学生的作业属敷衍了事，甚至是抄袭的。对于有抄袭嫌疑的，助教团队通过一些简便方法便可以甄别。③ 例如，通

① 【鼓励创新性思考】助教需要根据课程选课人数、作业题型与数目等预估批改单元作业需要的时间，确保在作业成绩发布之前完成批改。在批改时，对于开放性题目不必拘泥于标准答案，学生的回答能够体现创新性思考的，应当予以鼓励。需要注意的是，作业批改之后应及时保存，以免重复工作。作业批改结束并经确认后即可发布成绩。

② 【课程中心作业批改标准】大学的“大”源自“大楼、大师和大气”。大学的教学过程应当是完全开放的，学生的各种思想观点也应该是自由并能够被包容的。学生的作业，只要能自圆其说，就应该给予相应分数，而不能因为该学生的观点与自己的观点不同就心存偏见。

③ 【授课教师的把关】判定该学生的作业有抄袭嫌疑后，非常有必要将其中有抄袭嫌疑的句子、段落或者整篇文章做好标记，与原文一并发给授课教师，让其最终定夺该学生的作业是否属于抄袭。因为一旦被判为抄袭，该学生的这次作业就会被判为 0 分，最终影响期末成绩，所以，在判断某位学生的作业是否属于抄袭时必须相当谨慎。

过百度网页进行搜索，若搜索到相同或者相近的字句，便可初步判定有抄袭的嫌疑。① 然后根据搜索到的结果再重复以上操作，就可以最终判定该作业是不是抄袭的。②

四、线上线下混合式一流课程的教学安排

线上线下混合式一流课程的教学安排可以分为以下两个阶段：

第一阶段：第 1—3 周。该阶段，学生还没选定课程，应由教师主讲，并布置观看 MOOC 平台的录像，让学生熟悉教学资源和教学方式，并确定是否选择这门课程。为保证教学质量，对于 SPOC，教师也应提出课程容量，供学生自己把握。

第二阶段：第 4~17 周。该阶段，学生选定了课程，教师应提前布置观看 MOOC 平台的录像。学生可以通过 MOOC 平台、电子邮件、QQ 群与教师交流看录像过程中遇到的问题，并对 MOOC 平台上的试题进行提问，教师会安排助教协助在相应平台上回答。每节课开始的时候，教师就重点问题作简短点评，然后开始案例讨论。案例讨论的环节包括原告起诉、被告应诉、自由辩论、教师点评四个阶段。这样一学期可以讨论 32 个案例，每个案例都应与布置的录像直接相关，越是后面布置的案例，越有综合性，需要结合前面的知识进行分析。另外，还可提供《最高人民法院公报》刊载的侵权法案例和相关学术论文供学生扩展阅读。

教学目标和课型确定后，就可以根据线上一流课程录像的长度、实体课堂的课时和周次安排课时。其中线上一流课程不需要考虑放假和调休因素，按照周次进行线上一流课程进度的安排。实体课堂则需要考虑放假和调休的因素。③

本书主编在四川大学法学院开设的“侵权责任法”课程，采用的是中国大学 MOOC 平台与校内实体课程同步教学的模式，作为范例说明如下：

（一）SPOC 第 1 周课程

不少学生是第一次接触这种线上授课方式，而且学校一般允许学生在前三周选课或者退课，因此校内实体课堂第 1 周并不急于讲授实际内容，而是尽量让学生了解全新的教学方式，并给学生充分的选择权，让学生有机会在前三周作出选择，并保证 SPOC 的有效容量。

第 1 周授课的内容分为两节课。第一节课是对课程的介绍，包括：（1）由授课教师介绍全新的 SPOC 授课方式，尽量让学生了解 SPOC 授课方式的优势和接受该授课方式所需要的时间投入。（2）由课堂助教说明校内“课程中心”的使用方式、主要内容、录像观看和下载的方式等基本信息。（3）由线上一流课程助教说明“线上课程平台”④ 的使用方式、录像的观看和平时作业的提交方式。（4）由授课教师说明课程的考核方式，包括平时成绩的取得和期

① 【作业有抄袭嫌疑的初判】作业有抄袭嫌疑，即以一般本科生的知识水平还不大可能提出某些概念或观点，而行文又没有引注的，就可以将该“高端大气上档次”的词句复制到百度里搜索一下，能够搜到原话的，就可以初步判定作业有抄袭嫌疑。

② 【准确判断作业抄袭】如果想当一个称职的“鉴假师”，有必要再将该嫌疑语句前后的语句复制到百度中进行再搜索，如果仍然有重复，则再重复搜索几次，直至能够较准确地判定出该学生的作业属抄袭。

③ 【实体课堂对调休的处理】每年 12 月中旬，国务院办公厅都会发布次年的《节假日安排通知》，涉及放假的，学校一般都不补课，基本上每个学期都可能少一周教学时间，如果线上一流课程为周末上课的“双学位”，每学期则至少影响两周教学时间。在课时设计上应该对此有所考虑。

④ 【助教与平台保持沟通】注意和线上一流课程平台工程师的沟通。课程建立与运行中遇到的问题可以寻求平台工程师的帮助和协调。为了提高工作效率，一定要多向工程师询问并协商处理。

末考试的方式。(5) 由授课教师布置 SPOC 第二节课之前观看录像的进度和第二节课的实训材料。①

第二节课以正常实体课堂的方式，对课程内容进行讲解，使学生产生亲切感，也可以对比实体课堂与线上一流课程录像的教学效果，以便作出选择。

对于学生退出 SPOC 的原因,② 应该善意地理解。从保证 SPOC 授课效果的角度讲，因为课程容量有限，人数太多无法保证授课质量。强制学生退课则缺乏尊重，通过抽签退课又过于儿戏，最佳的方式是引导学生有序退课，确保第 3 周退课后上课学生人数与 SPOC 容量相当，并允许一定的动态管理。以四川大学法学院“侵权责任法”课程为例，四川大学以第 3 周为退课的截止日期。在之后的教学过程中，学生希望退出课程学习的，可以协助其退选此课。旁听学生对此门课有兴趣的,③ 也可以将其编入课堂分组，参与课程讨论与学习展示，以保证课程人数的动态平衡。

(二) SPOC 第 2 周和第 3 周课程

由于学生在第 3 周结束后才能确定选课④，第 2、3 周授课既要考虑教学进度的展开，也要考虑向学生全面展示课程定位。另外，考虑到学生对于指导性案例的陌生感，以及案例分析能力的欠缺，第 2、3 周课程也要在引导学生掌握案例分析方法和撰写指导性案例的技巧上下功夫。

具体来说，第 2 周课程“彭宇类案”包括如下授课步骤：

第一步，选取课前刚发生的社会热点新闻“老外上海地铁内晕倒乘客 10 秒跑光”，引发学生的讨论兴趣。

第二步，抛出“最高法发布四起侵权纠纷典型案例”的新闻，让学生从新闻的“法外”转化到案例的“法内”。

第三步，带领学生阅读该领域最具代表性的“彭宇案”和“许云鹤案”判决书，让学生感受法官裁判的思维模式。

第四步，课后通过课程中心和线上课程平台发放阅读材料，包括《法律适用》2012 年第 12 期特别策划的“司法与传媒：互动中的碰撞与平衡”和《人民法院报》2014 年 7 月刊登的“正确处理传媒与司法关系系列评论”两组论文。

第五步，在第 3 周通过课程中心和线上课程平台发放扩展材料“彭宇案参考论文”，供学生进一步延伸阅读，以激发学生的学术潜质。

第 3 周课程“一般侵权行为”，选取《最高人民法院公报》刊载的 10 个案例，带领学生

① 【考核方式说明的时机】在助教说明课程中心和线上课程平台的使用方式之后再由教师来说明考核方式，一方面可以让学生先对 SPOC 产生兴趣，另一方面可避免教师一开学就讲解考核方式给学生带来冲击。

② 【学生退出 SPOC 的原因】学生第 1 周退课的原因可能是自己判断无法适应 SPOC 的全新教学方式，也可能本身选课是观望性质的，知难而退。学生第 2 周退课的原因，可能是尝试了 SPOC 的录像观看和上课方式后，感觉花费时间太多，毕竟大多数学生对课程的投入仅限于课堂上。学生第 3 周退课的原因，可能是进一步尝试后，确定不适应 SPOC 的教学方式。

③ 【提供开放学习机会】对于退出 SPOC 的学生，可以通过“课程中心”提供课程录像，供感兴趣但不希望按照 SPOC 教学模式学习的学生学习。

④ 【确认课程】因为线上课程平台的考试需要学生确认课程，否则无法进行考试，所以助教一定要提醒学生进行线上课程平台的课程确认。

重点阅读案情部分，通过展示侵害信用权、证券侵权、错误申请财产保全、抢注驰名商标、产品外观混淆、商品名称打擦边球、混淆字号不正当竞争、注册商标相近似文字、食品外观和来源混淆、知名商标混淆等 10 类案例，让学生感受司法实务中侵权行为的多样性，并激发学生对体系化分析侵权案件的兴趣。

（三）SPOC 第 4—16 周课程

从第 4 周开始，学生就已经选定了课程。选择 MOOC 平台获取平时成绩的，尽管不参加 SPOC 报告，也欢迎来旁听，并可以参加讨论。

SPOC 借鉴美国法学院的“苏格拉底教学法”，基本要求是：（1）每位学生必须按照“SPOC 教学日志”要求提前观看指定时长的录像。（2）每位学生必须按照“SPOC 教学日志”要求阅读每周指定的两个案例。（3）每位学生都必须作为主讲人，根据确定的角色（原告或者被告），就一个案例进行报告。（4）第 4 周课堂上会给学生一次选定座位的机会，未经教师同意，不得调换位置，便于助教记录上课表现。（5）教师在课堂上会针对指定观看录像的相关内容进行提问，如果录像上已经讲过但被问到的学生无法回答，或者显示没有提前观看的，每次扣 5 分平时成绩。（6）在第 4、8、12、16 周的周末，安排助教团队采取“大班授课，小班讨论”的形式进行个别指导。（7）鼓励学生在课堂上主动发言、回答课堂问题，发言或者回答问题有理有据的，每次加 5 分。（8）鼓励学生在 BBS 上交流，视情况加分；但在 BBS 上进行无意义的灌水或者发表不当言论的，视情况扣分。

（四）SPOC 第 17 周课程

第 17 周课程要求全部的选课学生到课堂上，邀请通过 MOOC 平台获得平时成绩的学生观摩 SPOC，并在该次课堂上说明期末考试的相关要求。①

（五）SPOC 平时成绩的获得

SPOC 平时成绩②是以撰写侵权责任法指导性案例和课堂报告的方式来获得的，其中撰写指导性案例 4 次、课堂报告 1 次，分别计 10 分，共计 50 分。

撰写侵权责任法指导性案例的基本要求是：（1）按照《关于编写报送指导性案例体例的意见》《指导性案例样式》，参考最高人民法院发布的民商事指导性案例，将指定案例改写为“指导性案例”的体例。（2）忽略案件的发生时间，设想案件都发生在案例报告的当天（如 2020 年 12 月 23 日，以此类推），并适用现行法律规定进行判决。（3）根据现行法律、司法解释以及司法实务，详细列出损害赔偿责任的计算方式（例如基数、计算时间、损益相抵等），并得出结论。计算时，无须理会《最高人民法院公报》刊载的最终判决。（4）学生有其他问题需要说明的，例如对案件原判决的评析、社会效果、立法建议以及其他疑问，可予以说明，并酌情对该学生的期末成绩加分。

---

① 【期末考试的成绩处理与监考安排】如果学生没有参加期末考试，即使有平时成绩，期末总成绩仍然为 0 分。在本校学生统一机房考试当天，助教须前往协助监考。因为学院安排的监考教师可能对线上课程平台的相关操作并不熟悉，出现技术问题时不能及时解决，助教在场可以协助解决这类问题，也能够及时联系到线上课程平台的工作人员。

② 【助教对平时成绩的记录与归档】建议助教做好“平时成绩登记表”，在每一次课程完毕后根据教师制定的平时成绩评判标准记录每一位学生平时成绩的变动，对于请假、缺席、少交作业等情况要及时、真实记录，方便计算最终成绩时快速查阅平时成绩，也方便最后的归档工作。

第二节 线上线下混合式一流课程的运行

一、线上一流课程的内容组织

慕课并非线上教学的唯一呈现形式，在线上可以学习的内容均可以作为线上的学习内容。[①] 设计、组织线上课程的内容也成为教师必备的教学能力。以往教师给学生推荐的学习资料多是课本和文献，现在则要求把所有能听、能看的资料都整合到线上安排学生学习。在知识爆炸时代梳理出系统的有针对性的知识体系，难点可能不是找不到资源，而是如何去粗取精找到优质的资源。优质的多维度呈现的资源可以让学生有更多的途径去成长。比如，有的学生倾向通过视觉来学习，如看视频、看PPT、看图片；有的学生则需要靠听觉来更好地学习，音频甚至对应的一些歌曲都会成为很重要的学习资料。线上学习资源目前主要有如下几个获取途径：（1）学校在线图书文献资料库，可以直接引入链接；（2）从互联网上筛选；（3）各种在线学习平台上整理好的课程资源，这是目前与线上一流课程的匹配度最高的资源，教师最省心，学生的学习效果最直接；[②]（4）教师自己创作资源。每个学期教师可以重新梳理线上教学资源，一则保证内容和当今最先进的知识一致，二则可以更好地匹配学生。

二、线下一流翻转课堂的教学

翻转课堂[③]，顾名思义是把原来教师和学生的身份进行颠倒的一种教学形式，在国外直接的翻译应该是颠倒课堂。传统课堂通常以知识讲授为主，形式上以教师为主，教师在上面讲，学生在下面听。好的教师讲得深入浅出，能够让学生很好地接受这些知识。所以，传统的课堂教师是知识的传播者，学生是接受者。翻转课堂从形式上看以学生为中心。学生在课堂上讨论知识、分析问题、解决问题，教师从讲授变为支持、引导，和学生一起解决问题。在以理论为主的教学里面，学生讲授他对知识的理解；在以技能为主的教学里面，学生展示他的实践能力，甚至作出产品。[④]

从学生的感受看，翻转课堂使学生从接受知识转变成消化知识，为学生提供了充分的成长空间。教师在课堂上可以和学生一起创造知识，帮助学生通过整合知识来解决问题。学生在解决问题的过程中，完成了知识的消化、吸收、整合，提升了应用能力。从教学效果上来讲，翻转课堂使学生通过其行为向教师证明他掌握了相关知识，使学生的学习效果可视化。教师通过设计有效的评估手段，从课堂上直接评估学生的学习效果。学生也可以通过他的表现，证明他的学习效果。这就变成了一个最佳的教学互动环境，也是翻转课堂为国外很多著名大学所推崇的原因。谈到翻转教学，很多教师认为其是分组讨论的一种表现形式，而分组讨论严格来说不是一种教学方式，只是一种教学组织形式。以此为基础，给大家分享几个常用的翻转教学形式。这门课程的设计容量为48—52人（第4—16周或者第4—17周报告），将学生分为A、B、

---

① 参见李青、王涛：《MOOC：一种基于连通主义的巨型开放课程模式》，《中国远程教育》2012年第3期。

② 参见郑勤华、徐珺岩：《在线学习力：结构特征及影响因素》，《开放教育研究》2020年第4期。

③ 参见张金磊：《“翻转课堂”教学模式的关键因素探析》，《中国远程教育》2013年第19期。

④ 参见王向东：《基于多问题学习的慕课体系及其潜在优势》，《中国大学教学》2020年第9期。

C、D 4 组，每组指定 1 位主助教（硕士研究生二年级）和 1 位副助教（硕士研究生一年级）。

（一）读书会

读书会就是集体读书，集体读书是一种非常有效的吸取知识和消化知识的方式，大学生必须学会集体读书。它的流程是：教师在上课前给学生布置任务，进行分组；然后让学生去读一本书，也可以让大家基于一个问题读一堆书。限定时间，待所有学生粗读之后，进行小组内的分享，然后推举代表进行更大范围的分享，整个过程可以重复 2—3 次。

读书会不仅能够提升学生的表达能力，加深学生对知识的理解，更重要的是可以更新大学生对读书本身的认知，因此，读书会是对新的复杂问题的有效翻转形式。

（二）辩论会

辩论是一种很适合学生的学习方式，主要是因为：一是课堂上时间有限，而辩论赛是严格限制时间的，能够非常集约化地使用课堂的时间。二是辩论赛要求所有的参赛者都发言，前期准备和快速发言过程都可以作为学生参与课堂教学的一种形式。三是辩论赛自带竞争的条件，能够增加团队凝聚力，更重要的是它会自发地形成一种学习机制。

组织辩论赛，最大的考验仍然是辩题的设计和辩论赛的组织工作，如果辩题设计得不好，一方压倒式的优势出现，就很难辩论得精彩；如果准备不充分，就没有办法让这个辩论赛开展下去，所以对教师的要求会比较高。

1. 制作课件

为了保证学生在陈述和辩驳的时候更加清晰、有条理，也为了方便其他学生了解，要求学生在代表本小组做原告方陈述或被告方辩驳时做 PPT，给大家展现主要的思路和论据。法学课堂的辩论会一般以真实案例为基础展开，为了保证课堂辩论的效果，更为真实地模拟庭审，各小组在上课之前要交换 PPT，如同庭审前交换证据，以便双方通过交流资料和观点进一步完善自己的准备，让辩论更加激烈和具有针对性，使学生对案件的理解更加深入。课件的内容包括以下几个方面：（1）署名。包括助教、主讲人、参与人，列明权属，尊重每个参与人的知识产权与劳动。（2）案情简介。原告需要对案件的基本内容做一个简要介绍，争取通过课件与报告人的讲述，让所有没有参与案件解析和讨论的学生清楚了解案件的具体情况。（3）争议点总结。在原告介绍完案情以及基本诉求之后，被告不需要再作一遍介绍，但可以针对原告的诉求总结出案件的争议点进行讨论，以保证课堂辩论的效果。（4）法律条文的简介、原被告所有的诉求。（5）原被告双方还可以根据案情的需要，自行添加需要的内容，例如背景科学探究或者相关知识介绍，争取以有力的逻辑和佐证说服在场的其他组学生。

制作课件之前，可以将之前学生辩论所制作的优秀课件模本发给大家参考。制作完课件后，应交助教把关，避免课件出现重大的知识错误，也可以对学生课件风格进行把关。

2. 学生课件的运行

每次上课有两小节课，每小节课的上课时间为 45 分钟，每小节课讨论一个案例，包括如下环节：（1）原告方陈述。时间为 10 分钟，原告方小组派一名代表对案例以及己方观点进行陈述。（2）被告方辩驳。时间为 10 分钟，待原告方陈述完后，被告方小组派一名代表对原告方观点进行反驳。（3）补充辩论。时间为 20 分钟，在上一环节结束后，双方所有成员可以对己方观点进行补充或者对对方观点进行批判。本环节采取原被告双方交互发言的方式进行，双方发言时间各 10 分钟，其中每人发言限制在 2 分钟之内。本环节采取自由辩论方式，其他学生也可以参加。(4) 教师点评环节。时间为5分钟，由教师对双方论点论据进行点评，最终组织在场全部学生投票确定表现更为出色的一方。

教师提供翻页器和无线话筒，原告可以在台下操作被告的课件内容，针对不同的争议点逐条进行驳斥。被告也可以就原告观点进行抗辩，形成类似法庭上的交锋。时间的控制也很关键，必须控制时间以保证完成预定的授课目标。但是时间控制并不是机械地掐时间，到点就喊停也不是个好办法。如果学生正在讲一个很重要的观点不妨让他多说一分钟；如果一个学生观点已经基本表达完了，还在换个说法讲重复的话，就可以喊停。控制时间应该是总体上把握节奏，而不是机械地掐表。

(三) 实践分享会

有时为了解决一个问题，学生需要深入社会调查，这个过程很接近实际的工作环境。基于一个理论的社会实践对于一个人的成长具有非常积极的作用。这种实践形式能让学生深化对问题的认识，牢固掌握相关知识，建议教师在课程中都增加这样的授课方式。

(四) 案例式教学

在医学院和商学院，案例式教学是一种常规的标准化教学方式，也是一种在翻转课堂上常用的教学方式。① 该教学方式需要提出一个好的案例，让学生通过深入剖析案例熟悉解决问题的过程。学生在做案例分析的过程中，通过运用专业知识解决问题，教师可以协助处理学生遇到的难点。

案例式教学常规流程如下：(1) 将参加者分成3或4个小组，每组成员8—10名，并确定每组的组长；(2) 分发个案材料；(3) 让参加者熟悉个案内容，主持人接受参加者对个案内容的质询；(4) 各组分别讨论研究个案，并找出问题的症结所在；(5) 各组找出解决问题的策略；(6) 挑选出最理想、最恰当的策略；(7) 全体讨论解决问题的策略；(8) 指导员整理总结。

1. 案例的选择②

要根据课容量、上课的时间分配案例。分配案例前要确定不同的主题。最好每周上课所选的案例主题相同但侧重点不同。案例按照视频播放的顺序以及所适用法律的难易程度进行安排。分配案例，还需要注意案例如果不适合某些人进行报告的话，教师要对案例安排及时进行调整，以免上课出现“开天窗”的情况。

2. 时间的掌握

学生先观看上课的教学视频，了解基本知识。思考案例的过程中，由助教进行指导，学生之间可以相互讨论。要用手表（不能用手机）计时，掌握课堂秩序，提醒学生主讲时间，把握讨论的脉络，并对争议点进行适当的引导，但不要剥夺学生自主思考的机会。

3. 教学设备的使用

SPOC 课堂运行过程中，为考查学生对于案例整体知识的把握以及课堂的仪表与风采，学生需要使用 PowerPoint 软件制作案例课件以及话筒、翻页器等电子设备。因此，对于现代化教

① 参见张金磊：《“翻转课堂”教学模式的关键因素探析》，《中国远程教育》2013年第19期。

② 【模拟法庭教学案例选取】由于模拟法庭教学环节的设置主要围绕课堂理论知识的教授展开，目的是让学生把理论学习和实际应用结合起来，因而在案例的选取上必须紧紧围绕着课堂教学内容。同时，尽可能提早发布案例，一方面给参与人员多一些准备的时间，另一方面方便其他学生进行更多的思考，有针对性地提出问题。

学设备的要求很高。如遇到停电等特殊情况，需要做好后备方案。① 后备方案一：学生的课件在课前两天由助教收集完毕后，可以将课件上传到课程中心，通知学生下载后，携带电脑、iPad 等电子移动设备，直接在课堂上一边观看课件，一边听主讲人进行报告。后备方案二：可以在课前由助教收集需要进行课堂展示的学生的课件，将 PPT 打印出来，每页 PPT 不超过 8 张，以在保证每张 PPT 的清晰度的同时尽可能地节省纸张。

案例式教学是国内目前最流行的一种翻转形式，也就是教师通过不断提问，激发学生思考问题的有效方式。

（五）问题引导式教学

问题引导式教学②的核心是教师以目标为导向精心设计问题。所设计的问题既需要让学生力所能及，又要调动其积极思考，所以，设计问题时要注意三点：（1）网络上能直接搜到标准答案的问题不是好问题。（2）提问后，使课堂静悄悄的问题不是好问题。如果学生不能被问题吸引，不能有效思考，这个问题就需要再推敲一下。（3）问题要有连续性，与其直接设计一个复杂的大问题，不如把一个大问题拆分成 10 个小一点的问题。

第三节　疫情期间的“线上+直播”运行

在疫情期间，教学团队创造性地利用“腾讯会议”进行直播，以替代无法进行的线下教学，最大限度减轻了疫情对教学活动的影响，保证了教学的正常进行。

一、直播课的特殊课前准备

（一）申请教室

在见面课开始之前，要及时联系授课教师，确认上课日期、时间、地点，通常上课地点均为学校的多媒体直播教室，需要提前向教务部门申请教室。

（二）沟通协调工作

1. 提前与教师测试设备

疫情期间直播授课，教师都是用自己的电脑，可能会因为电脑配置或者设备不兼容等原因导致“腾讯会议”期间摄像头、麦克风或者扬声器出现问题，直播课程不能如期进行。因此，助教需要提前与教师进行“腾讯会议”的模拟开课，依次检测摄像头、麦克风、扬声器等设备，以及“投屏”功能是否正常。

2. 提前提醒教师

每次上课之前，提前一天提醒要上课的教师做好准备。在上课当天，提前两个小时再一次提醒教师是否已经做好了上课准备。

3. 确保线上授课的教学秩序

因为受疫情影响，四川大学全校都采用线上授课的方式，学校教务处要求各个课程都建

---

① 【停电时 SPOC 的运行】如果临时停电，教师需要有预备方案予以应对，使学生可以直观地看到课件内容，便于理解主讲人的主要思想。

② 参见王向东：《基于多问题学习的慕课体系及其潜在优势》，《中国大学教学》2020 年第 9 期。

QQ 群作为教学群，并且上报相关入群信息，确保线上授课的教学秩序。因为微信群没有群号，只有二维码，不好上报，并且微信群传输文件没有保存功能，所以本门课程采用 QQ 群作为教学群。需要助教提前建好 QQ 群，按照要求上报相关群号。在正式选课开始后，时刻关注选课名单，确保每一位学生都已经加入 QQ 群。

4. 实名制

因为涉及考勤，以及平时上课时需记录学生发言情况等，在第一节课时就要提醒学生实名登录"腾讯会议"，更改 ID 为自己的真实姓名。

5. 录像观看

线上教学中观看录像的部分需要学生使用课程中心相关资源，而课程中心如果不登录是没有观看权限的，所以助教要告诉学生课程中心的网站以及如何登录，确保每一位学生都能按要求观看录像。

6. 上课提醒

提前提醒学生观看录像以及进入"腾讯会议"上课。因为本门课程是选修课，有的学生在本门课程之前会有课，而有的学生则没课，没课的学生容易忘记上课时间，所以，助教需要提前 10 分钟左右提醒学生按时进入课程中心观看录像，在教师"腾讯会议"直播课开始之前 10 分钟，给学生发会议 ID，提醒学生可以提前进入会议等待上课。

7. 考勤管理①

在会议 ID 发出之后，助教需要进入会议，确认学生进入会议的实时情况，然后通知未进入的学生尽快进入会议，避免迟到情况的发生。

二、直播课运行特殊事项

（一）课前准备特殊事项

1. 及时加群

和实体课程不同，线上直播课程所有信息都依托于 QQ 群等教学群发送，所以一定要保证所有学生都及时加群。建议使用"教务系统（教师端）"的选课名单，里面包括了所有选课学生的 QQ 号和手机号码等信息，可以及时联系上学生并通知②重要信息。

2. 答疑协调

因为答疑时间有限，有时候对于学生的问题教师来不及全部回答，可以由助教收集大家问题的文字版本，课后发给教师，在下一次上课之前，提醒教师先解答上一节课的遗留问题。同时，在上课前也将课后学生的问题发到 QQ 群，让学生先行思考，这样的话，再去听课会更有收获。

---

① 【考勤表中学号的录入】在制作考勤表时，录入学生的学号是件比较麻烦的事，但除转专业学生外，其他学生的学号末位都是连续的，因此我们在 Excel 工作表中只需录入第一位和第二位学生的学号，再将两个单元格同时选中，光标放在下面一个单元格的右下角，出现黑色"+"号时向下拖动即可。最后再针对专业转出和转入的学生单独修改，便省时省力许多。

② 【群公告的重要性】重要事情最好采用群公告的形式发布，甚至可以再以对话的方式@全体人员，再发送一次事项详情。很多学生会将课程群聊设置为消息免打扰，通过群公告和@全体人员便可以保证所有人均能收到消息提醒，以免错过重要通知。

（二）上课期间注意事项

1. 随堂听课

助教一定要随堂听课，避免出现教师掉线而不自知的情况，也可以在因网络问题导致上课没有声音、没有画面等突发情况时及时联系教师进行处理。

助教要随时关注公屏和 QQ 群，教师有时会因讲课过于投入而没有及时看到公屏或者 QQ 群里学生提出的问题，这个时候助教可以视情况提醒教师。

2. 随堂记录

按照原本的计划，学生的一部分平时成绩由 PPT 展示构成，但是疫情影响授课方式之后，将该部分平时成绩改为了学生在直播授课中的课堂表现。所以需要助教记录学生在课堂中的提问等情况，以便教师进行打分。

（三）文字直播

授课教师讲解过程中，需要由助教对讲解内容进行提炼、总结，并在线上课程平台上的相应版块进行文字直播，这一项工作有利于满足不同选课学生的差异化需求，也能够对网络不太稳定时出现的视频卡顿现象起到一定的弥补作用，因为文字直播相比于视频直播对于网速的要求更低。

（四）课堂问答互动

讲解部分结束后是答疑环节，此环节需要助教在教室内随时准备传递话筒给需要发言的学生。这里需要注意，有的学生提问时认为自己声音足够洪亮，教室里都能听见，或者认为自己坐在前排，离教师很近，就直接开始发言，未使用话筒。但是，如果不用话筒就收不了音，因为见面课是同步直播给其他选课学校的，没有收音就意味着其他选课学校的学生听不到这边的发言，因此一定要提前告知学生发言时必须使用话筒。答疑的同时，助教应记录每位与教师进行了沟通互动的学生的姓名，以备课后对这些学生加分，这部分分数即前文所提到的见面课互动分数，一节见面课一名学生最多加 1 分。

（五）拍摄照片①

智慧树线上课程平台还要求助教在每次见面课时至少拍摄 5 张现场照片，包括授课教师特写、提问学生特写、工作人员特写和全场照等。

（六）补充答疑

通常在一次见面课结束后，助教应在教室里停留至少 10 分钟，因为每次见面课后都会有学生有各种各样的疑问需要解答，包括学习、平台操作等方面。

（七）上传工作

在等待学生提问的过程中，如果时间允许，可以把见面课上拍摄的照片先上传至线上课程平台，智慧树平台将之命名为“现场秀”栏目。还需要上传问答整理，即将问答环节的提问和教师的回答整理成文字，上传到系统上，智慧树平台将之命名为“现场资料”栏目。

---

① 【室内拍摄注意事项】当拍摄在室内进行且需拍摄的人员和方位较多时，最好选用多机位拍摄方法，这样既可以拍摄整个模拟法庭的教学情况，也可在相关人员发言时给予特写。在正式拍摄开始前，还需要提前调试拍摄设备及话筒，避免在拍摄中因设备状况不佳导致重拍或者漏拍的情况发生。

第八章　一流课程方阵的课程思政

第一节　深化一流课程方阵课程思政建设

2016 年 12 月，习近平在全国高校思想政治工作会议上发表重要讲话，深刻回答了高等教育事业发展和高校思想政治工作的一系列重大问题，强调“用好课堂教学这个主渠道，思想政治理论要坚持在改进中加强，提升思想政治教育亲和力和针对性，满足学生成长发展需求和期待，其他各门课都要守好一段渠、种好责任田，使各类课程与思想政治理论课同向同行，形成协同效应”。这一重要论述成了“课程思政”总源头。从“课程思政”的提出，到 2018 年全国教育大会和 2019 年学校思政课教师座谈会等重要会议的召开，再到 2020 年教育部印发《高等学校课程思政建设指导纲要》（简称“《纲要》”），“课程思政”的理念和实践不断深化，各高校围绕“课程思政”的建设和落实纷纷召开专题会议、制定行动方案和开展生动实践。

一、《纲要》全面指导高校课程思政建设

（一）《纲要》的印发对课程思政建设的深入开展具有战略意义

《纲要》指出，全面推进高校课程思政建设是深入贯彻落实习近平关于教育的重要论述和全国教育大会精神的重要举措，全面推进高校课程思政建设是落实立德树人根本任务的战略举措，是提升人才培养质量的关键一招。① 高校要深化教育教学改革，充分挖掘各类课程思想政治资源，发挥好每门课程的育人作用，全面提高人才培养质量和成效。

（二）《纲要》明确了课程思政建设的总目标和重点内容

课程思政建设的总目标就是立足于解决培养什么样的人、怎么培养人、为谁培养人这一根本问题，围绕全面提高人才培养能力这个核心点，凝聚课程思政共识，全面提升广大教师开展课程思政建设的意识和能力，建立健全协同推进课程思政建设的体制机制，构建全员全程全方位育人大格局，努力培养担当民族复兴大任的时代新人，培养德智体美劳全面发展的社会主义建设者和接班人。课程思政建设内容要紧紧围绕坚定学生理想信念，以爱党、爱国、爱社会主义、爱人民、爱集体为主线，围绕政治认同、家国情怀、文化素养、宪法法治意识、道德修养等重点优化课程思政内容供给，系统进行中国特色社会主义和中国梦教育、社会主义核心价值观教育、法治教育、劳动教育、心理健康教育、中华优秀传统文化教育。

---

① 参见高宁、王喜忠：《全面把握〈高等学校课程思政建设指导纲要〉的理论性、整体性和系统性》，《中国大学教学》2020 年第 9 期。

（三）《纲要》对高校课程思政建设进行了整体设计

1. 科学设计课程思政教学体系

《纲要》指出，高校要有针对性地修订人才培养方案，构建科学合理的课程思政教学体系。坚持学生中心、产出导向、持续改进，不断提升学生的课程学习体验、学习效果，坚决防止“贴标签”“两张皮”。《纲要》针对公共基础课、专业课、实践类课程等课程思政建设提出了要求。[①] 如公共基础课程要重点建设一批提高大学生思想道德修养、人文素养、科学精神、宪法法治意识、国家安全意识和认知能力的课程；专业教育课程要根据不同学科专业的特色和优势，深入研究不同专业的育人目标，深度挖掘提炼专业知识体系中所蕴含的思想价值和精神内涵，科学合理拓展专业课程的广度、深度和温度；[②] 专业实验实践课程要注重学思结合、知行统一，增强学生勇于探索的创新精神、善于解决问题的实践能力；创新创业教育课程要注重让学生“敢闯会创”；社会实践类课程要注重教育和引导学生弘扬劳动精神，将“读万卷书”与“行万里路”相结合等。

2. 结合学科专业特点分类推进课程思政建设

《纲要》指出，专业课程是课程思政建设的基本载体，要深入梳理专业课程教学内容，结合不同课程特点、思维方法和价值理念，深入挖掘课程思政元素，有机融入课程教学，达到润物无声的育人效果。《纲要》针对文史哲类、经管法类、教育学类、理工类、农学类、医学类、艺术类等 7 类专业课程的课程思政建设主要内容作了要求。如在经管法类专业课程方面，要在课程教学中坚持以马克思主义为指导，加快构建中国特色社会科学学科体系、学术体系、话语体系，要帮助学生了解相关专业和行业领域的国家战略、法律法规和相关政策，引导学生深入社会实践、关注现实问题，培育学生经世济民、诚信服务、德法兼修的职业素养。

3. 推动课程思政全程融入课堂教学建设

《纲要》指出，高校课程思政要融入课堂教学建设，作为课程设置、教学大纲核准和教案评价的重要内容，落实到课程目标设计、教学大纲修订、教材编审选用、教案课件编写各方面，贯穿于课堂授课、教学研讨、实验实训、作业论文各环节。高校要创新课堂教学模式，推进现代信息技术在课程思政教学中的应用；要健全高校课堂教学管理体系，改革课堂教学过程管理，提高课程思政内涵融入课堂教学的水平。要综合运用第一课堂和第二课堂，组织开展“中国政法实务大讲堂”“新闻实务大讲堂”等系列讲堂，深入开展“青年红色筑梦之旅”“百万师生大实践”等社会实践、志愿服务、实习实训活动，不断拓展课程思政建设方法和途径。

4. 着力提升专业教师的课程思政建设的意识和能力

《纲要》指出，全面推进课程思政建设，教师是关键。通过建立健全优质资源共享机制，促进优质资源在不同区域、层次、类型的高校间共享共用。开展专题培训，提升教师课程思政建设的主动性。鼓励学校将课程思政纳入教师岗前培训、在岗培训和师德师风、教学能力专题培训，充分发挥教研室、教学团队、课程组等基层教学组织作用，建立课程思政集体教研制

---

① 参见高宁、王喜忠：《全面把握〈高等学校课程思政建设指导纲要〉的理论性、整体性和系统性》，《中国大学教学》2020 年第 9 期。

② 参见黄坤锦：《大学通识教育的基本理念和课程规划》，《北京大学教育评论》2006 年第 3 期。

度。鼓励支持思政课教师与专业课教师合作教学教研，鼓励支持院士、“长江学者”、“杰青”、国家级教学名师等带头开展课程思政建设。

5. 建立健全课程思政建设质量评价体系和激励机制

《纲要》指出，人才培养效果是课程思政建设评价的首要标准，建立健全多维度的课程思政建设成效考核评价体系和监督检查机制，在各类考核评估评价工作和深化高校教育教学改革中落实落细。[①] 充分发挥各级各类教学指导委员会、学科评议组、专业学位教育指导委员会、行业职业教育教学指导委员会等专家组织作用，研究制定科学多元的课程思政评价标准。把课程思政建设成效作为“双一流”建设监测与成效评价、学科评估、本科教学评估、一流专业和一流课程建设、专业认证、“双高计划”评价、高校或院系教学绩效考核等的重要内容。[②] 在教学成果奖、教材奖等各类成果的表彰奖励工作中，突出课程思政要求，加大对课程思政建设优秀成果的支持力度。

6. 加强课程思政建设的组织实施和条件保障

《纲要》强调，课程思政建设是一项系统工程，各地各高校要高度重视，加强顶层设计，全面规划，循序渐进，以点带面，不断提高教学效果。要尊重教育教学规律和人才培养规律，适应不同高校、不同专业、不同课程特点，强化分类指导，确定统一性和差异性要求。要充分发挥教师的主体作用，切实提高每一位教师参与课程思政建设的积极性和主动性。[③] 各地各高校要切实加强课程思政建设的组织领导，因地制宜制定工作方案，健全工作机制，建立党委统一领导、党政齐抓共管、教务部门牵头抓总、相关部门联动、院系推进落实、自身特色鲜明的课程思政建设工作格局。各地教育部门要加强政策协调配套，统筹资金支持高校推进课程思政建设，加大对课程思政建设的投入力度。要加强示范引领，教育部选树一批课程思政建设先行校、一批课程思政教学名师和团队，推出一批课程思政示范课程、建设一批课程思政教学研究示范中心，设立一批课程思政研究项目，推动国家、省级、高校多层次示范体系，大力推广课程思政建设先进经验和做法，全面形成广泛开展课程思政建设的良好氛围，全面提高人才培养质量。

二、《四川大学深化课程思政建设实施方案》全面推进课程思政建设

长期以来，四川大学坚持正确的育人方向，注重学生的成人成才教育，2015 年出台了《四川大学关于“全课程核心价值观建设”的实施意见》，将立德树人放在学校立身之本的重要位置，坚持用社会主义核心价值观贯穿人才培养全课程、全过程。2019 年四川大学全面开展“新时代本科教育改革与发展大讨论”系列活动，主办了“以学为中心的教育——课程思政理念与实践”研讨会，围绕新时代“课程思政”理念与意义、全课程核心价值观教育路径与评价体系、课程思政优秀案例等展开研讨，凝聚共识。在研讨会上，校领导指出，学校从

---

① 参见孙长永、李燕：《建设一流研究生课程 培养一流法治人才——西南政法大学法学专业研究生课程改革实践探索》，《学位与研究生教育》2017 年第 8 期。

② 参见周光礼：《“双一流”建设中的学术突破——论大学学科、专业、课程一体化建设》，《教育研究》2016 年第 5 期。

③ 参见高宁、王喜忠：《全面把握〈高等学校课程思政建设指导纲要〉的理论性、整体性和系统性》，《中国大学教学》2020 年第 9 期。

2019年起，将课程思政建设纳入年度“本科教学”目标任务，提出每学院至少应有10%的“课程思政”榜样教师/榜样课程，学校持续推动“课程思政”探索进程，坚持立德树人，将培育践行社会主义核心价值观融入教书育人全过程，将学科资源、专业资源、学术资源转化为育人资源，努力实现“知识传授”“能力培养”与“品格塑造”“价值引领”的有机统一，努力构建立体化的育人模式。与此同时，各学院、教研室、教学团队围绕“课程思政”教学模式、教学案例和教学改革等系列活动，在全校师生共同努力下，凝聚共识形成了《四川大学深化课程思政建设实施方案》（简称《实施方案》）等课程思政建设指导性文件。

（一）课程思政建设总目标

《实施方案》提出课程思政建设的目标为：实现思政教育深度融入文理工医各学科各专业和公共课、基础课、专业课以及通识教育等各类别，贯穿理论教学、实验教学、实习实训等各环节，形成课程门门有思政、教师人人讲育人的“全课程思政”良好局面，有步骤分阶段打造600门左右“课程思政”榜样课程，选树600余个课程思政榜样教学团队和1 000名左右课程思政榜样教师，建成具有四川大学风格的课程思政教育体系。

（二）课程思政建设具体目标

《实施方案》提出了三方面的具体目标：一是强化教师开展课程思政的意识与责任，如多渠道搭建课程思政交流平台，将课程思政作为教师发展和基层教学组织活动的重要主题，在校院两级各类教学研讨会、交流会、培训会上推广课程思政理论与实践。二是提升教师开展课程思政的能力，如每学期初，各基层教学组织（系/教研室）集体备课，根据专业特点、课程性质深挖各类课程的思政元素，形成该门课程润物无声地传递正能量的基本思路，引导教师将品行塑造、知识传授和能力培养有机融合，使各类课程与思政课同向同行，共同彰显求真求善求美的人文精神，探索真知的科学精神和创新创业的意志品质，陶冶学生的高尚情操等。三是充分发挥“课程思政榜样”的示范作用，制定课程思政榜样课程、榜样教师遴选办法，在学院前期建设、培育基础上，以教师展示课程思政思路、举措和成果，督导听课、干部听课和同行听课发现课程思政典型等，每年按建设目标的20%遴选课程思政榜样课程、榜样教学团队和榜样教师，每年开展1—2次课程思政榜样课程、示范课堂观摩教学或典型案例展示活动或模范教师经验交流分享等，开展专题报道，营造课程思政建设良好的文化氛围等。

（三）课程思政建设保障措施

《实施方案》提出了三方面的主要保障措施：一是组织保障。由学校党委宣传部、党委教师工作部、教务处协同联动统筹推进全校课程思政建设工作；学院党政负责人是课程思政建设的第一责任人，基层教学组织（系/教研室）负责人是课程思政建设的直接责任人；成立课程思政研究中心，对课程思政相关理论和实践问题开展集体攻关。二是机制保障。建立考核机制，将课程思政建设纳入学院年度考核目标，应有10%的课程达到课程思政榜样标准；建立表彰机制，课程思政榜样纳入年度本科教学工作会表彰。三是经费保障。投入100万元/年经费支持开展课程思政教师培训、教研教改立项研究，其中35万元/年用于奖励课程思政榜样课程、示范课堂、榜样教学团队和模范教师等。

三、四川大学法学专业深入贯彻和落实课程思政建设

习近平多次强调，全面推进依法治国是一项长期而重大的历史任务，要坚持中国特色社会

主义法治道路，坚持以马克思主义法学思想和中国特色社会主义法治理论为指导，立德树人，德法兼修，培养大批量高素质法治人才。高校是社会主义法治人才培养的主阵地，法学专业则是第一阵地，法学专业的课程思政就是要将社会主义法治价值引领渗透到法学教育和人才培养，① 贯穿学科建设、专业发展、课程教学、师资建设、教学改革等全环节全过程，促进德育、法治和知识等润物无声，最终实现“德法兼修”社会主义法律人才培养的目标。② 具体实践如下：

第一，在法学专业人才培养目标中，在新时代本科教育改革与发展、课程思政建设的大背景下，法学专业的培养方案修订、人才培养目标定位等都将课程思政改革③作为重要的元素，思政元素被充分融入法学专业人才培养方案，德法兼修的育人理念贯穿法学专业的人才培养方案。

第二，在法学专业课程建设中，贯彻和落实党中央、教育部和学校关于课程思政的重要文件与精神，全面要求和鼓励教师深挖法学专业课程的思政元素，不仅要传授法学理论和法律知识，更要将课程立足依法治国大环境、大视野，充分挖掘法学理论、知识背后的价值取向、人文关怀，培养学生的法治意识、家国情怀。在课程教学中，法学专业严格实行教材管理，优先选用“马工程”教材，“马工程”教材使用率达100%，确保思想和行动统一。

第三，在法学专业教学改革中，四川大学法学专业通过党政领导开设思政课、课程思政专题研讨会、基层教学组织活动、课程思政经验交流会等，不断深化课程思政在法学专业教学中的理念与实践，通过学院培育项目支持专业课程开展课程思政教学改革研究，将课程思政建设融入法学一流专业建设、一流课程建设的目标、方案与绩效考核，多层次推进课程思政改革的深化和落实。

第二节 在“马工程”《民法学》配套慕课中弘扬社会主义核心价值观

四川大学“马工程”《民法学》配套慕课以中国特色社会主义民法核心价值观为指导，分为民法总则、物权法、合同法、人格权法、婚姻家庭继承法和侵权责任法6门子课程，合计约3 000分钟，配有2 500道习题，通过学习强国App、中国大学MOOC平台和中西部高校课程联盟（WEMOOC）平台，向全国高校提供慕课教学服务。课程宣传片明确提出将社会主义核心价值观作为该门课程的基本取向。

一、在“马工程”《民法学》配套慕课中弘扬社会主义核心价值观的必要性

习近平在2016年年底的全国高校思想政治工作会议上强调：“要坚持不懈培育和弘扬社会

① 参见冯果：《新理念与法学教育创新》，《中国大学教学》2019年第10期。

② 参见韩宪洲：《以“课程思政”推进中国特色社会主义一流大学建设》，《中国高等教育》2018年第23期。

③ 【课程思政问题的表达方式】课程思政是国家对于教学的基本要求，要在在线课程中融入思政，又不会产生违和感，用教师、名人的故事最为合适。授课教师可以把自己对学科的贡献、努力，对社会的贡献和初心放入课程中，让学生在深刻感受教师情怀的同时，也更容易有所触动。

主义核心价值观，引导广大师生做社会主义核心价值观的坚定信仰者、积极传播者、模范践行者。”① 习近平在中国政法大学考察时进一步强调“法学专业教师要坚定理想信念，带头践行社会主义核心价值观”②。中共中央办公厅、国务院办公厅2016年年底印发的《关于进一步把社会主义核心价值观融入法治建设的指导意见》在“二、推动社会主义核心价值观入法入规”中明确要求“加强重点领域立法。深入分析社会主义核心价值观建设的立法需求，把法律的规范性和引领性结合起来……推进民法典编纂工作，健全民事基本法律制度，强化全社会的契约精神”。党的十九大报告在“一、过去五年的工作和历史性变革”中指出：“思想文化建设取得重大进展。加强党对意识形态工作的领导，党的理论创新全面推进，马克思主义在意识形态领域的指导地位更加鲜明，中国特色社会主义和中国梦深入人心，社会主义核心价值观和中华优秀传统文化广泛弘扬，群众性精神文明创建活动扎实开展。”在“三、新时代中国特色社会主义思想和基本方略”的“（七）坚持社会主义核心价值体系”中指出：“文化自信是一个国家、一个民族发展中更基本、更深沉、更持久的力量。必须坚持马克思主义，牢固树立共产主义远大理想和中国特色社会主义共同理想，培育和践行社会主义核心价值观，不断增强意识形态领域主导权和话语权，推动中华优秀传统文化创造性转化、创新性发展，继承革命文化，发展社会主义先进文化，不忘本来、吸收外来、面向未来，更好构筑中国精神、中国价值、中国力量，为人民提供精神指引。”随后进一步在“七、坚定文化自信，推动社会主义文化繁荣兴盛”的“（二）培育和践行社会主义核心价值观”中指出：“社会主义核心价值观是当代中国精神的集中体现，凝结着全体人民共同的价值追求。要以培养担当民族复兴大任的时代新人为着眼点，强化教育引导、实践养成、制度保障，发挥社会主义核心价值观对国民教育、精神文明创建、精神文化产品创作生产传播的引领作用，把社会主义核心价值观融入社会发展各方面，转化为人们的情感认同和行为习惯。”③ 在“马工程”《民法学》配套慕课中弘扬社会主义核心价值观是时代的要求，也是中国特色社会主义法治建设的重点。④

首先，在“马工程”《民法学》配套慕课中弘扬社会主义核心价值观是新时代法学课程教学的客观要求。法学是一门注重实践与经验的科学，社会主义核心价值观也需要通过实践与体验去践行。只有通过反复实践，才能将外在伦理规范内化于心，在习惯形成的基础上转化为法律人的人格品行。而没有正确的法治思想引领，也就不可能有正确的法治实践，法学教学中嵌入社会主义核心价值观是必由之路。⑤ 通过“马工程”《民法学》配套慕课设计将民法学的知识和理念嵌入课堂教学，由浅入深不断内化，使得社会主义核心价值观由最初的感性认识到情感认同再到持久的意志信念，最终落实到每个公民自觉的行动中。⑥

---

① 《习近平在全国高校思想政治工作会议上强调 把思想政治工作贯穿教育教学全过程 开创我国高等教育事业发展新局面》，《人民日报》2016年12月9日，第1版。

② 《习近平在中国政法大学考察时强调 立德树人德法兼修抓好法治人才培养 励志勤学刻苦磨炼促进青年成长进步》，《人民日报》2017年5月4日，第1版。

③ 习近平：《决胜全面建成小康社会 夺取新时代中国特色社会主义伟大胜利——在中国共产党第十九次全国代表大会上的报告》，人民出版社2017年版，第4、23、42页。

④ 参见韩宪洲：《以“课程思政”推进中国特色社会主义一流大学建设》，《中国高等教育》2018年第23期。

⑤ 参见袁力、李志国：《论社会主义核心价值观嵌入法学实践教学及其深度融合》，《黑龙江省政法管理干部学院学报》2017年第6期。

⑥ 参见刘坤轮：《论民法学在法学本科专业课程体系中的基础地位》，《中国大学教学》2019年第11期。

其次，在“马工程”《民法学》配套慕课中弘扬社会主义核心价值观是新时代法学课程建设的价值支撑。社会主义核心价值观的融入为新时代《民法学》慕课提供了更有力、更庞大的思想价值体系，使其具有中国特色、民族精神与深邃的文化内涵。“一个民族的生活创造它的法制”①，任何一种文化形态的生成与发展都会对包括《民法典》在内的法律制度产生重要影响。法律是由文化塑造和凝结的，当代中国社会主义核心价值观对《民法典》编纂以及民法教学的价值引领是中国文化自觉和自信的表现，中国社会主义核心价值观所凝结的社会文化观念为“马工程”《民法学》慕课提供了宏观价值导向。

再次，在“马工程”《民法学》配套慕课中弘扬社会主义核心价值观是践行社会主义核心价值观的重要手段。在社会主义核心价值观指引下制作的“马工程”《民法学》配套慕课，实现了将中国传统优秀法律文化和现代民事法律规范相融合，体现了具有中国特色的新时代民法精神。社会主义核心价值观凝练融合成基本的民事法律制度，通过慕课平台进行广泛教学传播，让公众在学习法学知识的同时深入理解社会主义核心价值观的基本理念。如针对近些年来过于追求物质生活、追求个人自由导致离婚率高、不赡养老人、不扶养子女，引发社会失序等问题，《民法典》第1043条明确规定：“家庭应当树立优良家风，弘扬家庭美德，重视家庭文明建设。夫妻应当互相忠实，互相尊重，互相关爱；家庭成员应当敬老爱幼，互相帮助，维护平等、和睦、文明的婚姻家庭关系。”立法者对家庭伦理道德的引导规范，有利于鼓励人们培养优良家风，提升社会整体风气，也是对“文明、和谐、友善”等社会主义核心价值观的践行，更是对夫妻互敬、孝老爱亲、家庭和睦的中华民族传统家庭美德的大力弘扬。②

最后，在“马工程”《民法学》配套慕课中弘扬社会主义核心价值观是构建中国特色社会主义民法学思维的必由之路。③ 面对中国市场经济转型带来的思想文化、意识形态领域日趋复杂的形势，为解决“价值缺失”“观念冲突”“道德迷茫”等社会问题，中国共产党提出了社会主义核心价值体系，向全世界宣告了当代中国和谐社会建构的意识形态性质和主导价值诉求。④“马工程”《民法学》配套慕课教学以人文关怀的民法理念为引导，以实现人的自由全面发展为目标，将个人层面的价值观、社会层面的价值观、国家层面的价值观融为一体，将社会主义核心价值观转化为可理解的、可操作的民法知识与行为准则，为民法学知识理论提供更多的中国智慧、中国经验和中国元素。⑤

二、《民法典·总则编》第一章“基本规定”对社会主义核心价值观的展开

《民法典》第1条“弘扬社会主义核心价值观”之前的部分确立了我国民法的本位。“为了保护民事主体的合法权益，调整民事关系”强调对民事主体合法权益的保护，体现的是权利本位；“维护社会和经济秩序，适应中国特色社会主义发展要求”兼顾了不特定第三人权益、社会秩序和公共利益，体现的是社会本位。因此，我国《民法典》以权利本位为主，以

① 苏力：《法治及其本土资源》（修订版），中国政法大学出版社2004年版，第304页。

② 参见吕姝洁：《以社会主义核心价值观为指引编纂新时代民法典》，《天津日报》2020年2月10日，第9版。

③ 参见刘坤轮：《论民法学在法学本科专业课程体系中的基础地位》，《中国大学教学》2019年第11期。

④ 参见李宏：《社会主义核心价值观融入民法典的理论意蕴》，《河南师范大学学报（哲学社会科学版）》2018年第3期。

⑤ 参见钟瑞栋：《社会主义核心价值观融入民法典编纂论纲》，《暨南学报（哲学社会科学版）》2019年第6期。

社会本位为辅。

“弘扬社会主义核心价值观”确定了我国民法的基本价值取向。社会主义核心价值观的内容十分丰富，包括富强、民主、文明、和谐、自由、平等、公正、法治、爱国、敬业、诚信、友善12个方面，兼顾公法和私法。《民法典》强调“弘扬社会主义核心价值观”，通过“权利本位为主，社会本位为辅”的民法本位“筛选过滤”，确立了我国民法的三大基本价值取向——“平等”“自由”和“秩序与发展”。

三、《民法典》中“弘扬社会主义核心价值观”的具体条文——以“总则编”为例

《民法典》中“弘扬社会主义核心价值观”的具体条文包括：（1）《民法典·总则编》规定的“父母与子女之间的义务”与“身份权”相互配合，形成了完整的身份权利义务关系体系，体现了社会主义核心价值观。第26条规定：“父母对未成年子女负有抚养、教育和保护的义务。成年子女对父母负有赡养、扶助和保护的义务。”第112条规定：“自然人因婚姻家庭关系等产生的人身权利受法律保护。”（2）《民法典·总则编》规定的“行使权利应履行义务”是社会主义核心价值观的体现。第131条规定：“民事主体行使权利时，应当履行法律规定的和当事人约定的义务。”（3）《民法典·总则编》规定的“见义勇为受损补偿责任”是贯彻《民法典》弘扬社会主义核心价值观立法目的的重要条文。第183条规定：“因保护他人民事权益使自己受到损害的，由侵权人承担民事责任，受益人可以给予适当补偿。没有侵权人、侵权人逃逸或者无力承担民事责任，受害人请求补偿的，受益人应当给予适当补偿。”（4）《民法典·总则编》规定的“自愿实施紧急救助造成损害的责任承担”是贯彻《民法典》弘扬社会主义核心价值观立法目的的重要条文，有助于避免“彭宇案”等热点事件对社会带来的负面影响。第184条规定：“因自愿实施紧急救助行为造成受助人损害的，救助人不承担民事责任。”（5）《民法典·总则编》规定的“侵害英雄烈士人格权的责任”是贯彻《民法典》弘扬社会主义核心价值观立法目的的重要条文。第185条规定：“侵害英雄烈士等的姓名、肖像、名誉、荣誉，损害社会公共利益的，应当承担民事责任。”

四、“马工程”《民法学》配套慕课对社会主义核心价值观的弘扬

在“马工程”《民法学》配套慕课授课过程中，教学团队对社会主义核心价值观的弘扬主要体现在如下方面：（1）提出“中国特色社会主义民法核心价值观”这一全新的理论概念。[①] 主动将社会主义核心价值观“整体”而非“个别”地融入中国民事立法活动、学说研究和司法实践，明确提出“中国特色社会主义民法核心价值观”的理论概念，并形成相应的理论体系。（2）将中国特色社会主义民法核心价值观纳入民法典精神框架中进行学术归纳和演绎。需要在中国特色社会主义民法核心价值观指导下，分层次地构建民法典、民事部门法、民事法律规范群和具体民事法律制度的精神框架。将中国特色社会主义民法核心价值观作为价值判断要素，与作为立法对象的事实要素相结合，确保《民法典》弘扬社会主义核心价值观的立法目的得以实现。（3）在民法具体规则构建和理论研究中践行中国特色社会主义民法核心价值

① 参见王竹、吴涛：《论中国特色社会主义民法核心价值观——基于体系论、层次论和方法论的探讨》，《中国矿业大学学报（社会科学版）》2019年第1期。

观。由于我国民法学说具有较强的继受性，在具体民事法律规则构建和理论研究过程中，我国民法学界通行的做法是与其他国家的民法进行对照，进而推定与其他国家通行做法的差距就是我国民事立法的缺陷。这种对比式的问题发现方式与填补式的理论发展路径具有一定的局限性，没有在制度移植过程中经过中国特色社会主义民法核心价值观的检验，会在法律适用和司法实践中产生不良社会效果。因此，在民法具体规则构建和理论研究中，必须践行中国特色社会主义民法核心价值观，避免法律移植和制度构建过于“技术化”而忽略其“价值性”。

我国民事立法应当彰显时代精神和时代特征，尤其是注重民法的人文关怀，充分彰显对人的尊重与保护。社会主义核心价值观要真正发挥作用，需要每位社会成员将其内化于心，外化于行。① 社会主义核心价值观对“马工程”《民法学》配套慕课教学具有在价值层面的统率和引领功能，“马工程”《民法学》配套慕课教学的最终任务是实现全程全方位全员育人，实现专业知识与思政内涵相互融合，实现立德树人。② 未来的民法学理论研究与教学实践将继续以私权保障为价值追求，在追求个人权益的同时努力实现与国家利益、集体利益的平衡，更好地融入社会主义核心价值观，实现进一步的繁荣与发展。③

第三节 中国特色社会主义民法核心价值观

党的十八大提出，要“倡导富强、民主、文明、和谐，倡导自由、平等、公正、法治，倡导爱国、敬业、诚信、友善”，积极培育和践行社会主义核心价值观。《关于培育和践行社会主义核心价值观的意见》指出，社会主义核心价值观是社会主义核心价值体系的内核，体现社会主义核心价值体系的根本性质和基本特征，反映社会主义核心价值体系的丰富内涵和实践要求，是社会主义核心价值体系的高度凝练和集中表达。在社会主义核心价值观的基本内容中，“富强、民主、文明、和谐”是国家层面的价值目标，“自由、平等、公正、法治”是社会层面的价值取向，“爱国、敬业、诚信、友善”是公民个人层面的价值准则。应主动将社会主义核心价值观“整体”而非“个别”地融入中国民事立法活动、学说研究和司法实践，明确提出“中国特色社会主义民法核心价值观”的理论概念，并形成相应的理论体系。

一、中国特色社会主义民法核心价值观体系论

逻辑只能“去伪”，不能“存真”。任何没有价值判断前提的逻辑论证都只是在重复其价值判断假设，再多的循环论证也无法产生新的论证要素。只有确定了作为逻辑前提的价值判断，逻辑论证才能避免循环论证的尴尬，真正得出科学的论证结论。

社会主义核心价值观为我们提供了民法学的价值判断前提。社会主义核心价值观这一论证前提本身具有体系性，应该根据民法学科的理论体系，主动通过如下的体系化结构进行融入，达到融会贯通的目的。从民法学理论体系本身出发，首先需要纳入的是作为论据价值存在的“自由、平等、公正、法治”，其中自由是核心，平等是前提，公正是检验，法治是保障。为

---

① 参见钟瑞栋：《社会主义核心价值观融入民法典编纂论纲》，《暨南学报（哲学社会科学版）》2019 年第 6 期。

② 参见包姝妹：《法学专业“课程思政”教学改革路径探析——以〈侵权责任法〉课程为例》，《高教学刊》2020 年第 16 期。

③ 参见王利明、石冠彬：《新中国成立 70 年来民法学理论研究的发展与瞻望》，《人民检察》2019 年第 19 期。

了对作为论据价值的社会主义核心价值观的运作提供秩序保障，还应融入作为秩序价值存在的“富强、民主、文明、和谐”，强调建设富强的国家、民主的政治、文明的风尚与和谐的社会。最后强调作为实践价值存在的“爱国、敬业、诚信、友善”，重点通过爱国自强、敬业爱岗、诚信做事和友善待人四个维度展开。

（一）作为论据价值存在的“自由、平等、公正、法治”

“自由、平等、公正、法治”在民法学正当性论证中具有重大的论据价值。其中，自由是核心，平等是前提，公正是检验，法治是保障，四者共同构成了价值判断的论据体系。

1. 自由是核心

作为正当性论证依据的自由，在论证义务的分配上，应当遵循非有足够充分正当的事由不能限制人的自由这一论证方法。对人的自由的限制，至少可以区分为如下不同层次：

第一，作为与不作为。相对于不作为义务，作为义务对人的自由限制更大。原则上，非有强的正当性事由不得规定民事主体的作为义务。而不作为义务，对于人的自由限制则相对较轻，只要存在弱的正当性事由就可以规定。确定正当性事由的强弱，主要以对其他民事主体和社会公共利益的限制程度为标准。

第二，言论自由、行为自由和经济自由。言论自由对他人的损害最小，非有强的正当性事由不应予以限制；行为自由对他人的损害可能更大，有较强的正当性事由就应该予以限制；经济自由关乎社会物质基础，只要有弱的正当性事由就可以限制。这就是为什么国家通过法律手段更多地对经济生活进行调控；而对于行为自由，则法不禁止则可为；对于言论自由，法律则具有更高的宽容性。①

第三，责任、风险负担与程序负担。现代民事责任主要对人的经济自由进行限制，也包括对行为自由和言论自由的一定限制。鉴于限制经济自由的正当性事由要求最低，这里说的责任，主要是对经济自由的限制，即返还财产和损害赔偿，对于行为自由和言论自由的限制可以举轻以明重来推导。相对来说，返还财产只是让责任人的经济自由恢复到原有的水平，并承担一定的交易成本，对责任人自由的限制较小，基于相对较弱的正当性事由就可以设定；损害赔偿责任的承担，将会较强地限制责任人的经济自由，同样也要承担交易成本，因此对自由的限制较大，需要基于相对较强的正当性事由设定。此时容易被忽略的是风险负担和程序负担。风险负担主要体现在为他人承担赔偿责任的情形，如连带责任，涉及为他人承担赔偿责任后的份额追偿问题。相较连带责任，法定的垫付责任对人的经济自由限制更大。这种制度安排对于人的自由的限制程度与责任的构成差别不大，也需要基于较强的正当性事由设定。不管是返还财产、赔偿损失还是进行追偿，都存在程序负担。程序负担按照其价格来计算，会在民事责任承担中占较大比例，实际上也构成了对程序负担承担人的自由限制。需要特别强调的是，限制人的自由，既可能基于保护他人自由的需要，也可能基于保护整个国家、社会利益的需要。

2. 平等是前提

作为正当性论证依据的平等，在论证义务的分配上，应当遵循非有足够充分正当的事由不能设置弱式意义上的平等这一论证方法。弱式意义上的平等是相对强式意义上的平等而言的。强式意义上的平等，要求尽可能地避免对人群加以分类，从而使每一个人都被视为“同样的

① 参见许耀桐：《论马克思主义的社会主义核心价值观》，《上海行政学院学报》2012年第3期。

人”，使每一个参与分配的人都能够在利益或负担方面分得平等的“份额”。这就是我们通常所说的法律面前人人平等，是最普遍的、一般性的平等。而弱式意义上的平等，要求按照一定的标准对人群进行分类，同一类别或范畴的人应当得到平等的“份额”。弱式意义上的平等，主要针对各类弱势群体设计，包括：（1）传统意义上的弱势群体，如鳏寡孤独、老弱病残、妇孺童叟；（2）心理意义上的弱势群体，如精神病人、低智商、偏执狂；（3）经济意义上的弱势群体，如劳动者（尤其农民工、失业者）、消费者；（4）社会意义上的弱势群体，如少数族群、非本地户籍、有犯罪前科者、吸毒者、色情行业从业者、少数性取向者等。应根据不同的弱势群体的性质，设定不同的弱式意义上的平等。①

弱式意义上的平等设置，主要是为了纠正机械地适用强式意义上的平等导致的对个人先天性差异的放大，避免形式意义上的平等导致实质意义上的不平等。因此，弱式意义上的平等设置，需要基于足够充分正当的事由来设定。

3. 公正是检验

公正包括公平和正义。正义已经通过自由和平等予以体现，公正将正义运作的结果纳入公平的检验，确保自由、平等的结果公平性。正所谓“法之极，恶之极”，传统民法的正义理论以分配正义、交换正义和矫正正义为基本构建，实际上是数学逻辑的机械社会实践，在极端情况下容易导致不正义。因此，在正义运作之后，需要通过公平来进行检验，确保正义运作结果的公平性，尤其是保障弱势群体获得公平的结果。②

对于公平的运作，应当采用“换位思考”的模式进行检验，包括强式意义上的公平和弱式意义上的公平两种模式。所谓强式意义上的公平，是指一方当事人主张结果公平，另一方当事人主张结果不公平的，由主张不公平的一方当事人与主张公平的一方当事人进行位置的交换检验，看主张不公平的一方当事人身处主张公平一方当事人的地位时，是否仍然认为结果具有不公平性。如果答案是否定的，那么这是强式意义上的公平。所谓弱式意义上的公平，是指双方当事人均认为结果不公平，通过交换双方的地位，看双方当事人是否仍然认为不公平。如果答案是肯定的，但双方当事人认为地位交换之前的不公平较之交换后的不公平相对更加公平，那么这就是弱式意义上的公平。强式意义上的公平，通过换位思考获得了双方均可以接受的公平结果；弱式意义上的公平，尽管通过换位思考无法获得双方均可以接受的公平结果，但双方对于这种不公平性的相对合理存在达成了谅解性的认识，也可以认为是一种次等的公平。因此，在目标追求上，首选强式意义上的公平，次选弱式意义上的公平。

4. 法治是保障

在历史上，曾经出现过古希腊、古罗马这样试图体现自由、平等、公正价值的社会形态，但保障这些价值的社会机制是人治而非法治，这也是这些社会形态下的价值观与社会主义核心价值观的本质区别。③ 社会主义核心价值观的自由、平等和公正，是以法治而非人治为保障的④，这将确保作为论据价值存在的社会层面价值取向得到根本性的保障。

① 参见韩秀义、陆志刚：《平等社会权的建立：国家对弱势群体之绝对义务》，《河南师范大学学报（哲学社会科学版）》2007 年第 6 期。

② 参见张小媚：《公平正义：社会主义核心价值观的价值基础》，《中央社会主义学院学报》2011 年第 3 期。

③ 参见陈金钊：《对法治作为社会主义核心价值观的诠释》，《法律科学（西北政法大学学报）》2015 年第 2 期。

④ 参见韩春虎：《社会主义核心价值观“三重倡导”析理》，《辽宁大学学报（哲学社会科学版）2013 年第 1 期。

（二）作为秩序价值存在的“富强、民主、文明、和谐”

社会主义核心价值观中的“富强、民主、文明、和谐”在民法学正当性论证中具有重大的秩序价值。富强是国家建设目标，民主是政治建设目标，文明是风尚建设目标，和谐是社会建设目标。这四个目标作为有机的统一体，在民法学教育中，可以作为论证价值中限制自由和设置弱式意义上平等的秩序价值基础。

1. 富强的国家

只有富强的国家，才能保证人民的幸福生活。富强的国家，要藏富于民，而不是与民争利，国家强大但人民贫困不是富强的国家。此处的富强，不仅是经济上的富强，也是内心精神的富强，经济富裕但内心空虚的国家不是富强的国家。富国不一定强，但强国一定要富，只有国家富强了，才能保证人民群众的生活水平和各种社会福利。① 富是一种积累的质变，是国家强大、人民幸福的物质保障。

2. 民主的政治

我党历代领导人都非常重视民主建设。民主包括党内民主和党外民主两个方面。党内民主要实行民主基础上的集中与集中领导下的民主的有机统一。要给普通党员表达观点的机会，但党员要接受党组织尤其是党中央的坚强领导。党外民主包括民主党派的民主和公民的民主。民主党派要紧密地团结在中国共产党周围，积极参政议政，参加国家政治建设。公民应该依照宪法，通过人民代表大会制度行使民主权利。② 要正确对待公民依法提出的信息公开要求和建言献策需求，积极回应公民的政治诉求，确保在宪法和法律框架下有序的民主实践。③

3. 文明的风尚

通过进一步坚持和加强文明风尚的倡导，尤其是将文明列入社会主义核心价值观体系中，能够更好地引导社会树立高尚、健康的文明观，形成文明的社会风尚，促进社会进步和经济发展。④ 文明风尚的进步，是社会发展的润滑剂。

4. 和谐的社会

社会和谐是社会存续和发展的良好状态，是社会矛盾缓和、社会纽带强化、社会关系亲密的体现。要防止将作为社会主义核心价值观的和谐异化为维稳，这是本末倒置、手段目的化的表现。和谐是处理人民内部矛盾的指引，维稳是处理外部矛盾的手段，一些地方的不当处理引发的社会事件和不当诉求，从思维方式上，就是混淆了和谐与维稳。和谐是人民群众的共同追求，凝聚了人民群众对社会发展状态的良好期待和最大共识，也是富强的国家、民主的政治和文明的风尚的有力保证。⑤

（三）作为实践价值存在的“爱国、敬业、诚信、友善”

社会主义核心价值观中的“爱国、敬业、诚信、友善”在民法学正当性论证中具有重大

① 参见《构建中国特色社会主义核心价值观——访李忠杰教授》，《科学社会主义》2005年第2期。

② 参见《全球化背景下中国特色社会主义价值观问题研究》课题组：《全球化背景下中国特色社会主义价值观内容体系的建构》，《湖北社会科学》2006年第2期。

③ 参见许耀桐：《论马克思主义的社会主义核心价值观》，《上海行政学院学报》2012年第3期。

④ 参见黄士安、戴木才：《富强·民主·文明·和谐——我国社会主义核心价值体系现实目标的形成历程》，《科学社会主义》2010年第2期。

⑤ 参见吴圣正：《和谐理念与社会主义核心价值观》，《济南大学学报（社会科学版）》2008年第3期。

的实践价值，爱国要自强，敬业要爱岗，做事要诚信，待人要友善，四者是不可分割的有机整体。①

1. 爱国要自强

爱国不是抽象的，作为一种实践价值，就是要树立中华民族的强烈自豪感，树立作为一个中国人的自尊感，树立维护民族国家形象的自爱感。要将“爱国”这一社会主义核心价值观融入教学实践中，应当将违背“爱国”这一社会主义核心价值观的行为视为违背公共秩序的情形予以否定，使其自始、当然、确定、永远无效。

2. 敬业要爱岗

敬业不是空洞的，作为一种实践价值，就是要树立干一行爱一行的敬业精神，树立吃苦耐劳的奉献精神，树立力争上游的向上精神。要将“敬业”这一社会主义核心价值观融入教学实践中，将其作为一种善良风俗予以提倡。应当将践行敬业精神的行为作为符合善良风俗的民事习惯予以确定、予以肯定、予以支持。

3. 做事要诚信

诚信不是飘渺的，作为一种实践价值，就是要树立诚实做人的行为信念，树立信用为贵的行为理念，树立诚信做事的为人观念。要将“诚信”这一社会主义核心价值观融入教学实践中，明确诚实信用的基本原则地位。对于遵守诚实信用原则的行为应当予以鼓励，对于违背诚实信用原则的行为应该予以纠正，切实支持和鼓励诚信做事。②

4. 待人要友善

友善不是虚伪的，作为一种实践价值，要树立珍视友谊的为人之道，树立与人为善的待人之道。要将“友善”这一社会主义核心价值观融入教学实践中，将友善待人作为一种善良风俗进行提倡。应当将践行友善精神的行为作为符合善良风俗的民事习惯予以确定，予以支持和肯定。③

二、中国特色社会主义民法核心价值观层次论

中国特色社会主义民法的精神框架应该分为五个基本层次，即中国特色社会主义民法的本位、核心价值观、基本价值取向、基本原则和基本观念。社会是第一性的，法律是第二性的。经济基础决定包括法律制度在内的上层建筑。中国特色社会主义民法核心价值观的层次定位“承上启下”，向上承接中国特色社会主义民法的本位，向下确定中国特色社会主义民法的基本价值取向，进而间接地确定中国特色社会主义民法的基本原则和基本观念，实现弘扬社会主义核心价值观的理论构建目的。

（一）中国特色社会主义民法的本位

所谓民法的本位，是指民法的基本观念、基本目的和基本任务。从历史的角度看，民法的本位经历了三个阶段，包括义务本位时期（始于罗马法，终于中世纪末期）、权利本位时期

① 参见孙向军：《论社会主义核心价值观及其培育》，《中共中央党校学报》2013 年第 2 期。

② 参见蒋艳、张长立：《文化环境视域下社会主义核心价值观的培育》，《吉首大学学报（社会科学版）》2017 年第 4 期。

③ 参见程浩：《论中国特色社会主义核心价值观的培育与践行》，《广东社会科学》2013 年第 2 期。

（始于中世纪以后，成熟于19世纪）和社会本位时期（始于20世纪初期，发展至今）。① 质言之，民法的本位是立法者对社会发展阶段的一种判断。

《民法典》第1条第1、2句话规定的“为了保护民事主体的合法权益，调整民事关系”实际上是立法者对“权利本位为主”的判断，第3、4句话规定的“维护社会和经济秩序，适应中国特色社会主义发展要求”实际上是立法者对“社会本位为辅”的判断，并要求本法要“弘扬社会主义核心价值观”，符合宪法规定。

可见，立法机关确定的我国民法本位是“权利本位为主，社会本位为辅”。“为辅”的“社会本位”，体现为维护社会和经济“秩序”，适应中国特色社会主义“发展”要求。这种“为辅”的“秩序”和“发展”，是对“权利本位为主”的民法本位的限制。②

（二）中国特色社会主义民法核心价值观

如果《民法典》第1条没有规定“弘扬社会主义核心价值观”的内容，就不存在构建中国特色社会主义民法核心价值观的理论需求，可直接根据民法的本位确定民法的基本价值取向。而构建中国特色社会主义民法核心价值观，可以在民法的本位和基本价值取向之间，为社会主义核心价值观的导入提供一个理论通道，将社会主义核心价值观整体且有侧重地导入中国特色社会主义民法的基本价值取向中去。

在社会主义核心价值观基本内容中，富强、民主、文明、和谐是国家层面的价值目标，自由、平等、公正、法治是社会层面的价值取向，爱国、敬业、诚信、友善是公民个人层面的价值准则。要科学地确定这12个方面的基本内容以何种方式、程度和角度导入中国特色社会主义民法基本取向中，就需要发挥中国特色社会主义民法本位的“筛子”作用。

（三）中国特色社会主义民法的基本价值取向

所谓中国特色社会主义民法本位的“筛子”作用，即按照“权利本位为主，社会本位为辅”的本位定位，对社会主义核心价值观的12个方面的基本内容进行筛选。按照“权利本位为主”的本位定位，“自由”和“平等”这两个方面的内容能够较为完整地进入中国特色社会主义民法的基本价值取向体系中，并对传统民法的“自由”和“平等”这两项基本价值取向进行符合社会主义核心价值观的改造。

对于社会主义核心价值观的其他10个方面的内容，则按照“社会本位为辅”的本位定位进行筛选，分为“秩序”和“发展”两个主要通道。这种筛选不是在“秩序”和“发展”两个通道中作出选择，而是对这10个方面的社会主义核心价值观的基本内容中能够对“平等”和“自由”这两项基本价值取向进行限制的价值内容进行提取。总的来说，作为国家层面价值目标的“富强、民主、文明、和谐”和作为社会层面价值取向的“公正、法治”的秩序价值更强，而作为公民个人层面价值准则的“爱国、敬业、诚信、友善”的发展价值更明显。

经过这种筛选，就形成了中国特色社会主义民法的基本价值取向体系——“平等—自由：秩序/发展”，即“秩序/发展”所体现的社会本位构成对“平等—自由”所体现的权利本位的限制。需要指出的是，与传统民法上“自由”和“平等”这两项基本价值取向排列顺序不同，基于中国特色社会主义民法核心价值观确定的中国特色社会主义民法基本价值取向，将“平

① 参见梁慧星：《民法总论》（第五版），法律出版社2017年版，第40页。

② 参见李卓伦：《论中国民法的本位》，《长春大学学报》2018年第7期。

等”置于“自由”之前，以体现中国特色社会主义民法本位的“社会本位为辅”。

（四）中国特色社会主义民法的基本原则

中国特色社会主义民法的基本价值取向体系“平等—自由：秩序/发展”确定了我国的民事基本原则体系。“平等”作为民法的前提性基本取向直接对应《民法典》第4条规定的“平等原则”，“自由”作为民法的核心性基本取向直接对应第5条规定的“意思自治原则”，再通过第6条规定的“公平原则”进行微调，实现正义论与公平论的衔接。第7条“诚实信用原则”、第8条“公序良俗原则”和第9条“绿色原则”则是“社会主义核心价值观”的其他10项基本内容以“秩序/发展”通道性基本取向进入到民法价值体系的方式。

通过中国特色社会主义民法的基本价值取向体系构建起的这几项基本原则之间的关系是：平等原则是意思自治原则的逻辑前提；意思自治原则是民法基本原则的核心；公平原则是对意思自治原则的结果微调；诚实信用原则是对意思自治原则的积极限制；公序良俗原则是对意思自治原则的消极限制；绿色原则是对意思自治原则的价值倡导。

（五）中国特色社会主义民法的基本观念

以《法国民法典》《德国民法典》和《瑞士民法典》为代表的近代民法确立了所有权神圣、合同自由和过错责任三大基本观念。现代民法以《新荷兰民法典》《新魁北克民法典》《俄罗斯联邦民法典》等为代表，对近代民法三大基本观念进行了改造，确立了对所有权的限制、对合同自由的限制和归责原则的多元化三大基本观念，人格权益日益受到重视。①

在中国特色社会主义民法的基本原则框架下构建的中国特色社会主义民法的基本观念对现代民法三大观念进行了进一步的中国化改造。具体来说：（1）在对所有权限制基础上，更加强调对财产的平等保护与公益征收征用的公平合理补偿。（2）在对合同自由限制基础上，增加了违背公序良俗无效和消费者权益保护领域的惩罚性赔偿制度。（3）在归责原则多元化基础上，发展出了公平责任。另外，中国特色社会主义民法强调全面保护人格权益、倡导社会主义婚姻家庭观，并在继承法领域鼓励非亲属之间的照顾②，这些都是对社会主义核心价值观的弘扬。

---

① 参见顾其银：《论民法基本原则在法典中的正式确立》，《前沿》2011年第23期。

② 参见谢鸿飞：《〈民法总则〉的时代特征、价值理念与制度变革》，《贵州省党校学报》2017年第3期。

第九章　一流课程的宣传与申报

第一节　一流课程宣传视频的制作

一、线上一流课程宣传片的制作

（一）线上一流课程宣传片的制作背景

线上一流课程宣传片是对线上一流课程进行宣传的一种手段，其时间相对较短，展现的内容较多，表现形式需要依据不同的课程内容设计。宣传片作为一种宣传手段，因其声画结合的方式能够让人多感官并用，产生良好的刺激作用，因此是最为流行的宣传手段之一。制作线上一流课程宣传片要厘清三个问题：为何要制作线上一流课程宣传片？线上一流课程宣传片的受众是谁以及要达到什么效果？如何做好线上一流课程宣传片？

线上一流课程宣传片与传统的企业宣传片相比有很大的不同。课程的内容庞杂、体系严密，在传统授课中，学生需要依托教材、课件等进行系统性的学习和认知后才能对课程内容有一定程度的了解。而对于线上一流课程，如何让人第一时间眼前一亮并迅速对课程内容产生兴趣是线上一流课程宣传片应承担的使命。线上一流课程宣传片是线上一流课程与学习者之间的桥梁，其质量的好坏直接影响观看者的判断。好的线上一流课程宣传片可以第一时间激发观看者的学习热情，而质量欠佳的线上一流课程宣传片会阻碍课程的传播与学习效果。

在最短的时间内从庞大复杂的互联网信息中脱颖而出，是线上一流课程宣传片制作的重点。针对这一个问题，在线上一流课程制作的前期，需要制作公司与授课教师进行全方位的沟通，进一步了解建立线上一流课程的初衷，了解该门课程讲述的重点和课程的精髓。只有了解了这些根本性的问题，才能从根源出发，构建线上一流课程展现的体系，用众人熟知的逻辑体系，打造可观性强、重点内容清晰的课程宣传片。在了解了线上一流课程内容之后，需要思考的第二个问题是：我们的课程针对的人群是哪些？只有正确地把握课程观看者的兴趣和需求点，才能有针对性地对线上一流课程进行有创意的展示。

现代社会是信息爆炸的时代，每个人需要从海量的信息中快速地获取自己最想了解和需要了解的内容。线上一流课程针对的主要是大学生、在职求学者。这一类人年轻，对新事物的解说能力强，对课程的观感和画面的质感有着强烈的审美偏好。采用过于传统的宣传方式制作而成的宣传片，并不能激发他们的兴趣或者说唤起他们观看的欲望。拍摄的核心就在于如何让观看者通过简短的宣传片快速地对课程内容产生兴趣。为了实现上述目的，我们从前期策划、拍摄、后期制作三个层面，对课程宣传片的拍摄进行了全新的改革和大胆的尝试。

首先，在前期策划阶段，对课程进行横向比较，通过对国内外相关线上课程资料的整理和收集，了解相同课程的不同表现形式，借鉴和提取具有独特性的内核，策划和定位我们线上一流课程宣传片的要点和可采用的方式，设定预期目标。

其次，在目标设定后，通过和相关课程的讲述者进行多轮沟通，以专业人士的视角和思维对课程的内容进行了深入的了解，提取课程最核心的内容和最吸引人的点。将这些要点与普通人的生活进行关联，展示相关课程对人的影响，让观看者快速地在影片中找到自己的定位。运用代入感的画面和核心内容，让观看者产生了解的冲动。

再次，核心内容提炼完成之后，要对画面进行策划与构思。画面是宣传视频的主体，它承载的是整个影片的灵魂。什么样的画面最有吸引力？什么样的画面构思最能打动人？从年轻群体喜爱的形式，如 MG 动画、情景模拟、虚实结合的画面等不同的角度探寻最适合影片主题和审美诉求的形式，并以此为基点不断发散画面的组成和内容饱和度，让每一个画面最大限度地展示多元化的核心课程内容，让观看者从一个画面或几个画面中就可以感受到整个影片与众不同的气息，快速地提升他们对内容的渴求度。

最后，在拍摄过程中遵循“因地制宜”的原则。拍摄过程是一个声①光电相结合、人物景相统一的协调与组合的过程，现场的光线、人员的状态②、场地的实际情况等对于拍摄过程都有着非常大的影响，再好的策划也不能保证影片拍摄百分之百符合策划脚本的需求，需要现场导演、摄影、制片的协同，在现场对影片的内容和拍摄方式予以修改和调整，尽最大的努力，让现场的条件为分镜锦上添花。在拍摄过程中，对导演、摄影、制片要求很高。在拍摄前通常会召开内部沟通会议，参与制作的全体成员根据各自的职责分析和提出自己的见解，并将这些意见或建议与拍摄团队的主创人员分享和交流，激发每个成员的创造欲。在不同的意见或建议的影响下，拍摄团队对于影片的整体构架和核心诉求便有了充分的了解，在拍摄过程中围绕拍摄的核心诉求对拍摄内容适当地进行二次创作，根据场地、环境、人员进行新的编排和展现，把拍摄的作用提升到创作角度，让每一个画面的构成在保持基本诉求的同时，能够承载更多的信息，展示出更深层的含义，提升可观性。

拍摄素材是影片创作的基础。后期制作团队对素材内容进行归类总结，通过对素材的了解和分镜脚本的认真研读，在基本叙事构架的基础上，对影片的编排进行新的创作，这也是一种全新的创作。通过光效的变化、包装的运用、画面的创新，让素材最大限度地产生全新的视觉观感，在基本叙事构架的基础上，提升观看的舒适性和吸引力。

（二）线上一流课程宣传片拍摄的前期准备

线上一流课程宣传片的拍摄是一项需要团队协作的工作，只有制作公司统筹安排及现场指导，参与拍摄的授课教师与同学默契配合才能较好地完成。中国大学 MOOC“侵权责任法”课程宣传片的拍摄主要分为前期准备阶段与正式拍摄阶段。充分的前期准备工作能够保证宣传片正式拍摄顺利进行，因而十分重要。前期准备工作主要包括确定拍摄主题、确定拍摄时间、

① 【教师声音的监控和调整】声音是授课教师与学生交流的第一途径，授课教师在拍摄过程中声音的大小、声音信息的采集、语调语速等对观感影响较大。因此在拍摄过程中，应随时对授课教师的声音变化进行提示，采用高品质声音录制设备，确保授课教师的声音不存在失声，全面而不失真地记录语音信息。

② 【教师神态与妆容的调整】设置专业化妆师根据现场拍摄的不同诉求对授课教师的妆容随时调整和修复，最大限度地为学生提供最舒适的视觉感。同时，对于授课教师，力求让每一个人保持视线与镜头之间的互动。镜头承载的是学生的视角范围，授课教师眼神与镜头的交流代表了与学生之间的交流，对增进彼此情感具有重要意义。

组织安排参与拍摄人员、确定拍摄地点、明确服装要求、拍摄前试演等方面的内容，要求团队成员协调配合。

1. 确定拍摄主题

线上一流课程宣传片要求在短短一分钟左右的时间里突出课程特色，吸引同学选修课程，应当具有简洁明了、重点突出、主题明确的特点。这一项工作主要由制作公司负责。制作公司在与授课教师讨论后，确定宣传片主题并制作效果图，然后征求授课教师的意见进行修改，确保双方在拍摄主题上达成一致意见。

2. 确定拍摄时间、组织安排参与拍摄人员

线上一流课程宣传片的拍摄不仅需要授课教师的出演，还需要在校同学的参与配合，这就要求在拍摄前确定好拍摄时间，提前组织安排参与拍摄人员，保证拍摄需要的适当人数。① 首先，确定拍摄时间，包括确定拍摄日和具体拍摄时间，需要考虑考试、放假等特殊情况。就具体拍摄时间来看，上午是较为可取的，因为上午参与拍摄人员状态较好，也能保证充裕的拍摄时长。其次，确定参与拍摄的人数。在参与拍摄“侵权责任法”宣传片时，有10位左右的同学参与了拍摄。由负责组织的同学在与授课教师、制作公司确定好拍摄时间和所需人数后，在群内征集报名，并和授课教师讨论后确定最终参与拍摄人员。

3. 确定拍摄地点

拍摄地点的确定是宣传片拍摄的重要环节，良好的拍摄地点有利于画面精美的宣传片的诞生。② 这项工作需要授课教师根据宣传片拍摄主题，提出比较合适的拍摄地点，并与制作公司协调确定。

4. 明确服装要求

宣传片所适用的课程不同，对参演人员的服装要求各异。③ 负责组织的同学需要与制作公司、授课教师沟通后明确服装要求，并传达给参与拍摄的同学，供他们提前作准备。

5. 拍摄前试演

在正式拍摄前，参与拍摄人员熟悉拍摄情景、进行试演并沟通问题，能够让正式拍摄进程更加顺利。在每个场景试演前，首先由制作公司人员进行说明，包括场景内容、人员布局、台词等要求，接下来由授课教师和学生互相配合进行试演，与制作公司人员确认有关问题。宣传片拍摄的台词主要由授课教师来讲，参与拍摄的同学通常只需按照站位要求作出相应动作即可。最后由制作公司、授课教师与参与拍摄的同学共同在摄像机中确认试演效果。

（三）线上一流课程宣传片的正式拍摄

前期准备工作做好后，就可以开始正式的宣传片拍摄工作了。正式拍摄宣传片的工作主要包括确保拍摄现场安静、确认拍摄场景次序并进行拍摄、拍摄过程中及时确认参演人员状态、

---

① 【拍摄时间避开考试、放假】由于在校学生在临近考试或放假时因各种因素可能难以参加拍摄，因而提前确定参与拍摄人员并确保能够参加，有助于避免给拍摄工作带来麻烦。

② 【拍摄地点符合课程特点】“侵权责任法”线上课程宣传片的拍摄是在四川大学的基础教学楼一楼进行的，该拍摄地点具有学习氛围浓、学校特色明显、视野开阔、装潢简约的特点，确保了宣传片的良好效果。同时，在拍摄之前，制作公司需要确定拍摄地点的人流量，如有必要可设置标识，以免进出人员太多耽误拍摄。

③ 【拍摄服装符合课程风格】法学类的慕课宣传片要求参演人员着装正式，但在拍摄时，也有不少学生即使收到了提前通知也未能准备符合要求的服装，难以出演很多镜头，给拍摄造成了一些困难。这提醒我们在拍摄前需要特别重视向参演人员传达并确定服装要求，保证拍摄时的着装风格。

做好后勤工作、完成拍摄并清理拍摄场地、撰写新闻稿及制作宣传片等几个方面。

1. 确保拍摄现场安静

为确保拍摄现场安静，在难以进行封闭式拍摄的情况下，制作公司人员或者负责协调的人员需要向进入人员提示保持安静，避免大声喧哗，为拍摄提供良好的环境。①

2. 确认拍摄场景次序并进行拍摄

正式拍摄工作中，制作公司应当确认拍摄场景次序并依次进行拍摄。“侵权责任法”主要进行了三个场景的拍摄。其中，前两个场景是全员参与，分别是学生坐在座位上听教师授课的场景和望着正在讲授课程的教师的场景，第三个场景是几位同学围坐在教师身旁聆听教师授课的场景。② 如果不同场景所需人数不同，那么先进行需要全员拍摄的场景，后进行部分人员拍摄的场景是较为合理的。

3. 拍摄过程中及时确认参演人员状态

季节不同，参演人员的状态会受到不同程度的影响。在冬季进行的拍摄，参演人员通常能在较长时间内保持妆容和良好的状态；而在夏季进行的拍摄，参演人员则较容易出现脱妆、身体不适等情况，这要求及时采取相关措施。③

4. 做好后勤工作

宣传片的拍摄持续时间较长，需要做好周到的后勤工作。④ 包括准备充足的饮用水、替换服装、订好餐点等方面。

5. 完成拍摄并清理拍摄场地

在拍摄效果由制作公司、授课教师等人员确认后，拍摄工作就此完成。我们需要进行清理拍摄场地的工作。借用的教室中的桌椅，在拍摄后予以归还并表示感谢，清除在拍摄地点产生的垃圾等。

6. 撰写新闻稿及制作宣传片

助教须在课程拍摄过程中全程录音并参与课程，依据随堂的简单记录撰写新闻稿对课程进行同步宣传。撰写新闻稿时要关注课程内容，抓住课程重点，突出课程特色，在用词用语上避免使用长难句，也不要一词一顿，尽量精练简洁、准确生动、图文并茂地还原课堂。初稿写成后还需要根据授课内容设置吸引眼球的分段标题，保证内容的可读性和吸引力。

课程新闻稿写作一般采用消息体裁。消息新闻具有真实性、时效性、篇幅小等基本特征。消息新闻稿的写作要求满足6个要素，即When（何时）、Where（何地）、Who（何人）、What（何事）、Why（何故）、How（如何）。在五个W和一个H中，最主要的是What（何事）、

---

① 【拍摄场地秩序维护】在拍摄“侵权责任法”线上课程宣传片时，由于在教学区域拍摄，难免有学生、教师等人员进出，但封闭式拍摄较难实现，故应当在拍摄现场附近树立标识，提醒进出人员此处正在进行拍摄，需保持安静，尽量不妨碍制作公司的拍摄进度。

② 【拍摄中的协调与发挥】在拍摄过程中，参演人员应当根据制作公司的拍摄需求和安排，在自己的位置上作出相应的动作，配合拍摄。参演学生可以进行一定的自我发挥，但需要与教师、制作公司人员确认是否妥当。宣传片的台词由教师讲述，要求吐字清晰、声音洪亮、不过度停顿等。

③ 【参演人员身体状况调整】在拍摄时，化妆组人员需随时关注参演教师、学生的状态，当教师出现脱妆的情况时，及时进行补妆。在夏季拍摄时，如果参演人员出现身体不适的情况，可以稍作休息，多喝水，待调整好状态再恢复拍摄。

④ 【拍摄的后勤保障工作】夏天拍摄时，容易出现由于出汗需要更换衣服的情况，因而应当准备替换服装。另外，应当订好餐点，为参演人员、制作人员提供良好的餐饮、点心等，保证团队良好的拍摄状态。

Who（何人）。消息的结构具体表现为标题、导语、主体、结尾，并在文中穿插背景。内容安排上一般采取的是倒金字塔式结构，即最重要的材料放在开头，次要材料放在后面。

课程新闻稿中常常需要插入相关图片，如 PPT 图片、现场照片等。插入图片的目的，一方面是丰富报道内容，帮助读者更好地了解相关事件；另一方面是提升读者的阅读兴趣。使用非原创图片的，应标明出处。新闻稿一般要求在相关课程结束的当天完成。成稿之后，需要核对，然后发布在微信公众号上。

一个好的宣传片需要具备以下三个特点：（1）有很好的关于课程内容的介绍，内容迎合学生的问题、社会的需求，甚至可以结合社会的热点来表达，让学习者愿意去听。（2）有开脑洞的知识点的讲解，或者说提出一个很吸引人的问题。（3）整个宣传片画面美观。宣传片的内容应该和课程的内容一脉相承，与课程本身的表达形式一致，使课程具有整体性。

二、线下一流课程 10 分钟“说课”视频的摄制

线下一流课程 10 分钟“说课”视频的摄制是对线下一流课程进行宣传的重要手段，也是线下优秀的教学活动申报一流课程的重要准备事项。一方面，作为附件中更具直观性的证明材料，教学实录视频及“说课”视频本身就是评审专家的重点关注对象，其重要性自不待言；另一方面，视频及素材的摄制过程耗时耗力，尤其是后期剪辑方面需要频繁对接，因此越早准备，后期便越有优势。线下一流课程 10 分钟“说课”视频的摄制需要进行以下几项工作：撰写“说课”脚本、拍摄“说课”视频、与摄制公司对接后期剪辑。

（一）撰写“说课”脚本

10 分钟“说课”大概需要 2 200 字的文字内容。“说课”脚本要从宏观上整体呈现这门课的教学特色，这部分内容非常重要，甚至在某种程度上直接决定着申报的成败。以“亲属继承法”线下一流课程申报的 10 分钟“说课”为例，经过反复斟酌，几易其稿，最后形成 10 分钟“说课”脚本。“说课”脚本先介绍“亲属继承法”的教学团队，以及教学团队的教学理念：以学生为中心，通过多样化的教学手段，培养学生的学习能力、实践能力、独立思考能力和人文关怀等综合素质，尊重学生的个性化差异，强调师生互动，促进学生的全面发展。① 以下重点介绍“亲属继承法”的课程概述、教学设计思路、教学环境、教学方法、创新特色以及教学效果评价。

1. 课程概述

亲属继承法学是以婚姻家庭和继承法律制度为研究对象的学科，涉及千家万户的切身利益和社会公共利益，因此具有明显的现实意义和人文关怀。作为民商法学的分支学科，它既是一门理论法学，又是一门应用法学。全国高等院校的法学专业都将其开设为一门专业必修课程，本课程使用“马工程”《民法学》教材，并使用主讲教师张晓远副教授主编的《法律大数据·案由法条关联丛书：婚姻家庭继承纠纷》一书作为参考资料，供同学们了解司法实务。

2. 教学设计思路

课程主要讲授亲属继承法的基本知识和基本理论。知识框架主干包括亲属继承法的一般原理与基本原则、亲属制度、结婚制度、夫妻关系、亲子关系、收养制度、离婚制度、财产继承

---

① 参见王向东：《基于多问题学习的慕课体系及其潜在优势》，《中国大学教学》2020 年第 9 期。

等内容。本课程按照“卓越法治人才 2.0”培养目标①，依托主讲教师主持的国家重点研发计划项目子课题“基于法律规范和历史案件的家庭成员财产权益关系模型研究”，按照“15+10+20”模式设计课堂，即 15 分钟理论讲授，10 分钟课堂讨论，20 分钟智慧模拟法庭。

3. 教学环境

课程结合使用相邻的多媒体教室和智慧模拟法庭开课。多媒体教室用于理论讲授和课堂讨论，显著改进传统教学环境的传授关系固化、内容资源单一等弊端，有效创造一种积极、热烈、理论联系实际的学习氛围。依托四川大学“智慧法治”超前部署学科承担的国家重点研发计划项目群成果——“智慧模拟法庭”，加载“亲属继承法要素式智能审判系统”，实现“理论探讨—司法实践—科技支撑”三结合。教学团队每学期组建课程群用于课后学生交流和讨论，并依托四川大学“马工程”《民法学》课程中心和“马工程民法学教材配套慕课”公众号与校内外师生交流互动。

4. 教学方法

课程强调“教—学—用”的良性互动，注重学生的人格培养与专业精神，兼顾知识传授与能力培养。课程主要采用如下教学方法：（1）启发式教学。在理论讲授的过程中，强调学生是学习的主体，要将教师主导作用与学生积极性相结合，不断设置问题情境，启发学生的思维，充分调动学生学习的主动性和积极性。（2）探究式教学。在课堂讲授过程中，先根据教学目标的要求和教学的进度确定知识点。然后通过问题、任务等多种形式，创设与此学习对象相关的学习情境，引导学生进入目标知识点的自主学习、深入探究并进行小组合作交流，实现“自主、探究、合作”的课程目标。（3）模拟法庭教学。在教学过程中，利用“智慧模拟法庭”选择典型、疑难、有争议的法律问题组织模拟法庭，调动学生的积极性与创造性，培养学生的创新精神和实践能力，树立学生追求公平正义和维护清正廉洁的责任感和使命感。

5. 创新特色

通过 20 多年的“亲属继承法”课程教学实践，结合主讲教师主持和参与的国家社科基金和国家重点研发计划项目研究成果，近年来逐渐形成了如下创新特色：（1）教学内容与时俱进。关注亲属继承法理论研究的前沿成果和司法实务中的热点难点，不断更新教学内容。（2）幽默风趣的教学风格，激发学生的学习热情，吸引学生的学习注意力，调动学生的主观能动性。（3）注重法律实践教学。通过“智慧模拟法庭”尝试实践性教学方法，充分调动学生的积极性和创新性，培养高素质应用型法律人才。（4）重视运用现代教学技术。广泛运用多媒体、网络视频等资料拓宽教学资料的来源，同时运用网络平台等沟通媒介拓宽师生间的学术交流渠道。（5）重视教学改革应用。不断尝试考试改革，重视学习过程，将平时作业与期末考试综合进行评定，进行非标准答案命题等。

6. 教学效果评价

简单陈述“亲属继承法”这门课的教学效果、学生评价以及主讲教师获得的教学荣誉等。最后是结语：作为教师，影响即将产生影响的人，我深感责任重大，我一直在不懈努力！我愿做一束微光，一直陪伴学生成长！

---

① 雷磊：《中国特色社会主义智慧法治建设论纲》，《中共中央党校（国家行政学院）学报》2020 年第 1 期。

（二）拍摄"说课"视频

教学实录视频制作的重点在于前期的拍摄，而"说课"视频制作的重点则在于后期的剪辑，前者反映"真实性"，后者呈现"高阶性"。"说课"视频拍摄于摄影棚。首先，教师根据申报课程的实际情况，撰写文字版"说课"脚本，随后摄影团队依据正式的文字版本准备好提词器。其次，进行简单的化妆，确保教师在镜头前呈现出更好的精神状态。再次，教师进行试音，准备就绪后开始正式的拍摄。最后，大家一起观看拍摄的视频，并对后期剪辑及素材的添加提出建议。

（三）与摄制公司对接后期剪辑①

与摄制公司对接后期剪辑注意如下要点：（1）注意增强说服力。这就要求视频内容的呈现要具备多样性，仅有课程负责人的讲述镜头不仅枯燥无味，不能吸引专家评审，而且缺乏证明力，使视频的内容显得空洞。建议在视频中以动画的形式插入匹配的素材（如照片、成果、文件等）。例如，提及"教学方法"时，可以插入同学们研讨、展示、辩论的图片、小视频等；提及"教学效果评价"时，可以插入课程负责人的奖状、获奖证书等。（2）注意提升观赏性。在体现法学类课程专业性、严谨性的同时，也要注意观感的提升。对于一些结构性的内容可以以动画的形式展示，从而增强主讲人与受众之间的互动感。（3）注意不同素材之间的协调感。画面内容较为丰富时，可能会呈现出字幕、大标题、小标题、图片等多重素材，建议突出重点内容，大小结合、排列有序。（4）注意观看视频与核对素材。由于后期团队不清楚申报课程的情况，在剪辑时可能会将素材放置在错误之处，这就需要团队成员仔细观看视频，核对素材与文字内容是否匹配。此外，画面从整体上看是否协调、美观，也需要不同的人反复观看。在收到成品后，最好尽快观看并总结问题，及时将问题反馈给后期团队。建议尽可能多地重复此步骤，将问题发现并解决于网上申报前。（5）注意视频制作的沟通与协调。尤其需要注意及时、积极地与后期团队进行沟通。在"说课"视频剪辑初期，由于仅将团队教师们的修改意见汇总返给后期团队，并未作详细说明，导致后期团队未能清晰地理解修改要点，几处问题一直未能得到修正。建议主动与后期团队沟通视频修改要点，将需要更换或展示的素材以更简明的方式打包发送，例如以句或场景为单位整理素材。（6）注意后期制作视频的格式要求。"说课"视频要求"分辨率 720P 及以上，MP4 格式，图像清晰稳定，声音清楚，视频中标注出镜人姓名、单位，课程负责人出镜时间不得少于 3 分钟"等。

三、线下一流课程教学实录视频的制作

（一）拍摄教学实录视频

由于"亲属继承法"课程强调"教与学"的良性互动，兼顾知识传授与能力培养，授课多采用"翻转课堂"的创新形式，将一堂课分为理论讲授与模拟法庭两个部分。为最大限度地体现课程的创新与特色，教学实录视频也相应地分为了两个部分进行拍摄，以下主要对教学实录视频拍摄过程中的组织与协调工作进行阐述。

---

① 【后期剪辑注意事项】后期剪辑需要注意重点检查以下几个方面：（1）上传要求和制作要求；（2）上传后视频封面是否正常、美观；（3）检查视频与字幕是否匹配，画面是否卡顿。

1. 理论讲授部分

理论讲授部分注意如下要点：

第一，授课准备方面。为确保当天录制能够顺利进行，降低补拍以及后期剪辑的时间成本，一方面提前告知学生课堂将被录像并取得其同意，建议学生控制课堂提问的数量；另一方面教师也提前将教学 PPT 发至学生讨论组内，以便学生更好地提出自己的见解。

第二，拍摄准备方面。提前预定适合拍摄的教室，尽量避免噪音及室外光线的变化对摄像效果产生负面影响，在确定授课时间及教室后及时与摄制公司对接。

第三，录制环境方面。由于当时正值冬季，又是早上第一节课，为使教师及学生展现出更好的状态，助教应当提前到教室打开空调，并检查激光笔、投影仪、无线话筒等可能使用的教学设备，提前与摄影组沟通拍摄时的注意事项。

第四，拍摄引导方面。将摄影组告知的注意事项及时传达给教师及学生，包括教师在理论讲授过程中的活动范围尽量控制在讲台附近、前三排的桌面保持整洁以免遮挡镜头、同学提问或发表观点以及笔记等细节的拍摄需要补拍近景镜头等。理论讲授部分结束后，快速引导学生进入智慧模拟法庭拍摄模拟法庭部分。

2. 模拟法庭部分

模拟法庭部分注意如下要点：

第一，人员安排。组织参与模拟法庭的学生选择角色并商定录制前的彩排事宜，督促其及时完成法律文书的准备工作。

第二，道具准备。① 为提升模拟法庭的真实感和专业感，需要提前向模拟法庭社团申请借用法袍、法槌以及名牌等道具，教师也尽量提供律师袍备用。

第三，设备调试。一方面在拍摄前，再次检查确认收音器、电脑、监控、投影等设备；另一方面由于该次模拟法庭将使用要素式审判系统，助教应当提前将相关案件信息录入系统，并对接书记员该系统的使用与拍摄时的显示屏切换问题。

第四，场地布置。主要是提前布置好隔音板，准备匹配一定数量的旁听席位。

（二）与摄制公司对接后期剪辑

与摄制公司对接后期剪辑需注意如下要点：

第一，确保音画同步。这不仅指字幕要与人声同步，还包括投影上的展示内容要与课堂内容同步。具体而言，是指 PPT 要与教师的授课内容同步，模拟法庭视频中的要素式审判系统的展示要与法庭流程同步。

第二，人物画面清晰，色调明亮和谐，重点突出，注意远景与近景的切换。

第三，注意视频文件的技术要求。教学实录视频要求“至少 40 分钟，分辨率 720P 及以上，MP4 格式，图像清晰稳定，声音清楚，教师必须出镜，视频中需标注教师姓名、单位，要有学生的镜头”。

第四，剪辑的注意事项。注意网上上传的大小限制，建议在剪辑时一并考虑以上技术性事项，避免后期再返工。

---

① 【提前确认拍摄道具】为确保成品呈现更佳的效果，建议在准备课堂实录视频的拍摄时，即使小到道具准备等细节事项，也要提前确认以防疏漏，如在拍摄前应当提前确认参与人员的名牌是否与案件相符。

第五，注意场景切换问题。就教学实录视频而言，由于“亲属继承法”采用理论与实践相结合的授课方式，在后期剪辑上就要注意理论讲授部分与模拟法庭部分之间的过渡要和谐自然，不要留下过于生硬的剪辑痕迹。

第六，建议在拍摄之前构建视频拍摄框架，减少补拍。尤其是教学实录视频，补拍不仅需要耗费大量的时间，还需要与同一批参与拍摄的同学协调时间，故建议在拍摄前先预想成品的效果，对拍摄可能涉及的内容心里有数，宁愿多拍，后期再进行剪辑，也不要漏拍后再补。如果需要补拍，要提前告知参与补拍的同学，确保发型、服装与初次拍摄时相同，不要有明显的“穿帮镜头”。

第二节　虚拟仿真实验教学一流课程宣传视频的制作

虚拟仿真实验教学一流课程宣传视频的拍摄分为项目简介视频与教学引导视频。

一、项目简介视频的制作

制作项目简介视频不仅是为了申报国家级虚拟仿真课程，更是为了生动形象地诠释法学类虚拟仿真的积极意义、实验过程及效果，其拍摄过程主要包括前期准备与正式拍摄。

（一）项目简介视频拍摄的前期准备

确定好拍摄的具体时间和主要场景后，经过与拍摄公司沟通，需要提前安排好参与拍摄的人员、具体拍摄场景要求的地点。首先，根据需求提前确定好拍摄同学名单①，联系好参与拍摄的教师。尽量男女人数均衡，并且自带两套服装，服装尽量正式。② 其次，确定拍摄时间与拍摄场景，提前沟通好脚本，让大家熟悉拍摄过程。③ 最后，提前联系教务教师，借用拍摄教室与设备并开通外来车辆入校登记，保证拍摄当天设备车辆与拍摄人员能顺利进场。④

拍摄一定要提前告知拍摄内容、拍摄风格，让同学们在拍摄前了解一些具体情况，准备好需要的服装。不同场景需要不同着装与人员，尽量安排不同同学进行拍摄。前期尽量通知更多同学参加，准备充足服装，合理安排不同场景的拍摄时间，避免等待过长。

从服装到妆容，要不断与拍摄人员沟通，如正式着装、发型清爽干净、女生化淡妆等。学生可以提前准备服装、理发、熟悉自己的角色安排等。需要特别注意的是，镜头比较“吃妆”，为了看起来更加精神，女生可能需要根据本人上镜的情况补妆，需要稍浓一点的淡妆。拍摄时演员的表情、动作要自然，现场感、画面感强。根据不同的场景在拍摄人员的要求下尽

---

① 【拍摄人员的组织】本次拍摄时间定于 8 月暑期，大部分学生已经离校无法参加，少部分留校的学生也因正在准备法考或参加工作实习无法参加拍摄。今后的拍摄活动应尽量避开假期且应当提前通知安排，避免人数不够需要换装换场的情况。

② 【服装准备到位】由于摄制组拍摄前与学生沟通不够充分，提前一天才告知拍摄需要着正装，导致大部分学生没有准备正装，只能临时四处借服装，比较匆忙。

③ 【拍摄前的交流沟通】本次参与虚拟仿真课程拍摄的共 8 人，3 男 5 女。在拍摄前几天，学生通过群交流讨论、根据脚本熟悉场景、进行预演并预设拍摄细节。

④ 【与学校相关部门的沟通】由于是暑假期间，外来人员进校拍摄，需要提前和学校后勤部门和保卫部门联系，经过审批后方可入校。需要借用教室、模拟法庭等拍摄的，还要提前与学校教务教师沟通，提前报备好需要借用的场地与使用时间，拍摄完毕后要清场检查。

量自由发挥，如某些场景中，女生尽量保持微笑，眼神自然柔和，不要为了上镜显得眼睛大而刻意瞪眼。

（二）项目简介视频的拍摄过程

1. 室内拍摄

第一，模拟法庭场景拍摄。

拍摄室内场景主要在大阶梯会议室与多媒体教室进行，同学们简单化妆后，按照摄制公司的布置，带上书籍与电脑，播放课程系统，逐步点选，呈现自然的模拟法庭状态。拍摄时桌面上放置电脑，一个同学坐在桌前认真看着电脑屏幕，并进入思考问题的情态，另一个同学站在一边，手捧书籍，目光朝向坐着的同学，两个人不时通过眼神和话语进行交流，对某一个法律上的疑难问题进行探讨。拍摄组的一名工作人员将摄影机置于拍摄轨道上面，而另一名摄影师则手扛摄像机，几个机位多角度同时拍摄。由于模拟法庭的大厅没有窗户，十分封闭，所以厅内的光线不好，在拍摄时还需要另外补灯。一个小组的两三个同学拍摄完毕后，换下一组同学继续拍。

第二，多媒体电子教室授课拍摄。拍摄部分需要用到电脑设备，摄制组找了一间电脑教室。学生入场时，靠近飘窗的两边已经架好了方便运镜的拍摄轨道，以及反光板、大照灯等专业设备。导演把学生按照入镜效果安排到各台电脑前坐下。大家坐的位置较为分散，但是很对称。因为上午的拍摄中部分都有了独镜，为了独镜不重复出现相同演员，在此场景中导演刻意安排了其他没有独镜同学的特写。

教师现场指导道路交通事故纠纷“网上数据一体化处理”虚拟仿真实验系统，学生按照上课的状态真实表现课堂上学习操作该系统的情景。学生坐在教室电脑前，登录道路交通事故纠纷“网上数据一体化处理”虚拟仿真实验的系统网站，操作系统上道路交通安全法的相关试题和实验，由教师为同学们讲解剧情。教师正式着装，一边授课，一边在教室行走和学生互动交流，一边演示系统操作流程并为同学们答疑解惑。拍摄过程中，灯光、轨道和各种设备都在运作，同学们积极配合教师的讲解在电脑上同步操作。整个操作系统可以使学生全方位零距离感受到交通事故处理的全过程，包括抵达事故现场、制作受案登记表、勘查事故现场、核查当事人证件等，直观而又清晰。

对于关键节点，系统会通过语音对话提示，同学们可以通过答题判断是否真正理解。处理交通事故案件的重点在于交警部门对事故责任的认定与划分，通过多媒体的演绎，同学们系统模拟操作道路交通事故纠纷解决的法律路径。对于案情简单、案件数量繁多、操作流程较为固定的道路交通事故案件来说，有效利用网络数据一体化平台进行处理能真正实现繁简分流、类案处理、智慧高效。拍摄人员拍摄的远景展示的是教师授课，近景展示的是教师对单个学生的指导，重点突出某些界面上的系统操作，远景与近景交叉拍摄，呈现出活跃而又专业的课堂氛围。

2. 室外拍摄

拍摄室外场景则稍显动态，每个场景需要更换不同的服装，扮演不同的角色。

第一，教学楼部分拍摄。第一个室外场景是教学楼门口，这里能展现学校教学楼的气势恢宏，也能感受到浓浓的学习氛围。摄制组导演要求拍摄一个同学们课间从教学楼外走入教学楼的镜头，体现学生课后关于系统使用的进一步交流，也进一步展示虚拟仿真实验操作系统支持移动端便捷操作的功能特色。按照导演的安排，大家简单换装后，三三两两陆续走进教学楼大门，挎着包，夹着书，一边交谈一边迈进门口，显得亲切而又自然。特别安排两位同学坐在教学楼门口的梯台上，通过手机演示操作虚拟仿真实验系统。其中一位点击操作系统进行演示，另一位认真聆听，镜头停留在手机界面拍摄特写。摄影师在拍摄后期选取了几个具有法律特色的标志或者场景作为转场，比如国徽、图书馆、法官座椅等。拍摄的过程漫长而繁琐，有时同一个画面需要不断重复。

第二，实验大楼拍摄。教学楼部分拍完后，另一个大外景需要等待天黑才能呈现出理想效果，于是同学们和摄制组稍作休息，准备傍晚继续拍摄。天色暗了下来，拍摄组在拍摄场地架了两三台大灯以便取景。晚上的拍摄内容不同于下午的集体合镜，而是包括教师在内的三四人一组，需要每个演员正脸出镜，所以拍摄起来 NG 不断，拍摄组不断选择拍摄角度，演员不断完善表演内容。实验大楼的位置在江安校区里比较偏僻，里面的建筑风格十分现代化，融合了现代感和科技感，更能体现“虚拟仿真”的主题。

实验大楼的拍摄过程比较漫长，学生根据需要被导演轮流安排在大厅里面出镜，没有参与拍摄的同学需要在门口耐心等待，按照脚本每组依次进场拍摄。① 实验大厅内设有一张小书桌，镜头主要表现一位同学向其他同学展示虚拟仿真实验系统的操作以及各项功能，其他同学在一旁认真聆听讲解的过程。一位同学模拟用手指触屏操作虚拟画面，同时自然地进行口述，同学们的目光跟随其指向不断变换。在后期视频制作中，编辑会结合同学们的表演制作虚拟仿真效果，以显得更逼真而生动。后期展示的效果是身处一个虚拟仿真环境之中的人面对着电子展示屏在触摸屏式地操作，画面科技感十足，呈现的虚拟仿真效果高端。

3. 拍摄宣传片的注意事项

拍摄宣传片要注意如下事项：

第一，合理安排拍摄时间、场景。拍摄分许多场景，室内室外兼有，每个场景需要的同学不同，妆容和布景也不同，由于只有一个拍摄团队，只能一个一个场景拍摄，没有上场的“演员”只能在下面等待，类似于候场。拍摄前还需要有机器调试和走位，虽然拍摄时间只有 5 分钟，但往往要等 2 个小时。只有合理安排时间，每个场景提前布置，才能避免浪费学生宝贵的学习时间。

第二，后勤保障工作要到位。拍摄视频耗时耗力且需要等待的时间长，“演员”需要及时补充水分和能量，因此后勤保障工作要到位，安排好饮水和用餐，否则会导致大家比较疲惫，状态不佳。

第三，可提前将台词发给教师熟悉。现场记台词，会多次出错，浪费时间。

第四，拍摄外景时，一要注意天气情况。酷暑应当注意防中暑，因拍摄时间长，需要保证精力，避免暴晒影响“演员”发挥。二要注意周边环境情况，提前清场，防止拍摄被打断。三要注意摄影师的要求，配合摄影师的安排，不要过度自由发挥，尽量与其他演员保持互动，保持画面的和谐。

---

① 【拍摄秩序的维护】此次拍摄现场演员并不多，但是由于大家不清楚下一个场景什么时候拍，由谁上场拍，也没有人员专门组织，学生只能毫无秩序地坐等或者游走，需要拍摄的时候却找不到人，浪费了很多时间。以后拍摄时可以提前分发脚本，确定好每个镜头的演员，其他人可以适当休息，以保证在拍摄的时候有更好的精力。

第五，视频拍摄完毕后还需要安排同学配合摄制公司进行视频剪辑。按照虚拟仿真平台宣传视频制作的要求，对于摄制公司返回的视频，要从视频的封面设计、视频清晰度与时长等各方面进一步修改。还要根据平台要求上传宣传视频（教学引导视频与教学介绍视频），通过平台登录实验检查宣传视频内容是否完整流畅。

二、教学引导视频的制作

教学引导视频主要通过后期制作①，由拍摄团队剪辑而成，包括三部分：（1）实验目的。制作教学引导视频的目的在于以可视化的方式引导初次使用的师生，因主要侧重于引导，故绝大部分内容应当以实时操作的截图为主。（2）实验要求。“实验要求”部分主要通过教师和学生的课内教授场景，以及学生在课外环境中的分组学习场景予以呈现。（3）操作流程。“操作流程”部分需把平台按正常流程逐一操作演示，并依次进行录制，然后将编排好的录制视频与文稿配音进行剪辑对位。

课程拍摄期间，为保证最佳效果，须注意以下事项：（1）教师上课尽量不要走动或晃动幅度过大。（2）PPT 不要使用繁体字。（3）教师在上下课铃声响时稍作停顿避开铃声。（4）教师授课时尽量穿浅色无花纹衣服。（5）录课时尽量不要与学生互动（可以提问，但学生不要回答）。（6）授课过程中尽量不要书写板书以保证拍摄的流畅性，板书部分可以后期补充制作。（7）教师最好提供实际使用的 PPT 给录像公司。（8）新闻稿的图像尽量使用正面拍摄的照片。（9）制作说课内容的 PPT，提词器上滚动播放的内容与 PPT 内容要保持一致，方便后期剪辑。（10）说课棚内不要穿绿色的衣服。（11）每堂课程开课前需要准备好签到表。（12）课程考核制度通知应当作为公众号第一篇通知推送。（13）建立课程管理群进行课程管理。

第三节 一流课程的申报

一、线上一流课程的申报

在建设线上一流课程之前，先了解国家对于线上一流课程的评价体系，有助于厘清课程建设方向，扩大线上一流课程的影响力，起到事半功倍的效果。从 2018 年开始，线上一流课程的评审经过逐年的经验积累，形成了比较成熟的评分办法，可以参见《教育部关于一流本科课程建设的实施意见》《“双万计划”国家级一流本科课程推荐认定办法》以及《普通高等学校本科专业类教学质量国家标准》。

（一）申报前期准备工作

1. 熟悉并准确掌握基本文件精神和要求

线上一流课程是高等学校在线开放课程建设应用与管理的重要组成部分，是国家层面推动信息技术与教育教学深度融合的重要战略举措，准确理解并掌握党中央精神、基本的文件规范

---

① 【后期制作】本视频目的在于引导，应以第三部分为核心，第一、第二部分为第三部分服务。在后期制作方面，首先，在熟悉理解文案的基础上，对视频的三段式结构进行编排，以清新活泼的动画介绍本教学的背景；其次，针对“教学目的”，需同时兼顾清晰的传达以及简介的形式和篇幅的限制，因此采用几组校内空镜对教学目的逐一呈现。

和具体的文件要求是申报的基础和前提。目前涉及线上一流课程的会议主要包括党的十九大等历届中央会议、全国教育大会、新时代全国高等学校本科教育工作会议等；涉及线上一流课程的文件主要包括《加快推进教育现代化实施方案（2018—2022年）》《教育部关于加快建设高水平本科教育，全面提高人才培养能力的意见》《教育部关于加强高等学校在线开放课程建设应用与管理的意见》和“六卓越一拔尖”计划2.0系列文件等。其中，《教育部关于加强高等学校在线开放课程建设应用与管理的意见》是核心文件和重要申报依据。

2. 课程平台的前期建设

根据线上一流课程的申报范围，拟申报的课程应当满足如下要求：当年申报时间截止前，高等学校在全国性公开课程平台面向高校和社会学习者开放，完成两期及以上教学活动的全日制本科和专科层次大规模在线开放课程（慕课）。因此，线上一流课程申报需要各个高校和课程负责人至少提前一年进行课程平台建设，完成两学期及以上的教学活动，并取得一定的成果和效应。建议课程负责人在申报前，先向有关部门（如学校教务部门、省级教育厅或教育部高等教育司）查询本课程的申报资格。

3. 课程建设的内容

课程建设包括课程团队建设、课程教学设计、课程内容建设、教学活动与教师指导建设、应用效果与影响建设、课程平台支持服务建设等多项工作。建设标准大体上可以分为强制性标准和柔性标准两种。前者是指课程建设必须满足的要求，如线上一流课程申报团队建设要求“课程负责人须为申报高校正式聘用的教师”；而课程平台支持服务建设明确“课程平台须按照《中国互联网管理条例》等规定，完成有关的备案和审批手续，须至少获得国家信息安全等级保护二级认证”。后者是指课程建设的一般指导性和完善性标准，如“申报课程在本校教学过程中能较好地应用，将在线课程与课堂教学相结合，教学方法先进，教学质量高”等。因此，课程负责人在课程建设中应当首先满足强制性标准要求，再不断完善柔性标准和提升课程整体质量。

（二）正式申报工作的注意事项

1. 时间节点

每年线上一流课程的申报工作一般经历文件下发、组织申报、单位评选、网上填报、公开公示等过程，一般持续两到三个月左右，涵盖整个暑假，各申报人应当提前做好准备，注意申报的起止时间。①

2. 部门协调

由于7月份各高校逐渐进入暑假假期，校院两级教学活动停止，各行政职能部门开始放假，签字、盖章、出具证明等诸多行政事宜难以开展。因此，各申报负责人应当提前与校院两级各负责人和行政部门协商，统筹安排假期的申报工作。

3. 申报模式

线上一流课程由教育部高等教育司具体负责，主要包括直接申报和推荐申报两种模式，不

① 【合理安排申报时间】由于申报时间紧张，短时间内需要处理的事项较多，最好有一个清晰的规划，有条理地安排好申报书完善、附件整理、报送盖章以及上传扫描等事项，切忌慌乱，有疑问及时与学校教务处教师联系，避免临近最终报送才发现问题。

同性质的高等院校采取不同的申报模式，如教育部直属高校直接向教育部申报课程，而其他院校一般由其上级主管部门推荐申报。各个高校和课程负责人应当明确课程所依托学校的性质，明确本校课程的申报模式，避免走弯路。

4. 内部遴选

教育部于当年下发申报通知后，各个高校通常会在单位内部进行适当的遴选，各个课程负责人需要高质量地准备相应的申报材料。建议以最终向教育部申报的材料为基本标准，因为一方面教育部的高标准有助于在单位内部竞争中脱颖而出，另一方面在内部申报中可以与相应的教务部门沟通，听取合理的意见和建议，对材料进一步修改和完善。

5. 材料规范

各个高校和课程负责人应当严格按照教育部文件和《国家精品在线开放课程申报书》规范要求准备和填写申报材料。① 申报书包括课程基本情况、课程团队情况、课程特色（本课程运用信息技术在课程体系、教学内容和教学方法等方面的改革情况）、课程应用情况（本校、其他高校以及社会学习者应用情况及效果）、课程建设计划（本课程今后5年继续面向高校和社会开放学习服务计划）等主要方面。

6. 附件材料

附件材料是整个精品课申报过程中最为麻烦和复杂的工作，因为中间涉及多个部门，不同平台，以及校内校外几家单位的专家意见、签字和盖章等。附件材料一般包括政治审查意见、学术性评价意见、课程数据信息表、校外评价意见等。②

（三）网上申报与材料报送

1. 网上申报

线上一流课程申报采用网上填报与函报材料相结合的方式。课程负责人在准备好基本的申报材料并取得校内的遴选资格后，即可通过学校教务部门下发的账号密码登录“国家精品在线开放课程工作网”（http://www.chinaooc.cn/front/index_online.htm）进行网上申报。

2. 账号安全

获取精品课申报账号密码后，课程负责人应当第一时间登录“国家精品在线开放课程工作网”，查验该账号密码能否正常登录，若不能，要及时联系学校教务部门。正常登录后，完善基本信息，及时提高密码的安全系数，建议采用大小写、数字、字母相结合的两位数以上的密码以及采用IE等安全浏览器操作。出于安全考虑不建议将密码以Cookie方式保存在网页。

3. 信息填报

网上申报主要是将申报书的内容准确完整地填写于申报网站，这一过程首先要确保线下申报书的内容准确完整，之后按部就班誊写即可。填写过程中，注意填写一项保存一项，避免丢失。建议一个人负责填写，另一个人进行校对，以确保内容准确。

① 【申报书填写的软件、格式】申报时应当使用Windows正版微软Office系列软件，避免使用苹果电脑系统、WPS等软件，否则容易造成文件损坏和格式错误。申报书填写过程中，切忌随意更改具体格式，包括字体、字号、行间距、页边距等。申报书基本内容填写完成后，应当由多人进行多轮校对，避免错别字、语法不顺畅等基本问题。

② 【附件材料的准备】前述附件材料，一般由课程负责人准备和起草基本的课程情况说明和证明材料，并由相应的部门出具。需要注意的是，该附件材料通常都有固定的形式和必备的内容，建议课程负责人在确定本校要求后予以准备，避免返工。

4. 附件准备

正式的网上申报，附件材料需要原版签字盖章的材料扫描件，格式为 PDF 格式。准备好附件材料后，建议前往专业的打印店使用专业的机器扫描，以保证 PDF 文件的清晰度、完整度和色彩度。附件材料需要根据材料本身的内容进行命名，并根据网站提示及时上传和保存。

5. 材料报送

网上申报完成后，先保存，经校对无误后再正式提交。正式提交后，可以通过“国家精品在线开放课程工作网”平台打印具有防伪标识的申报书，该申报书需要与附件材料一起按课程装订成册，并加盖单位公章。之后，填写相应的汇总表，提交学校教务部门，由学校统一报送教育部高等教育司，申报工作正式结束。

二、线下一流课程的申报

（一）初步填写申报书报学院初审

该部分工作内容简明且重点明确，主要是《国家级一流本科课程申报书》的填写，并按照学院的要求报送相关材料。就申报书部分而言，需要根据申报课程的实际情况进行勾选及填写。填写前重点阅读“填报说明”，填写时注意语言表达的简洁与规范，字数须符合相应部分的要求。另外需要注意的是，“一、课程基本信息”内要求附有的图片，包括“教务系统截图”“教材封面和版权页信息”等，应字体清晰、无水印等不相关痕迹；“二、授课教师（教学团队）”至“六、课程建设计划”部分不建议添加图片或表格，但可以将图片或表格放在附件内作为“其他材料”。完成填写后，建议将申报书转换为 PDF 格式。就附件材料部分而言，此阶段为初步填报，主要用于学院推荐，故提供附件材料的数量及详细程度按学院的要求进行，但建议至少提交课程负责人的 10 分钟“说课”视频以及教学（课堂或实践）实录视频。此外，填写申报时应当特别注意以下问题：

1. 排版格式

虽然此阶段的申报书非最终正式版本，但仍须注意申报书内文字与段落呈现的整洁与明晰，建议按照统一的格式（应注意序号样式的选择、首行是否缩进 2 个字符、小标题是否加粗、段落间是否空行等）对填写内容进行编排。为减少后期的工作量，最好初步填写阶段即完成申报书的格式调整，后期申报书及附件完善阶段的重点为附件整理，仅需对申报书作实质性内容的变更。

2. 团队成员的选定

务必确保申报书内的课程负责人和教学团队成员符合申报要求，即课程负责人和教学团队成员不得包括未上课的行政人员或教学辅助人员（如教学管理人员、技术支持人员等），且课程负责人为上讲台的实际课程负责人。为不影响后续的教学实录视频及其他素材的拍摄，建议此阶段即明确团队成员并确保其符合相应的要求。

（二）完善申报书及附件报学校审核

相较申报书初步填写阶段，此阶段要求提交正式、完整、规范的申报书及附件材料，为后续进行网上填报做准备。具体涉及的工作内容包括完善申报书、提交规范的附件材料、报送学校审核盖章以及扫描等，其中提交附件材料为此阶段的重点事项。本阶段工作主要包括：

1. 完善申报书

除了少量的实质性内容修改外，此阶段需要格外注意细节性问题，确保最终提交的正式版本严谨、规范。具体而言应当关注以下几点：（1）课程名称须与教务系统保持一致，如果不一致需要提交书面说明并加盖教务处章。（2）专业类代码为四位，根据《普通高等学校本科专业目录（2012）》，专业代码存在 2、4、6、7、8 位，而申报书封面需要填入的专业类代码为 4 位（与国家级一流本科课程建设工作网一致）。（3）再次确认二至六部分的内容是否符合字数的要求。国家级一流本科课程建设工作网系统内只能输入指定数量的字数，纸质版的申报书应与其保持一致。（4）建议删除申报书内指导填写的提示性内容，如填报说明、括号内的说明以及附件材料清单内的要求等。

2. 提交规范的附件材料

对于附件内的视频材料，由于其并不包含在学校的审核范围内，建议继续精修。此外，还需要注意以下几点：（1）提交数量方面，建议尽可能地提交附件清单内的证明材料。① 由于本次《亲属继承法》申报的是“线下一流课程”，并未提供“6. 最近两学期的学生在线学习数据”。（2）格式要求方面，如果学校有指定模板，建议按照学校的标准格式整理。“2. 教学设计样例说明”“3. 最近一学期的教学日历”“5. 最近两学期的学生成绩分布统计”“7. 最近一学期的课程教案”“8. 最近一学期学生评教结果统计”“9. 最近一次学校对课堂教学评价”即依照学校提供的模板或者要求进行了补充或修改。（3）注意附件材料清单内的细节性内容。例如，少数需要提供最近两学期的材料，“4. 最近一学期的测验、考试（考核）及答案（成果等）”需要提供“题目+答案”双重内容，教学日历应当与课程教案的日期、内容、授课形式相匹配等。

3. 报学校审核盖章

打印申报书及附件材料②，经自查无误后，于规定时间内报学校教务处审核，审核是否存在缺少材料、缺少签字或提供材料错误等情形，由学校教务处在“3. 最近一学期的教学日历”“4. 最近一学期的测验、考试（考核）及答案（成果等）”“5. 最近两学期的学生成绩分布统计”“6. 最近两学期的学生在线学习数据” “8. 最近一学期学生评教结果统计”以及“9. 最近一次学校对课堂教学评价”材料上加盖印章。③

4. 扫描准备上传

经学校审核盖章后，建议尽快将所有纸质附件材料进行扫描，为后续的网上填报做准备。由于网上填报需要提交部分 PDF 版本的附件材料，建议采用 Word 转 PDF 的方式，以保证上传材料的清晰度和美观度。具体操作如下：对于需要课程负责人签字的材料，可以采用技术手段将签字添加到（转换后的）PDF 的相同页面、相同位置处；对于需要学校教务处盖章的材料，可以使用扫描仪或者“万能扫描王”App 扫描盖章页面，并编辑替换。处理完毕后，及

---

① 【附件材料整理】制作一个附件材料清单目录并增加相应附件材料的封面，建议编制一套总的页码或者每个附件材料分别编制一套页码，以便查阅和整理。

② 【打印样式】提前向学校教务处教师确认最终纸质版附件材料是否需要双面打印，以避免二次打印、签字及审核。本次申报由于在准备纸质材料时并未意识到这一点，在报学校审核时采用了单面打印，但后续学校要求提交双面打印的附件材料，导致返工，不仅耽误时间，而且容易出错。

③ 【检查签章】注意附件材料中部分材料需要学校教务处盖章或课程负责人签字，最好在提交纸质版申报书及附件前检查确认无误，以免耽误时间、忙中出错。虽然“5. 最近两学期的学生成绩分布统计”仅要求“申报学校教务处盖章”，但该材料本身有课程负责人的签字栏，因此也需要课程负责人签字。

时修改文档名称，建议名称简洁并保持一致。

（三）进行网上填报

网上填报是指在国家级一流本科课程建设工作网的课程申报平台上提交申报材料。进入国家级一流本科课程建设工作网，用校级管理员分配创建的账号登录“申报材料提交”页面。登录成功后，在“我的一流本科课程”界面下进行“申报书填写”及“预览”的操作。注意提交后申报材料将不得再进行编辑，务必经检查并确认无误后再提交。

1. 格式调整

系统内的文本框不允许自带格式也无法调整格式，这就导致系统最终生成的申报书排版混乱。针对这个问题，建议在首行第一个字前加一个“・”，边预览边调整“・”之后的空格，使得每一个文本框的首行样式尽量保持一致。此外，考虑到原来 Word 版本可能会有自动排版的情况，在系统填报时务必注意序号的一致性。

2. 附件材料上传

上传附件材料是网上填报过程中相对麻烦的部分。首先，要按照系统内的要求上传相应材料。大部分附件要求上传 PDF 版本（即扫描件），但教学日历还要求提交 XLSX 格式。其次，注意上传材料的文档命名。文档经上传后其名称会直接显示在“附件材料清单”下，且无法修改编辑（若想改变命名，只能修改文档名称并重新上传），故如图 9-1 所示，建议所有附件材料与“附件材料清单”内的名称保持一致。此外，还需要注意一个问题，为保证序号的一

1.课程负责人的10分钟“说课”视频
　—附件1：张晓远（四川大学）一流线下课程10分钟“说课”视频
2.教学设计样例说明
　—附件2：教学设计样例说明
3.最近一学期的教学日历
　—附件3：最近一学期的教学日历
　—附件3：最近一学期的教学日历
4.最近一学期的测验、考试（考核）及答案（成果等）
　—附件4-1：最近一学期的测验、考试
　—附件4-2：最近一学期的答案及评分细则
5.最近两学期的学生成绩分布统计
　—附件5：最近两学期的学生成绩分布统计
6.最近两学期的学生在线学习数据
7.最近一学期的课程教案
　—附件7：最近一学期的课程教案
8.最近一学期学生评教结果统计
　—附件8：最近一学期学生评教结果统计
9.最近一次学校对课堂教学评价
　—附件9：最近一次学校对课堂教学评价
10.教学（课堂或实践）实录视频
　—附件10：张晓远（四川大学）一流线下课程教学实录视频
11.其他材料

图 9-1

致性，在选择性提交的情况下，需注意附件材料名称的序号应与系统保持一致。如图 9-2 所示，尽管我们未提交附件 6，但后续附件名称仍要作过号处理。再次，务必提前压缩视频的大小。“说课”视频大小不超过 200 M，教学实录视频大小不超过 600 M，但同时也要保证一定的清晰度。最后，上传完毕后，建议详细预览附件材料，确保两个视频图像清晰稳定、声音清楚、运行流畅，其他材料不存在缺页、模糊等情况。

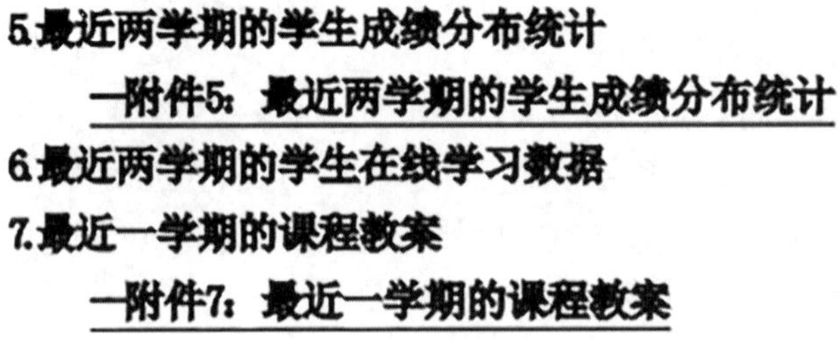

5.最近两学期的学生成绩分布统计

—附件5：最近两学期的学生成绩分布统计

6.最近两学期的学生在线学习数据

7.最近一学期的课程教案

—附件7：最近一学期的课程教案

图 9-2

注意灵活处理“材料描述”部分。点击“添加”按钮上传附件材料时，如图 9-3 所示，系统会要求在“上传材料”对话框内填写“材料描述”信息，扼要说明上传附件的内容。材料描述部分的内容会直接显示在系统生成的申报书上，故此处建议作灵活处理。如果认真地按照系统提示撰写说明，最终只会获得凌乱的排版以及教师们的“嫌弃”。最好用“-”“·”等符号或者“附件 1（2、3、4……）”代替材料描述，以确保版面整洁、清楚。

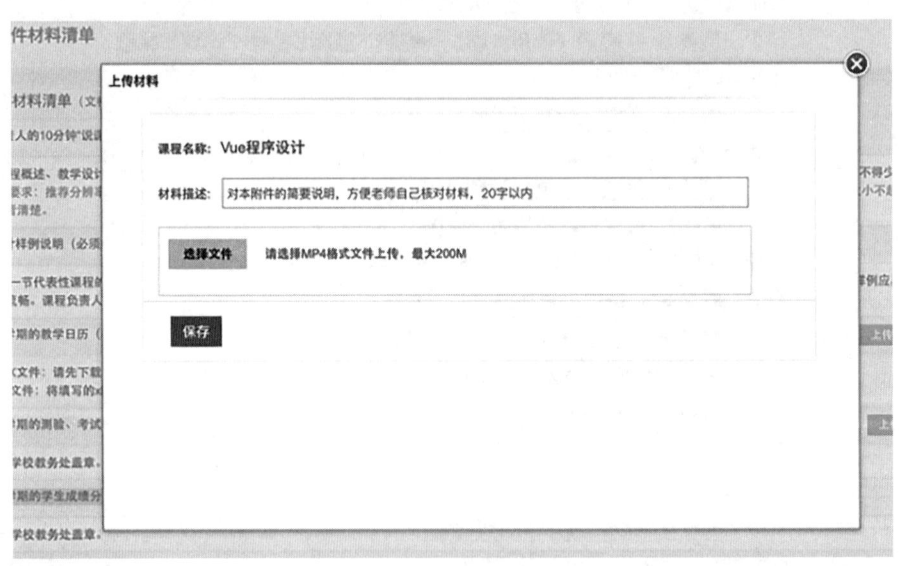

图 9-3

尽量避免签章文本框跨页。申报书的“八、课程负责人诚信承诺”“九、学校教指委或学术委员会课程评价意见”“十、学校政治审查意见”“十一、申报学校承诺意见”“十二、中央部门教育司（局）或省级教育行政部门推荐意见”部分无须在线填写，完成申报、学校推荐后，生成的正式带防伪标识的申报书，即有水印和申报编号的 PDF 版本自动附有上述内容，仅需打印后签字、盖章。但需要注意的是，签章部分不得跨页，如果文本框跨页的，签章上方需有文字内容，如图 9-4 所示。建议填写完毕后，详细预览申报书，如果存在跨页情况，可以通过调整二至六部分的格式，采用空行、增删字符等方法，边调整边预览，边预览边调整。

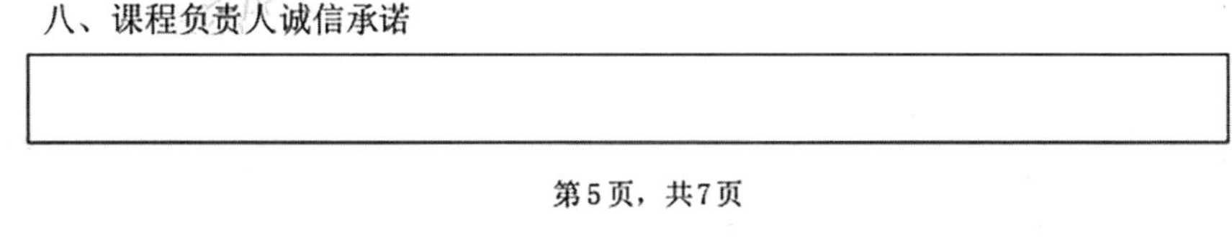
八、课程负责人诚信承诺

第5页，共7页

本人已认真填写并检查以上材料，保证内容真实有效。

课程负责人（签字）：

年　　月　　日

图 9-4

（四）报送纸质版申报书及附件

该部分工作内容主要是在完成网上申报、推荐后，学校管理员下载打印正式带防伪标识的申报书，由课程负责人签字及学校盖章，经装订统一报送学校。① 最终需要报送学校的材料包括带防伪标识的正式申报书以及除视频外的全部附件材料。建议在封面后添加一个目录，以申报书、附件 1 至附件 11 的顺序排列全部材料。注意，申报书应打印学校管理员发送的带防伪标识的正式版本②，其他附件材料须按要求打印。待整理、签字盖章后，须按照规定样式装订所有材料，一式两份，报送学校教务处。③

三、虚拟仿真实验教学一流课程的申报

（一）申请书的填写完善、校对审核和申报提交

根据申请书以及相关资料，核对基本信息，填写团队成员教师的基本信息，检查、校对、完善申报材料内容，重点检查材料中教师标红的数据部分，通过官网统计数据进行核查。整个申报事务比较繁杂，手续比较繁多，涉及的人员比较多，应当提前了解清楚申报流程、各部门手续的时间节点、需要填写的内容以及细节等。在填报过程中应当特别注意以下几点：

1. 申请书的填写完善

申请书的填写完善要点如下：（1）格式要求。申报书内各项内容用小四号仿宋体填写，

---

① 【提前确认签章】在报送学校前，建议确认好课程负责人签字以及学校教务处盖章。需要课程负责人签字的材料有：申报书“八、课程负责人诚信承诺”、附件 2、附件 5 及附件 7；需要提前盖章的材料有：附件 3 至 6、附件 8 及附件 9。

② 【使用正式版本申报书】切忌修改带防伪标识的正式版本申报书，即使它的封面排版“错落不齐”。此外，建议所有材料彩色打印，选用质感较好的 A4 纸张。

③ 【检查核对材料】为精益求精，建议装订完成后仔细检查封面字迹是否清晰、成品是否平整、两份申报材料在外观上是否一致等细节。

不得变动申报书的原有格式①，但表格空间不足的，可以进行扩展。此外，还需要留意文本框内的具体要求，如“教学研究情况”和“学术研究情况”要求每项内容不得超过5项；“项目论证情况”和“项目持续建设服务计划”有相应的字数限制。(2) 文字排版。确保申报书内文字与段落的呈现整洁、明晰，建议按照统一的格式对填写内容进行编排，需要注意的细节包括序号样式的统一、首行是否都缩进2个字符、小标题是否加粗、段落间是否空行等。

2. 申请书的校对审核

申请书的校对审核要点如下：(1) 校对检查申报书。填写完毕后，建议仔细阅读全文，检查是否存在错别字、逻辑错误、表达不规范之处，并对封面信息、项目负责人及项目教学团队情况进行核对。(2) 对接沟通。由于虚拟仿真实验教学一流课程项目以校企合作的形式开展，对于申报书内需要填写的技术性事项，如“项目支撑条件情况”“项目技术架构及主要研发技术”等内容，要及时与技术团队沟通，经确认无误后再填入申报书。(3) 提交审核。申请书需要项目负责团队所在的学院审核，需提交项目申报书、项目申报汇总表、项目联系人信息表等材料。经由学院审核通过后提交学校审核并决定是否推荐参评。

3. 申报材料的整理提交

第一，附件资料整理提交。本次虚拟仿真实验教学一流课程申报学校要求提交的主要附件材料如下：(1) 政治审查意见。申报书需要政审材料和学院、学校证明等材料，团队成员是来自不同学院的教师，因此需要提前联系各位教师找相应的学院盖章。相应学院的党委须对本院参与项目教师的情况进行审查，并对项目内容的政治导向进行把关，确保项目正确的政治方向、价值取向。(2) 校外评价意见。本次校外评价意见作为选交材料不是必须提交的，但作为申报国家级虚拟仿真实验教学一流课程的项目，应当取得更多的社会认同。该校外评价意见也可以作为与项目有关的学术水平、项目质量、应用效果等某一方面的佐证材料或补充材料，由项目应用高校或社会应用机构等出具，并由相关单位盖章。本次虚拟仿真项目作为法学类虚拟仿真项目经由四川省高级人民法院出具校外评价意见，获得了社会应用单位的认可和品质背书。(3) 知识产权承诺。申报材料中涉及知识产权内容的，如果需要也应当填写。如项目设计、开发与应用过程中涉及有关知识产权的问题，需要出具各方书面的承诺书并提交审核。(4) 申报学校承诺。虚拟仿真实验教学一流课程的申报需由学校审核推荐，也需要学校主管部门出具承诺书。

第二，项目立项申请提交。申报书整理完毕经检查无误后，由教师在“诚信承诺”部分签字，打印后向学校提出立项申请②，等待学校专家组的评审结果。需要特别注意的是，由于申报材料较多，需要事先整理好所有材料，根据文件要求的格式顺序打印装订成册。由于后期需要扫描上传相关资料与附件材料，因而可以在装订成册之前将材料扫描上传到文件夹保存备用，注意文件的序号一定要与纸质版序号保持一致。如有图片资料则需要截图或者拍摄高清版本，所有的资料整理打包到指定文件夹后方可打印装订。

(二) 虚拟仿真实验平台的填报上传工作

道路交通事故纠纷“网上数据一体化处理”虚拟仿真实验课程属于虚拟仿真实验教学一

① 【申报书的填写】填写申报书的过程中要特别注意申报表的格式不能变动，要遵照模版的要求。申报书中涉及技术公司的数据，需要与技术人员对接核实。

② 【申报书的提交】提交申报的时候应注意打印的格式，申报书封面上需要准确填写项目情况，应保证申报书上的项目网络链接保持通畅。

流课程群的一部分，依托国家虚拟仿真实验教学课程项目共享平台进行线上虚拟仿真实验教学。国家虚拟仿真实验教学课程项目共享平台需要线上同步上传实验项目的申报书，在完成申报后应当根据通知要求尽快同步上传。首先，要及时申请国家虚拟仿真实验教学课程项目共享平台账号，每位项目负责人的联系电话为账号，实名注册申请通过后可自行设置密码登录。为了方便后期实验平台的管理，需要加入虚拟仿真课程平台工作群。其次，登录平台后选择“我的项目管理”，点击进入“资料简介”部分，按照申请书上的内容依次填写。再次，上传拍摄完成的宣传视频，包括课程介绍视频与教学引导视频。最后，检查核对一遍并进行实验操作，保证实验链接运行正常。

上传的过程中需要注意，填写的内容要与申请书的内容保持一致；上传的图片资料需要扫描或拍照上传；部分材料要求上传 PDF 版本的，需要把几个图片合成一个 PDF 文件后上传。中文实验课程内容简介需要英文翻译，应当提前准备并仔细校对，务必保证课程名称与课程内容介绍的准确性。将课程介绍视频和教学引导视频分别上传。平台上传速度比较慢，视频内容比较大，应当按照平台要求的格式对视频进行处理并拷贝到移动硬盘，并使用较流畅的网络上传。上传完毕后务必进行播放，检查视频的完整性，检查视频与字幕的一致性。上传完毕后检查实验界面上显示的宣传片封面是否合适、美观，是否需要调整。

四、线上线下混合式一流课程的申报

（一）线上线下混合式一流课程定义及申报要求

1. 线上线下混合式一流课程定义

根据《教育部关于一流本科课程建设的实施意见》（教高〔2019〕8 号）中的描述，线上线下混合式一流课程主要指基于慕课、专属在线课程（SPOC）或其他在线课程，运用适当的数字化教学工具，结合本校实际对校内课程进行改造，安排 20%—50%的教学时间实施学生线上自主学习，与线下面授有机结合开展翻转课堂、混合式教学，打造在线课程与本校课堂教学相融合的混合式“金课”。国家大力倡导基于国家精品在线开放课程应用的线上线下混合式优质课程申报。

2. 线上线下混合式一流课程申报要求

线上线下混合式一流课程申报要点包括：（1）根据教育部文件要求，已成为同一年国家精品在线开放课程（现国家级线上一流课程）和国家虚拟仿真实验教学项目（现国家级虚拟仿真实验教学一流课程）候选课程的，其课程负责人及团队主要成员不参加此次推荐。（2）每人每年限报一门课程，每门课程至少经过两个学期或两个教学周期的建设和完善，根据已开设两学期的实际情况，只能从“线下一流课程”“线上线下混合式一流课程”“社会实践一流课程”中选择一类申报。（3）课程负责人须为高校正式聘用教师，有丰富的教学经验，教学评价良好。课程团队成员坚持立德树人，为人师表，关爱学生成长，教学效果良好，5 年内未出现过教学事故。课程负责人及团队其他主要成员总人数限 5 人以内。（4）教学过程规范、材料完整。课程内容及申报材料无危害国家安全、涉密及其他不适宜公开传播的内容，思想导向正确，不存在思想性问题。

（二）线上线下混合式一流课程的核心

区别于线上一流课程及线下一流课程的申报，线上线下混合式一流课程申报的核心包括以下几点：

第一，建设线上线下混合式一流课程是旨在提高教学质量的教学改革实践①，申报是最关键的部分。首先要清楚说明采取混合式教学模式的原因，即在传统授课模式下，教育教学遇到痛点，采用了什么样的教学模式或教学工具解决痛点。②

第二，与线上一流课程面向社会学习者不同，线上线下混合式一流课程的对象是校内学生，申报课程需满足在校内开课累计满两学期，两个学期可以跨年，并提供教务系统截图。因此，线上线下混合式一流课程更侧重课程在校内的应用及改革的成效，而非课程的校外学习人数及社会影响力。根据《教育部关于一流本科课程建设的实施意见》的描述，线上线下混合式一流课程需适当运用数字化教学工具，线上与线下有机结合开展翻转课堂。

第三，翻转课堂是线上线下混合式教学的有效策略和方式，颠覆了传统课堂教学流程。从以教师“教”为中心，转变为以学生“学”为中心，充分应用线上金课进行本地化改造。探索线上金课的多种应用模式，打造适合本校学生特点和培养需求的金课。

第四，有“两性一度”标志性教改成果。“金课”可以归结为“两性一度”：高阶性、创新性和挑战度。③（1）高阶性，就是知识、能力、素质有机融合，培养学生解决复杂问题的综合能力和高级思维。课程教学不是简单的知识传授，是知识、能力、素质的结合。对本科生毕业认证的一个关键要求，就是毕业生解决复杂问题的综合能力和高级思维，没有标准答案，更多的是能力和思维的训练。（2）创新性。创新性体现在三个方面：一是课程内容有前沿性和时代性；二是教学形式体现先进性和互动性，而不是满堂灌，不是我讲你听；三是学习结果具有探究性和个性化，不是简单告诉你什么是对的、什么是错的，而是要求学生主动探究，能够把学生的个性特点发挥出来。（3）挑战度是指课程要有一定的难度，需要学生跳一跳才能够得着，教师要认真花时间、花精力备课讲课，学生课上课下要有较多的学习时间和思考。高阶性、创新性、挑战度并不是完全独立的，可以从整体的教学设计中去探索、去表达。混合式课程建设伊始，就希望教师能从教学目标、教学方法、考核形式上整体考虑课程，检验自己在学术准备上是否充分，从用户——学习者的角度思考自己的课能给学生带来什么。

第五，具备课程思政价值观不但是线上线下混合式一流课程的必要元素，也是其他几类一流课程建设必不可少的部分。课程思政不仅仅是案例和情感教育，更是通过课上和课下的内容，实现价值塑造、能力培养和知识传授“三位一体”的育人过程。首先，学术无禁区，但课堂上不能传递负能量；其次，学生能够明确地感受到教师对课堂是否重视，教师如何对待教学，如何对待这门课，如何对待每堂课，既是潜移默化的课程思政，更是最直接的课程思政。在课堂中，还可以结合时事和科技发展等案例，讲好中国故事，既要介绍国内外重大科技创新过程，也可以举科技史上违背科技伦理的负面案例，分析其中的错误判断等，实现价值塑造。

（三）线上线下混合式一流课程申报书填写及材料准备要点

《国家级一流本科课程申报书》的填写工作是线上线下混合式一流课程申报工作中最重要

---

① 孙长永、李燕：《建设一流研究生课程　培养一流法治人才——西南政法大学法学专业研究生课程改革实践探索》，《学位与研究生教育》2017 年第 8 期。

② 刘婷、陈瑶：《慕课支持下的混合式教学模式实验研究——以“实用日语（上）”慕课为例》，《现代教育技术》2019 年第 12 期。

③ 邓忠波：《大学课程中“水课”现象审视与“金课”建设进路》，《中国电化教育》2020 年第 4 期。

的一部分，以下就申报书中经常出现错误的几个方面一一梳理。

第一，填写线上线下混合式一流课程申报书，最容易出现错误的是“学时”部分。文件要求线上线下混合式一流课程安排20%—50%的教学时间实施学生线上自主学习，因此线上学时部分应满足占比不少于总课时的20%的要求。针对线上学时未在教务系统学时中体现的课程，建议在填写时，课堂学时与校内学时保持一致，总学时由课堂学时叠加线上学时组成，但必须保证线上学时符合线上线下混合式一流课程安排所要求的教学实践（见图9-5）。

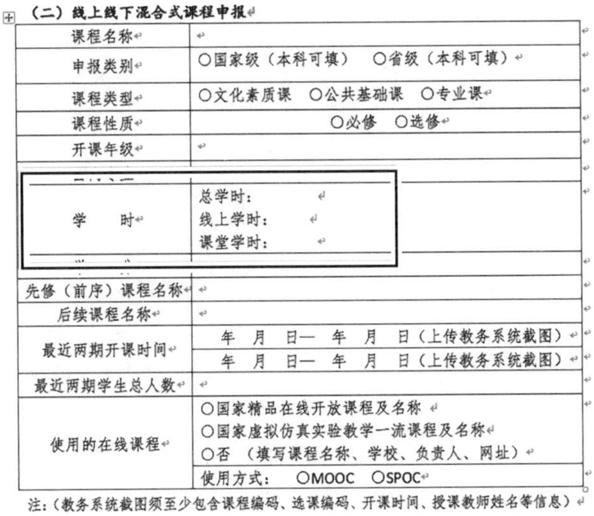

（二）线上线下混合式课程申报

课程名称	
申报类别	○国家级（本科可填）　○省级（本科可填）
课程类型	○文化素质课　○公共基础课　○专业课
课程性质	○必修　○选修
开课年级	
学　时	总学时： 线上学时： 课堂学时：
先修（前序）课程名称	
后续课程名称	
最近两期开课时间	年　月　日—　年　月　日（上传教务系统截图） 年　月　日—　年　月　日（上传教务系统截图）
最近两期学生总人数	
使用的在线课程	○国家精品在线开放课程及名称 ○国家虚拟仿真实验教学一流课程及名称 ○否　（填写课程名称、学校、负责人、网址） 使用方式：　○MOOC　○SPOC

注:（教务系统截图须至少包含课程编码、选课编码、开课时间、授课教师姓名等信息）

图 9-5

第二，线上线下混合式课程必须使用线上资源，在教师明确了需要解决的教学问题后，要选取优质的线上教学资源应用于混合式教学。线上资源既可以选择教师自己建设的慕课，也鼓励使用其他教师建设的国家精品在线开放课程。确保填写的网址链接有效，以供专家点击进入查看（见图9-6）。

（二）线上线下混合式课程申报

课程名称	
申报类别	○国家级（本科可填）　○省级（本科可填）
课程类型	○文化素质课　○公共基础课　○专业课
课程性质	○必修　○选修
开课年级	
面向专业	
学　时	总学时： 线上学时： 课堂学时：
学　分	
先修（前序）课程名称	
后续课程名称	
最近两期开课时间	年　月　日—　年　月　日（上传教务系统截图） 年　月　日—　年　月　日（上传教务系统截图）
使用的在线课程	○国家精品在线开放课程及名称 ○国家虚拟仿真实验教学一流课程及名称 ○否　（填写课程名称、学校、负责人、网址） 使用方式：　○MOOC　○SPOC

注:（教务系统截图须至少包含课程编码、选课编码、开课时间、授课教师姓名等信息）

图 9-6

第三，课程团队主要成员填写中，序号 1 为课程负责人，课程负责人及团队其他主要成员人数限 5 人之内（见图 9-7）。申报书教学团队成员必须参与本课程的讲授，可由教务处开具授课证明。授课教师（课程负责人）教学情况部分，要求课程负责人结合近 5 年来在承担学校教学任务、开展教学研究、获得教学奖励方面的突出情况进行填写。其中，教学任务部分最好有开授课程及指导学生的具体数据支撑；教学研究需突出教学改革成果，探讨线上线下混合式教学的特点和方法。

一、授课教师（教学团队）

课程团队主要成员 （序号 1 为课程负责人，课程负责人及团队其他主要成员总人数限 5 人之内）								
序号	姓名	单位	出生年月	职务	职称	手机号码	电子邮箱	教学任务

授课教师（课程负责人）教学情况（300 字以内）
（教学经历：近 5 年来在承担学校教学任务、开展教学研究、获得教学奖励方面的情况）

图 9-7

第四，课程目标中，要求申报教师在规定的字数内，结合本校办学定位、学生情况、本专业人才培养的要求，具体描述学习本课程后学生应该达到的知识水平和能力水平，每一个要点的阐述都必不可少且需紧密关联。

第五，课程建设及应用情况，建议教师根据要求分段落表述（见图 9-8）。（1）课程的建设发展历程。主要阐述课程及学科近 3～5 年的发展历程，每个阶段分段，突出成绩或结果。（2）课程与教学改革要解决的重点问题。主要阐述本课程在传统教学中遇到的突出问题，问题一定要表达清晰、准确，有针对性，客观上能够通过一定举措解决，以便和后续教学改革的措施对应。另外，特别要注意，在对问题进行概括性阐述时，最好保持每个问题的字数大体相同，可资借鉴的具有普遍性的问题描述如“理论学习与实务脱节”“信息化技术与教育教学的深度融合”等。（3）课程内容与资源建设及应用情况。主要阐述课程团队在教学内容和辅助的一些资源上做了哪些补充，比如平台、案例、教材、题库等。考虑到线上线下混合式一流课程申报的特殊性，申报团队应结合课程特点，充分利用线上、线下资源搭建全面深入的学习平台，分别从线上、线下两条主线进行阐述。若内容较多，建议采用表格的形式，以更加清晰、明确。（4）课程教学内容及组织实施情况。简要阐述课程主要章节的知识点，尤其要表达清楚对应知识点的线上和线下教学的安排，符合混合式教学特点。（5）课程成绩评定方式。主要阐述学生获得成绩的依据，建议突出过程性指标的占比，若过程性指标较多，建议采用表格的形式，使内容清晰、明确。（6）课程评价及改革成效等情况。主要阐述学校督导、同行、社会、学生对于本课程的评价，以及教师或学生获得的奖项或成果，或者课程内容、课程体系、师生互动、知识生成等方面在教学改革中的优化，但都必须和本课程有直接的关联（见图 9-8）。

三、课程建设及应用情况（1500 字以内）

（本课程的建设发展历程，课程与教学改革要解决的重点问题，课程内容与资源建设及应用情况，课程教学内容及组织实施情况，课程成绩评定方式，课程评价及改革成效等情况。）

图 9-8

第六，课程特色与创新。建议分段落，列出主题句进行阐述。可以从教学内容、教学方法、教学环境、教学团队等方面梳理，也可以从学生角度阐述给学生学习带来的改变，比如成绩的进步、思维的提升、能力的提高、价值观的塑造等。创新方面，可重点从教学模式、依托的现代化教学资源、混合式课程结构设计等方面阐述（见图 9-9）。

四、课程特色与创新（500 字以内）

（概述本课程的特色及教学改革创新点。）

图 9-9

第七，课程建设计划。建议在拟申报课程的已有教学计划的基础上，根据申报国家一流课程的要求予以修改。建设计划内容应尽量充实、具体，具有可执行性，能够配合教学改革的要求，与时俱进。

第八，附件材料中，1—6 为必备材料，7—11 为可选材料。随着各学科课程建设的发展，建议能够提供的附件材料尽量完整，以便更好地展示课程的全貌及亮点。

第十章　一流课程方阵的助教工作

在各类一流课程中，线下一流课程的助教工作是最为具体的工作，线上一流课程和虚拟仿真实验教学一流课程的助教工作具有一定的特殊性，而线上线下混合式一流课程的助教工作则是这三类助教工作的融会贯通。①

第一节　线上一流课程的助教工作

线上一流课程的助教工作主要是在完成课程内容更新的基础上，在课程上线期间进行系统的管理，包括开课设置、批改作业与答疑、提交成绩并完成结课等几个方面。在正式开课之后，学生们通常就能自主开始线上学习了，此时作为助教主要通过 PC 端或 App 端工作。工作内容包括敦促学生跟紧学习进度、查看各章的学生成绩，如有异常及时解决或反馈等。另外，还需定期在课程论坛发布帖子以及在问答版块发布提问并回答学生的问题，对于自己把握不准的问题应及时请教授课教师。

一、线上一流课程准备中的助教工作

（一）助教资格申请与工作培训

基于教学管理的要求，助教应当先向教务处申请资格，填写相关课程和助教信息，再由教务处审核和登记。不同于其他传统形式的课程助教，线上一流课程可能搭建在不同的专业课程平台，所以学校应当对线上一流课程助教进行统一培训，由相应的平台运营公司工作人员针对平台的使用方法、助教的平时工作等内容进行详细的讲解和指导。培训合格后方可成为一名线上一流课程助教。

（二）助教账号申请

通常线上一流课程在校内应有相应的实体课程，申请助教资格成功后，学校和课程平台会统一为助教注册账号②，并自动关联到对应课程。助教账号在平台课程上有助教权限，可配合教师进行教学和管理工作。如果课程在线下没有对应的实体课程，仅作为面向全国高校的共享课，学校将会因为教务系统没有这门课的信息，而不能创建此课程的助教账号。此时，需要通过教务教师联系对应课程平台的客服，手动注册助教账号并关联到相应课程。

---

① 田媛、席玉婷：《高校混合课堂教学模式的应用研究》，《中国大学教学》2020 年第 8 期。

② 【账号登录问题】中国大学 MOOC 网站线上课程内容的更新修改必须使用教师账号或助教账号登录，且一个账户不能重复登录，需要协商好时间轮流登录教师账户或通过教师账号授权添加助教账号来完成。

（三）线上课程助教研讨会

开课之前，开课学校的线上助教应当组织一次研讨会，向其他选课学校的助教介绍该门课程以及助教工作内容，加强沟通和交流，增进各个选课学校间助教的联系。由于其他学校的助教需要同步参会，所以应当提前一周向线上课程平台的工作人员确认具体的研讨会时间，并公告到所有选课学校的助教；提前向学校教务部门申请借用多媒体教室，用于研讨会的直播。为了提高效率，研讨会当天需要提前前往多媒体教室，协助线上课程平台人员调试设备，尤其要注意话筒、摄像头等设备能否正常使用。

二、线上一流课程运行中的助教工作

（一）线上课程群管理

为辅助学生对线上一流课程的学习，增强其积极参与性，在学生充分利用便捷性手机网络的条件下，授课教师可考虑建立 QQ 群。在自媒体时代，学生获取知识的途径增多，交流的方式增多，之所以选择 QQ 群作为 SPOC 学生学习交流的方式，是因为：（1）QQ 群是一款免费的软件，用户量大，学生亦能快速熟练地操作使用。（2）QQ 群的聊天交流功能支持文字、语音、图片、视频等多种方式，学生在线学习交流讨论时形式丰富而生动。① （3）QQ 群可以充分利用微信公众平台的丰富信息资源以及微信和其他新闻媒体网络（如新浪网、人人网）、自媒体相关联的特点帮助学生实现资源共享。②

一门完整的线上一流课程主要由两部分组成：（1）选课学生在国内外公开 MOOC 平台上学习。（2）各高校专业教师在学生观看视频的基础上在校内组织专业讨论，以 SPOC 的形式加深学生对所学知识的理解。与此相适应，线上一流课程在线双向资源的管理也应当从这两部分着手：论坛是 MOOC 平台特有的栏目，所面对的是不特定的在 MOOC 平台上选课的学生，由于选课学生专业基础知识参差不齐，论坛提问所涉及的内容范围可能并不限于专业知识，因此要求论坛管理者不仅具备一定的专业水平，还需具备一定的技能水平，要能每天抽出固定时间回答论坛选课学生的提问；QQ 群则应当成为校内 SPOC 选课学生专有的交流渠道，参加校内 SPOC 的学生专业基础知识相差不大，基本具备就某一问题展开深入讨论的能力，因此，QQ 群管理者需由对专业课程具有一定理解的硕士生或博士生担任，由于 QQ 群交流比较便捷，管理者不需要每天固定时间回答学生的提问，而应根据学生提出的问题随时回答。③

（二）线上课程的考勤管理

线上课程中如果有学生出现掉线、闪退、网络延迟等特殊情况，要及时与助教沟通。课后若有同学告知助教因特殊事由没有参与线上学习，应当要求其提供相关凭证，否则不得轻易为其标注“请假”。

如处在诸如疫情期间等特殊时期，通常采用学生参与线上一流课程学习与教师通过腾讯会议为学生线上答疑相结合的“线上+直播”方式授课，此时多采用对会议参与人员列表界面截

① 王孝金、穆肃：《在线学习中深层次学习影响因素研究》，《电化教育研究》2020 年第 10 期。
② 王宇：《高校慕课学分认定的模式、维度及其拓展性应用》，《现代教育技术》2020 年第 9 期。
③ 康叶钦：《在线教育的“后 MOOC 时代”——SPOC 解析》，《清华大学教育研究》2014 年第 1 期。

图的方式签到。但由于学生的设备、网络状况不一，且腾讯会议有在会议进行时无法打开其他窗口、切换其他程序，否则自动断线的保护措施，因此助教应在课堂开始后以不定时多次随机截图的方式签到。

（三）线上课程申请考试机房

一般要在该学期初在学校的网站上下载申请表，依次交由学院教务部门、学校教务处、设备处签章，然后将全部签章完毕的申请表交至学校的机房管理处，告知其来意和考试的具体安排、需要的电脑台数，请其安排符合要求的具体机房，记住所安排的机房教室号，并告知授课教师及其他监考教师，通知选课的学生。由于参考同学较多，一般会申请两个机房，故双学位课助教与线上课程平台助教应当和法学院各位教师一起监考，一人负责一处考场，即时处理电脑故障等突发情况，考试过程中对因电脑问题而无法准时开始答题的同学要给予安抚。若因电脑故障或其他原因实在无法登入考试系统，则告知该同学待其他同学作答完毕后使用已经作答完毕的同学的电脑答题，同时与教师沟通适当延长该同学的作答时间。

（四）线上课程考试注意事项

在考试前一天发布考试注意事项，提醒学生在考试前检查自己的网络是否通畅，电脑或手机电量是否充足，一旦点击“开始考试”，考试即开始，平台即开始计时，不要因为好奇或者其他各种原因登录进去不做题或者题做一半就直接强制退出或者关闭浏览器，以上因个人行为导致成绩为 0 分或者不理想的后果由学生自负。此外，还要提前告知学生考试过程中如果发现卡屏了不要着急，换个手机或者电脑再登录试试，只要考试时间没到都可以继续答题。如果确实因为网络异常无法答题的，就联系客服或者教师说明情况。提交试卷以后能在“作业考试”那一栏看到自己期末试卷的分数，如果发现自己认真答完所有题以后分数为 0 或者异常的，马上提交客服或者联系教师，在考试周期内都可以想办法处理。

（五）线上课程录入成绩

录入成绩前，首先应当在系统内设置好不同部分（考勤+平时作业+期末）的占比。录入成绩有两种形式：一是直接在系统内挨个输入每一部分的成绩，由系统自动按照比例生成最终成绩；二是在 Excel 表格中填好学生成绩，再导入系统内。两种方式各有优势：第一种直接、准确，不容易出岔子。第二种可以利用软件的搜索功能，直接定位学生姓名填入成绩。但要注意的是，这个表格必须先从系统里导出，只有从系统里导出的名单才是最终名单，该名单的排序也和系统里的排序一致。若用其他名单则无法录入。

（六）线上课程发放证书

对所有的“确认成绩”操作完成后，需要在“工具”下的“学生成绩管理”处点击“成绩提交审核”选项，待审核通过后，打开“工具”下的“学生成绩管理”，点击“确认成绩无误，同意发放证书”选项，随后即可开放认证证书的申请。在“工具”下的“认证证书管理”一栏里设定认证证书价格和开放申请时长，然后发送通知，通知学生申请。目前中国大学 MOOC 不提供免费证书。

第二节　线下一流课程的助教工作

一、线下一流课程准备中的助教工作

（一）助教线下工作概述

助教的线下工作内容包括但不限于掌握教学内容及进度、协助教师的教学、与学生进行沟通①等。在与学生沟通交流的过程中不仅要平易近人、与他们有感同身受的情感共鸣，更重要的是要在此基础上引导学生掌握学习方法，提高自我学习能力，建立并强化独立思考、判断的能力，激发和鼓励学生的创新意识。

在日常学习中要特别重视学生对专业知识的获取与良好学术规范习惯的养成，一旦遇到不肯花时间和精力阅读文献、书籍等资料完成学术论文写作的同学，要及时提醒并积极引导他们大量吸收优质思想、观点从而有效输出自己的独特见解。经屡次提醒仍不遵守学术规范的，报告教师处理。切记不要一味为了和学生保持良好关系而纵容此种失去学术底线的行为，否则便偏离了“助教”这一职业的工作性质。此外，也不应对该类学生事无巨细地提醒、宽容，应充分保持助教的威严与责任心。

作为一名线下课程助教，在课前应做好充足的课前准备，比如电脑、多媒体等器材要确保可以正常使用②，必要时可以向以前担任过线下课程助教的同学寻求经验。在上课前一天要与授课教师联系，询问授课教师课堂上需配合的工作；在课程中，要全方位关注课堂动态，充分注意学生的上课情况，了解同学及教师需求，细致记录教师布置的事项，协助教师处理课堂上的相关事务；在课后，与选课学生的班长或课代表保持联系，对学生的有关课堂问题及时解决处理，对学生之间存在共性的问题收集后报告给教师，个性化的问题视情况有针对性地解决或必要时交由教师解决，做好学生与教师沟通的桥梁。结课后，及时向教务教师询问课程考核内容、考核方式；采用课程论文形式的，由班长/课代表收齐选课学生的论文后打印供教师评阅；教师评阅完毕，应及时协助教师在教务系统内录入分数；若有学生反映分数不合理，应及时询问教师是否安排复查。

综上，助教一定要注意细节，尽力将一切准备工作都做到上课前，与教师之间的沟通、跟课人员的通知、资料的准备等要提前规划。这样，即使出现突发情况也有时间补救，在作好充分的准备情况下还可以使自己有足够的精力听课，在完成助教工作的同时提升自身的专业知识水平。

（二）课前准备中的助教工作

1. 组建课程群

部分课程性质为选修课，如“亲属继承法”课程，因此绝大部分学生来自法学院，但也

---

① 【助教和同学的沟通技巧】助教要注意和学生交流的密切度。首先要多交流，拉近和学生的距离，从而让双方交流更畅通、更高效。其次，为了提高交流的效果，可以选择教室以外的场所，和学生在一个更放松的环境中交流。最后，助教在和学生的交流中还要注意不要大包大揽地给学生讲解自己的观点和看法，要注意引导学生去思考。

② 【硬件设备的良好运作】设备良好对于一堂课的进展至关重要，也关乎教师的心情与课堂的氛围，所以助教在课前一定要全面、细致地检查本堂课所需的硬件设施，大到可以多准备一台笔记本电脑、一个充满电的麦克风，小到依次试播确定需要展示的视频声音是否正常、图画是否清晰。

有少数同学来自学校其他学院。为了方便与所有选修该课程的学生取得联系并及时向教师汇报和反馈相关信息，在第一次正式开课之前，助教应组建用于回答问题、发布课程与期末考试信息的课程群，并通知所有选修本门课程的学生加入该课程群。同学们需按照“年级+学院+姓名”的格式修改群名片。在疫情期间，线上课程是主要的上课形式，由于无法与同学们面对面交流，组建课程群就显得更为重要。①

2. 软件选择

随着互联网技术日益发达，聊天通信软件也日益增多。目前市面上使用频率较高的几款软件主要有微信、QQ 和钉钉，考虑到目前钉钉的主要用户是上班族，大多数同学并没有此软件，如使用还需要花时间注册并指导学生使用，便没有采用此软件作为通信软件。目前大部分学生都已经有微信和 QQ 账号并已熟悉其操作方式，对比两款软件并结合课堂需要，发现 QQ 群更适合成为疫情期间的授课交流群，因为 QQ 群相较于微信群有以下几大优势：(1) 微信群的进入需采用邀请制并有人数上限，校级公开课的学生基本上互相都不认识便难以入群，如一个一个邀请则会产生大量不必要的工作；而 QQ 群不但可以邀请进群，还可由学生搜索群号后点击加入，由管理员审核之后进入。(2) 在微信群上传文件后若学生没有及时下载，一周后便会因过期而无法下载；QQ 群则会将文件保留在群文件夹里，无论何时，学生皆可自主选择下载。(3) 如果学生在学习过程中遇到问题需要询问助教/授课教师，在微信群上需添加助教/授课教师后方能询问，这样助教/授课教师的微信人数便容易达到上限而无法添加；而 QQ 群有私戳弹窗功能，同学们无须添加助教/授课教师即可询问。(4) 在教学过程中，常常需要在公告栏发布作业、注意事项等通知，在微信群，学生只能翻阅历史聊天记录才能了解之前发布的通知；而 QQ 群可以在公告栏里直接翻阅已经发布过的通知。

3. 准备参考资料

学生在学习过程中对相关法律法规的学习尤为重要，只有对法条和司法解释足够熟悉和了解才能解决实际问题并从中发现立法之不足和待完善的地方。教师可在正式授课前 2—3 天在授课交流群中告诉学生先自己试着查阅有关的法条，并让助教找好相关的法条和司法解释，在上课之前发布到群里，这样既能锻炼学生寻找法条的能力，也可避免一些学生因为找不到法条而耽误上课。

在日常学习中，很多学生都有提前预习课程内容的习惯，教师可以先让助教搜索 MOOC 课程中有关的优秀课程，在总结每个课程的优缺点后结合自己的讲课顺序，从中挑选最适合的 MOOC 课程，让助教发布到授课交流群中供学生提前预习。②

4. 收集时事热点

学习法律不可只钻研法条，还需结合案例，而时事热点往往与有关法律的适用有关。平时需多留意与课程有关的时事热点，若出现值得深度探讨并适合目前授课内容的案例，可及时搜

---

① 张建卫等：《疫情防控期高校在线教学与学生发展：基于 B 大学的案例研究》，《中国高教研究》2020 年第 6 期。

② 【MOOC 的使用说明书】由于每次都有未使用过 MOOC 的学生，教师可让助教在发布 MOOC 课程前先制作简单的使用说明书，以便学生更好、更快地学习使用。

索与此案例有关的文字内容、解说视频①等材料，最后由教师决定上课使用的具体材料内容。

（三）课前助教通知内容

1. 公示学生选课名单

在有学生名单的情况下，助教应向学生公示名单并让他们一一核对。有的学生可能选了该门课但因粗心大意而漏上，也有的同学可能选课时没选该门课但盲目跟随同班同学来上课，期末时才发现自己并未选该课，因此在首堂课上公示与核对名单很有必要，可以有效避免类似的“乌龙”事件。在对选课学生名单核对无误之后，告知所有学生在新建的课程 QQ 群内根据名单中的序号将自己的群内备注②改为“序号+姓名”。通知下达一定时间后，若部分学生仍未修改其备注，可让群内的管理员查询资料并帮忙修改。若有序号和名字的备注，平时课堂上的点名或记录课堂表现、期末的录入成绩等事项就会比较省时省力，更加方便。针对平时群内每位同学的发言，助教也可有针对性地一对一解决。

2. 发布平台使用指南

在课程 QQ 群内，助教应向学生发放智慧树平台或其他互动教学软件的使用指南和相关注意事项，学生按照指南操作即可在平台上学习指定课程。为防止该项重要内容被群内会话消息淹没，助教应将该操作指南发布为文档或 PDF 格式，通过群通告的方式提醒所有同学注意，并让同学们及时保存以防止文件过期后无法下载。对于同学们在操作中存在的共性问题应及时在群内作出解答，助教还可以组织所有选该门课程的学生在首次课堂开始之前在平台上模拟一次课流程的模拟，及时解决模拟过程中出现的问题，避免正式上课时耽误正常的进度。在每次线上上课之前，助教均应提前 10 分钟组织学生进入平台，确保系统运行顺畅。

对于学生在使用操作平台过程中出现的个性问题，可以先让学生向班长反馈，由班长先行解决，班长无法解决的再反馈至助教，以免个性化问题过多过杂导致群内共性问题的解决办法相关信息被淹没，很多同学无法获取有效信息。共性问题的解决流程也最好通过文档的方式发布，且提醒所有人查阅，这样方便学生查看，也能避免就同样问题重复提问。

3. 发布教师推荐书目

助教应在课程群内发布教师推荐的书目和补充相关学习资料。助教可将教师罗列的书目进行分类并加以简单介绍，方便学生快速获取自己想读书目的信息。为避免文件过期无法加载或被清理，应提醒同学们及时下载需要的内容加以保存；后续还应根据课程进度，及时更新与充实相关学习资料。若学生对某本书有共同需求，可组织统一购买或在网上搜索相应的电子书资源共享。

4. 班会通知课堂要求

通常第一次正式上课的前一天，助教要在课程群内召开一次班会。班会的主要内容包括以下几个方面：

---

① 【案例材料视频的选取与下载】若查找的案例材料是视频的方式，最好找时长较短、解说清晰、画面内容生动有趣的视频，这样既可以高效传递信息又能吸引学生的注意。视频下载时需注意选择好视频本身的分辨率和格式，以避免出现画面不清晰、加载时间过久、与教学楼播放设备不兼容的情况。

② 【群成员备注的修改】通过发布群公告的方式提醒群成员修改备注，在不断有新成员入群的过程中应多次提醒新进成员修改备注。在遇到忘记自行修改的学生时，应及时联系群内管理员帮助修改，并提醒该学生，帮助其养成及时、自觉完成群内任务的习惯。

第一，课程概况。为了让学生对所选课程的学习内容有大致了解，助教会依次介绍本门课程的课程名称、学时、课程学分、教学方式、教学体系、授课时间、考核方式及成绩构成等。在了解了以上信息后，学生对本门课程便有了初步的认知。对于课程有任何疑问，都可立即提出。对于一些共性问题，由助教收集后统一回复并发布在群公告中。

第二，作业要求。在一学期的课程中，教师会布置五到六次课后作业，包括但不限于案例分析等。学生应当结合教师课上所讲内容，查找相关的文献资料，独立完成书面作业并提交。在格式上，学生需统一按照“四川大学课程论文”的格式要求对论文进行修改，提交时需以“学号+姓名+第×次作业”来命名，以便教师批改作业和助教统计平时成绩。

第三，小组划分。一个教学班级人数可达到百人，若每一个人都直接提交作业给助教不免会显得杂乱，还往往会出现漏收、错收、丢作业、未署名的情况。为此，助教可根据教学班人数进行小组划分，每组人数控制在 10 人到 20 人不等，组员需先将作业提交给对应的组长，由组长收齐后再提交给助教。疫情期间，学生提交的都是电子版文件，这样的做法可以大大提高效率，即便发生漏收、未署名等情况，也可迅速找到对应的组长和组员。

第四，纪律要求。无规矩不成方圆，教师希望并鼓励同学们独立思考、各抒己见、积极发言、踊跃发言，但发言的内容必须跟课堂教学有关，不得是其他内容。在作业方面，要求学生独立思考，禁止直接照搬照抄网上已有结论。

5. 通知期末考核方式①

由于一流课程采取了线上课程与线下课程相结合的上课方式，因此最终期末成绩一般根据线下教师在课堂上布置的作业完成情况、每堂课的考勤、期末考试分数以及线上的课程学习进度与章节测验完成情况综合评定。在所有学生进入群聊②后，应当在群内通过发布公告的方式公布最终期末成绩组成项以及各项所占比例，以确保每位选课学生知悉。助教在线下课堂与线上课程中应一一记录每位学生出勤、作业、课堂讨论等的参与情况与完成程度，并依此综合计算每位学生的平时成绩。

（四）课前制作签到表与统计考勤③

为保证课堂的出勤率④与方便期末成绩的核算，助教需要在课程开始前通过教务教师获取该门课程选课学生名单的电子版，制作成签到表备用。为避免签到表遗失并满足多次使用的需求，可将签到表打印多份，由教师和班长各执一份，方便教师及时了解出勤情况，也可通过班长了解本班同学未出席课堂的理由，掌握班级同学的动态。

助教经常会遇到有学生反馈签到表上没有他的名字，但他确实选了该门课程。这可能因为在制作签到表的时候学校的统一选课系统还未关闭，有些学生在选课系统即将关闭时才选修了

---

① 【考试信息的及时通知】在期末考试之前，要发布期末考试通知，并勾选“邮件通知”。非特殊情况下，双学位课期末考试为开卷考兼机考，双学位课助教要及时与教务处教师沟通安排考试场地，在确认考试场地和考试时间后，及时通知学生。

② 【助教在群聊中的引导作用】助教不等于教师，和学生之间不需要有很强的距离感，在向学生发送通知时可以用亲近一点的称呼、稍微轻快的结束语等，语气不要僵硬、死板，在收到学生私聊的问题时要有耐心，轻松地回答和对话。这样比较容易得到大家对于课程教学的真实反馈。

③ 【合理利用签到表】教师、助教和班长最好各持一份签到表，助教要在首堂课核对签到表上的人员名单，确保不多不漏，与实际情况不符的要及时更正。平时上课时要有效利用签到表，保证班级出勤率，以便计算平时成绩时有据可依。

④ 张丙印、于玉贞：《在线课堂的过程控制与教学效果分析》，《高等工程教育研究》2020 年第 5 期。

这门课程，导致从系统里导出的学生名单里没有他们的名字。对于这一问题，只需要在选课系统关闭后重新导出选课学生名单并制作签到表，或者让该学生将姓名签在签到表空白处即可。①

一学期结束后，统计学生的请假和无故缺勤天数也是一项繁杂的工程，助教需要在课前清点人数并记录请假学生人数，通过强调出勤纪律提高学生对课堂的重视程度。助教需做好每一次记录并在期末时提交给教师作为参考。

助教可以借助 Excel 工作表中的函数来完成。方法一：假设需要统计的第一位同学的单元格范围是 C2 至 C18，则我们应首先双击激活“请假次数”列下的第一个单元格，并在其中输入函数“COUNTIF”，随后在函数内输入公式：=COUNTIF（C2：C18，"请假"）。② 而统计无故缺勤次数时只需要将函数中的“请假”替换为“无故缺勤”即可。方法二：出勤记录也可以建立 Excel 表格进行统计。将同学们的学号和姓名设置为 Y 轴，课程日期设置为 X 轴，并在日期最后增加“请假次数”和“无故缺勤次数”两个单元格。若有同学请假，则在其学号姓名一行对应的日期单元格中标注“请假”，若无故缺勤，则标注“无故缺勤”，以便后期计算课程分数。需要注意的是，函数中所有的标点符号都必须使用英文半角符，若错打为中文全角则会导致函数报错。

（五）课前调试设备

随着科技水平的不断提高，学校教学楼的电子教学设备也随之不断更新。为了防止出现设备故障、不熟悉设备、教学材料与设备不兼容等情况，学校将新的电子教学设备操作指南发给教师后，教师可与助教一起提前到现场熟悉新的教学设备。线下一流课程的助教在每次线下课堂开始前都要做好充分的课前准备。例如，每节课上课前助教可以提前 40 分钟到达相应教室调试设备，将本堂课所需课件拷贝在教室电脑上，确保课件播放正常，视频正常出声，投影显示正常，话筒正常工作，音响正常，同时也要做好准备应对上课过程中电脑死机、话筒没电等情况，准备好备用的电源线、电脑、话筒等设施以备不时之需。助教在上课前应当对 PPT③ 进行专门的调整测试，以保证其正常显示。如果仍显示失常，助教需及时通知授课教师，并将课件上传至课程群，方便学生及时查阅并了解教学内容，同时与主管教学楼电子设备的负责人联络进行维修。

助教提前到教室也可协助教师处理上节课后学生遗留或新提出的问题、询问教师课上或课下需要的协助、了解教师接下来的流程等，做好呈现优质课堂的准备。

若要开展模拟法庭且授课设备已被提前测试过，助教可以提前 10—15 分钟到模拟法庭教室，安排本堂课扮演原被告等角色的同学提前就位，其他同学有秩序地坐在旁听席和监控室

---

① 【签到表中名单的确认】开学三周或四周进行课程补退选之后仍有可能发生变化，确定最终名单之后有必要一一确认是否漏人或多人，避免在期末核算成绩或录入成绩时才发现有学生多修或少修的情形。在期末核算成绩时，应根据签到表上的出勤情况按照相应比例计算在最终成绩中。

② 【用 Excel 表格统计考勤】第一位学生的请假次数被统计出来后，将光标移至该单元格右下角，出现黑色“+”号时向下拖动涵盖所有学生，其他学生的请假次数便会自动统计。

③ 【PPT 展示格式的一致性】制作 PPT 时，无论是否使用字体素材，均应在制作完成后依次点击 PPT 左上角功能区的“文件”—“选项”栏，随后在弹出的“选项”中单击“保存”栏，勾选“将字体嵌入文件”，以有效保证 PPT 在不同电脑和办公软件上显示的同一性，而该项下的“仅嵌入演示文稿中使用的字符”或“嵌入所有字符”则根据该 PPT 是否需要进一步修订等具体情况选择。

中；还要再次测试麦克风、音响、投影仪等设备，尤其要让本堂课上需要大段发言的同学提前学会操作开关麦克风与适应使用麦克风时音量的控制；如在试用时存在问题，应及时联系管理人员处理。

二、线下一流课程运行中的助教工作

（一）助教在课程运行中的课上工作

1. 助教的位置

线下课堂的授课教室是传统的矩形结构，能够容纳两个班的学生 70 人左右。虽然助教严格意义上并不属于这堂课的学生，但仍应当坐在正对着教师的第一排，最好在投影幕布下方，这样一方面方便接受教师的指令，另一方面也能及时应对课堂运行过程中的突发情况。模拟法庭的授课教室是法学院按照真实法庭的比例打造的，但受其容量所限，未能进入法庭旁听席的同学会被分流到监控室观摩模拟，由于模拟法庭的组织管理由另外的实践教师负责，因此助教应当前往监控室坐在观摩席的第一排，协助调整摄像头位置并维持整体的秩序。

2. 教师工作提醒

教师有时会安排助教在特定时间提醒他开展某项工作，助教一定要记得按时提醒。为了不打断教师的思路、不影响课堂秩序，助教可以提前将需要提醒的内容写在便签上，在提醒时间前的 5—10 分钟注意教师讲课的节点，在某一个段落或某一部分知识讲授完毕后的空白时间，将写好提醒事项的便签放入讲台，这样教师便能注意到该事项并合理安排时间，保证课堂的连贯性和逻辑性。而助教为防止自己忘记，不仅可以在手机中设置定时提醒事项，也可以制作便签粘贴在笔记本电脑的触摸板附近。使用手机创建提醒事项后，一定要记得在上课开启静音模式的同时打开震动。

3. 课程运行中的设备管理

在运行过程中，可能会因系统版本过新等导致在播放 PPT 时出现格式不匹配、文本框和图片显示位置错误、乱码等一些意料之外的问题。这时助教要帮助教师调试设备，使其正常运转。如果经调试后仍不能恢复正常，助教应及时将备用笔记本电脑拿给教师，并通过 HDMI 线连接投影仪直接播放 PPT。仍不能解决问题的，助教应通过打电话或寻找工作人员等方式，请相关人员进教室修理。

4. 课程运行中的考勤管理

助教在线下课程运行中的考勤管理工作需要注意以下情况：（1）在正式上课前要和教师确认考勤部分占总成绩的比重、考勤次数和考勤方式。考勤一般采用签到①或点名的方式，如果教师要求使用专门的签到软件考勤，应当通知学生提前下载好相关的应用。多位教师合上的课程，应当与主要负责的教师确认是否每位教师分配一次考勤，具体方式由教师们各自确定。（2）需要现场在纸质签到表上签到的，由于学生较多，助教打印时最好将其根据学号顺序分为两张，方便学生签字。正式上课前，助教应当提前 20 分钟左右到达教室，坐在靠走廊一侧。

---

① 【提高签到的效率】直接让学生找第几页的哪个位置，这样就可以省去签到时找自己名字的时间。正式上课时要及时停止签到，告知学生下课继续，不得耽误教师的正常教学。若有学生课间也没有排队签上到，助教应当在教师授课完毕后提醒没有签到的学生签到。为了节约时间，应当将名单提前发到群内。

到达后在 QQ 群内通知学生本节课需要签到，到教室后依次排队在签到表上签到后入座。

5. 课堂互动记录工作

在一般线下课堂上，回答教师问题或在课堂提问阶段主动向教师提问的同学可以加互动分作为平时成绩的一部分。而在模拟法庭中，互动的形式则更加多样化，旁听的同学不仅可以向教师提问，还可以与庭上的任何一位同学互动。助教应当在下课时及时在教室通知刚刚互动过的同学到助教处登记信息。但因为上课的人数较多，为了使更多的学生特别是性格较为内向的学生能够获得回答问题或提问的机会，平时成绩的互动分部分最好设置上限，例如一位同学参与互动 3 次即可获得满分。

若处在诸如疫情期间等特殊时期，课堂互动表现为学生在参加线上一流课程后通过腾讯会议讨论区发言的方式向教师提问，但因为受到学生网络、设备、环境等诸多因素的影响，助教需要及时将学生在聊天界面提出的问题复制粘贴做好文档保存备份，最后与教师商议是否作为互动加分。

（二）助教在课程运行中的课下工作

1. 作业收取

首先，助教需要在教师布置作业后及时组织学生提交课程作业。线下上课时，同学们需提交纸质版作业给各自的组长，各组长收集之后再交给助教。疫情期间，同学们主要提交电子版作业，仍然由组长收集后以压缩包形式发送邮件①给助教。为了避免作业与助教自身的邮件混淆，可以注册一个单独的邮箱用于作业的收发。②

其次，助教在收到作业后③，应当及时检查，确认无误后统一提交给教师。至迟在一个星期以内助教应当将作业的收取情况以表格的方式公布在群内，并发布消息提醒所有同学核对作业是否已提交，若出现问题及时与助教和教师联系。

最后，在协助教师批改作业的过程中，对于不符合提交要求以及违反学术规范的作业应首先进行必要的提醒，经修改后仍不符合要求的，请示教师是否对其予以减分或按不合格处理。

2. 沟通教师和学生

助教需要适时向学生传达教师关于授课和结课的相关安排。结课④要求一般应在 QQ 群和微信公众号上同时发布。而针对课下学生提出的未能在课间解答的问题，助教需要及时汇总记录并反馈给教师。

3. 录入平时成绩

本门课程的平时成绩由课堂互动、课后作业和考勤三部分组成，课后作业一般有四次到五次。由于本门课程的选课学生人数较多，平时成绩录入的工作量也相对较大，因而助教应当在

---

① 【邮件作业的收集】助教在收取学生发送的作业邮件后一定要逐一核对，落实未交作业的同学名单，并仔细搜寻垃圾箱中是否有被屏蔽的邮件。尤其注意，收平时作业和收期末论文可能用的是不同邮箱，易出现学生发错邮箱的情况。助教应当在论文提交截止前几天再次在群内@全体成员，通知大家确认发送到正确的邮箱中，如果发错了也可以及时重新发送。

② 钟珊：《疫情期间毕业设计（论文）线上组织与实践探索》，《中国大学教学》2020 年第 9 期。

③ 【分类建文件夹】建议在分类打包的过程中，提前建好对应方向的文件夹，然后将学生邮件所附的文件直接存入对应文件夹。这样做的原因，一是不容易出错，二是若统一存入后再逐一分类，步骤会过于繁琐。

④ 【提交成绩并完成结课】在课程结束，助教批改完期末试卷后，就进入结课阶段。结课的程序与开课相似，助教需要和负责教师联系，确认流程并开始结课程序。完成确认后，助教即可按照要求提交学生成绩、制作结课证明并完成结课。通常各大线上课程平台对于结课都有详细的教程，助教根据教程逐步完成即可，确保结课程序顺利结束。

教师批改完成作业后尽快将成绩录入电脑中。登录教务系统后，可以选择将选课学生名单导出，导出的Excel文件中包括学生的姓名、学号等，助教可以把平时成绩输入该表格中，在期末时再将该表格导入教务系统即可，这样可以最大限度地避免成绩输入错误。

4. 管理学习进度

考试前大概一个月，助教需要在线上课程平台以及QQ群里提醒学生尽快完成网络视频课学习以及章节测试，因为期末考试一旦开始，所有课程不再计入成绩。尤其需要提醒本校选课学生注意，对于所有选课学生而言，期末考试的时间是一个时间段，可能包含了好几天的时间，其他选课学校的学生可以选择任一时间段进入考试。例如，线上课程平台系统上设置的期末考试时间段为6月10日至6月17日，期末考试时间为120分钟，外校学生可以选择10日至17日期间的任一时间进行考试。而本校学生的统一机房考试时间可能为12日9：00至11：00。如此可能导致部分本校学生误以为12日9时之前都可以学习网络视频课和做测试，其实真实情况是截至9日晚24：00就不再计入学习进度分数了，只能够通过观看网络视频课复习功课。

5. 协助作业批改

期末考试论文的数量较大，批改需要一定时间，可通过制作表格核对提交期末作业的学生名单，以学院为单位依次批改作业。大部分学生会按照要求认真完成作业，少部分同学会在作业格式上存在问题，还有同学会重复提交或者遗漏作业内容，助教要在后期通过学生群提醒作业有问题的学生完善并重新提交。学生在提交作业的同时对课程提出了合理建议的，可以予以加分。①

6. 协助论文查重与处理

第一，检测方法。助教应当应教师要求，首先对学生论文通过百度或知网大致检索，看是否存在大段复制粘贴或直接使用他人学术成果（即整篇文章基本照搬）的情况。前者一经发现，期末成绩记为0分；后者一经发现，认定为抄袭，总成绩记为0分。检索时，助教可首先大致浏览学生论文，对于表述较为精炼、出彩、能体现出一定学术能力的句子或段落，复制粘贴，直接在百度里搜索，若照搬他人文章，会直接检索出重合度极高的结果，点入该搜索结果查看，判断学生是大段粘贴还是直接使用他人学术成果。学生在复制粘贴的基础上在某些细节处稍做改动，无法从百度搜索出对应原文的，可以使用知网。点击知网搜索框右边的“高级检索”按钮，进入“句子检索”，有“同一句同时包含”和“同一段同时包含”两种，助教可以输入质疑的段落、句子中的关键词，查看结果中是否有相似度较高的句子、段落，然后点进对应文章查看其他部分是否也较为相似。

第二，检测结果处理。大多数本科同学在写期末论文时或多或少都会有一些不规范的问题，但实际上很多不构成教师认定的记为0分的情况。当学生因此陷入紧张焦虑的状态时，很容易在心理上产生对教师的对抗情绪，此时助教不能不回应，回应也不能过于生硬。助教是介于学生和教师之间的角色，既要认清教师的用心也要体会同学的焦虑，要善于化解二者之间不

① 【特殊课程加分事项】“法律大数据”因为课程边授课边拍摄，学生到场配合课程拍摄、课堂积极互动、课后提问以及发表建议感想等都可以作为平时成绩的加分项。期末考试采用随堂心得加上期末小论文的方式，学生把文件打包发送到指定邮箱，以邮箱回复作为提交凭据。

应当存在的对立，要向学生耐心说明。助教大致查重①后，向教师反馈查重结果，与教师商量处理方式。若教师决定再给学生一次机会，可由助教在学生群里告知大致检索后的查重情况，向学生转达教师希望相关学生主动将自己大段复制粘贴或照搬原文的情况说清楚，附上具体被复制粘贴的期末论文与对应学术论文的部分。主动承认错误并说明情况后，可以重新提交期末论文。由教师对于主动承认错误、重新提交论文的学生酌情减轻惩罚。

第三，重新提交论文处理。重新提交论文的学生有三种：一是在第一轮检查中被查出有大段复制粘贴或直接使用他人学术成果的学生。二是第一轮检查中没有被查出，但确实存在复制粘贴他人学术成果的学生。三是没有直接复制粘贴的行为，浏览他人学术成果后转化为自己的观点叙述，自己通过某些渠道查重检测后发现重复率较高，于是发邮件说明情况的学生。对于以上学生重新提交的论文，应当再次检查，因从通知到重新提交的时间较短②，在抱有重新提交的论文很有可能不会再检查的侥幸心理下，有些学生很有可能二次抄袭。第二次检查后，对于新提交的论文，主要有以下几种处理方式：（1）二次检查仍然为存在大段复制粘贴或直接使用他人学术成果的，前者期末成绩 0 分，后者总成绩 0 分。（2）第一次被查出大段复制粘贴或直接使用他人学术成果的，有“自首”情节且第二次检查通过的，降低期末论文成绩。（3）因自己查重率较高担心的学生，因其本身并非大段复制粘贴或直接使用他人成果，故成绩不变动。（4）第一次检查时未通过且未“自首”的学生，按照原通知的方式处理。

7. 统计期末成绩

在教师批改完期末试卷③之后，助教应及时统计总成绩。统计完总成绩后，需再次进行复核。最终将所有学生的期末成绩输入教务系统，并设定成绩构成，系统会自动生成学生的最终成绩。

8. 成绩复核

助教应在录入完成绩后④，及时在课程群通知学生登录教务系统查看自己的成绩，如有异议及时向助教提出。学生对自己的成绩提出异议后，助教应当检查该同学期末考试各项题目的情况或者论文的得分情况、每一次平时作业的得分情况，发现确实计算错误的，应及时联系本院的教务教师更改成绩。⑤

---

① 【句段的查重方法】学生在某些细节处稍做改动，无法从百度搜索出对应原文的，可使用知网。点击知网搜索框“高级检索”，进入“句子检索”，助教可以输入质疑的段落句子中的关键词，查看是否有相似度较高的段落句子，然后点进对应文章查看其他部分是否也较为相似。

② 【迟交论文处理】对于晚于规定时间提交的论文，应当提前与教师沟通好如何处理，确认最终接收并正常打分，还是酌情扣分抑或直接记 0 分。确认好如何处理后，助教应当在教师反馈成绩之前每日早中晚查看邮箱，看有无学生补交论文，有学生补交的，发给教师打分。

③ 【试卷批改】期末试卷的发布意味着本门课程即将完结，期末试卷提交时间截止后，在“工具”栏下的“查看课程数据”里对期末试卷进行批改。批改完所有作业和期末试卷后，需要点击“查看课程数据”里的“确认成绩”选项，所有单元以及期末考试的“确认成绩”选项都需要点击。

④ 【成绩录入后的核验】成绩录入后建议随机挑几个学生的成绩核对一遍，保险起见可全部重新看一遍。

⑤ 【材料归档】确认成绩无误后，助教应整理归档所需的各项材料，具体包括课程考核方案、考试试题、成绩登记表、成绩统计分析报告与试卷分析报告、学生答卷、学生签到表等，按照以上顺序排列组合，封存至相应文件盒中，经由教务教师检查合格之后，完成材料归档。

第三节　特定类型课程的助教工作

一、模拟法庭中的助教工作

模拟法庭是一个庞大的教学环节，任务繁杂，不仅要统筹前期的时间、地点、人员和器材的安排，还要协调后期的摄像、录制和剪辑①，一个环节出了问题很可能造成整个教学内容功亏一篑，因此事前的规划安排、反复的检查与演练是解决问题的关键。在模拟法庭教学中，助教负责的区域是监控室。在通过摄像头转播的过程中有可能会出现声音过小或缺失，传输电缆接触不良导致画面传输不畅、花屏等情形，由于监控室设备的技术含量较高，出现意外时助教最好不要尝试自己调整，应当立即联系相关专业人员处理。根据以往经验，在教室里开展模拟法庭课堂教学的实际效果往往达不到预期，其中一个很重要的原因就是没有真实法庭庄严的氛围。线下一流课程使用的模拟法庭教室是四川大学法学院按照与真实法庭 1∶1 的比例打造的，并准备了法袍、律师袍、法槌等物品。

首先，引入要素式审判系统②。线下一流课程模拟法庭不仅形式真实，在庭审设备、庭审过程的“智慧”程度上更是超过了传统法庭。助教需要提前准备好并导入案件素材，课前协助教师进行分组分工，指导学生熟悉操作系统。例如，法官和原、被告席均配备有电脑，各方所需材料均可直接录入，省去了搬运案卷文书的麻烦。原、被告席上方分别有两块大屏幕，能在书记员的控制下即时显示案件的相关情况及原、被告双方的诉请和证据等，这就要求担任书记员的学生同时操控两台设备，需要事前反复练习，充分了解与熟悉如何应用系统。

其次，整个模拟法庭③在程序上均按照真实的法庭进行，参与模拟法庭的学生除了在法庭上发言外，还需要完成其所扮演④的角色在幕后所做的工作，助教需要提前安排各组学生做好资料准备工作，根据学生的脚本与现场互动情况记录相关问题，帮助教师指导教学。例如，被告人的辩护律师需要在开庭前将被告方的证据整理成册，并针对上诉人的上诉请求向法庭提交书面的答辩状等。

再次，在开庭时，也并非直奔争议焦点，包括宣布法庭纪律、告知当事人权利义务、询问当事人是否申请回避等细节均须完整呈现。助教需要现场组织开展模拟法庭，根据角色分工控制模拟法庭现场秩序与节奏，帮助教师展开教学活动。在模拟法庭相关程序结束后，旁听的学生可以与庭上的任何一位学生互动，互动的内容不限于提问，也不限于案件本身，程序问题、

① 【录制视频的后期剪辑】在需要录制的课堂上，因为需要考虑时间限制与整堂课在视频中的呈现效果，所以后期需要对课堂互动环节进行专门剪辑，尽量保留能够推动课堂进程的提问。

② 【智能设备的全面检查】利用要素式无纸化审判系统是模拟法庭最大的创新点，即在选定案例后，负责人员需提前将案件的要素信息输入电脑中，系统会根据已输入的要素自动识别并生成相关的法律文书。因此在庭审前，应对电脑、话筒、显示屏进行全面检查，并确保空调等机器的运行不会给拍摄造成影响。

③ 【模拟法庭分组】模拟法庭的分组要充分考虑每个案件原被告的人数以及案件的疑难情况。案情简单的，可由一个学生扮演多个角色；案情复杂的，需要每个角色都由一个学生来扮演。助教要提前阅读案例，对案情有基本的把握，根据选课人数具体分配。

④ 【法庭角色扮演】提醒学生每堂课都会记录法官、书记员的扮演人员。到 12 周左右，可以提醒还没有扮演过相关角色的学生抓紧机会，尽量使每一位学生都能扮演相关角色，熟悉法庭审理流程。

心路历程或单纯地提出建议都可以。学生提问后便进入教师点评环节。

最后，教师的点评多倾向于阐释在该类案件中法院的判决倾向和同学们容易忽略的点，而不是对整个案件下结论。因为在司法实践中，一个案件的最终结果更多地受到各方环境因素及法官自由裁量权的影响。助教需要记录教师的点评与学生的反馈，以便后续课堂更加顺畅有效。

二、国际周课程的助教工作

国际周课程的助教需要做好以下准备工作：（1）联系外教。第一封邮件需要向外教教师进行自我介绍，注意词汇表达和检查语法错误，在发送的同时可以抄送给相关教师，以便后续安排。最好在工作时间发送邮件，也要考虑到时差。①（2）发送邮件。助教向外教发送的每一封邮件，包括向外教问好的邮件都要抄送教师一份，这是邮件礼仪，切记！发邮件之前要提前在纸上或文档内记录清楚需要请外教提供的信息，发邮件时逐项写出，以免遗漏，同时要注意语言表达，尽可能用地道的英语表达方式。（3）厘清时间。本门课程助教要在自己头脑中厘清一个完整的时间轴，包括请外教填写好材料的时间点、将收集好的外教信息发给学院的时间点、协助教师接待外教的时间点、外教离校回国的时间点等。（4）确认外教情况。邮件中需要明确外教需要完成的课程注册手续，并按照一定的时间频次提醒外教注册相关信息。邮件返回的信息可能不全面，在收到返回后需要进行检查，记录遗漏的信息，并再次发邮件请外教提供遗漏的信息②。

确定好上述事项之后，就可以着手向外教发送邮件请外教填写个人信息了。收集外教信息要尽早开始，提前准备，以免时间紧张。

首先，外教收到请其填写个人信息的邮件后，有可能因为工作等原因不会及时回复，这时助教就需要和外教多通过邮件交流，提醒外教方便时通过邮件回复个人信息，但不可过于频繁。外教通过邮件返回的个人信息也有可能不全面，助教在收到外教返回的个人信息后，一定要进行一遍细致的检查，记录下来外教遗漏的个人信息，再次向外教发邮件请外教提供遗漏的信息。申请表中需要外教提供一张一寸竖版个人证件照，一定要记得请外教提供。还要请外教提供授课大纲，外教提供授课大纲前都会征求教师的意见。

其次，协助注册。在协助外教注册时，会收到一些外教反馈的问题，助教应根据问题的性质请教学院外研办的教师应如何处理，并及时回复。

再次，特殊情况的处理。在和外教进行邮件交流的过程中，也会遇到一些预料之外的情况，比如外教来授课很可能会带着家人一起，有孩子的外教也就会带着孩子一同前来，如果孩子较小，可能还要带着保姆一同前来。但按照惯例，四川大学一般只提供一间标间免费住宿，一旦遇到外教带着保姆来的情况，就需要助教就该问题向学院或者国际合作与交流处的教师请教。得到相关部门对该问题的答复后，助教要向教师汇报该答复内容，经教师审核后再通过邮

① 【给外教发送邮件的注意事项】在教师向外教发送邮件后，由暑期国际周课程的助教与外教对接联系，邮件内容一定要多加斟酌，有条件的话，可以请英语专业的学生帮忙斟酌。发邮件时要注意外教所在国与我国的时差。接下来就要把国际周课程中需要请外教填写的事项准备好，不清楚的地方，要请教科研外事办或者国际合作与交流处的教师。

② 【收集外教信息注意事项】在收集外教信息时，助教要了解清楚本学期有关国际周课程的规定，比如学校是否为外教购买保险、是否为外教统一办理签证等。

件回复外教。

最后，作为国际周课程的助教一定会多次和外教沟通交流，因此要掌握好英语交流的习惯。遇到不清楚的地方，多向教师请教，多和以前担任过国际周课程助教的人沟通。不熟悉本地风土人情、文化古迹的助教，要尽快熟悉，方便向外教介绍。

三、智慧法治课程的助教工作

智慧法治课程的助教应做好相应的准备工作，如开课前设置课程要求、根据选课名单安排教室、统计授课教师与课程、提前调试设备、提醒教师提前准备好授课内容等。课程需要进行同步录像时需要提前对接拍摄公司。如果课程由来自不同学院的教师授课，每位教师有不同的设备需求，应根据不同教师的需求提前与摄影师沟通，可在适当的时候中断摄影，以保证教师授课的节奏和流畅性，也方便后期剪辑。

在课程拍摄现场，助教还应做好环境秩序的协调工作，具体包括：（1）选课人数较多时需要大教室；教室需要隔音以防出现施工影响授课的情况。（2）教师需要提前通知到位并提示拍摄的注意事项。（3）提前告知选课学生课程的拍摄情况，通知学生保持课程秩序与课堂纪律，尽量避免随意走动和声响。（4）提前告知学生拍摄时需要空出教室前三排座位放置机器等。

助教还需要注意拍摄中容易出现的问题：（1）拍摄时尽量不要使用白板，可以后期添加板书分析部分内容。（2）注意拍摄时间的把控；需要与学生互动时提前提示拍摄方，以方便后期剪辑。（3）做好应急预案，连续轮流授课需要提前安排、对接好各位教师。

第十一章　一流课程方阵的国际化

第一节　全英文线上一流课程的字幕翻译

一、全英文线上一流课程双语字幕制作概述

目前国内全英文线上一流课程做得比较早、名气比较大的是网易公开课。① 网易通过iTune-U以及国外各大学的公开课程开放平台，将海外优秀的课程引入中国，同时组织国内高水平的翻译人员统一翻译、制作时间轴和压缩视频，形成了现在国内少有的无论从翻译水平还是文字规范水平都较高的公开课系列。用户可以通过电脑或手机终端在线观看，观看时还可以根据自己的外语水平，选择显示或关闭中英文字幕。网易公开课得到了广大高校学生和社会人员的欢迎。同时，网易从2013年开始推出了一系列国内院校知名学者的公开课视频，但由于国内高校线上一流课程还处于起步阶段，大多数视频制作比较粗糙，没有中文字幕，更谈不上专业的英文字幕了。一门课在网上成为学生们追捧的对象，无疑是对教授该课程的教师莫大的肯定，如果能够打破语言的瓶颈，成为国际交流的媒介，那么对于这门课程，对于授课教师，乃至对于这门学科的国际化影响，都将产生巨大的推动作用。② 因此，字幕翻译成了必不可少的手段。

字幕翻译是近年来新出现的一种翻译形式，由于受屏幕大小、表现方式和篇幅限制，字幕翻译与传统的文本翻译存在相当大的区别。同时，即使在字幕翻译界内部，线上一流课程学术严谨性的要求，也决定了其字幕翻译不同于一般电影和电视剧的字幕翻译。如何在有限的时间内准确地翻译出原文的意思，在兼顾中英文的用语习惯和字幕原文的出现顺序的同时，充分照顾观众对上下文整体意思的把握，是字幕翻译的难点之一。

学术论文与学术著作的翻译与文学翻译存在很大的不同。文学翻译对“信”“达”“雅”的追求，决定了翻译是一种创造性十足的语言加工艺术，译者可以根据实际需要，对原文进行词序和句序上的调整，有时甚至改变段落顺序。对于一些由于文化差异而可能产生的语义上的歧义，译者需要尽力避免。有时会尽量避免直译和字面翻译，尽可能地选择意译，以更好地帮助读者理解原作者的意图。中式英文和英式中文都是文学翻译中的大忌，不仅无法译出原文本来的语言特点，还会使读者难以理解。而学术论文与学术著作的翻译更侧重对“信”和“达”的追求，在保证这两条标准的前提下尽可能照顾到“雅”。由于原文中的每一个词语都是原作

---

① 吴剑平、赵可等：《大学的革命：MOOC时代的高等教育》，清华大学出版社2014年版，第78页。

② 高海：《爱尔兰法学本科课程设置及其启示》，《中国大学教学》2015年第9期。

者精心斟酌的结果，每一个词语甚至虚词，都有其特定的含义，因此在翻译过程中应尽可能地减少意义的丢失，尽量保持原句的形式和风格。此外，学术论文在写作过程中应简明扼要，清晰明了，绝对不能出现文学类作品的“言外之意”或“双关语言”，因此在翻译时尽量直译，减少意译或释译，杜绝译者的合理想象和信息补充。

线上一流课程的字幕翻译除了应遵循学术论文与学术著作翻译的基本规则之外，还有其特殊的规范要求。例如，在翻译过程中，尽量保持中英文字幕的同步顺序翻译。由于中英文的语法和用语习惯不同，两种语言的顺序也各有特色。在字幕翻译中，由于字幕显示的速度过快，且无法一次性地呈现完整的句子，因此译员通常需要按照英文的语序翻译，并对翻译进行适当的处理，使其既符合原文的顺序，又不损害意思和习惯的表达，充分照顾到视频文件对字幕的要求。

与传统文本翻译不同，译者在翻译的过程中还受到视频节目屏幕尺寸的限制，这是字幕翻译的一大特色。对于常见的参数设置为 640×480 的视频文件来说，理想状态下，中文字符不得超过 20 个，特殊情况下也不得超过 22 个，否则视频与字幕压缩之后，字幕将超出视频，一部分文字将无法显示；字幕基本不考虑把中文字幕拆成两行的情况，将字号变小又会影响观众的阅读速度，这就要求译员在翻译过程中需要同时考虑中文字数与意思的准确性，有选择地对源文字进行筛选和精炼。同时，中文字幕中不得出现任何标点符号，特殊情况下可以使用半角符号的问号、单引号和双引号。没有标点符号的中文在表达上也将大打折扣，这也是字幕翻译的一大难点。

如今，随着人工智能技术的快速发展，各行各业都兴起了“人工智能”的热潮，翻译行业也不例外。但对于一些专业领域，如法律行业，则使用得相对较少，原因有二：一是法律行业专业性强，很多词汇的含义与字面上相差甚远。如 bar 这个词，在柯林斯词典上有“酒吧、铁栏杆”的含义，而在法律英语中，它被译为“律师职业”；还有 bond 这个词，日常生活中我们多用其“纽带、联系”的含义，而在法律英语中，多用于表达“保函、保证书”。二是相较于其他行业，法律行业因涉及人身财产权的归属问题，对准确性要求更高，不是意思表达清楚就可以，有时标点符号都决定成败。正是因为法律英语词汇的专业性，采用人工智能翻译，个别一词多义词汇的翻译就容易产生歧义，所以法律英语的人工智能化比较难落地。但是由于法律翻译市场很大，人力价格高昂，于是催生出了一些新的专业人工智能法律翻译公司。此次《民法总则》全英文慕课的字幕，我们就大胆启用了人工智能翻译，一种与以往慕课字幕翻译相去甚远的方法，但是殊途同归，可以为今后的线上课程制作者提供新思路、新启发。

下文内容的编写将分为前人工智能时期和人工智能时期两条线。前者介绍比较传统的常用的慕课字幕翻译方式，即人力翻译以及人工修改字幕格式；后者则使用了法律领域的人工智能翻译，同时也配合了人工校对，在保证质量的同时做了一次字幕翻译新尝试，属国内英文慕课制作的首创之举。翻译工作分为四个环节：首先是将课程的中文字幕内容交由专业翻译公司使用人工智能软件进行翻译；其次是项目组成员对翻译公司的英文译本进行人工校对；再次是制作与授课视频相对应的 PPT 演示文稿；最后是编辑配套的英文测试题目。

二、全英文线上一流课程字幕文件的技术处理

（一）字幕文件处理①

如果视频还没有配上字幕，便需要进行前期的听解（听解方法参考前文）。对于已经配有字幕的视频，可以先找到 ass 格式的字幕文件（见图 11-1）或 srt 格式的字幕文件（见图 11-2）。

```
11 - 记事本
文件(F) 编辑(E) 格式(O) 查看(V) 帮助(H)
ScriptType:v4.00+
Collisions:Normal
Timer:100.0000

[V4+ Styles]
Format: Name, Fontname, Fontsize, PrimaryColour, SecondaryColour, OutlineColour, BackColour, Bold, Italic, Underline, StrikeOut, Scale
Style: Default,方正黑体简体,21,&H00FFFFFF,&HF0000000,&H006C3300,&H00000000,-1,0,0,0,100,100,0,0.00,1,2,1,2,5,5,5,134

[Events]
Format: Layer, Start, End, Style, Actor, MarginL, MarginR, MarginV, Effect, Text
Dialogue: 0,0:00:06.78,0:00:09.04,*Default,NTP,0000,0000,0000,,我们上节课把那个致害行为开了一个头
Dialogue: 0,0:00:09.32,0:00:11.16,*Default,NTP,0000,0000,0000,,我给大家介绍一下这个
Dialogue: 0,0:00:11.66,0:00:15.82,*Default,NTP,0000,0000,0000,,致害行为它包括这个民事主体自身的行为
Dialogue: 0,0:00:16.33,0:00:19.47,*Default,NTP,0000,0000,0000,,包括监护的非完全民事行为能力人
Dialogue: 0,0:00:19.74,0:00:23.22,*Default,NTP,0000,0000,0000,,和控制 管领的动物 物件致害
Dialogue: 0,0:00:23.83,0:00:25.29,*Default,NTP,0000,0000,0000,,包括被使用人的行为
Dialogue: 0,0:00:25.65,0:00:27.38,*Default,NTP,0000,0000,0000,,和现代社会的侵权行为
Dialogue: 0,0:00:28.32,0:00:30.34,*Default,NTP,0000,0000,0000,,王老师做这样区分的主要目的是
Dialogue: 0,0:00:30.97,0:00:34.20,*Default,NTP,0000,0000,0000,,民事主体他自身的行为承担侵权责任
Dialogue: 0,0:00:34.51,0:00:36.22,*Default,NTP,0000,0000,0000,,一般都是一般侵权行为
Dialogue: 0,0:00:36.52,0:00:38.02,*Default,NTP,0000,0000,0000,,是适用过错责任原则
Dialogue: 0,0:00:38.27,0:00:41.42,*Default,NTP,0000,0000,0000,,能够更好的去贯彻侵权责任法保护人的
Dialogue: 0,0:00:41.72,0:00:44.84,*Default,NTP,0000,0000,0000,,自由的这样的一个立法目的
Dialogue: 0,0:00:45.19,0:00:49.01,*Default,NTP,0000,0000,0000,,那就监护的非完全民事行为能力人
Dialogue: 0,0:00:49.26,0:00:52.06,*Default,NTP,0000,0000,0000,,和控制的管理的动物和物件致害
Dialogue: 0,0:00:52.34,0:00:54.79,*Default,NTP,0000,0000,0000,,以及被使用人的侵权行为致害
Dialogue: 0,0:00:55.02,0:00:56.25,*Default,NTP,0000,0000,0000,,它存在一个转存的问题
Dialogue: 0,0:00:56.52,0:00:59.83,*Default,NTP,0000,0000,0000,,这种转存实际上在承担责任的
Dialogue: 0,0:01:00.07,0:01:01.80,*Default,NTP,0000,0000,0000,,正当性基础上就出现了一个变化
Dialogue: 0,0:01:02.08,0:01:05.24,*Default,NTP,0000,0000,0000,,就是不是主要对自己的行为
Dialogue: 0,0:01:05.49,0:01:07.64,*Default,NTP,0000,0000,0000,,是否有主观上的可承担性的认识
Dialogue: 0,0:01:07.91,0:01:09.31,*Default,NTP,0000,0000,0000,,也就是说所谓的过错
Dialogue: 0,0:01:09.78,0:01:14.06,*Default,NTP,0000,0000,0000,,而是是否就管领的动物 物件
```

图 11-1

```
nyu.edu-16American Transcendentalism4 - 记事本
文件(F) 编辑(E) 格式(O) 查看(V) 帮助(H)
1346
01:04:25,769 --> 01:04:26,829
We'll talk about this more next time.

1347
01:04:26,829 --> 01:04:31,670
There's a kind of cataloging function that goes on here.

1348
01:04:31,670 --> 01:04:36,130
I mean, the anaphora sometimes work to survey all

1349
01:04:36,130 --> 01:04:38,970
of these things become part of matter of a poem.

1350
01:04:38,969 --> 01:04:42,230
It's his body and the United States and sometimes he's trying

1351
01:04:42,230 --> 01:04:45,030
to bring these two things together.

1352
01:04:45,030 --> 01:04:47,800
Let's leave it there for now.

1353
01:04:47,800 --> 01:04:49,730
I was going to play you a little bit of Whitman voice

1354
```

图 11-2

翻译完成后的每一组字幕由五部分构成：序号、时间轴、中文字幕、英文字幕②、空白行③（见图 11-3）。

---

① 【字幕文件的格式转换】srt 格式的文件更容易实现文本编辑。如果得到的是 ass 格式的文件，可以先将 ass 格式文件转换为 srt 格式文件，转换方式如下：先将 ass 格式文件导入时间轴制作软件（项目组使用的是“人人影视网”的 Time Machine），点击“输出字幕”，在选项中选择“srt_ 简体中文”，得到该文件的 srt 格式字幕文件。将 srt 文件用“记事本”打开，新建一个 Word 文档，将记事本中的内容复制到 Word 文档中，另存为新的翻译稿。

② 【双语字幕的构成】中文字幕应该位于英文字幕的上方，且每组字幕之间必须存在一个空白行。

③ 【翻译时漏掉空白行】由于疏忽大意，翻译人员非常容易漏掉“空白行”。Time Machine 这类简单的时间轴制作软件以“空白行”作为判断一组字幕的依据，如果漏掉了“空白行”，可能导致最终显示的字幕出现“跳行”或“多行”的现象。

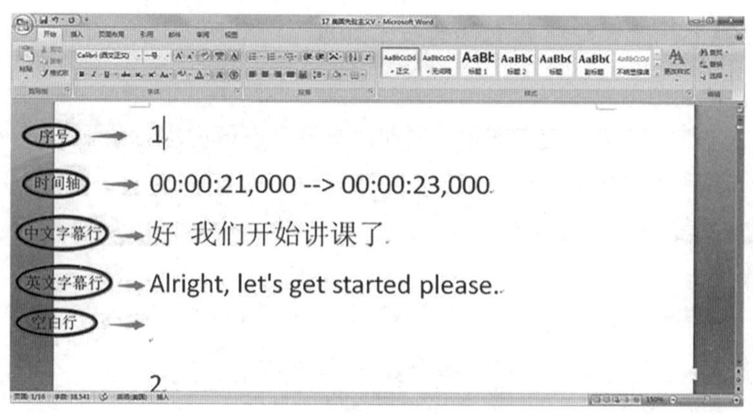

图 11-3

（二）翻译后的字幕文件处理

第一，将翻译完成的 Word 文档复制粘贴到新建的“记事本”文件中。①

第二，点击记事本中的“替换”，将所有全角符号替换为半角符号。②

第三，打开 Time Machine，导入相关视频，点击“同步播放”③，检查视频中的内容是否与翻译后的中英文字幕相匹配。如果在播放过程中检查到错误，可以在软件右侧的“字幕编辑”窗口对文本进行编辑。

如果使用 Time Machine，人工检查便必不可少。Time Machine 是一个十分基础的时间轴软件，操作极为简单，但系统漏洞也很多，有时可能会因为操作错误或程序错误，导致输出的英文字幕中仍然存在全角符号，使英文字幕缺少特效代码。如果出现这种情况，可以选择手工补救，即将其他行的特效代码复制粘贴到这一行英文字幕前。当然，如果严格按照上述各步骤来做，英文行缺少代码这种情况出现的概率是很小的。

第四，播放完成之后，点击“检查除错”，设定纠错项目，应特别注意中文字符的字数和字幕中是否还有全角符号。修改中文字幕的字数设定，系统默认为“20”，一般可以改为“22”（见图 11-4）。

第五，检查结束后，正式输出字幕。点击“输出字幕”，勾选最下面的“ass_ 简体中文_ 英文”选项（见图 11-5）。

打开已经制作完成的中英文字幕，将一段英文字幕特效代码复制下来。④

点击“设置 SubStation”，将刚才复制下来的英文代码粘贴在“英文行首特效代码”栏处（见图 11-6）。

① 【译稿向字幕的转换】将 Word 的内容粘贴到新的记事本文件中，保存为 txt 格式。不要在删除原来 srt 文件的全部内容后，再粘贴上翻译好的新内容，因为这样会导致该 srt 文件在导入 Time Machine 后出现乱码。

② 【txt 译稿文件的标点符号替换】替换工序非常重要，否则有可能导致最终输出的 ass 格式字幕文件中，英文字幕前缺少显示字幕格式所需要的口令，使英文字幕变成与中文字幕同样的字体和大小，影响双语字幕的整体表现。

③ 【文件保存】视频制作是一个颇占电脑资源的工作，在同步播放视频的过程中，如果工作人员的电脑配置不高，有可能出现死机或卡壳的情况。建议从事这个步骤的工作人员每校对完 5—10 分钟的字幕，便点击一次软件左侧的“保存字幕”或者“输出字幕”（勾选“srt_ 简体中文_ 英文”）。

④ 【特效代码复制的完整性】代码复制不完整，会影响字幕在视频中的显示格式。

图 11-4

图 11-5

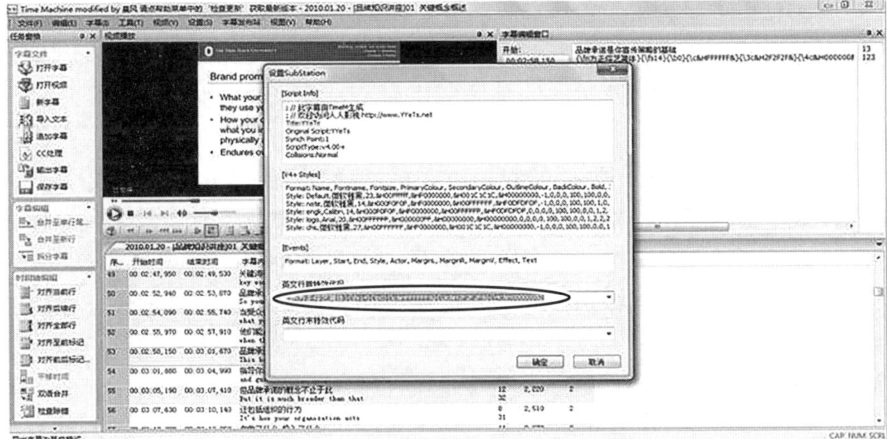

图 11-6

点击“确定”。点击“输出文件夹”后的省略符号。选择保存字幕的文件夹，点击“保存”，完成 ass 字幕的输出。

第六，用记事本打开输出的 ass 字幕文件，快速地浏览一遍，检查所有的英文字幕行前是否有特效代码。

（三）添加片头处理

这一步不是必需的，但有时授课教师或发布线上一流课程的学院为了统一品牌标识，会要求单独添加片头。添加完片头之后，片头和视频会形成一个有机整体。出于技术方面的考虑，一般建议翻译和后期视频压缩的人员找到单独的片头视频，最后统一进行压缩。

工作小组在压缩片头时，经常会遇到课程的视频尺寸与制作好的片头尺寸不匹配，如果将片头、视频和字幕同时压缩，就可能出现片头显示正常，字幕和视频被左右挤压（人物和字幕都显得很瘦长），或者出现视频和字幕显示正常而片头被上下挤压的情况。为避免这种情况的出现，在进行第一步压缩前需要注意几个问题：（1）确定片头和原始视频的尺寸。如果都是 640×480 的视频，且原始视频为 MP4 格式，那么可以选择同时压缩片头、视频和字幕。本字幕组选择的压缩软件是“人人影视后期组 AVS 生成及 RMVB 压制工具”。（2）如果片头和原始视频尺寸不一致①，可以先用视频转换软件将片头和原始视频压缩成统一的 640×480 尺寸，再按照上述步骤进行一次性压缩。本字幕组使用的转换软件是“MP4/RM 转换专家（白金版）”。（3）先行压缩原始视频和字幕，然后导入视频编辑软件添加片头，即“字幕和视频合成——为合成视频添加片头”。以 Mac 系统的 iMovie 为例，Mac 的 iMovie 最终输出的视频是 M4V 格式，需要最后再次使用视频转换软件将其转换为 MP4 格式。这种方法的好处是可以确保片头、原始视频和字幕最终都以理想的形式显现，绝不会出现错位或扭曲。

三、全英文线上一流课程字幕中译英的具体要求

（一）翻译格式要求

翻译人员在翻译时，需要根据实际需要对原文进行断句，汉字尽量保持在 20 个字以内，最多不超过 22 个字。断句的标准是自然断句。自然断句指的是在原文的逗号或句号处断句，如果分句超过 22 个字，便需要按意思对句子进行适当的断句。例如，“教师也讲了一下归责原则的一些特点，包括主要适用于损害赔偿责任，指向的是民事主体而不是非民事主体，比如说狗就不能作为赔偿的义务人”这句话的断句方法是：“教师也讲了一下归责原则的一些特点/包括主要适用于损害赔偿责任/指向的是民事体而不是非民事主体/比如说狗就不能作为赔偿的义务人。”

在“/”处按回车键，在断句下面另起一段开始翻译。② 翻译人员在完成一个分句的翻译之后，应养成按回车键的习惯，翻译得越符合字幕的格式要求，后期字幕制作也就越简单。翻译的英文字幕可以保留部分半角标点符号，如逗号、句号、问号、单引号、双引号、省略号。尽管中译英时对英文的字数没有特别的要求，但如果译者感觉英文字幕过长，也可以对中文字

① 【不明原因的片头挤压视频的情况】即使片头与视频的格式一致，且尺寸也一致，仍然会出现片头与视频显示比例不一致的情况。其原因非常复杂，因为片头、视频和字幕环节都有可能出现未知的错误。一旦出现比例错误，则需要一一排查，会耽误很多时间。

② 【翻译时自动保留空白行】每个翻译单元（中文字幕行与英文字幕行）之间应存在一个空白行。

幕重新断句，合理分配字数。由于英文的句序比中文更为灵活，因此在中译英时，尽量保持原文的句序，使中英文字幕能够对应（见图 11-7）。

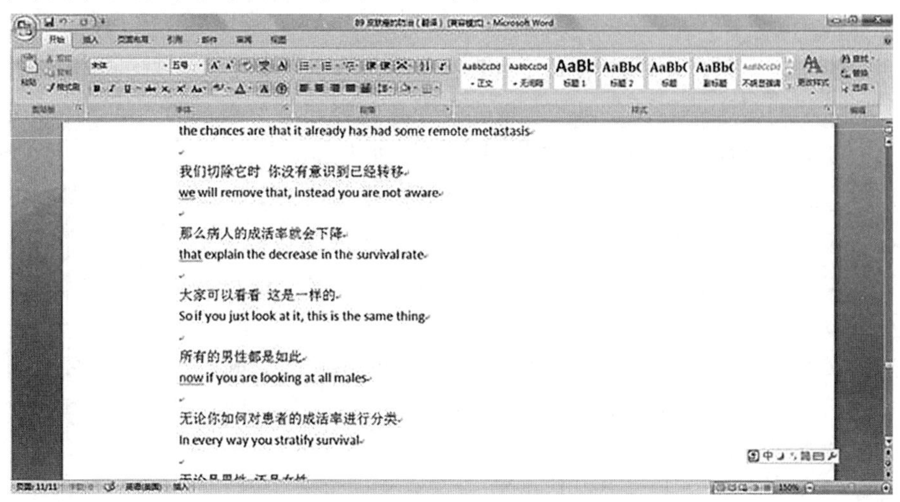

图 11-7

（二）翻译语言要求

1. 语言顺序的要求

第一，字幕翻译过程中需要特别注意的一点，就是译文与原文尽量保持一一对应关系。与普通文本翻译不同，字幕翻译的读者无法在遇到上下文理解障碍时，回到前文或后文中去寻找相应的线索，因此在翻译时应尽可能地照顾到译文与原文的对应顺序。这就意味着译者在处理句子时有时会打破一些传统的翻译规则。例如，按照英文的用语习惯，会尽量避免同一个词的重复，但有时为了照顾到译文与原文的关系，翻译时会不可避免地出现重复。例如：

是不是有必要为饲养动物致害、第三人原因造成环境污染、第三人原因造成物件致害、第三人原因造成的缺陷产品责任案件，抽象出一个参与责任分担的规则呢？

从英文的翻译习惯来说，对于“……是否有必要”的翻译顺序是“Is it necessary that……”如果是文本翻译，这样的翻译语序是有利于读者接受和理解的，但在字幕翻译中，由于这句话的实质主语字数太多，如果要保持原句的顺序，势必需要翻译成“is……necessary?”，导致疑问句显得头重脚轻，因此，在处理这类句子时，我们还可以在不改变原文意思的前提下，对句型和结构做适当的调整，将译文处理成更符合读者阅读习惯和阅读能力的形式。具体示例如下：

是不是有必要在饲养动物致害

In cases in which harms are caused by domesticated animals

第三人原因造成环境污染

environmental pollution caused by the third person

第三人原因造成物件致害

damage caused by objects as the result of the third person

第三人原因造成的缺陷产品责任案件

harm caused by defected products as the result of the third person

抽象出一个参与责任分担的规则呢

is it necessary to generalize a special rule that regulates the cases mentioned above?

可以看出，经过这样处理，虽然对原文的结构做了轻微调整，但更符合字幕的显示要求，更易于读者理解。

第二，一般来说，如果要添加中英文字幕，由翻译人员选择中文字幕的断句地点是再适合不过的了。如果前期听解人员以普通文本格式将音频内容记录下来，就需要翻译人员根据自己的翻译需求来断句。例如，“侵权责任法”课程有一处内容：

西方法律世界近代民法有三大基石，第一个是财产神圣，个人财产神圣；第二个是意思自治，缔约自由；第三个是过错责任。这样一个保障了人的基本经济自由，就是财产的神圣性，一个保障了人的行为自由就是缔约的自由性，然后还从行为规范角度，以过错责任进一步地保障，人的非交易行为的自由。

拿到这段文字的翻译人员应该首先大致分析句子的结构，判断是否存在需要颠倒顺序的地方。如果通过适当调整，能够保证英文的基本顺序与中文保持一致，就可以根据中文原有的标点符号进行断句翻译。具体示例如下①：

西方法律世界近代民法有三大基石

There are three cornerstones supporting the modern legal systems of the western world

第一个是财产神圣　个人财产神圣

First is the sacredness of property, or sacredness of personal property

第二个是意思自治　缔约自由

The second is the autonomy of will, or freedom of contract

第三个是过错责任

The third is fault liability

这样一个保障了人的基本经济自由

One protects the basic economic liberty of people

就是财产的神圣性

in the form of highlighting the sacredness of property

一个保障了人的行为自由就是缔约的自由性

Another protects people's freedom of action in the form of freedom of contract

然后还从行为规范角度

And the third one provides guarantee

以过错责任进一步地保障

from the aspect of fault liability

人的非交易行为的自由

or people's freedom for non-transaction behaviors

第三，对原文进行初步分析后，发现翻译时需要重新调整原文的表达顺序，或根据翻译需

---

① 【中译英时调整英文顺序】总的来说，中译英在句序处理上相对灵活，因为英文的句式较为丰富，在不影响核心意思的情况下，可以对句序进行调整。但这种灵活性给翻译人员对两种语言的掌握能力和翻译水平提出了更高的要求。从事中译英字幕翻译的人员必须具备丰富的文本翻译经验，才能灵活实现字幕的语言转换。

要对原文重新断句的，也应该尽量保持原文的对应顺序。例如：

中国的侵权责任法在整个立法理念上应该说是优于物权法的。物权法经过了8次审议，起草时前前后后长的说有10年，短的说有七八年，竟然最后没有规定虚拟财产，这是物权法的一个非常大的遗憾。

分析这个句子后可以发现，第一句话太长，需要适当断句；其次，在英语中，“……是个遗憾”的习惯翻译方法是“it is a pity that...”，原文“遗憾”在句尾，而翻译过来的“遗憾”在句首。这也需要进行调整，因此可以对这段字幕做如下翻译：

中国的侵权责任法在整个立法理念上

The legislative idea of tort liability law is, in theory,

应该说是优于物权法的

superior to that of property law

物权法经过了8次审议

In terms of deliberation, property law was deliberated 8 times

起草时前前后后长的说有10年　短的说有七八年

in 10, or at least 7 or 8 years.

竟然最后没有规定虚拟财产

However, virtual property is surprisingly not included in the final version of property law

这是物权法的一个非常大的遗憾

This is a huge defect in property law

尽管这样的处理方法不一定是对原文的最佳翻译，却能最大限度地保证原文与译文的对应关系，方便观众阅读和查询。英文长句子固然是表达复杂含义的首选，但在字幕翻译中，长句的效果可能会因为缺乏对应性而大打折扣。

第四，由于主讲人讲座过程中掺杂着口语和书面用语，难免会出现口误、语病，译员在翻译过程中需要自行理解上下文关系，对错误进行纠正。例如，《侵权责任法》课程中，有这样一段字幕：

中国的侵权法呢它有个很特别的历史/它并不像有些教科书所宣扬的一样/好像是从大陆法系　从德国/或法国或按照一些学者的说法借鉴了一下英美的要素/形成了今天的侵权法。

翻译过来的英文字幕是（仅供参考）：

中国的侵权法呢它有个很特别的历史

The tort law of China has its unique history

它并不像有些教科书所宣扬的一样

Unlike what's told in some other textbooks

好像是从大陆法系　从德国或法国

that the tort law of China is the imported goods from Continental Law System, such as Germany and France

或按照一些学者的说法借鉴了一下英美的要素

or, as some scholars proclaim, a product pieced together with elements from British or American laws

形成了今天的侵权法

Today's tort law of China has stemmed from none of them.

翻译稿的最后一句“Today's tort law of China has stemmed from none of them”是完全没有必要的。因为原文属于口语，句式并不规范，把原文写成规范的中文是：

中国的侵权法有个特别的历史。今天的中国侵权法并不像有些教科书所宣扬的一样，是学习大陆法系，如德国或法国的结果；或者像一些学者所说的，借鉴了英美法的要素。

当然译者可以省略最后一句话，把前面的英文多加一个断句，形成这样的字幕：

中国的侵权法呢它有个很特别的历史

The tort law of China has its unique history

它并不像有些教科书所宣扬的一样

Unlike what's told in some other textbooks

好像是从大陆法系　从德国

the tort law of China

或法国或按照一些学者的说法借鉴了一下英美的要素

is the imported goods from Continental Law System, such as Germany and France

形成了今天的侵权法

or, as some scholars proclaim, a product pieced together with elements from British or American legal systems.

不难看出，这样的翻译只照顾到了断句数量上的一致，并没有形成一一对应的关系，还可能干扰到观众（特别是具有基本双语能力的观众）对课程内容的理解，因此，我们在字幕翻译时必须尽量考虑到这一点。

当然，翻译人员在遇到这样的句子时，也可以重新分割原字幕，例如“或法国或按照一些学者的说法借鉴了一下英美的要素”可以分割为“或法国或按照一些学者的说法/借鉴了一下英美的要素”，调整中文字幕去适应英文翻译的需求。

2. 语言风格要求

线上一流课程语言的规范性介于学术论文与日常口语之间，因此在翻译时，语言风格的选择非常重要。除个别课程外，绝大多数学科的翻译都不允许翻译人员自由发挥，必须尽最大可能忠实于课程的原始内容和原始语序。如以下语句的处理：

之前重庆市公安局通知过我，说有一个车就是我的牌照，经常被拍到违章。我就告诉了重庆市公安局了，这个那个车是套牌车，你们去抓吧，我也不知道是谁，就这样的情况。

这是一个口语特征非常突出的一段话，原句显得很“碎”，如果逐字逐句翻译也会翻出很“碎”的英文译文，不太符合英文的语言习惯，因此，我们可以根据需要，对这样的句子适当整合：

之前重庆市公安局通知过我

One day, police in Chongqing told me

说有一个车就是我的牌照

that their camera had constantly captured a car with the same plate as mine

经常被拍到违章

breaking traffic regulations

我就告诉了重庆市公安局了

and I told them

那个车是套牌车

that was a fake plate

你们去抓吧

you go and get him

我也不知道是谁

for all I care

就这样的情况

That's it

不难看出，译者对“有一个车是我的牌照，经常被拍到违章”进行了处理，对原本比较“碎”的句子进行了适当的整合。

（三）特殊课程的语言要求

普通课程的翻译只要遵循上述几项规则就基本可以保证字幕显示的清晰和读者阅读的便利。但对于一些特殊课程的翻译，就必须采取一些特殊处理方式，尽可能地照顾到原文的风格和格式要求。例如，文学课程中经常会出现诗歌类的内容，中文的诗歌讲究对仗和押韵，而在翻译成英文后会失去一些原有的特点，加之屏幕显示对字数的限制，字幕版的诗歌便会丢失很多意境。

文学内容应找权威译文，尽可能地使用那些已经受到人们认可的翻译版本，不到万不得已不要亲自翻译。例如，《红楼梦》的引文可以参考霍克斯或杨宪益先生的翻译版本。有时寻找一个权威的翻译版本比亲自翻译花费的时间更多，但能更好地传达出原文所表达的意思。如果实在无法找到权威的翻译版本，在翻译时应仔细斟酌用词和用语，尽量充分地理解原文的创作背景、通假字以及韵律方面的特点。如果有可能，可向权威的外语专家讨教，或将自己的译文拿给多个翻译同行评价，尽可能准确地翻译译文。诗歌原文断句越短越好，对于没有制作成字幕的原文，翻译人员应尽量将诗歌以逗号为单位进行断句，每一行字幕尽可能地短。

例如，在中国文化课程中，授课教师提到了《菜根谭》里的句子：

觉人之诈

When you find that someone has cheated you,

不形于言

do not announce it.

受人之侮

When someone insults you,

不动于色

do not let your countenance betray your annoyance.

此中有无穷意味

This will furnish you with an inexhaustible source of humor

亦有无穷受用

and advantages.

最后，如果翻译人员拿到的是已经制作完成的字幕文件，为了便于翻译和显示，需要按照上述要求，对诗歌进行重新断句，导入字幕制作软件时重新调整时间轴。

四、全英文宣传片文本翻译

（一）文本英文翻译

翻译过程涉及法律英语，需要结合布莱克法律大词典、有道词典、元照英美法词典以及知网翻译助手等对相关的法律术语进行单独的检索与核对，一般要经过三轮程序：第一轮是人工大致翻译一遍，再用有道词典逐句翻译，整合大概内容，修改一些词汇的用法。第二轮是调整一些语序和词汇，对于比较明显的法律专业词汇和列举的法律名称需要单独查阅确定。第三轮是在检查中文和翻译文本后再进行仔细校对。

（二）背景文本标注

将视频中出现的背景文字的时间、内容、翻译文本单独列出来，方便制作的时候一一对应，以免张冠李戴。返给公司的文件分为三个部分：宣传片中文文本、翻译后对应的英文文本、背景文字标注。

第二节 全英文线下一流课程的建设与运行

一、“英美侵权法”课程的建设

（一）教材的升级

2016 年，本书主编与吴至诚博士认为现在“英美侵权法”课程使用的教材虽然也有不少早期英国侵权法的经典判例，但缺乏对现代英国侵权法的介绍，就此商议升级教材，自主编译。比较后选择了牛津大学出版社出版的 Lunney、Nolan 和 Oliphant 编写的 *Tort Law：Text and Materials*（*6th edn*）作为英国侵权法主要的参考书，并参考其他英国侵权法的通行教材。2018 年吴震宇博士归国，加入了翻译工作，三位教师一起最终选定了 54 个美国法案例和 46 个英国法案例，经过几轮校对，2020 年由本书主编与吴震宇、吴至诚编译的《英美侵权法经典案例教程（英汉对照）》最终定稿。该书包括故意侵权责任、过失侵权责任、抗辩事由、因果关系、侵入土地与妨害、严格责任、产品责任、损害赔偿金、不法侵害尊严与故意致人精神损害、诽谤、侵犯隐私共计 11 章内容。本书主编在充分征求读者意见以后，为该书稿特别设计了“左英右中”的中英对照体例，方便读者特别是学生上课使用。该书出版后，“英美侵权法”课程将以它为专门教材。① 在翻译、校对、统筹中英文稿件的过程中，应当注意以下问题：

1. 美国法与英国法的差别

尽管英国侵权法与美国侵权法同源，但其案例呈现形式仍有一些区别。例如注释体例，美国法使用的是 Bluebook（The Bluebook：A Uniform System of Citation），英国法使用的是 OSCOLA（The Oxford University Standard for Citation of Legal Authorities）。在案例引注格式上，

① 【中英对照教材的版式设计】若按段对应会使版面看起来杂乱无章，若按节对应学生可能会只看中文版面而荒废英文学习。因此，应当充分考虑中英对照教材的特点，采取一页英文一页中文的排版设计，便于学生阅读和学习比较法知识。

美国法案名是“××× v. ×××”（标志是 v.，有实心点，不需要斜体），英国法案名是“××× *v* ×××”（标志是 *v*，需要斜体）；所有美国案例，从第一个数字开始就是案号，英国案例分为 1865 年之前的和 1865 年之后的，所以会有［年份］或者（年份）的差别，但都是从此处开始就是案号。另外，美国法里 Inc. 和 Co. 等是公司组织形式，属于案名。

2. 法官翻译①

“Lord Smith”译为“Smith 大法官”；

“Smith L. J.”译为“Smith 上诉法院法官”；

“Smith J.”译为“Smith 法官”；

“Judge Smith Q. C.”译为“Smith 御用大律师”；

“Smith C. J.”译为“Smith 首席法官”（美国为大法官）；

“Smith B.”译为“Smith 财税法院法官”；

“Lord President”译为“苏格兰最高民事法院院长”。

3. 文件名称判断

由于国外法律法令不加书名号，部门法可能与法律部门一样单词首字母是大写，翻译和校对时要结合法官说话的语境，按照具体情况判断“×××法”是特指一部法律，还是一个法律部门。

4. 标点符号

翻译稿需要特别注意标点符号，尤其是英文省略号“…”和中文省略号“……”的对应，中英文标点混用时要注意合理性。

5. 语病与错别字

判决书语句通常较长，句子成分复杂、用词严谨，判断是否语病前应多读几遍，仔细斟酌。具体用词可参考《元照英美法词典》和《美国侵权法：实体与程序》（第 7 版）用词。

6. 数字对应

原文中用“eight”的，翻译成“八”；原文中用“8”的，翻译成“8”。特别注意法律或法令中的数字翻译，与国内格式可能不一致，是“条”还是“款”需要特别查证。

7. 脚注编辑

英美侵权法脚注编辑的难点在于案例引用的脚注格式。根据吴至诚博士提供的经验，当案名为缩略形式时，应当脚注案号，具体的操作方式是：完整标题是“Vosburg v. Putney，80 Wis. 523，50 N. W. 403（1891）”，案件名称是“Vosburg v. Putney”，脚注就是案号加英文实心点——“80 Wis. 523，50 N. W. 403（1891）.”。注意，脚注案号时末尾需要加上英文的实心点“.”。另外，美国案例脚注中要删去分割案名和案号的逗号；英国案例没有逗号，不需要去掉逗号，但是要注意去掉多余空格。

（二）英文教案的制作

本书主编 2007 年以访问学生身份在东吴大学法学院学习，师从潘维大教授学习“英美侵权法”课程。2008—2009 年以富布赖特学者身份在美国康奈尔大学法学院和耶鲁大学法学院访学，回国后到四川大学法学院任教，开始筹划全英文讲授的“英美侵权法”课程。其间，还特别与东吴大学法学院交流了课程设计的具体事宜。

① 【著名法官的翻译】翻译时应当将在国内已非常著名的法官姓名按照通俗说法翻译，如丹宁勋爵。

1. 教学目标

“英美侵权法”课程的教学目标包括：（1）提高学生的英语水平，尤其是法律英语水平；（2）对英美法律体系尤其是英美侵权法体系的基本概念有所了解；（3）了解英美法尤其是英美侵权法的诉讼程序和其他纠纷解决机制；（4）感受不同于大陆法系的英美法系法律思维方式；（5）展望世界法律尤其是英美侵权法的发展趋势；（6）为未来到英美国家深造法律打下基础。

2. 教学课型

“英美侵权法”课程的全程录像依托的是四川大学每年暑期为期两周的“实践与国际课程周”上本书主编主持的“比较侵权法”课程。由于学校要求邀请母语为英语的教授来授课，实际讲授的内容以英美侵权法为主，适合本门课程的录像需求。

现在采纳的 Prof. Wright 的讲课录像为“讲授型”全程录像，合计 16 课时。出于版权和课程成熟度考虑，本门课程的录像没有在公共线上课程平台上线，仅在四川大学“Comparative Tort Law”课程中心对校内 IP 用户开放。

3. 实体教学安排

本书主编在四川大学法学院开设的“英美侵权法”课程，采用的是“Comparative Tort Law”课程中心平台与校内实体课程同步教学的模式，作为范例说明如下：

第一，第 1 周授课内容。除了 SPOC 第 1 周课程的介绍内容之外，“英美侵权法”课程还需要特别说明如下问题：（1）提醒学生本门课程需要较高的英文水平，学生如果不确定自己是否有能力选修，可以与教师交流。（2）要求学生学习 Westlaw 数据库的使用。（3）特别提醒外籍教授授课录像的版权问题。（4）特别提醒本门课程的出勤率和参与度问题。

第二，第一阶段：第 2—4 周授课内容。由于学生在第 4 周结束后才能确定是否选课，第 2—4 周授课由教师对英美侵权法进行介绍，包括实体法和程序法两部分内容。

实体法部分主要介绍美国的侵权判例法和侵权法重述。侵权判例法部分主要讲授美国普通法的基础知识和英美侵权法的发展历程。侵权法重述部分主要讲授与侵权法相关的历次重述内容以及最新的第三次重述报告情况。

程序法部分分为调查、起诉、初审和上诉四个部分。讲授重点为初审程序，包括选择陪审员、初始陈词、提交证据、指示裁断申请、结束陈词、法官指示、陪审团裁断、与陪审团裁断相反的判决申请和裁判等。

第三，第二阶段：第 5—8 周授课安排。从第 5 周开始，学生就已经选定了课程。“英美侵权法”SPOC 课程借鉴美国法学院的“苏格拉底教学法”，基本要求包括：（1）强调出勤率。每位学生原则上每次课程都要出勤，如果请假超过 2 次，无论何种原因，超出部分每次扣 5 分。如果请假次数超过总课程数的 1/3，取消本门课程成绩。（2）在第 4 周课堂上会给学生一次选定座位的机会，座位一经选定，未经教师同意，不得调换位置，以便助教记录上课表现。（3）由教师全英文讲授案例，让学生感受英美法的思维方式和判例法精髓。（4）引导学生全英文讨论教材上的虚拟案例，尤其是运用判例法进行思考和推理，鼓励每位学生都能够在课堂上发言。

第四，第三阶段：第 9—15 周授课安排。从第 11 周开始，本课程进入第三阶段，由学生用全英文 PPT 报告案例、全英文提问和回答，教师全英文点评。要点为：（1）每位学生都必须作为主讲人，就一个案例准备全英文 PPT 报告。PPT 要在报告周的前一个周六晚上 8 点之前上传到“Comparative Tort Law”课程中心平台的 BBS。① （2）每位学生必须按照“教学日志”要求阅读每周指定的两个案例，并就每个案例的报告在课程中心的 BBS 上提出至少一个问题。（3）每位报告的学生都必须在课程中心 BBS 上回答其他学生的全部提问，并将上述内容补充到 PPT 上。（4）每位学生都会在课堂上口头全英文报告他负责的案例，并将其他学生的提问和自己的回答一并展示，随后允许其他学生进一步现场提问，并现场回答。（5）在学生报告、提问和回答的过程中以及课程最后，教师在适当和必要的时候进行点评。

4. 考核

“英美侵权法”课程平时成绩为 60 分，期末考试为 40 分。平时成绩由考勤和平时作业构成：（1）考勤占 10 分。（2）平时作业分为两部分：独立完成 1 个英文案例的报告，10 分；分组完成 4 个英文案例的模拟法庭，每个 10 分。本课程不单独组织期末考试，由学生提交一篇指定案例的英文翻译，作为期末考核的依据。②

（三）英文讲义与 PPT 的制作

1. 教材的选择

本课程选用的原版教材是 James A. Henderson Jr.、Richard A. Pearson、Douglas Kysar 和 John A. Siliciano 四位教授合著的 The Torts Process（7th edn，Aspen Publishers，2007）。第一作者 Henderson Jr. 教授是本书主编在康奈尔大学法学院的指导教授之一，第三作者 Kysar 教授是本书主编在耶鲁大学法学院的指导教授。

本书主编 2009 年回国后，组织了对该书的全文翻译，出版信息为：“小詹姆斯 · A. 亨德森、理查德 · N. 皮尔森、道格拉斯 · A. 凯萨、约翰 · A. 西里西艾诺著，王竹、丁海俊、董春华、周玉辉译，王竹审校：《美国侵权法：实体与程序》（第七版），北京大学出版社 2014 年版。”该书中文版有 123 万字，包含了 152 个经典案例的摘录。

2. 章节的设置

由于该书内容极其丰富，考虑到有限的课时，本书主编每次授课时，都在前 3 周讲授英美侵权法介绍部分；在第二阶段，参考东吴大学校长潘维大教授的做法，每学年选取一个章节进行深入解读。近年来讲授内容依次为“故意侵权”“过失侵权”“严格责任”和“产品责任”。第三阶段和第四阶段的报告案例和模拟法庭案例，则在第二阶段讲授章节之外的章节中挑选。

3. PPT 的制作

PPT 主要包括如下内容：（1）各种概念性的介绍；（2）侵权法重述的条文；（3）案例索引；（4）类似案例比较；（5）虚拟案例主要案情。③

（四）英文教学资料的整理

1. 中英文对照资料

在课程的第一阶段和第二阶段，要向学生提供中英文对照的资料，给学生一个语言上的缓

---

① 【提醒上传时间】因为要求学生提前上传 PPT 的时间在周末，所以助教注意提醒学生上传 PPT 的时间，以保证课程进度。

② 【提前确定需要翻译的内容】针对学生的翻译报告，因为案例来源于 Westlaw，原文本有 Westlaw 自带的页眉以及相应的案例号，会给学生造成是否翻译的疑惑，所以助教需要提前告知学生哪些内容是不用翻译的。

③ 【英文 PPT 的字数与图片、视频应用】“英美侵权法”PPT 内容切忌太多，否则学生会感到疲惫；可选取一些与案例有关的图片、视频插入 PPT 中辅助报告，并增强课程趣味性。

冲过程。内容包括教材上有摘录（Excerpt）的案例和虚拟案例，具体做法是中英文按照段落交替提供（见图 11-8）。

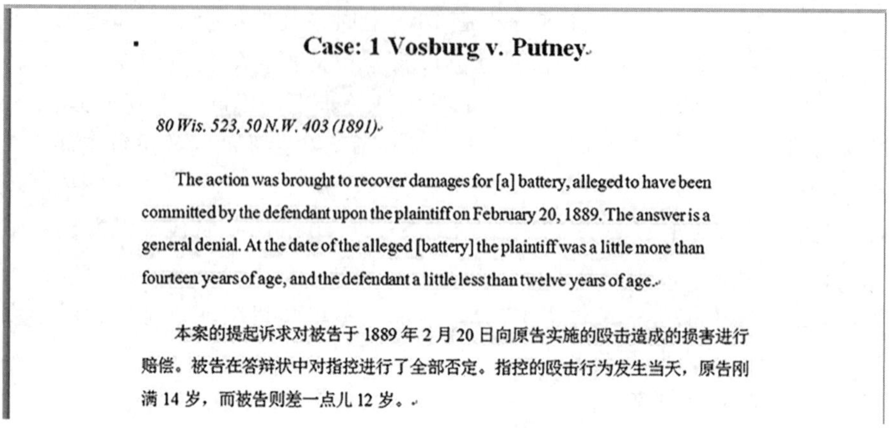

Case: 1 Vosburg v. Putney

80 Wis. 523, 50 N.W. 403 (1891).

The action was brought to recover damages for [a] battery, alleged to have been committed by the defendant upon the plaintiff on February 20, 1889. The answer is a general denial. At the date of the alleged [battery] the plaintiff was a little more than fourteen years of age, and the defendant a little less than twelve years of age.

本案的提起诉求对被告于 1889 年 2 月 20 日向原告实施的殴击造成的损害进行赔偿。被告在答辩状中对指控进行了全部否定。指控的殴击行为发生当天，原告刚满 14 岁，而被告则差一点儿 12 岁。

图 11-8

2. 课外的阅读材料

除了上课用的案例材料之外，还要提供课外阅读材料给学生，主要包括“法律与事实的区分”“法律与法律目的”“法律与行为”“争端解决机制”和“律师的职业责任”五个部分。

3. 真实案例资料

为了让学生进一步了解美国侵权法的实际运作，本书主编通过接受美国律师事务所的咨询获得了全套的侵权案例资料。在案例审理终结并征得对方同意后，以保密为前提，作为教学资料向学生展示和讲解。

二、“英美侵权法”课程的运行

本门课程每周 2 课时，共 17 周 34 个课时。总体教学共分为 3 个阶段：第一阶段为 Introduction，即教师鸟瞰式地讲授课程。第二阶段为 Case study，即教师展示案例讨论的基本方法，学生以此为基础展开案例分析，对于案例问题提出自己的观点。第三阶段，每个学生已有自己需要展示的案例后，制作 PPT 展示案例。其他学生通过 BBS 以及课堂即兴问答的方式与主讲同学展开讨论，之后教师对案例和学生表现进行点评。

（一）对选课同学的要求

本门课程为全校性的选修课，而且是全英文授课，因此应明确告知学生对其英语能力的要求，以及要求其已经学习过中文侵权法的基础课程。因为还涉及分组 PPT 汇报，为了保证所有选课同学的学习质量和学习体验，建议对侵权法有比较扎实的知识功底并愿意进一步深入学习的学生选修此门课程。如果非法学专业的学生选了这门课，需要及时告知其该门课程的具体要求，如果仍坚持选修，要及时告诉教师，由教师对其英语水平进行评估，确定其是否能够顺利完成该门课程的学习。①

① 【英语水平评估安排】按照选课规则，学生最终名单在第五周才能确定。针对后选课的学生，一方面让学生之间相互提醒，另一方面助教也应及时关注选课情况。如果有非法学专业的学生选课，应及时告知其相关信息和课程要求；如果学生坚持选课，应告知教师，并协助教师安排英语测试。

（二）对非法学专业学生的帮助

针对选修该门课程的非法学专业学生，因为有丰富的线上一流课程学习资源，可以根据选课学生的具体法学基础水平以及具体需求，在教师授权的情况下，给这些学生开通学习账号，帮助其快速积累相关基础知识，跟上学习节奏。在此过程中，注意与学生的沟通，及时解答其学习中遇到的问题。

（三）课程教学群的建设

因为本门课程为法学院涉外班的必选课及全校其他专业的通识选修课，学生来源不同，而且课程后期需要学生上传 PPT 等，所以助教需要在第一次上课之前，建好 QQ 群作为教学群，然后通知选课学生加群。

（四）对助教的要求

助教需要提前 10—15 分钟到教室，测试麦克风、音响、投影仪、翻页笔等设备，如有问题，及时联系物管处理。另外，助教应当在一堂课结束时记录本堂课教师讲授到课件的哪一页，以备下堂课教师授课忘记时及时提醒。

三、“英美侵权法”模拟法庭的组织

为了开拓学生的国际视野，“英美侵权法”课堂专门设计了全英文模拟法庭。这是本门课程实践性教学的主要方式，也是法学院特色教学方式的重要内容。

（一）案例分配规则

在第 5 周左右，教师会提供案例供学生选择。分配案例时，采取的是“自由组队，先到先得”的方式。助教拿到教师精心挑选的案例之后，在教学群中发布，学生在教学群中发消息，告诉助教小队成员及其挑选的案例，这样可以让其他学生快速得知哪些案例已经被挑选，避免重复选择。助教确认分组和各组选择的案例后应当制作表格发给授课教师，以便教师在学生作报告时记录分数。

（二）模拟法庭基本设置

1. 人员

模拟法庭依据英美法系法庭的人员进行安排。考虑到课堂的学生人数，以及课堂容量，需要安排学生作为以下人员：（1）法官。因为各种程序都需要法官引导，所以扮演法官的学生需要在上课前对案件有一个整体的了解，对法律条文有概括的掌握，对法庭审理流程十分熟悉。（2）原告代理律师。律师可以将所有的证据，比如一些书证或者证人，准备完毕后，在法庭上向法官和陪审团展示。（3）被告代理律师。作为被告人一方的代表律师，可以通过辩论技巧使被告不需要承担赔偿责任或者承担较少的赔偿责任。（4）陪审团。根据原、被告双方的辩论作出事实的裁定判决。（5）证人。由了解案情的小组成员担任，可以更好地呈现案情的基本情况。

法庭的其他工作人员由助教担任。例如，法庭开始前，需要由助教示意大家开庭，要求大家保持肃静，以及协助法官维持法庭秩序。

2. 安排

第一，座位的安排。法官需要坐在中间以示庄重，原告与被告相对而坐，将证人席设在法官对面，方便法官进行询问。陪审团则坐在教室侧面，全面了解庭审内容（见图 11-9）。

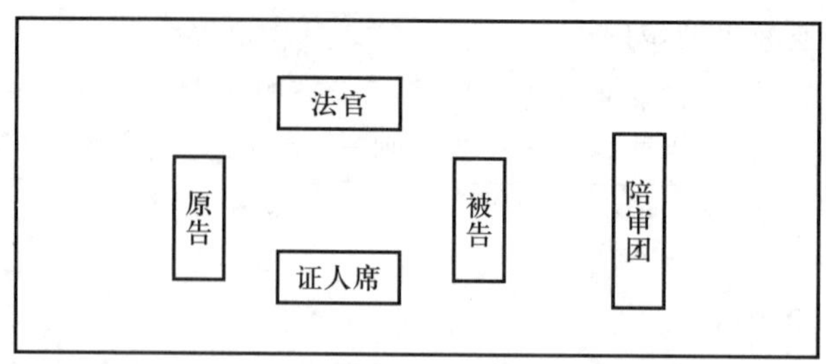

图 11-9

第二，服装的安排。为了使模拟法庭整体显示出庄重与正式，给法官安排法袍着装。一旦穿上法袍，法官可以意识到自己的职责所在，主动引导法庭程序。双方律师尽量穿西装，主要资料课件以文本方式在法庭上宣读（见图 11-10）。

图 11-10

（三）案例准备活动①

课前案例准备的要点如下：（1）每次课指定两个案例，四组分别担任两个案例的原告、被告组，以此轮换。各组学生按照分组进行思考和准备，每节课程讨论一个案例。（2）每组由商定的发言人准备课堂发言，发言内容及材料由该发言人及其小组成员共同准备。（3）必须使用 PPT，并且在课前提前交换。②

（四）课堂程序提示活动

以美国法院对案件的审理程序为例，作如下阐述：

第一，Selection of jurors，即挑选陪审员。双方律师需要对陪审员中对自己的当事人不利的陪审员提出异议，根据双方律师的意见形成最后的陪审团。

第二，Opening statement，即开庭陈述。原告方对案件事实作出一个整体的概括并提出自己之后会呈现的证据。

① 【案例的选择】在案例选择过程中需要考虑国情差别，如课堂案例 *Courvoisier v. Raymond* 内容因涉及枪支，与中国国情不符，不适合在课堂上讨论。有些案例可能涉及成人话题，如课堂案例 *State Farm Fire & Casualty Company v. S. S. & G. W.* 因涉及性病问题，而上课学生中女生较多，课堂讨论比较难以展开。除此之外，BBS 讨论中，可能因涉及较多敏感词而被屏蔽。因此，在案例分配之前，应明确告知学生案例内容以及可能面对的情况，鼓励学生以客观的态度面对所选案例，进行学术讨论。

② 【剧情录像的时长控制】学生为了展示案情，会准备一些剧情录像。例如，在 *Hackbart v. Cincinnati Bengals* 案的模拟法庭中，原告方为了向陪审团说明橄榄球比赛的暴力性，在现场播放了一段美国橄榄球联赛的宣传录像。教师应该主动控制该类剧情录像播放的时长，避免冲淡教学主题。

第三，Presents the evidence，即证据提交。可以提交一系列的证据，包括目击者口供或者医疗报告等书证。当原告律师结束直接证据的展示之后，被告律师可对证据进行质询。

第四，Motion for a directed verdict。作为一种程序性安排，在受害人的证据展示完毕后，被告可以受害人没有很好地承担自己的举证责任而申请陪审团作出裁断。

第五，Defendant's lawyer presents the defendant's case。在原告程序结束后，被告方可以进行一次案件事实概括以及证据展示，原告方可以进行质询。

第六，Motion for a directed verdict again。此时，如果双方中任何一方没有很好地完成自己的举证责任，对方都可以申请陪审团作出裁断。

第七，Closing arguments to the jury，即对陪审团的最后论述。与开始的论述不同，此种情况下双方辩论较为激烈，希望陪审团接受自己的证据以及法律条文。

第八，Instructions to the jury，即对陪审团进行指示。这一步由法官主导，比如相关法律条文等。

第九，Verdict，即裁定。在民事案件中，由陪审团通过投票方式决定哪一方的陈述真实。

第十，Reports the verdict to the trial judge，即法官宣布陪审团的裁定结果。

第十一，Motion for judgment notwithstanding the verdict。在进行裁定之后，失利一方仍然有机会对结果提出异议。

第十二，Motion for a new trial。任何一方都可以提出重新审理的动议，此为程序性要求。

第十三，Judgment。最后由法官依据陪审团的裁定以及相关法律条文作出最终的判决。

美国法院审理过程中，法官需要做程序方面的引导，故课前可以告知"法官"审理流程如何，并给予适当的帮助。没有参与到原被告双方的学生作为陪审团，就法庭双方的看法作出自己的判断。助教则协助案件的顺利开展。

"英美侵权法"课程审理活动现场见图 11-11 至图 11-14。

（五）案例总结

双方辩论结束以及法官作出审理结果后，由授课教师作出最后的总结。首先，需要对整场庭审的双方表现作出评价。比如，庭审过程中逻辑是否清晰、法律条文适用是否正确以及是否表现出应有的法庭辩论风度。其次，对案例进行解析。由于案例的选择可能是出于某种方面的考虑，因此，需要通过案例将相关法律问题解释清楚，促进学生对知识点的整体把握。最后，

图 11-11

图 11-12

图 11-13

图 11-14

在模拟法庭结束后，如果参与的同学对案例有更多的感想，也可以经教师指导作出总结性的文字。①

① 【不宜调整案例报告顺序】美国侵权法的 Case Book 教材，一般根据案例逐渐展开学理讲述，如果学生在 SPOC 上基于个人原因改变案例报告的顺序，将不利于课堂知识体系的依序展开。

第三节　全英文线上线下混合式一流课程的运行

“互联网+教育”的兴起颠覆了传统教育模式，使线下的课堂融入了更多线上元素，如线上视频资料、远程互动答疑等。线上线下混合模式让远距离的师生同坐一个课堂，也使得更多教育资源以线上的方式得以呈现和分享。“英美侵权法”课程在疫情期间即采用线上线下混合式课程形式。①

一、“英美侵权法”课程线上部分的运行

线上主要承载了更多的学习资源。“英美侵权法”课程中，所有的资源都统一整合到了英美侵权法的课程中心网站上。课程群便于教师发布通知、师生之间进行沟通和交流。

（一）课程群与工作群的搭建

有条不紊地部署工作是建设课程中心的前提。首先，可以迅速搭建起一个大项目下的分项目，例如“双一流课程”下的“英美侵权法课程”等。这便于进行框架式梳理，解析大项目的构成，并让工作群帮忙记住所完成的工作。其次，工作群构建方便，有利于随时进行人员组合，配置合适的任务。再次，工作群的扁平化管理，使每个人之间都可以进行直接对话，有利于团队合作。最后，微信工作群方便成员通过“加好友”的方式直接形成工作对接。工作群的群主统筹每个人的工作任务，并对任务完成情况进行督促和核查。

可根据学生的喜好建立 QQ 课程群。群主一般为助教，教师和班长为管理员。课程群以发布通知和沟通交流为主，线上答疑房间的链接、课程内容安排、互动答疑都可以在群里进行。如果有必要，还可以禁止群里的匿名聊天。

（二）选择合适的浏览器

为了让学生顺利登录课程中心，获取学习资源，需要提前告知学生选择浏览器时的注意事项。如四川大学课程中心网站的不兼容性，造成许多浏览器不支持四川大学课程中心的正常使用。②

（三）网站链接

进入一个网站后，经过多次点击会最终到达目标网页。此时，原本网站简短精炼的一级或二级域名后已经添附了许多后缀，形成长长一串根目录。如果需要指引学生直接来到此页面，需要将此长链接复制粘贴给学生，冗长复杂，占用大量空间，且根目录很有可能杂乱无章，不具有识别度。为了解决这一问题，可以利用长短链接转化工具，将长链接自定义设置为自己想要的短链接，添加网页关键词。该工具在网上免费开放，可以直接在百度上检索。例如，可将英美侵权法课程中心的长链接：

http://cc.scu.edu.cn/G2S/Template/View.aspx? action = view&courseType = 0&courseId = 4233（冗长复杂，不具有识别度）

---

① 田媛、席玉婷：《高校混合课堂教学模式的应用研究》，《中国大学教学》2020 年第 8 期。

② 【浏览器选择】根据技术教师的指导和学生的反馈，不推荐使用 Mac 系统，Windows 系统中推荐使用 IE 浏览器和 360 浏览器的兼容模式。这一点需要提前向学生说明，尤其是有学生使用苹果电脑的，需要提前安装合适的操作系统，或者找到合适的设备。去环境较好的网吧学习也不失为一种解决办法。

简化为如下短链接：

http://cc.scu.edu.cn/G2S/angloamericantortlaw.cc（短小，含网页关键词，便于分享）

二、“英美侵权法”课程线下部分的运行

（一）开课前准备

教务处会在开课前发放选课名单。因为学生的选课具有盲目性，对课程的了解仅限于课程名称，为了避免学生进入课堂后不适应，需要对其专业背景进行评估。班级事务的日常管理需要有固定的人员负责。除了授课教师之外，该门课配备了一位助教和一位班长，并提前建立好课程群以便交流。助教负责前期对接教务处、建立课程群、课程记录、期末打分等工作，班长负责维护和管理课程中心，并协助助教工作。

（二）课堂流程

线下课堂主要以教师授课和有针对性地答疑的形式展开。一般流程为学生举手提问，教师依次回答。教师需要先询问学生的姓名以便记录，并可以从学生的问题中拓展出其他知识点，供其他学生参考学习。但是偶尔也存在没有学生提问的情况，此时为了避免冷场，教师也会根据课程内容，抽选学生提问，以更好地了解学生对知识的掌握程度，并对学生们的知识盲区或者本节课内容的知识重点进行讲解。同时，助教应当参与课堂，并记录答疑过程，包括出勤的同学、提问的同学和提问的问题。这些记录可以作为平时成绩的参考，在期末打分时能有迹可循。例如，提问多的同学课堂参与度较高，可以适当在分数上予以倾斜。学期末也可以视情况将本记录选择性公开，让评分流程和标准更公平、更透明，便于学生了解自己的情况。但公开时一定要考虑隐私，可以采用公开学号代替公开姓名的方式等。

（三）期末结课

期末结课最重要的就是给同学们打出期末分数。期末分数由平时成绩和期末成绩两部分组成，期末成绩直接来自期末考试，而平时成绩可以根据出勤情况、课堂参与度等进行综合打分。全班成绩分布应当大体符合正态分布，合理控制高分和低分。

第十二章　一流课程方阵的智慧教学保障

第一节　一流课程方阵的智慧教学环境支撑

一、四川大学智慧教学环境理念的提出

（一）四川大学智慧教学环境建设背景

人才培养的质量和水平是大学的核心竞争力，一流大学首先应该有一流的人才培养机制，应该有好的本科教育模式。但长期以来，各大高校办“好的本科教育”面临很多问题，其中的共性问题主要有：如何培养学生独立思考、自主学习的能力？如何真正实现教学相长？如何真正实现个性化教育？如何解决“重科研、轻教学”的问题？①

针对这些问题，2010 年，四川大学明确课堂是教育教学的主阵地，认为只有进行课堂革命，教育才能真正革新。为此，学校一方面实施启发式讲授、批判式讨论的高水平互动式小班化课堂教学改革，在教学过程中促进师生互动，鼓励教学相长；另一方面通过非标准答案考试和全过程考核等学生评价改革，促使学生真学、真想、真领会。

在推行课堂教学改革的同时，学校发现在“以教为中心”的传统教室，桌椅固定，设备单一，环境保守、封闭，极大地限制了师生之间、学生之间的互动讨论，不利于批判性思维的培养；同时，学校还深刻认识到智慧时代需要智慧教育，而智慧教育的开展必须构建智慧教学环境。② 因此，学校的课堂教学改革以教室“革命”为抓手，重点建设互动探究式、自主开放型的智慧教学环境，实现教学空间与教育理念、教育模式和教学方法的双向促进。③

（二）四川大学智慧教学环境设计理念

自 2012 年起，四川大学建设了集先进的高科技技术与人性化的温馨环境于一体，能激发思考、培养批判性思维、便于沟通、满足不同学科教学需要的多类型智慧教室；把学校教学楼的走廊、大厅等公共场所，改造成了处处可以交流、处处可以互动、处处可以推导公式以及处处可以喝茶、喝咖啡的学术殿堂式的环境，潜移默化地激发学生的创新精神，培养学生的批判性思维和创新创业能力。通过打造“互动式、智能化、开放型、多样性”的智慧教学环境强力助推创新创业教育和一流课程建设。

---

① 田蕊、熊梓吟、Normand Romuald：《疫情之下全球教与学面临的挑战与应对之策——OECD〈2020 应对 COVID-19 教育指南〉解析与思考》，《远程教育杂志》2020 年第 4 期。

② 崔亚强、甘启宏、王春艳：《高校智慧教学环境的建设和运行机制思考——以四川大学为例》，《现代教育技术》2020 年第 3 期。

③ 周光礼：《“双一流”建设中的学术突破——论大学学科、专业、课程一体化建设》，《教育研究》2016 年第 5 期。

1. 智慧教学环境的内涵

智慧教学环境（Intelligent Education Environment）是能够提供多样化互动手段的技术环境与温馨、安宁、舒适的物理环境的结合。在智慧教学环境中，可以实现人与教学资源以及环境的相互融合，从而实现互动式、泛在化的学习与交流。①

对智慧教学环境的设计与实践是在互动式教学理念的基础上，将教室内部及教室外公共空间进行整体打造，设置能够提供多种互动手段的多类型互动教室，并在教室外的公共空间充分设置无线网络、书写白板、信息发布系统、可移动座椅等设施，为师生提供泛在化的学习和交流环境，并且在温馨舒适的设计总基调下“求同存异”，教学设备配置合理，环境装饰风格统一。

2. 设计原则

第一，平等化。合作教育理论提倡师生之间的相互尊重和相互合作，完全排除强制的学习手段。合作和尊重的基础就是平等，尤其对于高校教育而言，平等的知识交流更有利于素质人才的培养。创新人才的培养中，教师不再是高高在上的知识传授者，而是潜伏于学生当中的无形的引导者。从心理上拉近了师生的距离，使教师很好地融入学生当中，更有利于学生的学习。例如，网络互动教室中有角色互换的功能，学生电脑可以瞬间转换为教师电脑。

第二，灵活性。灵活性是指教室布局需要根据互动教学模式的需求灵活多变，而不是单一固定的某种教室布局。教室布局是为更好地实现互动式教学设计的，因此如何互动是设计教室布局时应考虑的首要问题。为了不将学生困于方寸的座椅之间，需要设计灵活的教室布局，促使教师和学生根据教学活动的需要随时变换教室布局。在一间普通的小班研讨教室中，大致布局为前面 70 英寸的液晶触摸屏，相同大小的白板，小型机柜兼讲台，活动的单人方桌和单人软椅，后置书写白板。上课时，如果教师需要用多媒体给学生讲解 PPT 内容，就选择液晶触摸屏，所有学生面向讲台；当教师有大量的讲解内容需要书写时，就可以选择在后书写白板上教学，所有学生转身面对后书写白板即可。

第三，开放式。开放式不是指单纯教室内的布局，而是将教与学的空间从教室扩展开来，比如扩展到走廊，走廊有随处可见的白板，学生可以即兴创作画上几笔，也可以和教师或者同学共同演算一道数学题；扩展到教学楼的空闲空间，几张桌椅就可以让学生在享受阳光的同时学习知识；扩展到整个世界，教学楼内无处不在的无线网络，使学生更加便捷地利用互联网学习。该原则使得教室不再是一个一个封闭的孤立的教学环境，而将各个教室通过走廊中的白板、无处不在的无线网络连接成了一个可供教师和学生随时互动的泛在化的智慧教学环境。开放式的教学环境使得互动教学不再局限于教室内、课堂上，而向教室外、课堂下延伸。

第四，多样化。智慧教学环境是为培养高素质的创新人才服务的，单一的批量化的教室布局只能作为一个物理场所，不能有效促进创新思维的培养和多种互动教学模式的展开；而多样化的教室布局能更好地适应高素质创新人才培养和多种互动教学模式对客观环境的需求。在四川大学的智慧教学环境中，拥有多种功能型教室，各种教室布局不同。即使同质功能的教室，其布局也是多样的。教师和学生可以根据需求申请教室，这样既能为教学活动提供个性化选择，又能促使教师开展多种模式的教学，从而减轻对传统多媒体设备的依赖。

---

① 余淇：《高校智慧教学环境应用提升的思考及建议》，《软件导刊（教育技术）》2018 年第 11 期。

3. 建设理念

第一，将环境心理学理论融入教学环境设计。环境心理学是一门研究环境与人的心理和行为之间关系的学科，其认为自然环境和社会环境是统一的，二者都对行为产生重要影响。教学楼内公共区域的自然环境，包括教学设施、内部色彩、光线、温度、桌椅摆放方式等；教学楼内公共区域的社会环境，包括师生之间的交流活动、学习氛围、学习信息等，二者都潜在地影响着师生的心理和行为模式，以及教学效果和思维方式。

将环境心理学理论融入教学环境设计，重点构建教学楼内的互动交流公共空间。冲破教室围墙，扩展学习空间，为师生构建一个开放多样的教学环境，合理利用教学楼的走廊及大厅等空闲区域，设置无线网络、书写白板、信息发布系统、可移动座椅等设施，通过营造多边互动的教学环境，打破时间与空间的限制，让师生可以随时随地地交流讨论与思维碰撞。同时，由于人们的心情、学习工作表现，甚至健康都与在所处环境中产生的感觉有关，对这些区域内的灯光、墙面色彩、桌椅造型及摆放位置等进行科学合理的设计与配置，可以使师生以积极、稳定的情绪充分发挥自身的主观能动性和创造性，营造活泼朝气的学习交流环境。

第二，营造参与、创新、激励的积极心理环境。引导学生树立正确的世界观、价值观和人生观，为培养学生优秀的思维品质、创造才能和行动力服务。四川大学经过长期的探索和实践，总结出具有四川大学特色的智慧教学环境设计经验，主要包括空间环境设计和技术环境设计两个方面。在空间环境设计方面，主要包括：（1）“人与环境”的和谐：运用空间设计学、心理学和人体工程学等相关知识，充分考虑功能、容量、空间尺度、照明、色彩、气味、使用舒适度等因素，打造健康、友好的物理空间。（2）教学空间的可重构性：教学设施可移动，打破束缚，适合多种类型教学；对空间进行适当的分区，可实现不同类型教学空间的组合，能同时开展不同类型的教学活动。（3）教学空间的智能性：对各种环境因素、设施设备进行智能感知和调控，打造智能空间。（4）教学空间的延伸性：教学空间突破传统观念，从教室延伸至教学楼公共空间，乃至延伸至整个校园。在技术环境设计方面，主要包括：（1）界面使用友好便捷：充分尊重师生的界面使用习惯，做到功能强大、使用简单。（2）呈现方式健康智能：视觉呈现方面，充分考虑距离、角度、照度、功能设计等因素，恰当采用大屏、多屏、多视窗系统；听觉呈现方面，充分考虑声音的响度、均匀性和声像一致性，便于管理和维护，满足智慧教学需求。（3）资源共享获取便利：提供网络与教学系统支持，实现资源的便捷获取与使用、师生之间信息资源的共享交互，提供线上课程与远程课堂资源服务、资源智能获取服务。（4）教学数据智能分析：充分满足互动教学、智能教学的评价与反馈需求，为教学效果提升和管理评估提供智能化数据支持。（5）软硬件和功能融合：系统设计科学，实现硬件、基础软件、应用软件的融合，并实现智能视窗、教学互动、课堂录播、远程互动、电子书写、智能感知和控制、虚拟与现实、教学评价等多方面功能的融合。①

二、智慧教学环境建设时间线

（一）初步探索

2011 年，四川大学开始积极探索从技术环境角度支持课堂教学改革，把表决器引入课堂，

① 乐毅：《亚洲一流大学本科课程设置与课程管理特点评析》，《中国高教研究》2015 年第 2 期。

以信息技术手段解决大班授课、小组研讨，及课堂教学效果及时反馈问题；尝试通过各种扩音手段来解除有线话筒对教师的束缚，满足教师走下讲台与学生进行深度互动的需要。2012 年，四川大学开始探索物理环境改革，首次尝试使用可移动桌椅，教室墙面使用非白颜色，积极探索物理环境对心理环境的影响。在智慧教学环境建设理念的指导下，学校于 2014 年初步建成智慧教学环境示范区，得到了校内师生和业界的高度肯定。在推进智慧教学环境全覆盖的过程中，学校不断总结经验，研究和引进新技术、新成果，并结合课堂教学改革的实际需求，打造互动式、智能化、开放型、多样性的智慧教学环境。

（二）规模化建设

2016 年，四川大学入选国家双创示范基地，前期多类型探究式智慧教室及人性化、共享化互动交流公共空间的设计与建设方案被成功应用于四川大学“创新创业教育与实践平台”——智慧教学环境改造工程中。“创新创业教育与实践平台”成为示范基地重点建设项目之一，加大了双创智慧教学环境建设力度。截至 2020 年秋季学期，实现了 510 间本科教室智慧教室全覆盖。

三、一流智慧教学环境助推一流课程方阵建设与运行

2012 年起，四川大学启动“智慧教学环境建设工程”，累计投入 2 亿元经费分期分批对学校的 510 间教室进行升级改造。包括六大功能型教室，即网络互动教室、多视窗互动教室、远程互动教室、多屏研讨教室、智能研讨及报告型阶梯教室、双创专用研讨室；还对原本空荡、单调的教学楼公共空间重新定义，打造出超过 5 000 平方米的互动式交流空间，让师生可以随时随地地交流讨论与思维碰撞。

四川大学长期坚持全方位、大力度的本科教学投入，建设学术殿堂式教学环境，形成了教学理念、方法“软件”与教学环境“硬件”良性互动的“全空间”育人格局。传统的教学空间单调、简陋，无法形成人性化互动交流与创新智慧碰撞的环境氛围，无法有效促进学生创新思维的培养。“以学为中心”的教学理念呼唤互动探究式、开放性智慧教学环境。学校努力探索互动式、智能化、开放型、多样性的智慧教学环境，① 使教学空间与教育理念、教育模式和教学方法双向促进（见图 12-1）。

“智慧教学环境”的建成有力支撑了教育教学改革创新，促进教师了解科学的教学理念、接纳新的教学方法，达到软件与硬件的良性互动，助推一流课程建设与运行。教师们感叹“不好意思照本宣科、满堂灌啦”！越来越多的教师愿意尝试，善于使用，进一步深度开发出了各具特色的智慧教学方法。

（一）六大功能型教室

1. 网络互动教室

这类教室属于“操作类智慧教室”，是“教室+机房”的融合，教室内配备高性能教师机和以小组为单位的多台学生机，通过网络互动系统为师生提供灵活多样的互动教学模式，提供强大的师生互动、生生互动、人机交互功能，可以实现教师机和学生机同屏展示，学生们可以近距离查看教师的讲授内容，尤其是精细化的教学内容；将教学的主动权交到学生手中，把学

---

① 周光礼：《“双一流”建设中的学术突破——论大学学科、专业、课程一体化建设》，《教育研究》2016 年第 5 期。

图 12-1

生的操作结果放大投影到教室大屏，通过教师点评、学生讨论提高学习成效；收发资料；学生一对一接受教师的指导与反馈；教师机与学生机都连接互联网，方便引用互联网丰富的教学资源等。该类教室打破了传统教室的限制，为广义的学习提供可能，人人都可以成为课堂的主角。这种类型的教室，更好地满足软件、设计等课程的体验式、参与式教学需求，深受来自艺术、建筑、计算机、软件、机械制造、水利水电等专业教师的欢迎（见图 12-2）。

图 12-2

【典型案例】

案例一：苟思老师在网络互动教室教授“水土资源利用与管理”课程，发挥该教室以小组为单位，每台电脑均能上网的特点，指导学生分组合作使用电脑，利用 Vensim 软件搭建系统动力学模型，完成搭建后，教师将小组模型结果投影到大屏幕上进行点评，与全班同学分享和讨论（见图 12-3）。

图 12-3

案例二：网络互动教室与游戏化教学结合。教学游戏是一个自我完备的系统，它拥有一个“游戏空间”，在其中，学生倾情参与游戏的各种活动。游戏有着明晰的开始、进行、终止的节点，对输赢有明确的定义，学生知道他们/他人何时满足游戏结束的条件。游戏通常含有多种元素，涵盖挑战、反复试错、奖励系统、一个清晰的目标，这个目标就是学生努力争取的终极结果。在游戏化的应用中，游戏中的元素，诸如积分、证章、安全试错、挑战等经常被使用，但目的不是去创建一个完备的系统——生成一款游戏，而是借用游戏元素鼓励学生学习教学内容，完成学习任务。虽然游戏化教学的概念并不新鲜，但如今数字工具的使用使得游戏化教学比以往任何时候都更具创新性和吸引力。研究表明，游戏化教学有助于学生形成更积极的学习态度，提高认知和社会经验，以及增加注意力等。

游戏化可以推动创新性思维和行动。四川大学化工学院周加贝老师就与赖雪飞老师、权新峰老师等同事一起积极尝试通过游戏化教学的方式激发学生学习兴趣，利用网络互动教室和 PaGamO（线上竞技化学习平台）组织“化学争霸赛”。教师将题目上传至游戏里的题库，同学们自愿组队，协作完成线上问题，并像游戏中一样扩充领地，更有同学“沉迷答题”，不可自拔，学习效果出乎意料（见图 12-4）。

图 12-4

2. 多视窗互动教室

这类教室属于“深层演示式智慧教室”，与传统多媒体教室的显示设备不同，该类型教室具有特殊设计的投影大屏，通过融合技术配合多视窗演示系统，彻底改变了传统的多类型教学内容演示方式。该系统支撑复杂的教学过程，通过同一个屏幕同时对多个教学资源进行展示，实现高难度、复杂问题的全方位和多维度演示，优化教学内容的呈现方式，教学手段更加丰富，有助于加深学生对知识的理解和掌握。如医学类课程能更好地实现病变前后细胞、组织、器官的对比呈现，设计类课程能更好地实现平面与立体课件的对比呈现、普通课件与虚拟空间三维视图和操控过程的同屏呈现（见图 12-5）。

图 12-5

例如，华西临床医学院的胡娜老师在讲授“医学影像学”课程时，使用多视窗互动系统，利用一个屏幕，同屏直观地向学生展示动态实验数据，指导学生进行病例分析与三维重建，模拟临床病房和放射科的诊断过程（见图 12-6）。

图 12-6

化工学院的周加贝老师在讲授“近代化学基础”课程时，最常使用的就是多视窗系统三分屏，主屏幕播放当前课堂主要内容 PPT，或手机互动测试题目，或混合现实三维展示；右上分屏幕 1 展示一节课的大纲及当前教学进度；右下分屏幕 2 展示该小节教学要点。通过三分屏设计，让学生能宏观把握当前所学内容在整个章节中的位置及重要程度；能在教学过程中随时发起即时反馈，检验教学效果；融合微软 HoloLens 混合现实技术，变二维空间为三维立体，形象直观地解决化学教学中平面难以理解三维结构相互作用的这一教学难题。最重要的是利用多视窗技术实现了教学主 PPT、HoloLens 三维立体模型、手机互动习题、教学辅助 PPT 等多种资源的同屏显示，无缝切换，让学生整节课都能沉浸到化学的世界里（见图 12-7）。

图 12-7

3. 远程互动教室

这类教室属于“跨区域远程智慧教室”，在传统多媒体教室基础上，通过配置专业摄像机、组合教室大屏或多屏，搭建直播课环境，配合远程互动软件，创设沉浸式互动环境。实现远程实时音视频传输，课程直播，双向互动，使得跨空间式的互动教学成为现实。师生可以参与不同校区、不同学校、不同国家的实时互动教学，让学生共享校际、国际优质教学资源，完美实现一室之内，尽与天下课堂。尤其是在疫情期间，这类教室的远程直播特色为常态化的线上教学提供了便利（见图 12-8）。

图 12-8

【典型案例】

优质课程资源共享

四川大学加入东西部高校课程共享联盟，实现学生不出校门就能够共享其他名校的精品课程并与授课教师实时互动；除此之外，实现跨国远程直播课，国际关系学院的学生坐在远程互动教室里，就可学习波兰华沙大学“波兰语+”课程。

4. 多屏研讨教室

这类教室属于“小组协作式智慧教室”。设计上重构教学空间，打造全新教学形态。物理空间上，去除传统讲台，将讲桌置于多边形教室中央，可移动、可拼接活动桌椅，以更好地发挥教师在教学过程中扮演的组织者、引导者等角色的作用。在硬件上，也与传统多媒体教室不同，除一台主机外，教室的不同方位还配置三台交互式触摸一体机，配合软件设置可随意切换“集中授课”和“分组研讨”两种模式：集中授课时，分布在教室内的多个屏幕便于不同方位的同学就近观看教学内容，达到沉浸式体验；分组研讨时，实时将学生自带设备里的图片、文件分享到一体机上，便于同组学生开展组内研讨交流。该类型教室通过空间和设备上的改变，模糊了教师和学生之间“主导—从属”关系的界限，从心理上消除了“教师主导、学生从属”的思维，双方平等探讨，营造富有想象力和创造力的学习氛围，学生更加积极参与课堂，为探究式教学模式的开展提供了良好的物理环境（见图 12-9）。

图 12-9

【典型案例】

外国语学院的张露露老师在多屏互动教室开展“学术英语写作”教学，将学生分成三组，其中一组作为观察团，为另外两个对抗组打分评价，两个对抗组用教室里的另外两个大屏进行讨论，派出一名代表陈述团队观点，观察团行使“教师”评价权利，使课堂变成了“战场”，协作、研讨、思辨处处可见（见图 12-10）。

图 12-10

在未来建设中，多屏研讨教室搭配 VR 设备为虚拟仿真金课建设提供友好的教学环境，支持通过 PC 端投屏到多屏研讨教室三块大屏，快速简易地开展沉浸式课堂教学活动；也支持多个角色同步进入同一个沉浸式场景中进行相关的学习、交互与训练，通过多人角色扮演实训，达到传统教学无法达到的实训效果。广泛应用于英语、导游、建筑等专业（见图 12-11）。

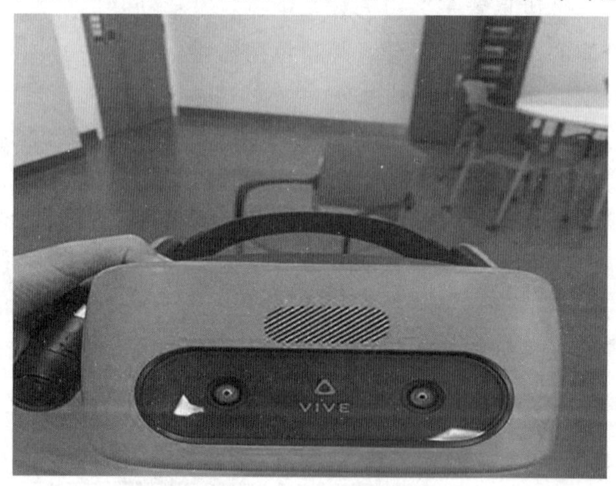

图 12-11

5. 智能研讨及报告型阶梯教室

该教室针对大型阶梯教室（百人大教室）的布局大胆创新，满足其教学过程中探究——互动式教学需求：（1）物理环境设计上，支持分布式设计，支持随时重组再布置，实现同一空间多种教学形态的快速便捷转换，方便学生在“集中学习空间”“协作学习空间”和“独立静默学习空间”中自由切换①；桌椅采用隔排转椅方式，即前排座位可以 180 度旋转，实时形

① 李青、王涛：《MOOC：一种基于连通主义的巨型开放课程模式》，《中国远程教育》2012 年第 3 期。

成讨论组，方便学生积极参与、协同创新、头脑风暴。（2）功能多重复合。打破依赖硬件的惯常思维，借助软件功能集成，集多屏投影、教学效果即时反馈、远程互动、高清录播功能于一体。（3）物联感知。通过讲台上的多功能控制面板实现智能感知与控制，控制窗帘、照明的开关、空调调节温度等。同时注重细节功能，“电力轨道”搭配“插头式或USB接口式插座”，方便快捷，安全高效，可以满足学生在教室的用电需求（见图12-12）。

图 12-12

【典型案例】

智能研讨及报告型阶梯教室应用于模拟法庭

为提高我国高校法学教育水平，培养应用型、实践型法学人才，全国各高校法学院引入形式多样的教学模式，其中模拟法庭是目前广为推荐和不断普及的法律实践性教学的重要形式。而智能研讨及报告型阶梯教室保留阶梯教室呈阶梯分布的核心特征，在物理环境上与模拟法庭所要求的庄严肃穆吻合度极高；搭配吊顶式话筒，书记员、法官、原告律师、被告律师每个角色都可以畅快发言，尤其为原告律师和被告律师无间断辩论提供便利。

6. 双创专用研讨室

严格意义上讲这类研讨室不属于教室，日常教学中不排课，专供学生研讨使用。双创专用研讨室采用透明玻璃隔断将教室划分为四个讨论区域，各区域间相互隔音，学生既可以独立开展小组讨论，避免干扰，又互相可视，营造相互激励、积极探索的良好氛围。① 每个区域配置多类型活动桌椅、书写板、触摸一体机和投屏系统（见图12-13）。

图 12-13

① 黎生、余淇、田建林：《高校智能教室建设初探——以四川大学“智慧教学环境”建设为例》，《中国信息技术教育》2020年第15期。

双创专用研讨室非常适合一流课程建设所需的自主探究、分组研讨等教学模式。目前结合四川大学信息发布系统，可准确快速定位教室在用情况，为师生课后学习研讨、学术型社团活动交流、大学生双创项目探讨等提供良好的环境支撑；在未来建设中，配合疫情期间研发的“四川大学扫码定位系统”，可实现研讨教室预约使用和精细化管理。

（二）互动交流公共空间

四川大学的智慧教学环境除了功能型教室外，还包括互动交流公共空间。互动交流公共空间的建设突破传统观念，实现了教学空间的有效延伸、多维拓展，从教室延伸到教学楼公共空间、教学楼外公共空间乃至整个校园。互动交流公共空间的打造加深了师生间、生生间的互动交流，营造了浓厚的互动、研讨、探究氛围，而这正是一流课程建设所需要的。

1. 教学楼公共空间的建设

教学楼公共空间建设是指将过道、走廊和教学楼内大厅等空闲公共区域利用起来，配备书写白板、可移动桌椅、无线网络、触摸一体机、创新创业型咖啡吧等适宜学习交流的设施设备，打破时间和空间的限制，打造温馨、人性化的互动交流学习空间。教学楼公共空间的建设，不仅方便师生随时随地交流讨论、进行思维碰撞，对整个教学楼学习氛围的营造和提升也有重要意义（见图 12-14）。

图 12-14

课后，一群同学来到这里进行小组讨论。开放的空间、发散的思维促使创新火花的诞生，整个教学楼洋溢着浓厚的学习氛围，充分体现了四川大学“以学为中心”“处处能学”的理念（见图 12-15）。

图 12-15

2. 教学楼外互动交流空间的建设

除教学楼内的互动交流空间，原本空荡、低利用率的屋顶空中花园，以及室外空闲的走廊等也得到了合理有效的利用，放置桌椅，配备书架，搭建凉亭，种满绿植，学生在业余时间来到这里研讨辩论、考研复习、项目头脑风暴等。探究—互动式教学模式从课堂拓展到课外，从室内延伸到户外，这是四川大学“以学为中心”“处处能学”理念的又一体现（见图 12-16）。

图 12-16

3. 互动交流空间的延展

宿舍和食堂是教学楼以外的第二学习阵地，在四川大学每个宿舍的客厅，每个围合的公共区域，每个食堂的大厅都能成为学生学习、探究、研讨的好去处。可移动和可拼接的桌椅，随时可以搭建研讨小组；文件展示柜里面的图书和杂志按需取阅；配备触摸式一体机和可供书写的白板，方便头脑风暴；充分展示个性和独具特色的文化墙，既可以展示你看到的世界，也可以欣赏他或者她看到的世界。正是这些第二学习阵地，使得宿舍不再只是睡觉的地方、食堂不再只是吃饭的地方，互动交流空间打破了时空界限，不再局限于教学楼，正是四川大学“以学为中心”“处处能学”理念的升华（见图 12-17、图 12-18）。

图 12-17

图 12-18

第二节 一流课程方阵的智慧教学平台应用

提升本科教育教学水平，打造“金课”，需要充分发挥现代信息技术的创新驱动作用。四川大学根据教师需求，引入多个教学平台，帮助教师重塑教学的各个环节，丰富课程建设模式，深化改革课堂教学模式、方式与方法，建设线上金课及线上线下混合式一流课程。①

一、爱课堂

（一）整体介绍

1. 建设背景

促进信息技术与教育教学融合发展是教育信息化工作的核心理念，《2018 年教育信息化和网络安全工作要点》重点指出，2018 年将推进信息技术在教学中的深入普遍应用。同时国务院颁发的《教育信息化 2.0 行动计划》中也指出：“促进教育信息化从融合应用向创新发展的高阶演进，信息技术和智能技术深度融入教育全过程，推动改进教学、优化管理、提升绩效。”信息技术与教育教学融合发展又一次成了 2018 年教育信息化工作的重点。聚焦信息技术与教育教学融合发展，四川大学在 2011 年引入课堂表决器，开始了信息技术深度融入教与学过程的探索和实践，助力“探究式小班化”教学改革。随着移动通信技术的发展和以智能手机为代表的移动终端设备的普及，学校又将利用手机 APP 构建移动互动教学环境作为探索教与学过程智能化的突破口，与相关机构合作开发“爱课堂”智慧教学工具并于 2016 年正式投入使用，确定了建立 AI 智慧教学平台的长远目标。AI 智慧教学体系具有以下四个特点：（1）教与学过程管理的数字化和智能化；（2）BYDO 常态化应用；（3）个性化教育服务；（4）人人皆学、处处能学、时时可学。

“爱课堂”走向 AI 智慧教学平台分四步：第一步是 1.0 教室互动系统，实现课堂教与学数字化，也就是将教师在备课、讲课、测验、批阅等课堂教学过程以及学生听课、答题、提问等课堂学习过程全程数字化记录；第二步是 2.0 云平台互动系统，实现整个教学过程数据的中

① 祝士明、郭琰：《深度融合智能技术的金课建设：框架与路径》，《现代教育技术》2020 年第 8 期。

心存储，将课堂、课外教学数据集中化，予以信息共享和对比分析；第三步是 3.0 线上线下一体化教学平台，融合在线教育理念，通过进阶式学习、翻转课堂、自主测试等功能强化学生自主学习能力，打造学生自主学习的教学中心；第四步是 4.0 AI 智慧教学平台，经过前期三个阶段教学数据的积累形成大数据中心，建立数学模型分析数据，进而实现数据智能定制、预测和诊断（见图 12-19）。目前正处于第三步“爱课堂”3.0 线上线下一体化教学平台的应用阶段。

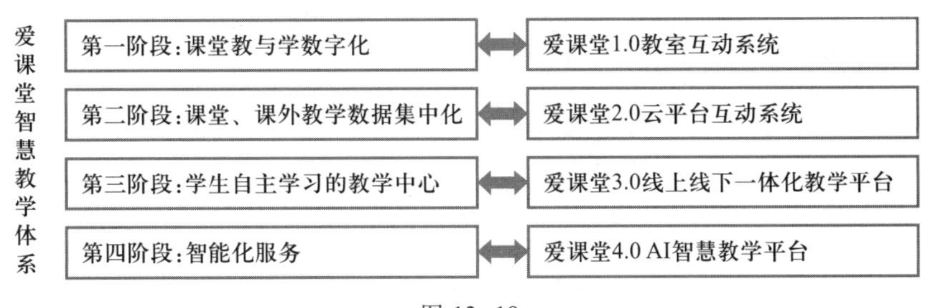

图 12-19

2. 系统组成

“爱课堂”手机互动系统从软件系统的组成上包括三个部分：学生端（App）、教室电脑端和云平台。① 移动端（App）和教室电脑端是服务于师生教学的主要载体，云平台用于支撑系统的运行和教学大数据的集中存储、共享、分析和决策。

第一，学生端（App）。学生端是一款原生开发的 App，学生的自带设备既是主要的学习终端，也是“爱课堂”课堂互动功能的核心载体，所以“爱课堂”改变了手机在课堂中的地位，使其成了学生学习的利器，也真正实现了 BYOD 的常态化应用。学生通过学生端（App）实现一键签到、接收教学资料、课堂答题、弹幕提问等互动功能，通过高频率的互动时刻维持学生大脑的兴奋度，提高学生的课堂积极性和参与度，提升课堂教学质量。依托云平台，实现“课前预习检测—课中实时互动—课后巩固提高”等功能。

第二，教室电脑端。教室电脑预置“爱课堂”软件，为了消除技术门槛，软件不依赖任何载体，采用屏幕截图的方式，支持任意形式的课件。不改变教师原有的授课习惯和模式，节省教师备课时间。

第三，云平台。学校自建云平台，具有完全的数据所有权和使用权，一方面保障了数据的安全性和师生的知识产权，另一方面为学校建立大数据中心，以及后期的数据深度挖掘、分析、决策打下坚实基础。

3. 系统架构

系统采用 2 层+3 层混合网络结构（见图 12-20），在课堂教学环境中采用三级架构，学生端（App）与教室电脑端形成局域网络，数据在教室内传播，可以做到高性能低延迟，并不会增大核心网络的负载。教室电脑端与云平台服务器通信，可以集中下载教学数据并上传互动结果数据，避免了学生分别下载、上传数据对核心网络和服务器的压力。在课堂外，采用二级架构，教师终端和学生终端通过校园网或互联网直接与云平台服务器通信，实现了随时随地学习

① 王春艳：《1∶1 数字化环境下课堂教学互动的研究与实践——以四川大学手机互动系统“爱课堂”应用为例》，《中国信息技术教育》2019 年第 7 期。

互动（见图 12-21）。

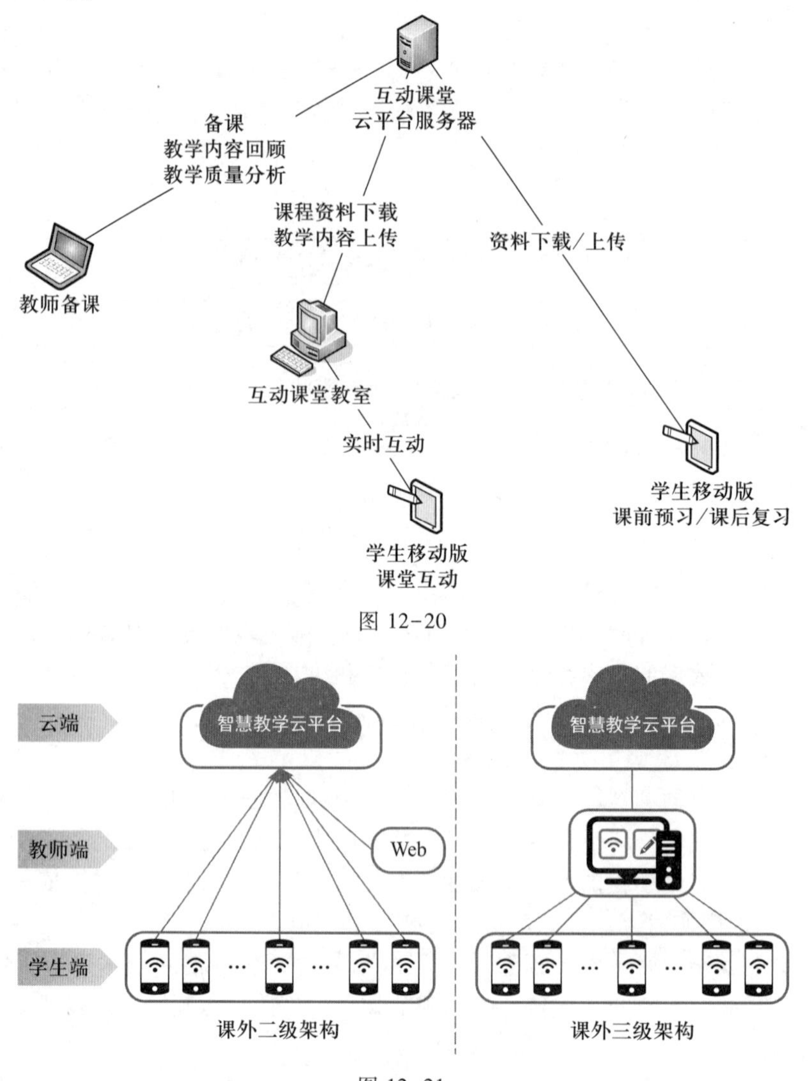

图 12-20

图 12-21

双网络结构的优势在于在确保全校师生大规模使用手机互动系统进行教学的前提下，对网络和服务等设备性能提出了最低的要求，降低了系统建设的门槛。

4. 功能特征

“爱课堂”实现了课堂教学的全过程支持，并完成课程的全维度数据记录。采用教室电脑端与云平台相结合的方式联通综合教务系统，除了提供教学数据的中心存储以外，通过一键签到，学生的出勤情况便一目了然；利用随堂测试，让教师对自己的课堂教学情况了然于胸；随时发起的弹幕提问，可使学生的疑问和灵感随时展现；挑人抢答，不但活跃课堂气氛，更能体现互动公平；资料下发，方便教师将与知识点相关的拓展资料一键下发到学生手机端，课后随时随地查看；分组模式助力小组研讨，深入开展协作探究。

云平台具有完整的教务管理（数据）模块、知识结构管理、教学资源库、学习社区，最重要的是具有强大的数据分析功能，可查看整个学期完整的数据报表，分课时统计学生答题情况，按题目统计学生答题情况，统计课程教学质量，分析学生学情，以管理员身份查看教室签到情况，以管理员身份查看课程互动情况排行等。

5. 应用情况

截至 2020 年秋季学期，四川大学已经实现了“爱课堂”教室内全覆盖，累计已有 2 862 门课程、1 417 位教师和 35 967 位学生从中获益。

（二）教学模式

1. 普遍应用模式

“爱课堂”实现了集“课前—课中—课后”于一体的移动互动教学，并初步实现了“数据收集—分析预测—教学决策”的精准化教学，一键签到、挑人抢答、弹幕提问等功能实现师生即时互动；随堂测试、打分等功能服务全过程学业评价；团队合作答题、分组排行展示功能助力小组研讨；二次签到、课前预习和课后作业发布等功能确保学生学习成效。

具体应用模式为：课前，教师可以在云平台布置预习资料或课前测试题，通过学生的提交率和答题正确率来检测预习情况，进而决定教学的起点和课堂授课的重点；课中，学生利用“爱课堂”通过签到、随堂测试、提问抢答、分组学习等方式与教师实时互动，教师依据学生到课率、参与度和答题正确率检验授课成效，并能实时调整授课进度，修订教学方案；课后，教师通过云平台布置课后复习资料和课后测试题，通过学生的提交率和答题正确率检测教学效果，同时发现教学中的盲区。最重要的是，每个阶段产生的分数都会按比例计入学生的平时成绩，为全过程学业评价提供数据依据（见图 12-22）。

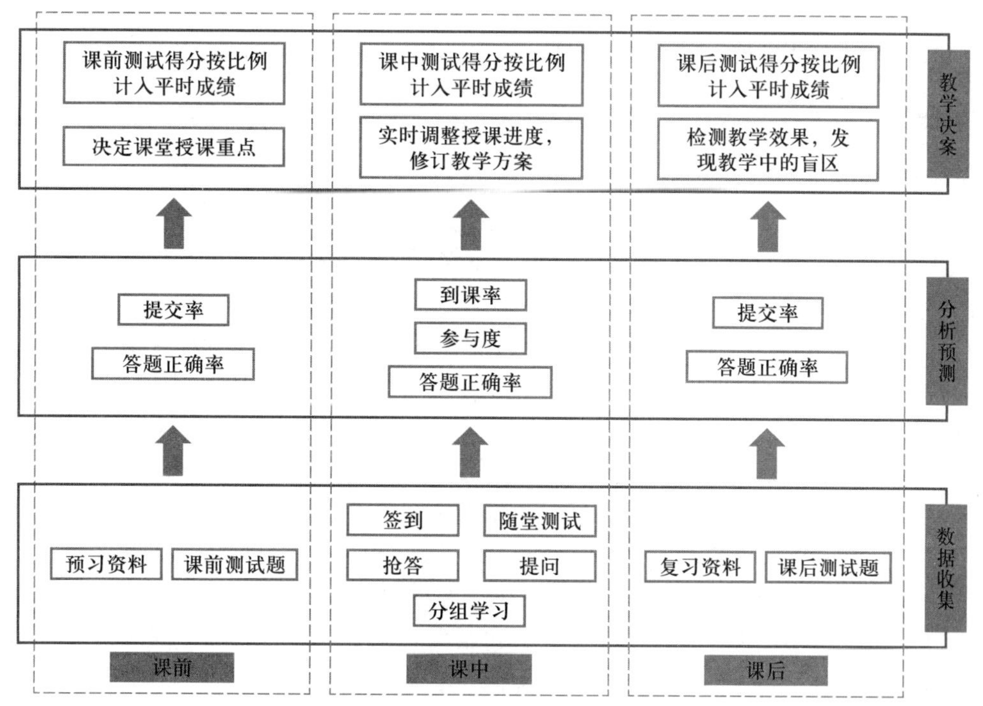

图 12-22

2. 典型应用案例

目前，四川大学已经实现“爱课堂”教室内全覆盖，越来越多的教师愿意尝试，善于使用，也进一步开发出了各具学科特色的教学方法。

第一，循循善诱，自主探索。“创业管理”课堂上，教师首先通过“弹幕”引导学生思考“何为商机”，了解学生对概念的初步印象，再通过案例选择题的方式，让学生判断不同情境下“商机”的可能性，学生答题情况展示在屏幕上，教师有针对性地选择不同选项的学生进行深入讨论，从而引导学生一步一步接近“商机”的学术定义。

第二，合作探究，抢权发言。“货币金融学”的课堂多采“讲授+研讨”形式，教师首先讲授新课 20 分钟，紧接着给出 Discussion Topic 下发到学生手机端，由学生分组讨论。10 分钟后，利用抢答功能邀请优先抢到发言权的 3 个组上台表述观点。最后由教师进行总结性点评。

第三，多元化考核，平时成绩量化。《无机材料物理化学》的授课教师坚持一个学期 80%以上的课时使用手机互动 APP，突出过程性评价，平时成绩有据可依。例如讲授硅酸盐晶体结构时，首先回顾知识，引入新课。通过单选题回顾 Si 的结构，紧跟着让学生绘出 Si 的晶体结构，将答案拍照上传，随机选择 4 名学生的作品同屏展示。其次，讲授新课，强化知识。学习完硅酸盐晶体结构，分别通过单选题、挑人和抢答的方式一步一步引导学生深入思考。最后，下发一篇相关论文作为课后拓展学习资料。

第四，阶段性小测，诊断教学效果。“系统解剖学”课堂采用了一种新的考试方式，即利用手机互动 APP 进行阶段性小测。课前在云平台按知识点创建题库，抽取 10 道难易均衡的客观题用于章节测试，生成试卷并发布。课中实名制签到后，下发整套试卷到学生手机端，学生在自己手机上作答，10 分钟倒计时结束，得分同步回传到学生手机端，答题结果以柱状图形式呈现，教师有针对性讲解出错率高的题目，并对相关知识点重新梳理。

二、超星学习通

（一）整体介绍

2019 年，学校建设了超星“一平三端”智慧教学系统（见图 12-23），融入“互联网+”思维，集课前建课、备课和学生预习，课中课堂教学和实践操作，以及课后复习考核和教学评估于一体，实现整个教学过程融会贯通，并实现对“线上+线下”教学全过程的数据采集、云端分析处理和结果反馈。累计上线课程 2 346 个，上线教师 1 119 人，选课学生 27 775人。

1. 网络教学云平台

网络教学云平台包括课程建设、资源建设、教学开展与运行管理、教学大数据分析等教学全流程应用服务，实现对教学全过程的即时数据采集、云端分析处理和即时结果反馈，激活课堂，转变师生职能，促进课堂教学模式与学习模式变革。

云平台以课程为中心，整合教师的自有资源、学校的现有资源、超星集团的教学资源和网络公开资源，强化应用功能和共享机制设计，包括课程资料库建设、题库建设、作业库建设、试卷库建设。实现教学资源的存储与调用，确保教学质量和人才培养水平的提升。课程网站建设方便简易，集建课、富媒体内容建设、课程门户建设于一体，降低教师建设难度，实现高效课程网站建设。

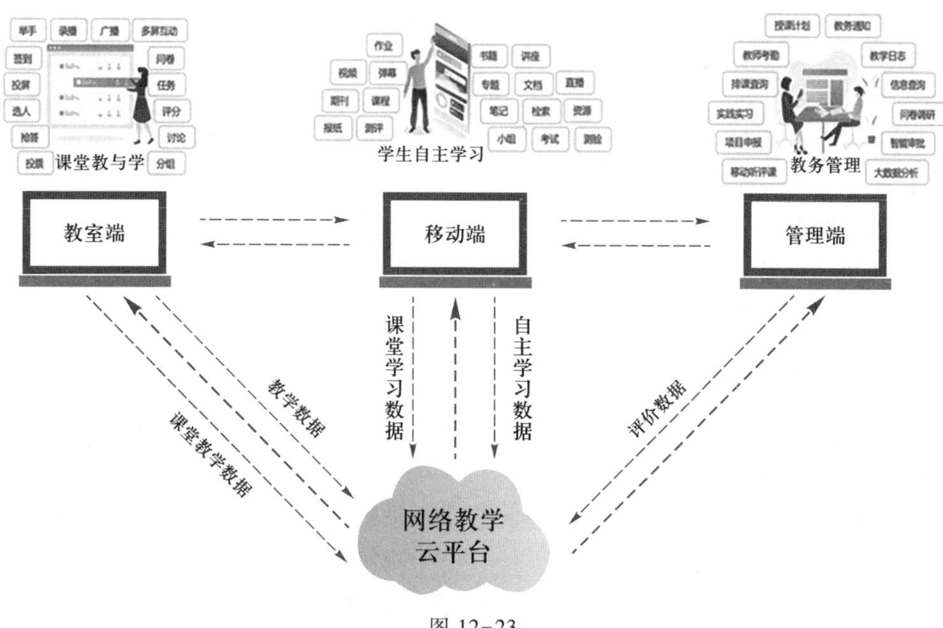

图 12-23

2. 教室端

相对于传统的课堂教学模式，该系统实现了基于新媒体技术的课堂投屏教学与师生互动。教师通过教室端，借助课程网址与“投屏码”，将存储于云端或移动端的课件、图片、视频等各类教学资源投放课堂，并通过互动工具激活课堂教学，与学生进行课堂互动。

在教室里，教师可以开展基于扫码进班和签到的课堂考勤，基于 PPT 授课、抢答和选人的课堂讲授，基于主题讨论和分组任务的课堂讨论，涵盖拍摄、计时、群聊、专题创作和小组的交互辅助，基于测验和作业的课堂练习，以及基于评分、投票、问卷和学生反馈的学习反馈等教学方式，自由组合教室端功能，促进课堂教学改革（见图 12-24）。

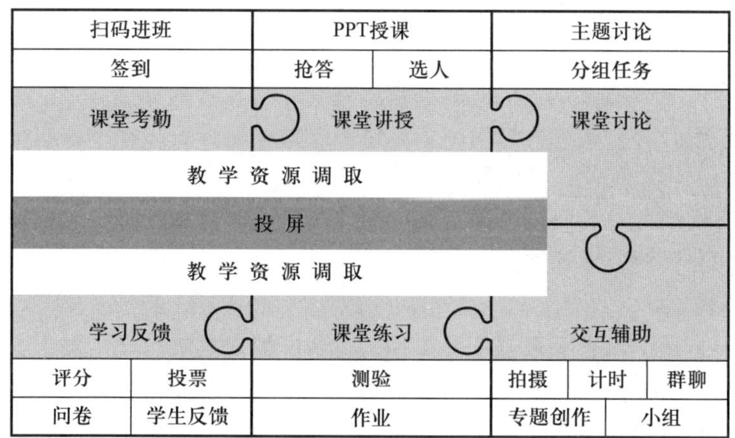

图 12-24

3. 移动端

教师可以基于移动端开展课堂内外教学活动和师生互动，同时在移动端产生的教学全过程数据将会被系统采集，为后面的教学评价和分析提供数据基础。

利用超星学习通教学支持闭环，教师从资源收集出发，实现基于PPT备课、云盘和课程包的课前备课，基于通知、站内信函、助教和阅读的课程督学，包含课堂考勤、课堂讲授、课堂讨论、交互辅助、课堂练习、学习反馈的课堂教学改革，基于笔记、收藏和录音的学习记录，基于直播、同步课堂和速课的课程回顾，以及基于权重设置、积分和考试的课程评价等。教师可基于移动端灵活式开展教学活动，自由调整与组合课堂考勤、课堂讲授、课堂讨论、交互辅助、课堂练习和学习反馈等六个教学环节。课堂数据通过移动端同步存储于云端，帮助教师根据不同教学目标与内容开展新型教学模式，真正实现线上线下的混合式教学，提高教学效率与教学质量（见图12-25）。

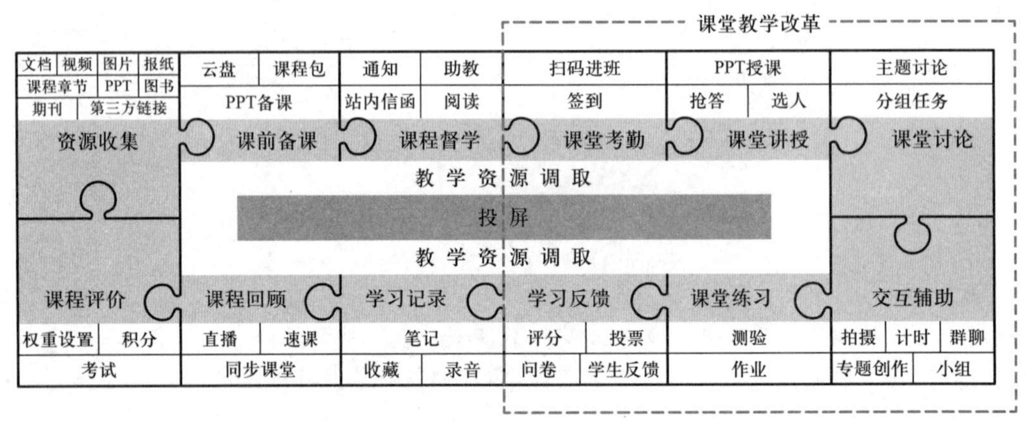

图 12-25

此外，通过同步课堂平台推送教学辅导资源、习题以及课堂活动，学生可以远程通过移动端同步参与课堂，实现双向或多向互动的同步课堂。课堂直播结束后可快速生成“速课”，进一步深化同步课堂的功效。存储为教学资源的速课可进行分享、再次编辑和管理，支持添加PPT、音视频、图片、文字和测验等素材。

4. 管理端

管理端基于云计算对师生教与学的全过程数据跟踪，有效整合在教学过程中产生的过程性数据，建立大数据中心，为管理者提供学生总体学习情况监控、建立专业质量评估体系，实现对教师教学质量、工作量统计、教学监控和预警一体化流程管理模式，促进管理部门、教师、学生实现联动，有机结合，从而推进课堂教学的改革。同时数据信息实时反馈，解决学校的信息孤岛、数据互联和资源共享的问题。

（二）教学模式

课前，教师在超星学习通平台创建好课程，邀请所授课班级的学生加入。教师提前发布资源，将课堂教学所需课件、视频、文档、测试题等资源上传，设置任务点、原位播放、翻页时间、发放模式等。布置预习任务，利用自动通知功能告知学生。学生自主在线预习，完成相应任务。

课堂上，利用超星学习通签到功能进行电子签到，实现快速考勤。教师根据学生预习情况分析，挑出共性问题，在课堂上集中讲解，完成学生对内容的内化。利用“选人”和“抢答”

等功能，让学生回答问题，活跃课堂气氛。运用“分组”功能，让学生分组讨论事先设计好的、有针对性的问题，实现小组互评，教师现场点评。运用“讨论”和“投票”功能，让学生在课堂上对感兴趣的知识点进行讨论和投票，上网查询资料，发表自己的观点，形成一种良好的学习氛围。

课后，教师利用数据分析功能，了解每一个学生的学习情况（在线学习的时长、答题正确率、课后讨论等），发布差异化拓展任务，满足不同层次学生的需求，实现个性化学习；并反思和总结课堂教学，分析教学的难点和需要完善的地方，促进课程持续改进。①

最后，课程可以采用过程性评价和总结性评价相结合的方式，由线上和线下两部分组成。其中过程性评价可以由出勤、作业、课堂参与度、章节测试等构成，通过平台“统计”功能直接查看和导出，使教师从多个角度评价学生的学习情况，注重学生综合能力的培养。

（三）典型教学方式

1. 探讨型课堂教学

教师用手机/PC 教学平台发起分组任务议题，分完组后，学生将分组的结果及选派的组长通过手机提交，结果同步投屏在大屏上。学生在讨论过程中用手机教学平台搜索信息、记录要点、梳理观点，并通过笔记发送到主题讨论里。各组代表通过手机整理好见解与依据，并上台阐述成果，台下学生通过同步到大屏上的内容与台上同学进行互动、交换意见。最后由教师根据平台上专题讨论分享的内容进行有针对性的总结。

2. 成果汇报型

课前，教师将辅助资料上传到平台的“课程资料”里。学生通过手机/PC 在课程里下载和浏览资料，搜集、处理和整合信息，形成 PPT 汇报文件，上传到学生空间云盘。课堂上，教师首先讲述汇报规则，用手机/PC 随机或有针对性地抽选 8—10 名学生上台汇报作业。学生用手机打开云盘里的 PPT 汇报自己的分析报告，内容同步投屏在大屏上。教师通过手机/PC 发起投票、选人、抢答等互动方式，询问台下学生的意见与建议，并通过手机发起已设置好评分权重的评分任务给学生，学生通过手机参与评分，评分结果即时呈现。

3. 课堂交互型

教师通过手机/PC 发起关于概念理解的主题讨论，学生通过手机回答，结果同步传送显示在教室大屏上，教师就学生共同的理解盲区深入进行有针对性的讲解。随后，教师对其中的重要问题进行分析并发起“选人”“抢答”或“投票”教学互动活动，学生通过手机参与上述教学活动。

三、雨课堂

（一）整体介绍

2020 年，四川大学在校内部署了雨课堂专业版本。雨课堂是由学堂在线慕课平台与清华大学在线教育办公室共同研发的一款智慧教学工具，包括智慧教学互动系统及智慧教学管理系统。② 将课件演示软件 PPT 或 WPS 与微信相连接，教师可以轻松布置翻转课堂，灵活地将线

---

① 郑勤华、徐珺岩：《在线学习力：结构特征及影响因素》，《开放教育研究》2020 年第 4 期。

② 张蕊：《基于“雨课堂”的 O2O 智慧教学模式建构》，《文学教育（下）》2020 年第 6 期。

上与线下的教学方式有效整合，巧妙地安排课堂内的教学活动，合理地将一些教学活动安排在课堂外，使得教学设计更加开放灵活。通过“课前预习+实时课堂+课后考卷”全教学活动的数据采集，帮助教师教学从经验主义向数据主义转换，以全周期、全程的量化数据辅助教师判断分析学生学习情况，以便调整教学进度和教学节奏，做到教学过程可视可控。组合使用线下活动或翻转课堂或项目实验，让师生教与学融合更紧密，教学相长。四川大学已累计上线 627 个课堂，覆盖教师 130 人，学生 8 164 人。①

（二）教学模式

1. 教学设计

雨课堂教学互动主要围绕“课前——课中——课后”三个教学场景进行。在课下自主学习中，学生可以不受教学时间和地点约束，随时随地在线学习、完成作业、向教师反馈学习情况、做笔记备忘，接收学习到期提醒、消息推送与通知、习题答案成绩等。教师在手机端可以随时查看班级课件预习情况和完成情况，如学生的预习时间、时长、预习练习的答题率及正确率。在课堂教学中，支持签到、同步教学课件、随堂小测与考试、弹幕互动、课堂红包、多屏互动、实时教学反馈、课堂投稿、随机点名等师生互动。教师结束授课后，课程小结提供学生签到情况、学生数据（包括学生成绩排名、本节课优秀学生和预警学生列表）、随堂小测数据、“不懂”课件数据、教学课件详情、考卷数据、弹幕详情、教学笔记等。课后的试卷小结中，提供考卷数据，包括考卷预览、考卷完成情况、学生得分分布情况、学生答题正确率对比图、学生答题详情等。雨课堂还提供在线考试模块，作为一套独立服务器部署的考试系统，教师可通过该系统直接在与学校教务数据对接的教学班级中发布考试，灵活合理地将一些线下考试转移到线上考试中来。考试中，教师可以在监考页面中看到所有学生的考试状态，对学生的作答情况进行实时跟踪。

考试系统得到的成绩，可以与雨课堂平时成绩同步导出，方便教师对学生进行综合评分。通过“课前—课中—课后”每一个环节的个性化报表，以及用考试方式采集的“学期中+学期末”全周期、全程的量化数据，实现以学生为单位的数据连接，让教与学更明了，教师可根据实际情况调整教学进度和教学节奏，做到教学过程可视可控，提高教学效率和教学质量。

2. 应用方式

第一，课前翻转。教师在课前推送预习材料，包括课件、相关文献、案例等。教师可以对每一页课件进行有针对性的语音讲解，方便学生理解和学习，并对课程内容发布提问，以了解学生的预习成效。对于教学难点，教师可以提出思考题供学生讨论。

第二，课堂教学。基于学生课前预习反馈数据，教师根据调整后的教学方案实施课堂教学。教师一键开启授课，学生可以通过扫描课堂二维码或输入教师分享的邀请码等进行签到。讲解课程内容时，教师可以将 PPT 课件、板书、直播语音画面等教学内容实时同步到学生的学习终端，学生可随时复习课堂教学内容，免去学生上课忙于抄写、拍照，课后要求拷贝教师 PPT 的问题。教师可根据课堂教学情况随时采取开启弹幕、发布课堂速练（选择题或主观题）、投票等方式设置问题，组织学生讨论，活跃课堂气氛，增加师生实时互动。在开始上课以后，学生可以随时通过投稿将图片、文字或者视频发送至教师手机端，表达个人观点和对问

---

① 张丙印、于玉贞：《在线课堂的过程控制与教学效果分析》，《高等工程教育研究》2020 年第 5 期。

题的思考。教师可实时查看，并选择将图文内容投放至大屏幕、发送至学生手机的方式与全班同学共享。课堂教学中如有学生不懂，可以点击“不懂”，也可以收藏课件以备后续复习查看。对于学生的不懂反馈情况，教师可在手机端实时查看。

第三，课后巩固。教师结束授课后，进入教学活动页可以看到课程小结，包括学生签到情况、学生数据（包括学生成绩排名、优秀学生和预警学生列表）、随堂小测数据、“不懂”课件数据、教学课件详情、考卷数据、弹幕详情、教学笔记等。教师不但可以将上述数据作为学生平时成绩的一部分，更能够根据教学数据进行分析，对课程整体教学效果进行科学评估：一是梳理出知识盲点和易错点，发布有针对性的作业，帮助学生巩固知识和提高应用能力；二是反思教学过程及教学策略，不断调整教学方案，提升教学效果。

四、教学大数据平台——云上川大

为实现教学平台、数字化教学资源的统一管理和教学大数据分析，四川大学建设“云上四川大学”教学大数据平台，集在线教学综合门户、教学资源智能服务、教学数据智能分析三大功能于一体。

（一）在线教学综合门户

学校在用的教学平台主要包括超星学习通、雨课堂、爱课堂和课程中心等，各系统相互独立，一方面不方便学校统一管理，另一方面师生需要在不同系统间切换，使用体验不佳。因此学校建立在线教学综合门户，为师生提供超星学习通、爱课堂、雨课堂等丰富的在线课程资源统一入口，方便教师在线课程建设、学生在线学习、学校教学平台集中管理。其主要包含以下功能：（1）实现统一身份认证，师生只需从门户登录，即可支持所有教学平台，解决师生在使用多个应用系统时所遇到的重复登录问题。（2）登录在线教学综合门户后，师生可查看所使用的不同教学平台的作业、考试、论坛提醒，并能直接点击进行处理。（3）提供教学资源入口，方便学生获取学校各门类教学资源。（4）为教师提供教学资源空间，供教师上传教学资料、试题库和试卷库，教师在各平台建设课程时，能够无缝调用，教学平台产生的教学资源也能够互相调用。（5）在线教学综合门户中各平台产生的教与学过程数据能够实现汇聚融合，为后续大数据智能分析提供数据基础。

（二）教学资源智能服务

教学资源智能服务平台，接入已有教学资源，对接录播教室，实现课程自动入库，满足教学资源的采集、统一存储、智能化处理、智能标签、管理、共享、发布，提供云端个性化所见即所得的编辑工具，实现资源共享和多终端发布。其主要包含以下功能：（1）实现讲座、会议、课程摄录资源、网络直播以及本地上传的数字资源等多种资源汇聚及管理。（2）对接学校常态化录播教室，根据课表进行自动化课程录制，录制完成后根据课表中的教室、教师、课程等信息自动上传、自动编目和自动归档。（3）为教师提供简单、快捷的课程在线“微编”服务。微编剪辑工具不需要专业背景即可快速上手，支持教师通过浏览器随时随地编辑；提供丰富课程剪辑模板，教师直接使用模板编辑，支持多种编辑特技、字幕、片头片花等；教师可便捷地实现教学视频编辑，辅助教师的教研和备课工作。（4）为教师提供课程视频的专业化后期编辑、包装服务，包括视频剪辑、加片头片尾、加字幕、加视频特效等，辅助教师将日常课堂教学过程生成数字化课程资源。（5）智能化处理服务。利用人工智能技术，实现语音识别、语音合成、字幕识别、人物识别、敏感信息识别、自然语言处理等，对于平台的视频资源进行智能化分析处理，并将处理后的课程资源进行标签化处理。（6）教学资源汇聚共享。平台对接学校各教学平台，教师在各教学平台可便捷调用录制的原始课程资源、编辑过的课程资源以及智能化处理后的课程资源，用于教学平台课前预习、课中学习、课后作业等，实现资源无缝连接，互相调用。（7）教学资源发布与点播。编辑和处理后的课程资源可以发布在教学资源平台，为师生提供丰富的课程资源，教师可以检索自己的课程资源；学生可以通过分类、专题快速获取需要的授课视频，或基于视频标签进行精准搜索，学习指定的学习片段，或基于课程预览的知识点索引信息，选择特定知识点进行学习，提高学习效果和效率。结合大数据分析，面向不同学生提供精准定向资源推送，实现更高效的资源利用。

（三）教学数据智能分析

教学数据智能分析平台，一方面采集汇聚各在线教学平台教学数据，包括学生学习时长、讨论次数、登录次数、在线作业完成情况、知识点掌握情况、课程学习情况等；另一方面采集线下课堂教学过程数据，将在线教学平台数据、课堂教学数据、成绩数据等进行整合，贯穿课前课中课后，融合线上线下，打通课内课外，以教学数据为总线，实现教学大数据分析。进行不同层级个体、组织教与学画像分析；识别教师、学习者特征，提供教与学分析、个性化评估、智能化诊断与评价、学业预测预警、教与学资源智能推送等服务；为实现学校教学质量的监控与管理提供数据分析呈现，为学校的科学决策提供数据支撑。其主要包含以下功能：

1. 数据采集

采集包括学校各教学平台、教务系统、教学资源管理平台、课堂教学分析系统等教学运行过程中产生的全部教与学数据。

2. 数据处理

将采集汇聚的数据通过数据清洗、数据集成、数据归约和数据转换等，实现不同来源数据的标准化，使用大数据和人工智能技术，构建面向教、学、管、评不同业务应用的数据分析算法模型，以进行有效的数据分析。①

3. 数据分析

数据分析包括如下几个方面：（1）综合数据分析。综合数据是学校当前教学状况的整体概览，通过综合数据的数据变化，可快速找到对应模块的数据详情，实时把握学校教学运行情况，为管理者在教学管理方面提供参照依据。（2）基础数据分析。展示本学期在线课程创建详细情况，并通过院系筛选，详细掌握每个院系课程建设情况，以及当前学期的课程在各个院系的分布情况、课程创建趋势、课程建设教师偏好等。（3）教学数据分析。基于整个教学过程中教师建课、线上课程运行、课堂授课互动、课外教学等全流程多维度的教学数据，支持教学基础数据分析、教学详细数据分析和教学运行数据分析。从教师维度，可以横向分析教师整体教学情况，也可以自由选择分析数据项，纵向对某一位教师在学校学院等不同层面进行对比分析；从学院维度，可综合分析教师的教学情况，分析数据项能够自由选择，调取某一时间段内所有教师数据对比分析。（4）学情分析。基于学生在课内课外参与课程学习的过程性数据，分析学生课程学习情况、课堂活动参与度等情况、作业考试完成及得分情况、讨论活动情况、

① 沈欣忆等：《MOOC学习者在线学习行为和学习绩效评估模型研究》，《中国远程教育》2020年第10期。

访问情况等。(5) 资源分析。统计学院的课程资源建设情况，进行资源分类分析，完成各院系资源建设的情况对比；分析学生对资源的访问情况，结合学生在线学习情况，面向不同学生提供精准定向资源推送。① (6) 教学秩序分析，实时呈现学校当前课时的教师考勤、学生到课率、前排就座率和疑似睡觉率等情况；实时预警异常课时，并根据预警快速定位到问题课堂；展示各督导指标的今日汇总及历史情况，便于进行线下课堂的教学督导与评估。

4. 数据画像

数据画像包括如下几个方面：(1) 教师画像。通过记录教师所授班级的整体出勤情况、所授学生成绩情况及授课的整体情况、课堂活动的发放与学生参与情况对比、教学数据统计(包括教师的授课量、课程章节统计、资源使用量、题库量等)，汇总教师教学情况。教师画像同时是教师历年任课工作量、教学态度、教学水平、教学效果、专业进修、教学研究成果等基本情况的重要历史记录。(2) 学生画像。通过采集学生在平台上的使用数据、学习数据、成绩数据等形成多维度的分析存档和用户画像，包括：学生学习数据，即统计与汇总学生的学习任务完成情况、视频学习情况、阅读数、作业考试完成情况等；学生成绩统计，即统计学生在校期间各门课程的成绩，区分成绩区间，整体把控学生的成绩分布情况；学生活动参与情况，即记录学生线上课程互动情况、线下课堂参与情况。(3) 课程画像。采集各个院系的课程数据，通过课程资源建设情况、班级情况、活跃学生情况、课程学习情况及课堂互动总体情况多个维度形成课程画像。(4) 学院画像。以学院为单位汇总线上线下、课内课外教学数据，支持不同学院间的对比分析。(5) 学校画像。汇总全校教学数据，实时把握学校教学运行情况，服务于学校教学评估，实现对学校教学质量的监控与管理。

5. 数据报告

支持按照天、周、月、学期自动生成学校教学运行报告，支持管理者自定义数据维度，生成、编辑、导出报告。

① 王孝金、穆肃：《在线学习中深层次学习影响因素研究》，《电化教育研究》2020 年第 10 期。

第十三章　一流课程方阵建设与运行中的 AI 辅助

第一节　一流课程方阵的 AI 辅助更新

一、一流课程 AI 辅助更新的背景

当下我们已经进入一个智能化不断发展和渗透的时代，随着人们对事物、规律认识的不断深化，知识与信息的更新速度也相应提升。法律作为一种社会规范，必然会随着社会的发展而调整和变化，法学课程的授课内容也会因受到诸如法律法规修改、前沿理论研究的深入等因素的影响进而相应地调整和完善。法学之外的其他学科知识也会因社会发展或科技进步而更新和延拓。因此，在新旧事物更迭频率加快、知识半衰期缩短、现代科技手段进步的背景下，充分发挥 AI 技术的作用，让线上一流课程讲授者根据授课需求，随时对外界的变化作出反应，对需要更新的授课片段进行智能修改或补充录像，并通过剪辑等后期编辑技术无缝衔接，建立一个动态的知识更新模式，可以实现更新内容的及时化和课程制作的资源成本最小化。

人工智能是一个不断发展、日趋成熟的新兴科技领域，该领域的研究包括机器人、语言识别、图像识别、自然语言处理和专家系统等。人工智能提供的技术支持与线上一流课程制作的需求刚好部分重合，充分利用人工智能技术助益线上一流课程教学的更新是一种可行的、有益的尝试，“民法总则”“侵权责任法”“人格权法”线上一流课程的更新全过程便是探索线上一流课程智能更新的实践，期待能为高校相关部门、院系提供参考和决策依据，激发教育者们去寻找更具创造性的、更连贯的新模式。

近年来，线上一流课程教学在创新教育理念、先进信息技术和社会实际需求的共同作用之下已经普及。① 在此次新冠肺炎疫情期间，线上教学的作用也得到凸显。可以预见，线上一流课程在未来的教学中将有更广阔的需求和前景，也必将受到教育技术领域专家、学者的重视。但是，目前线上一流课程的制作仍是一项非常复杂的系统工程，包括前期课程选定、课程脚本设计、课程录制、后期剪辑等一系列工作。开发一门优质的线上一流课程需要在上述各环节花大量时间、精力进行研究，制作成本巨大。因此，如何统筹安排人力、物力、财力的投入制作一门高质量的线上一流课程，一直是一个现实且重大的问题。由于线上一流课程在我国的发展和推广已持续数年，现国内各大在线学习平台已有大量的线上一流课程教学成品呈现，以超星线上课程平台为例，截至目前该平台已发布近 13 万集学术视频，其中不乏精品课程。

大量的线上一流课程成品，由于知识的更新，也需要进行改进。如果因部分知识的更新而

① 周光礼：《“双一流”建设中的学术突破——论大学学科、专业、课程一体化建设》，《教育研究》2016 年第 5 期。

重新制作整门线上一流课程，一方面重复讲授未变动部分的内容并无实际意义，另一方面重新录制全部课程所产生的时间成本和资源耗费都是巨大的。因而，在促进现代信息技术在教学中应用的背景下，转变传统制作思路，通过 AI 辅助技术仅对筛选出的需要修改的授课片段进行智能修改或通过补充录像的方式直接替换，并将经过修改的片段进行剪辑衔接，最终在保留原课程结构和框架的基础上更新选定内容。利用 AI 技术对“民法总则”“侵权责任法”“人格权法”线上一流课程的更新正是对这一想法的尝试。未来，如果能运用人工智能技术自动筛选出前沿科研成果、知识点的动态变化等，并结合课程讲授者对授课内容的人工调整增删，自动更新授课内容，将会对线上一流课程的可持续更新提供又一种创新且便捷的思路。

我国《民法典》的编纂，涉及大量现行法律条文的变动和调整，因而也涉及法学线上一流课程内容的更新。本次《民法学》教材配套线上一流课程“民法总则”“侵权责任法”“人格权法”的更新正是基于 2019 年 12 月 16 日全国人大法工委公布征求意见的《中华人民共和国民法典（草案）》的总则编、侵权责任编、人格权编条文的变动进行的相应调整和修改，因可推定最终的《民法典》文本和该草案文本较为接近，所以首先依据该草案条文的规定对讲授内容进行修改，然后再比对后续更新的新草案文本和最终颁布的《民法典》正式文本，对变更之处再进行调整和完善，最终达到课程内容与全国人大公布的《民法典》正式文本完全匹配的效果。以《民法典》与原“民法总则”“侵权责任法”及“人格权法”相关理论之间的变化及变化大小为标准，我们为三门线上一流课程选择了不同的更新策略。

（一）“民法总则”课程

以“民法总则”为例，在法律条文方面，《民法典·总则编》与《民法总则》的内容相比较仅有少数条文存在表述方式、条文号、标点符号等方面的细微变动，课程所涉的其他相关法律法规等条文变动也不大。在法学理论方面，基础性内容相对稳定，并未随着法律的修改而发生太大变化，所需更新的部分其实并不多，仅对原线上一流课程因新法修改而需调整的部分进行替换和改动即可。

落实到课程建设上的具体工作包括：（1）课程中所有《民法总则》的“字幕—语音—画面”都改为《民法典·总则编》或者《民法典·附则》等；（2）部分条文内容有调整，对应的“字幕—语音—画面”均需修改；（3）原有授课关于《民法总则》《民法通则》和《民法典》的描绘，需要作出相应的调整。这样的部分修改，一方面节省教师的时间和精力，另一方面将已有的人工智能技术创新性地运用于线上一流课程更新，不仅为前沿技术提供了全新的应用场景，小范围的片段重制也能节省费用和资源。最为关键的是，该做法能够及时实现对课程内容的补充和更新，第一时间为学生带来最新、最前沿的教学资源。

利用 AI 辅助技术制作英文版“民法总则”线上一流课程的工作分为四个环节，首先，将课程的中文字幕内容交由专业翻译公司使用人工智能软件进行翻译；其次，由项目组成员对翻译公司的英文翻译进行人工校对；再次，制作与授课视频相适应的 PPT 演示文稿；最后，编辑配套的英文测试题目。随着人工智能翻译技术的发展和逐步推广，人工智能翻译已不是新生物，但较少运用于用词极为专业的法学领域。项目组将法律人工智能翻译技术运用于翻译课程内容及音像生成环节，属国内英文慕课制作建设的首创之举。

（二）“人格权法”课程

“人格权法”课程的修改较为特殊，因在《民法典》编纂之前我国并无独立的人格权法，故本次《民法典》编纂使人格权独立成编意味着除了课程本身内容的修正外，新法条也会大量注入线上一流课程的讲授内容，我们同样采用了智能修改、保留可用片段和重新录制的三段组合方法，区别于“侵权责任法”课程重新录制之处在于增录了教师讲授和评析法条的内容。

（三）“侵权责任法”课程

《民法典·侵权责任编》在原《侵权责任法》的基础上变动较大，涉及条文体系和结构的变动，因而“侵权责任法”线上一流课程的调整方法也与“民法总则”不同，采取智能修改、保留可用片段和重新录制新片段的三段做法：（1）对于细微的如语句、标点符号、图片等变化，仍通过人工智能和后期编辑修改。（2）对未变动的可继续使用的片段进行剪辑保留。（3）变动较大的片段和章节重新录制。最终将该三部分组合填充至课程相应位置，完成了该门课程的更新。①

二、一流课程 AI 辅助更新的具体操作

（一）“民法总则”AI 辅助更新的具体操作

“民法总则”线上一流课程更新的原因是我国《民法典》的编纂使得部分法条内容出现了变动，需要对课程内容进行相应修改以使线上一流课程内容与《民法典》的规定配套。在正式进入更新工作前，需完成的准备工作是由助教团队总结出《民法典·总则编》较之《民法总则》的变动情况，该项工作是完成后续更新工作的前提。AI 辅助更新“民法总则”课程内容的工作共分为五轮。

第一轮的工作是由教师根据《民法典》内容修改课件讲义，再由助教团队对照《民法典》和修改后的课件讲义找出线上一流课程视频需要修改内容的点位，并将其按照“线上一流课程章节标题”“所需修改内容的时刻时段”“原内容文本”“对应修改建议”的格式汇总至 Excel 表格内。② 标记完成后，助教团队成员交叉检查标注成果，以提高修改的准确性。随后，携第一轮人工标注的初步成果与线上一流课程制作公司、人工智能公司商议更新标准和具体技术方案，三方明确各自可提供的技术支持并衔接工作范围；人工智能公司提供语音、人像合成技术，线上一流课程制作公司提供音频视频替换、字幕、图文等后期编辑技术，教学团队（含助教团队）提供学术支持并统筹协调推进更新进程。③

第二轮的工作是在教师确认课件讲义修改最终版后，参照所确认的讲义内容再对已汇总的视频修改项进行了微调，并基于前述三方商议的分工由助教团队对 Excel 表内的修改项进行分类：将需要更改语音和人像的条目划归人工智能公司，其余划归线上一流课程制作公司，这一步骤使各方工作内容完全明确。另外，本轮还对视频弹题、章测试题、期末测试题的题库进行了更新标注，后期线上一流课程制作公司参照标注修改题目即可。至此，“民法总则”线上一

① 【课程修改的借鉴】因“民法总则”课程与“人格权法”“侵权责任法”课程内容的相关度较高，所以对于“人格权法”和“侵权责任法”智能修改调整的部分，可以直接借鉴“民法总则”已修改发布的课程片段。

② 【课件分节】线上课程平台上的课程是以每章下面的“节”为单位的，因此在对每章课件进行切分时，可先按照课件内容中的“节”进行切分。切分完成之后，需要再对照课程视频核对一遍。为了提高核对效率，可着重检查开头和结尾部分，中间部分可快速浏览而过。

③ 【制表的统一性与组员培训】如果条件允许，可以对组员事先培训，使其了解表格的具体填写要求，避免出现因格式问题导致的返工情况。比如将“《民法总则》”改为“《民法典·总则编》”就需要统一；视频时间的格式采用“00：00”还是“00：00：00”，也需要统一。

流课程更新的法律层面工作基本完成。

第三轮的工作即人工智能公司替换原视频中教师的音频和人像，生成更新后的授课内容。① 该轮修改音频的方法是通过构建授课教师个人的 TTS 模型，将其过去 10 年拍摄的总时长超过 3 000 分钟的“民法学”线上一流课程群的各个版本录像作为训练数据形成新的语音，最终达到的音频效果是，输入更新内容的文字，模型就能输出相应的具有授课教师真人声音特征的语音。关于视频人像（主要是将人脸嘴型与语音相配合）的修改，是基于已生成好的音频，重构三维人脸建模，不断调整参数进行优化，最终由数帧图像合成连续的人脸视频。所谓视频人像的修改，其实是基于人工智能的由音频驱动的真实谈话人脸视频的更新与生成，即将一段目标人说话的人脸视频，以及同一个人的一段音频输入一个已经构建好的深度神经网络模型。由于在人谈话过程中头部姿势的自然摆动经常引起头部旋转，为了克服从输入视频到输出视频直接渲染真实帧的困难，需要先进行 3D 人脸重构，通过对视频帧的人脸进行分析，可以得到一个 257 维的向量，分别表示人脸的特征（80）、表情（64）、纹理（80）、光照（27）、姿势（6），将以上信息进行主成分分析降维计算可以获得 3D 面部的特征，得到 3D 面部动画，再用得到的 3D 面部动画弥合由音频驱动的头部姿势与实际视频中的面部运动之间的差距。② 3D 人脸动画的头部姿势来源于选取的视频背景帧，而其嘴唇运动和表情则来源于输入的音频信息，将组合了上述信息的 3D 人脸通过图形引擎的渲染就可以得到新的视频帧。但轻量级的图形引擎对 3D 人脸的渲染往往是不真实的，将之简单融合到视频中显然不符合慕课更新的要求，而类似电影工业中常用到的重量级图形引擎又往往价格昂贵，并且需要花费更多的时间，因此选择通过 GAN 训练精炼模型解决轻量级图形引擎的渲染结果不够真实的问题是较为合理的方法，该模型可以用于将不够真实的 3D 渲染帧调整为可以媲美原视频的视频帧。

模型训练需要注意，用一组同样背景的视频，通过 GAN 训练得到一个“真实”人脸的精炼模型需要花费一周左右的时间，在训练过程中需要有相关人员不断地测试和确认该模型的进度。若训练数据存在问题、训练方法不当或训练时间不够等，得到的模型通常不能很好地完成精炼任务，用这些不完美的模型进行视频精炼通常会存在嘴唇部分有虚影、牙齿不自然、面部与嘴唇部分没有对齐、面部边缘有肉眼可见的贴合线等问题。③

最后，使用已经训练好的精炼模型将渲染的视频帧映射为“真实”帧，用得到的“真实”帧和输入的音频制作视频，就可以得到一段可以假乱真的目标人的谈话人脸视频。④（基本原理参见图 13-1）

---

① 【生成阶段的流程】生成阶段包括 7 个步骤：（1）从视频中提取视频帧和人脸特征点进行标注；（2）获取视频帧人脸信息；（3）从音频中提取梅尔频率倒谱系数（MFCC）；（4）从视频帧中选择合适的背景帧；（5）用背景帧和音频数据进行 3D 人脸重构；（6）将 3D 渲染帧精炼成“真实”帧；（7）用“真实”帧和音频生成视频。

② 【增加视频真实性】通过实验发现，避开眼睛区域是较为有效的做法，在保证背景帧视频的连续性上，用原始背景的眼睛运动代替 3D 渲染生成的眼睛运动。但目标人戴眼镜的，3D 渲染区域不仅要避开眼镜，还要避开眼镜区域，因此在模型训练前需要对戴眼镜的训练数据进行额外关注，或根据是否戴眼镜对视频进行分类处理。

③ 【模型训练需要注意的方面】（1）确认训练数据是否干净可靠，训练数据量是否足够；（2）确认训练所用的网络是否合理，并通过实验确认最为合理的方案；（3）确认训练时间是否足够。

④ 【新课程无适配视频】当课程中需要增加一段内容而不是修改一段内容时，建议用录制的绿幕视频作为生成阶段的输入视频源，从绿幕视频中剪辑一段较自然的视频作为视频输入，再通过背景替换的方式更改视频背景，解决增加新的课程内容时找不到合适的输入视频的问题。

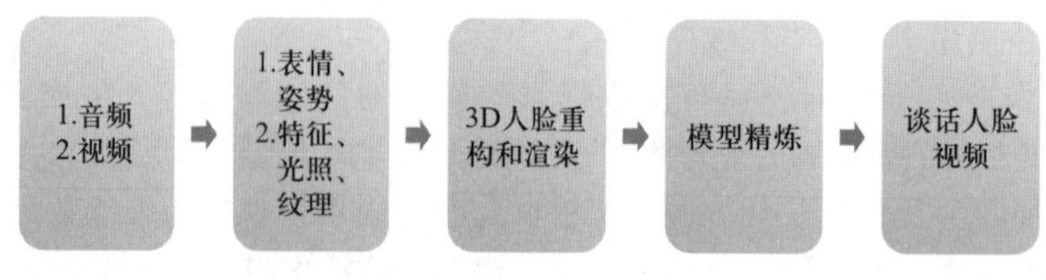

图 13-1

线上一流课程 AI 辅助更新的视频生成部分，基于人工智能的真实谈话人脸视频片段的更新和生成分为两种情况：第一种情况是更新。将原课程中需要替换的视频片段作为替换视频源，生成新的视频片段。第二种情况是生成。教师未提供原课程中需要替换的视频片段的，就要改用教师录制的绿幕素材或其他符合生成要求的视频素材作为替换视频源，生成新的视频片段。在此基础上，使用人工智能技术进行谈话人脸视频片段的生成和更新的流程，可分为准备数据、训练模型、视频片段生成三个阶段，基本流程参见图 13-2。

图 13-2

首先是准备数据阶段，根据以上提到的两种情况，教师需要准备两类训练数据。一类是需要替换的视频片段所属的整个课程视频。在准备这部分数据时，教师需要先确认整个课程的视频是否存在背景不统一的问题，此处的背景不统一也可以理解为视频与视频之间的风格不统一。以“侵权责任法”课程视频为例，“侵权责任法”课程共有十二章，其中第一章、第二章、第五章、第八章、第十二章的视频背景为褐色书架，教师发型较短，而第三章、第四章、第六章、第七章、第九章、第十章、第十一章的视频背景为黄色书架，教师发型较长，这两部分课程视频可视为视频背景不统一，在准备数据时需要准备两部分课程视频作为训练数据。也就是说在整个课程视频中，存在更换视频拍摄背景、发型发生较大变化等类似情况时，需先将出现多种视频背景的视频分类后再提交，不同的视频背景最终会对应不同的精炼模型。另一类是教师录制的绿幕视频。教师未能提供课程中需要替换的原视频片段的，可以使用绿幕视频作为替换视频源，生成课程视频片段。教师提交课程视频数据后，由相关人员审核，审核通过后该部分课程视频便可作为训练模型的训练数据。训练数据分类参见图 13-3。

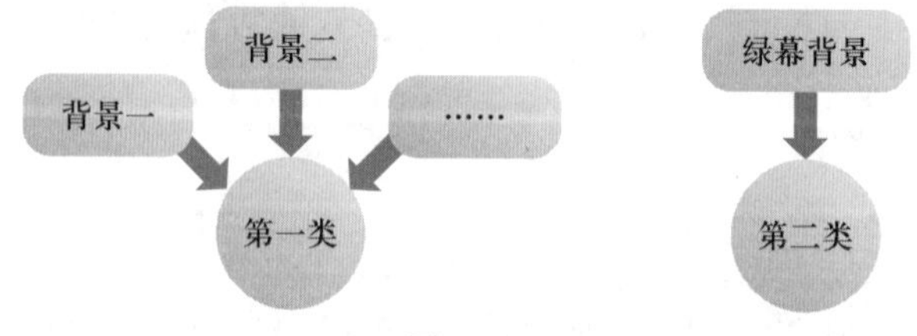

图 13-3

接下来是训练模型阶段，在教师提交了课程视频后，人工智能公司会将得到的课程视频作为训练数据，进行模型训练。① 基于人工智能的真实谈话人脸视频片段的更新与生成中，需要

① 【提取正脸视频数据用于模型训练】训练单一视频背景的视频生成与更新模型时，需要用到 30 分钟的该背景下的正脸视频数据，教师必须保证一直出现在视频内，并保持正脸的姿态，不能出现抬起手挡住脸或 PPT 挡住脸等情况。因此教师在提交不同视频背景的视频数据时，需要提前确认每一个视频背景的视频中包含足够时长的正脸视频数据。

根据不同视频背景进行更换的模型有两个：一是从音频到口型的映射模型。该模型的训练由 LSTM（长短期记忆人工神经网络）完成。① 二是从 3D 人脸到真实人脸的映射模型。该模型的训练由 GAN 完成。在训练完成后教师会得到与提交的不同视频背景数量相同的模型，例如教师提交了两类训练数据：第一类训练数据是课程视频，该课程视频中教师根据视频中出现的不同背景提交了三组视频；第二类训练数据是同一时期录制的绿幕视频。则在模型训练阶段结束后该教师会得到四个视频生成模型。

最后是视频片段生成阶段，教师提交用以替换的音频和原课程中需要替换的视频片段，并指明需要替换的视频片段所对应的模型，通过调用生成视频的接口，便可以开始视频片段的生成与更新。生成与更新的过程大致都要经历：（1）从视频中提取视频帧和人脸特征点标注；（2）获取视频帧人脸信息；（3）从音频中提取梅尔频率倒谱系数（MFCC）；（4）从视频帧中选择合适的背景帧；（5）用背景帧和音频数据进行 3D 人脸重构；（6）将 3D 渲染帧精炼成“真实”帧；（7）用“真实”帧和音频生成视频。在初步实现自动化生成流程后，在 1080Ti 上进行测试。生成 10—20 秒的谈话人脸视频，在生成阶段平均需要花费 18 分钟左右的时间，而实际生成时间会根据输入视频质量的高低和输入音频的时长有所变化。例如用分辨率为 3 840×2 160 的视频作为输入视频时，生成 12 秒视频需要约 23 分钟；用分辨率为 1 280×720 的视频作为输入视频时，生成 12 秒只需要约 10 分钟。

项目组前期建立 Excel 表，分为“视频章节”“视频段落”“原文本”“修改建议”“是否需要新录制视频”“人工智能公司修改说明”“线上一流课程公司修改说明”几部分。“视频章节”部分填写线上一流课程视频的章节名称，方便阅览者清楚该视频讲述的内容；“视频段落”用来确定需要修改的视频所在的时间段；“原文本”就是需要修改的内容，可直接从字幕中复制；“修改建议”填写改正后的内容，修改的地方要在“修改建议”和“原文本”中进行标红，以便查看；“是否需要新录制视频”根据需要填写是或否；“人工智能公司修改说明”，视频中语音修改的部分、语音删减的部分、语音增加的部分都是需要人工智能公司修改的部分，线上一流课程公司负责修改字幕、背景 PPT，如果对其修改有需要特别注明的内容，在“线上一流课程公司修改说明”下标明。

人工智能公司完成以上音频、视频的重制工作后，线上一流课程制作公司就可在此基础上根据标注的点位，将生成的音频、视频替换原有片段，并对该音频、视频所涉及的以及整个 Excel 表内标注的需要修改的字幕、图像进行完善，形成内容更新后的线上一流课程初稿。

接下来第四轮工作即以更新后的视频初稿为主体，由助教团队进行检查、反馈和再次修正，达到预备发布的标准。由于《民法典》在正式表决通过前仍存在内容调整的可能，所以第五轮的工作就是持续关注提交全国人大审议的《民法典（草案）》以及最终发布的《民法典》相较之前版本的变更之处，并及时进行相应线上一流课程内容的修改。《民法典》一经颁布，更新后的“民法总则”线上一流课程即可第一时间在各学习平台上发布。至此，“民法总则”的线上一流课程更新工作全部完成。

---

① 【口型信息模型的精度处理】实际视频生成过程中，会出现视频中的人不说话但嘴唇在抖动，或音频中有声音但视频中的人已经闭上嘴等情况。因此，直接通过从音频到口型信息的模型预测得到的口型信息往往不能直接用作视频生成，而需要对视频进行去抖动、对音频进行去噪等操作。

(二)“侵权责任法”AI辅助更新的具体操作

“侵权责任法”线上一流课程更新工作总共分为三大阶段。

第一阶段的工作是标注出“侵权责任法”原线上一流课程中能继续保留使用的部分。“能继续保留使用的部分”包括不受《民法典》影响的纯粹理论、特别法、司法解释等(需要检查是否最新版、是否现行有效),标注要具体到分秒,只标注出能用的部分。该阶段的标注工作需要对照《民法典》,要特别注意和《侵权责任法》相比较进行改动的地方。有关《侵权责任法》具体条文的所有片段都是不能用的,所以视频内朗读该条文的内容也不能用,但是对条文的解释,可以用的要保留,比如关于立法目的和制度构建的讲解,但前提是该法条的基本内容在《民法典·侵权责任编》中没有改动。标记方法为制作Excel表格,标记格式从左到右纵列标题为:线上一流课程一级标题、线上一流课程二级标题、起止时间点、片段内容提要、说明(如果大体可用,可以说明需要修改的点;如果整段可用就注明整段可用)。此外,标注可用的视频段,其背景PPT当中可能会出现不可用信息,比如提及《侵权责任法》第××条,此时便需要在内容提要中注明,并用蓝色字体标出。之后小组成员之间交叉检查,检查时发现错误的,整行标红,再进行修改。

看视频的时候可以使用倍速播放,建议采用1—1.25倍速,以节约时间、提高效率;1.5—2倍速度太快,时间定位不太准确,易导致错漏,反而事倍功半。视频字幕合理的搭配也会提升工作效率,打开需要修改的视频对应的字幕,根据讲义浏览字幕。字幕是线上一流课程视频中教师说话的记录,先浏览字幕找出需要修改的地方,在Excel表中的“视频章节”“视频段落”“原文本”“修改建议”“是否需要新录制视频”“人工智能公司修改说明”“线上一流课程公司修改说明”进行相应标注。先通过浏览字幕进行标注是为看视频提供方便,不能用浏览字幕替代看视频,因为通过看字幕发现不了视频中背景PPT需要修改的地方。通过浏览字幕进行一轮标注后,再跟着视频进行标注就很方便了,此时需要同时打开三个文件,即需要修改的视频、标注视频使用的Excel表和讲义。为了使用方便,要把视频最小化放在电脑左侧,Excel表最小化放在电脑右侧,讲义放在电脑中间,这样就能同时观看视频、Excel表和讲义。观看视频时,也能检查前期依据字幕进行第一轮标注的Excel表的正误,对第一轮标注漏掉和标注错误的地方进行增添和修改,对需要修改背景PPT的地方在Excel表中标注。

第二阶段的工作是讲义及演示文稿内容的更新。这一工作除了对原“侵权责任法”线上一流课程中应根据《民法典·侵权责任编》的内容需要修改的地方进行改动以外,还要通过修改线上一流课程与PPT,更加明确线上一流课程修改的实质,以便对后续课程的哪些内容和段落需要修改做到心中有数,使后期标注线上一流课程视频修改部分的工作顺利进行。PPT总共13章,按小组成员分成三个部分,每人负责一个部分以及对应的讲义PPT(内容一致)的修改。本阶段首先是更新条文内容。“侵权责任法”原线上一流课程是以原《侵权责任法》为基础制作的,这一次民法典的编纂将《侵权责任法》的部分内容纳入了《民法典·侵权责任编》,也有一定的修订和增删,因此需要对有变动的地方进行修改。具体工作就是直接对照《民法典·侵权责任编》在PPT和讲义中以最新版条文进行替换。除了条文内容需要更新以外,所有的条文号也需要修改,新增的条文需要增补。此外,条文更新还需注意以下内容:

(1) 有的条文只有细微的变化或者只是标点符号发生了改变①，肉眼核对的话容易忽略，可以采取将整句条文进行复制，在最新版《民法典》的 Word 文档中查找，如果能查找到对应条文，说明条文内容没有变化，如果查找不到说明内容不一致，需要替换。(2) 条文替换之后要保持格式和之前 Word 或 PPT 格式一致，例如，原来某个地方加了红色，在替换之后也要保持红色字体，可以在粘贴的时候选择合并格式，以保证粘贴之后格式不变，还要注意粘贴后标点符号全角半角是否一致。(3) 所有的法条号的大小写都要统一，文件废止的直接在 Word 和 PPT 里删掉，但要进行标记。(4) 替换过程中需要记录《民法典·侵权责任编》哪些条文是 PPT 和讲义内容涉及的，哪些条文是没有涉及、遗漏的，单独形成一个 Word 文档进行记录，以便核对线上一流课程中是否讲到了所有侵权责任编的条文。

该阶段除了更新演示文稿中的条文外，还需要根据讲义的增减修改相应内容。这一部分的内容比较简单，主要是根据讲义中教师用红色字体标注的修改内容，在 PPT 上进行相应修改。需要注意的主要有：(1) 修改过程需要注意前后内容及序号的衔接。比如，一个知识点总共有四点内容，其中第二、第三点删除了，在 PPT 中也应该删除相应要点，并将第四点改为第二点。相应地，增加内容的，序号也应增加。(2) 讲义和 PPT 中的“《侵权责任法》”都需要改为“《民法典·侵权责任编》”，但“侵权责任法”和“侵权法”等表述，可以视情况理解为学术概念，灵活进行修改。

第三阶段的工作是线上一流课程视频的更新标注，这是最重要的阶段。首先需要将修改与标注内容分类。这一阶段的工作需要格外仔细，主要是把原线上一流课程视频里面需要改动和增加的内容在 Excel 表格中标出来，提交给线上一流课程制作公司人工智能公司进行修改，再由教师录制需要重新录制的视频。原线上一流课程视频总共有 13 章，依旧按小组成员分成三个部分，尽量保持与前期讲义与演示文稿标注内容一致。主要包括以下三类：第一类是需要增加课程讲授内容的地方，要标注出来，联系教师录制新的视频。一般来讲，整段视频大体可用，只有一两句话需要增加或修改的，都可以采用人工智能的方式合成，不需要新录；只有在需要新增整段内容，或者整段视频基本不可用、需要大幅度修改的情况下，才需采取重新录制的方式，此时应在“是否需要新录”一栏标注“是”，由教师后期根据改动内容重新录制。第二类是语音、嘴型、人脸需要改变的，要标注出来，提交给人工智能公司制作。需要修改讲授内容和字幕的，语音都需要进行相应修改，此时应在“是否需要人工智能公司修改”一栏标注“是”。如果需要语音修改的视频部分的画面有教师本人出现（即有人脸出现），则需要修改面部嘴型和表情，需要在“是否需要人工智能公司修改”一栏标注“是（要换脸）”，以提醒人工智能公司进行相关操作；如果需要语音修改的视频画面没有教师本人出现，只有背景板的，则无须增加“要换脸”的标注。第三类是字幕、背景板内容变化和视频段落增减（包括新录制视频的注入）的，要标注出来，提交给线上一流课程制作公司制作。对照讲义，只要讲授内容有变动，字幕、语音和相应背景板的 PPT 都需要修改，所以基本所有改动都需要经过线上一流课程制作公司的操作。具体操作时，字幕的修改需要对应讲义和《民法典》，精

① 【标点符号的正确使用】团队在更新工作中发现《民法典》第 1260 条标点符号运用错误。根据标点符号使用规则，该条的书名号之间不应该加顿号。修改时，我们把教师 PPT 讲义中的顿号均去掉了，线上一流课程视频内的顿号为了和法条文本保持一致仍旧保留。

确到需要修改的时间段，将需要修改的内容列入表格，并将前后修改的地方进行标红处理，以提醒线上一流课程制作公司注意；只要标题和法律规范的名称、具体内容有修改的，都需要改背景板，插入的法条、图片需要修改的，也都需要标出；扫描二维码的段落需要删除，并进行前后语义是否衔接到位的检查。

接下来详细说明本阶段具体标注修改的内容。标注表格分为章节名称、视频段落、原文本、修改建议、是否需要新录视频、是否需要人工智能修改、是否需要线上一流课程制作公司修改共七栏。①

第一，对于章节名称，章节名称中的“《侵权责任法》”需要修改为“《民法典·侵权责任编》”，需要相应增加或减少章节的，章节序号相应修改。

第二，对于视频段落，在看视频的时候（我们选择的是迅雷视频）打开视频文件，在字幕一栏插入对应的字幕文件，视频段落具体时间点根据字幕 txt 文件中的对应点时间点予以标注。

第三，对于原文本的修改，如前所述主要包括字幕、语音（人脸）、背景板 PPT、背景板配图（一般是法条书封面）。首先，对于字幕和语音，一般将字幕 txt 文件中对应原文本复制到“原文本”一栏，然后将修改后的表述写到“修改建议”一栏，将修改处用红色进行醒目标注，语音一般来讲是和字幕的修改内容保持一致的，有人脸出现的视频段落需要增加人脸修改标注。其次，对于背景板 PPT 的修改一般与讲义保持一致，标题和内容需要修改的也应相应改动，序号修改往往是标注过程中容易遗漏的，需要注意。最后是背景板配图的修改，如将《侵权责任法》《合同法》等法条书封面替换为《民法典》的法条书封面。

第四，关于是否需要新录视频、是否需要人工智能公司和线上一流课程制作公司修改。需要整段新录视频的，后期需要线上一流课程制作公司注入录制好的视频，因此需要在“是否需要新录视频”和“是否需要线上一流课程制作公司修改”两栏标注；只有字幕修改或者视频段落删除的，只需要在“是否需要线上一流课程制作公司修改”一栏标注；字幕和语音都需要修改的，需要在“是否需要人工智能公司修改”和“是否需要线上一流课程制作公司修改”两栏标注，需要修改面部嘴型和表情的在“是否需要人工智能公司修改”一栏增加“要换脸”标注。

第五，在“侵权责任法”的慕课视频中，出现了两种风格的视频背景，视频背景一有 5 章，而视频背景二有 7 章，且所有的视频都包含正身与侧身两个机位录制的视频片段。出于技术原因，尚无法进行侧身机位下侧脸视频的生成或更新，因此选择将所有侧身机位需要修改的视频片段修改为正身，而两种风格的视频背景通过训练两个视频精炼模型来完成 AI 人脸视频的生成或更新。

（三）“人格权法”AI 辅助更新的具体操作

“人格权法”线上一流课程的更新工作，主要是修改原课程内容再加上新录制法条的片段。更新工作主要分为两大阶段。

---

① 【标注技巧】对线上一流课程视频的标注一定要结合字幕和视频进行。例如，需要修改的内容时间是 1—2 秒，不能直接在 Excel 表中写成 1—2 秒，因为如果下一句话是 3—4 秒，需要修改的内容所在的时间段大概率是 1—3 秒，此时要标注一下。之后看课程视频的时候，注意视频中第 2—3 秒的说话内容是不是需要修改的内容，还是只停顿了 1 秒没有说话。

第一阶段，按照类似“民法总则”线上一流课程的要求和项目格式，将原线上一流课程视频需要修改的地方做成了 Excel 表格。工作的具体模式就是：将电脑分屏为视频与表格，表格按照一级标题（第几章）、二级标题（第几节）、时间（修改部分出现时间）、“人格权法”原文本（被修改文本或画面）、修改为（修改之后的文本或画面）进行布置。播放视频时在需要修改的地方停下，将进度条挪到修改部分出现以前，重新播放一次，记录下被修改文本出现的时间段、被修改文本或画面内容及修改后文本。例如，教师在视频中说的“因此还需要在未来人格权法独立成编后予以明确”这一文本就需要予以删除，因为民法典已经公布，这不是未来的事了。负责该门课程更新的两名学生把所有的视频都看了一遍，并分别做成表格，最后统一汇总，避免出现疏漏。视频修改建议的 Excel 表格做好后，就需要核对 PPT 内的法条，主要看法条内容有没有修改，修改处作出标注以供教师正式修改时参考。方法也是让学生分别把 PPT 看一遍，做成表格，标注好第几章第几节多少页，最后进行汇总。

“人格权法” AI 辅助更新的第二阶段是在《民法典》出台之后，教师将“人格权法”的 Word 讲义和 PPT 以及《民法典》的法条发给该门课程的负责人，此时“人格权法”的 Word 讲义和 PPT 是教师修改并标注过的，制作团队只需要将里面涉及民法典的所有法条替换成《民法典》里面的法条，再由教师对替换过法条的“人格权法”的 Word 讲义和 PPT 进行确认，确认之后再根据“人格权法”的 Word 讲义和 PPT 对视频中需要修改的部分进行标注并做成表格。

因表格在第一阶段已经完成，这个阶段只需在原表格的基础上修改和增加内容即可。因为有关人格权法的法条都是《民法典》新增的，所以新增的部分需要请教师另行录制，并在表格中标明哪些内容需要教师录制，哪些需要人工智能进行“换脸”（即教师语音说出来的部分，需要换成其他语言对应的嘴型），由制作公司进行修改。表格做好之后，发在对应的交流群里，等各方提出修改意见，再对表格进行修改和调整。

第二节　一流课程方阵的 AI 内容生成

一、一流课程的 AI 辅助音频合成

（一）语音合成（TTS）的研究现状

人工智能是指用机器模拟人类大脑的思考、学习和工作方式，使得机器像人类一样拥有一定的智能。基于深度神经网络模型的深度学习算法是人工智能技术的核心部分。在语音合成领域，基于深度神经网络模型的深度学习算法在构建文本与语音频谱的映射关系、将频谱转换为语音等方面取得了重大的理论突破，并利用语音大数据对深度神经网络模型进行训练，使其具有强大的自我学习能力。目前，这些理论研究成果进一步推动了语音合成技术在应用上的快速发展，并获得了巨大的成功。

2016 年，“WaveNet”的出现彻底改变了声音生成的方式，它将逐帧生成，即以帧为单位的声音生成，变成了逐点生成波形，使声音还原度变得非常高，在一定程度上可以说接近于原始声音。

2017 年，谷歌团队提出的“Tacotron”以及后续“Tacotron2”等一系列的变体，实现了一

种端到端的语音合成方式。它利用核心的注意力机制，将输入和输出之间的关系，通过模型很好地表述出来。在此之前，通常是先做一个时长模型，然后再做其他谱模型、基频模型。而通过端到端的模型，就可以跳过时长模型，直接针对整句话建模。“Tacotron”的出现，对于合成语音的韵律、节奏都有很大的提升。

2018 年，将两种网络结合在一起，即将端到端与神经网络的声码器结合形成了一个更逼真的语音合成系统，并对 Attention 的结构进行了一些改造，使得系统整体性能更优。同年提出的“WaveRnn”是目前非常流行的语音合成算法。“WaveRnn”采用了更为简单的模型结构，生成更加贴近真人的语音效果，同时它将生成的语音片段看成若干个序列，可以同时生成多个序列，大大减少了合成的等待时间。

（二）建立教师个人语音模型

我们选择了“Tacotron”和“WaveRnn”联合训练的方式建立教师个人的语音合成模型。“Tacotron”可以学习到教师的声音特点、语气和停顿等个人特色，而“WaveRnn”可以让生成的声音更加贴近教师真实的声音，二者结合，最终生成的音频效果非常真实。这种端到端的语音合成，就是训练文字和音频之间的对应关系。而中文的训练和英文不同，英文中，单词的发音是固定的（不考虑个人口音的情况），而中文的汉字有多音字，即便当前最智能的分词工具，也不能做到完全准确地判断多音字的读音，所以中文的训练是基于汉语拼音的，也就是说，我们训练的是汉语拼音与音频之间的对应关系，这样一来，就最大限度地避免了多音字造成的干扰。而在初期，Tacotron 的训练并不顺利，核心的注意力机制并没有达到期望的训练效果，为此，我们翻阅了大量资料，不断地调整模型的参数，并对训练数据进行不断的筛选、清理和分割，终于成功实现了注意力机制的训练，并达到了很不错的效果，结合“WaveRnn”模型，已经能够生成具有教师个人特色的语音片段。

与模型训练同期完成的“民法总则”线上一流课程智能修改，使用了当时效果最好的一个模型，完成了对“民法总则”修改需求中 29 处音频的修改。其中大量的法条涉及数字的更改，例如“合同法 130 条”改为“《民法典·合同编》第 595 条”，这是其中的一个难点，每当文本中包含有关数字的内容，音频的合成效果就会不稳定，需要不断地调整“断句”，才能慢慢找到最好的音频效果。虽然“WaveRnn”可以支持同时生成多个音频片段，以节省大量的时间，但经过多次测试，发现多段同时生成的效果并不好，所以一直未采用多段生成，这样做虽然增加了时间，却得到了效果较好的音频。

中文模型的训练是基于大量的训练数据进行的，教师的中文课程也非常多，很容易挑选出足够时长的、适合训练的数据。而英文模型的训练就变得比较困难，因为没有大批量的数据可以使用，只能采取迁移学习的方式，基于一个已经训练好的英文语音模型，让它学习到教师的声音和说话特点，最终实现“克隆”教师声音的目标。而英文模型除了使用“Tacotron”作为合成器，使用“WaveRnn”作为声码器之外，还需要一个额外的编码器，这个编码器会将每一段音频编码成 256 维的数组，将大量的不同人物的音频作为训练数据，使编码器能够将同一个人的声音编码成相同或相似的数组，将不同人的声音编码成不同的数组，这样编码器就掌握了区分不同人的声音的能力。这样一来，每当有新的人的声音输入进来，编码器就会将它编码成不同于其他声音的特殊编码，从而让“Tacotron”生成类似于这种特殊编码的声音，就达到了声音克隆的效果。但是已有的预训练模型，并没有足够的音频作为训练数据，还不足以克隆所有人的声音，为此，我们专门编写了数据标注需求，希望在未来能够拥有越来越多的可训练的数据，以便克隆任意人的声音。目前来说，我们仍然需要一些教师的英文素材，才能够训练英文的模型。为了得到英文素材，我们专门请教师在专业的录制环境下录制了一部分英文素材，录制素材对环境的要求十分苛刻，必须要保持足够的安静，录制时尽可能避免噪音的产生，麦克风要远离电子设备，尽量在有家具的房间内录制，这样产生的回声弱。我们使用教师专门录制的十几分钟的音频作为训练数据，同时将 100 位英国人的声音加入进来，使用迁移学习继续训练“Tacotron”和“WaveRnn”模型。经过长时间的训练，得到了一个可以生成教师英文语音的模型，但这样训练得到的模型合成的声音与教师本人的声音相似度不高，这也是这种训练方式的一个弊端。

（三）中文“民法总则”课程的更新

为了将我国《民法典》部分条文的改动对应到教师的慕课视频当中，在拿到修改需求之后，第一时间进行语音合成。首先，使用的模型仍然是之前的教师个人语音模型，需要将文字转换为对应的拼音。其次，需要对较长的句子进行“断句”，之后便可以送入模型进行生成，直至合成的所有句子的效果达到预期。再次，模型已经过很长时间的训练，且合成的语句并不多，所以合成并未花费太长的时间，只有个别字吐字不清的地方需要重新生成。最后，模型本身的原因导致每一次的生成结果都不一样，在经过几次尝试后才能得到效果较好的音频。

二、一流课程的 AI 辅助生成全英文课程

英文“民法总则”课程的生成需要将每一句话都进行合成，工作量巨大。

第一，拿到学生翻译好的英文字幕之后，需要将每一句话从 Word 中读取出来，写入 txt 文件里，随后对 txt 文件中的句子进行“断句”，这是一个非常困难的过程。英文模型的特点是生成音频的语速会受到文本长度的影响，句子过长，语速会太快，为了控制语速，不得不细心调整每一句话的断句位置，这部分工作需要耗费几天的时间。

第二，由于英文语音模型并不是完全由教师的素材训练而来的，这就导致生成的结果变得难以预料，时好时坏，只能人工筛选掉效果较差的句子，并将这些句子记录下来，而将效果较好的句子全部保留，同样做好记录。

第三，针对效果不好的句子，重新输入文本并合成，此时我们用到了一个可视化的工具，它能够在输入文本之后，看到模型预测的频谱图，而频谱图又和最终的音频效果有关联，所以我们可以提前预知生成的结果如何，以便及时调整。

第四，将全部合成的句子整理、归纳，请学生审核确认无误后，交给视频制作团队。

三、一流课程的 AI 辅助生成全英文宣传片

（一）AI 辅助生成全英文宣传片的需求背景

由于民法学系列慕课都需要修改为英文版，相应地，宣传片也需要修改为英文版。以原版中文版民法学系列慕课的宣传片为参考，利用语音合成技术、AI 换脸技术，合成英文版民法学系列慕课宣传片，具体程序见图 13-4。

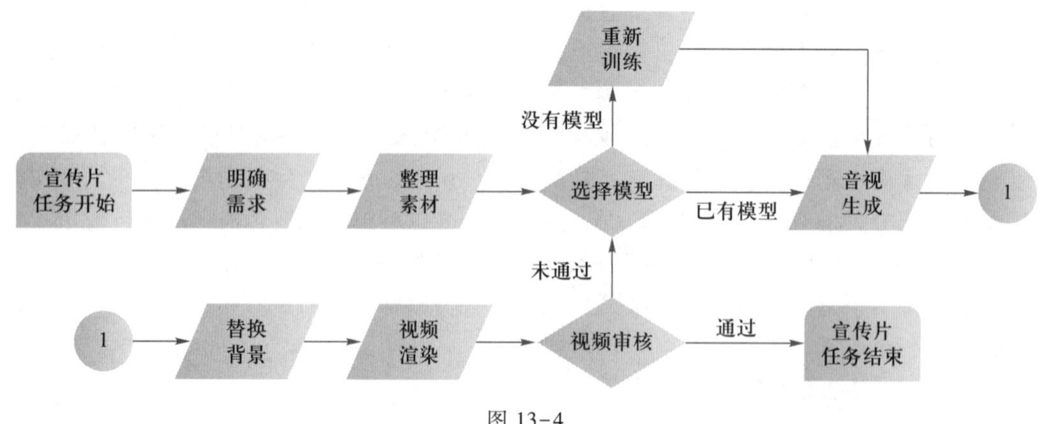

图 13-4

为了达成目标，首先要明确修改需求，包括：需要合成的语音片段有哪些，其对应的文本是什么；哪些片段需要换脸，其背景是什么样的，能否利用先用的模型进行换脸操作。在明确需求之后，要对素材进行整理，检查素材的完整性、可用性。素材整理完毕后，选择合适的模型生成，由于本次生成的语音都是英文，且之前已经训练过教师的英文模型，因此音频模型选择现有的模型即可。而视频模型的选择较为复杂，由于缺乏大量素材，本次选用了以绿幕背景素材训练的视频模型，选择好模型后即可生成。生成的音频需要在视频渲染中使用，而生成的视频则需要替换背景，选择一张合适的背景，使用 Pr 对绿幕视频的背景进行替换。然后将生成的音频和替换背景后的视频作为素材，使用 Pr 导入原视频宣传片，将原视频中的音频替换为生成的音频，将需要换脸的原视频片段剪掉，再将生成好的视频放入相应的位置，最后导出视频。至此，生成的流程结束，通过审核后，任务完成。

修改需求是由教师和学生共同提供的，本次宣传片的修改涉及语音和视频两部分，其中语音需要生成英文语音，视频需要换脸的地方有 4 处，且每处的背景都不同。

需要的素材有原宣传片、生成音频对应的字幕，以及需要换脸的片段。原宣传片和字幕都已经从教师那里拿到，还需要对需要换脸的片段做记录，方便后面查看。由于宣传片视频时长为 2 分钟，长度很短，只对需要换脸的那一部分字幕标红；如果是很长的视频，或者有大量的视频需要修改，还需要对原视频中需要换脸的片段标注时间戳。①

在实际标注过程中，可能存在标错或标不准的问题。批量处理后得到的 30 分钟视频并不是纯净的只包含正脸人脸的视频数据，可能是包含侧脸或没有人只有 PPT 的视频片段混杂的不可用的数据。为了保证训练数据是可用的，防止由于数据问题导致训练模型不好或训练失败的情况发生，应该进行交叉标注或增加审核人，由审核人对标注和处理阶段的结果进行审核，或采用其他较合理的方法进行数据标注。此外，考虑到人对视频时间的观察不可能做到非常精确，实际标注过程中也存在标注的时间戳前半秒有人脸而后半秒没有人脸的情况出现，这时仅依靠人感性地进行标注是非常不可靠的，因此，为了保证训练数据干净可用，在人标注的截取时间段上掐头去尾，开始截取时间后延 1—2 s，结束时间前提 1—2 s，标注时间低于 2—4 s 的

① 【提高时间戳标注数据的准确度】对课程视频进行剪辑后才能得到可以使用的训练数据，故需要先对所有课程视频标注时间戳，指明一个视频中教师出现正脸的起始时间和结束时间。

时间段直接舍弃不用。这样可以得到较好、较干净的数据，也降低了标注时间戳的人力成本，但针对数据量不够的情况，掐头去尾的方法也会造成数据浪费。

（二）AI 辅助生成全英文宣传片的音视频合成处理

1. 音频模型的选择

本次语音合成目标都是英文音频，而之前已经训练过教师的英文模型，所以本次直接使用现有模型进行生成。

2. 视频模型的选择

选择视频模型需要考虑每一段待修改片段的背景、人物造型、光线、亮度等多方面因素，在这里，我们将“背景”“人物造型”“光线”“亮度”都相差无几的视频，称为相似视频。每一个待修改片段，都需要一个以足够量的相似视频为数据做训练的模型，才能进行“AI 换脸”，否则无法渲染生成。

本次需要换脸的片段共计 4 段，背景分别为图书馆、纯黑色背景、教学楼下（正脸）和教学楼下（侧脸），而每一段的时长都很短，约 10 秒钟，这些片段是不足以作为训练数据来训练模型的。经过和教师沟通，本次换脸全部采用同一个以绿幕视频做训练的模型，待视频生成之后，再对其绿幕背景做替换。这样一来，不仅节省下大量模型训练时间，也方便生成视频。

3. 使用音频模型进行生成

首先来生成音频，这里的音频生成模型以英文为输入，以音频为输出。但输入英文之前，需要对素材准备阶段已经拿到的字幕文件进行“断句”。所谓“断句”，其实就是对每一句话的长度做控制，即每句话不要太长，也不要太短，保持在 5—12 个单词为佳。那么为什么要对长度做控制呢？这是因为音频模型生成音频的效果会受到文本长度的影响，简单来说，如果输入文本过长，可能会出现语速过快、吐字不清，甚至生成的音频完全听不清的情况；如果输入文本过短，可能会出现音频中间有很长时间的停顿、有噪音、声音沙哑等情况。那么，“断句”有什么标准和技巧呢？

“断句”时，首先以标点符号为依据，然后根据最佳文本长度分割或合并文本。由于本次的宣传片内容较少，所以直接采用人工“断句”的方式，首先依据标点符号进行一次“断句”，每遇到逗号或句号就进行“断句”；然后对长度过长的文本进行二次“断句”，按照个人拼读习惯，将一句长句子分为两个或多个短句子，分割后的句子尽量保持在 5—12 个单词之间。

而“断句”的算法，也是基于类似的思想：首先以标点符号为分割依据，遇到标点符号时进行“断句”；然后对长度不符的句子进行二次“断句”，这里就涉及“过长”和“过短”两种情况。句子“过短”，在语序不被打乱的前提下，只能采取与上、下句合并的方式，即将“过短”的句子融入上一句话的末尾或下一句话的开头，但这又可能会导致上、下句由于被添加了一段文本而“过长”。对于“过长”的句子，“断句”的难度比较大，既要保证语义畅通，又要关注句子的长度。

“断句”之后，便可以进行生成，此时已经得到了可以作为输入的文本，共计 29 句英文，将这 29 句英文放到同一个文本文档里面，送入音频模型进行预测即可。本次生成的音频并非全部可用，对于效果较好的音频可保存下来，对于效果较差的音频进行分类处理：有读音错误的音频，需要重新生成；有个别单词听不清除的音频，需要重新生成；断句不合理、效果不满意的，可以重新生成或者手动裁剪。

音频生成完毕后，还需要经过音频的后处理流程，包括“去噪”和“添加停顿”两步。首先是去噪，这里用到的去噪模型是一个基于循环神经网络（RNN）的音频去噪模型，它以音频作为输入，同样以音频作为输出，得到的结果便是去噪之后的音频。其次是添加停顿，考虑到教师的英文习惯，这里在每一句英文后面加入时长为一秒的空白，作为人为添加的停顿效果，这样做可以保证在最终合成的视频中，语速不至于太快。

4. 使用视频模型进行生成

音频合成完毕后，可以对需要换脸的视频片段重新生成。这里以教师重新录制的、背景为绿幕的视频，以及上一步已经生成好的音频作为素材，目标是生成以绿幕为背景的，口型与生成音频保持一致的视频。下面简要介绍一下视频合成的流程，和输入时需要注意的5个参数。

视频合成流程可以分为以下步骤：（1）音频预处理：保证输入音频的采样深度为16和通道数为1。（2）提取视频帧：将输入的绿幕背景视频的每一帧提取出来。（3）口型微调：用输入的视频做“迁移学习”，得到口型和音频的对应关系。（4）口型预测：根据输入的音频，得到相应的每一帧的口型。（5）背景选择：为生成的视频选择一段连续的背景帧。（6）平滑处理：对没有声音的片段进行处理，保持“闭嘴”状态。（7）渲染：得到3D人脸重构的结果。（8）切图：对3D人脸图片进行切割，保留人脸的下半部。（9）贴图：将切割后的图片贴合到背景帧。（10）精炼：使用生成对抗网络（GAN）得到精炼后的人脸。（11）合成视频：生成最终的视频。

输入时应注意的5个参数：（1）输入视频的名称，本次输入视频“53”。（2）输入音频的名称，本次输入音频“22”。（3）语言选择中文或英文，本次选择英文。（4）是否提取关键帧，已经提取过的视频不需要重复提取。本次不重复提取。（5）是否微调口型，使用迁移学习微调口型与音频模型，或者使用原有的预训练模型。由于预训练模型并非由教师的素材训练而来，所以本次选择使用微调。设置好参数后，等待十几分钟，便可以得到生成的视频了。本次有四段视频，花费了一个多小时完成生成。

上一步得到的四段视频都是以绿幕为背景的，为了让最终的视频更加合理，我们选择了以竹林为背景的图片，对绿幕进行替换。更换背景操作的方法并不复杂，使用非编软件“Premiere Pro”从绿幕中提取出人物，再添加背景图片即可；而对更换背景后的视频，想要达到真实的效果，还需要耐心地调整参数。

（三）视频的渲染处理

至此，全部的生成工作已经完成，包括全部的英文音频和需要换脸的视频片段。最后一步工作，就是将这些生成的素材渲染成一个视频，使用的仍然是非编软件“Premiere Pro”，将不需要换脸的部分帧保留，替换其中的音频。这里比较麻烦的是音频的长度和原视频的长度不对应的问题，为了保持原视频内容，可以将原视频拉长或缩短，使其与音频长度保持一致。再将需要换脸的片段，整体替换为生成的视频素材。①

---

① 【合适的音视频长度建议】在选择生成输入视频和输入音频时，要选择合适的音视频长度。当输入视频与输入的音频长度差距过大时，会得到较不自然的谈话人视频。为了避免上述情况出现生成的视频不够自然的现象，应该保证输入视频长度和输入音频长度相仿，建议输入视频长度和输入音频长度均为10—20秒。

（四）AI 辅助生成全英文宣传片的校对

1. 语音修改

文本返回给字幕公司后，字幕公司人工智能生成了语音资料，约半句话为一个文本，总共几十个短语音，大多数发音和文本内容都没有问题，但“while”“but”等一些句中的连接词发音不清楚甚至被忽略，部分可以使用连音以及重读轻读的部分也没照顾到，导致语音听起来不连贯且转折略显生硬，有些地方拟人化的实境感有所欠缺，公司根据意见也做了一些调整。

2. 字幕标注

对宣传片中教师出现并讲话的部分文本单独进行了标注，以便人工智能生成语音的时候正确匹对嘴型。最后完成整个宣传片的翻译工作。

第三节　全英文线上一流课程的 AI 辅助制作

一、翻译前的字幕中文文本整理

在正式开始翻译前，项目组开展了“试验翻译”工作，以第一章第一小节为范本，人工智能翻译该文本后返回项目组进行校对，以此检验人工智能翻译的效果，为后期校对的工作量提供参考。试验翻译阶段，项目组提供的是字幕格式的中文版内容（参见图 13-5），发现得到的翻译版本有连贯性欠缺、前后用词不一致等缺点，考虑到后期需将英文字幕通过人工智能生成教师原声课程，课程内容的准确性极为关键，为保证后续步骤顺利进行，本项目组决定放弃使用字幕格式的文本，交由慕课助教组将字幕拉平为文稿，即自行断句及添加标点，并在不影响原意的情况下删减字段。

```
1
00:00:26,775 --> 00:00:30,275
第二节我们来谈一下民法的调整对象

2
00:00:33,800 --> 00:00:35,550
《民法总则》的第2条

3
00:00:35,875 --> 00:00:38,300
对调整对象进行了规定
```

图 13-5

字幕制作工作是后期工作的基础，“拉平”这一工作简单但重要，整理前的中文文档中存在很多长句，且基于法学学科特点，个别中文句子较为晦涩难懂，并包含大量专业术语，这一类句子若进行直接翻译，生成的英文内容往往容易出现语序混乱、语义改变、用词错误的现象，导致翻译效果不佳，后期校对中需要重新翻译和调整。针对该情况，在第一轮工作中，项目组尽可能地将中文文档中的长句划分为短句，并将语序调整为英文表达中更合理的语序，并对部分词语进行解释性替换，从而提高人工智能翻译的英文文档的可用性，减少后续的工作量。

二、人工智能翻译后的字幕校对

（一）第一轮校对

收到人工智能翻译的内容后，开始第一轮校对，这是最重要的一轮，之前负责整合文稿章节的项目组成员继续负责相应章节的校对工作。为避免不同版本之间 word 的标记差别，本项目组统一了修改痕迹的标注格式，即“??? +修改内容”（见图 13-6），这样可以清晰地展现出修改之处，也便于二轮校对的负责人核验与斟酌。

You can follow our WeChat official account: minfadian, so that can further understand the continuous update of our curriculum. We shall first take a look at the recommended book list of this course: first, *Civil Law* (published by Higher Education Press), the key textbook of Marxist Theory Research and Construction Project; second, General Principles???(Rules) of Civil Law (published by Law Press), written by (添加)a well-known civil law scholar, Professor Liang Huixing; third, Legislative Reasons and Relevant Provisions of the General Rules of Civil Law of the People's Republic of China (published by Peking University Press), edited by Shi Hong of the Legislative Affairs Commission under the National People's Congress???(Civil Law History Institute of the NPC Legal Work Committee); fourth, Essential Principles of Articles of the General Rules of Civil Law???(Civil Code of PRC · General Provisions) (also published by Peking University Press), edited by me.

图 13-6

本项目组还统一了文稿中的法条版本、法条格式、一些专业术语以及字体等，确立了校对尺度和标准。为使表达的语义更加清晰、准确且不影响效果，本项目组规定的尺度是在不改变原意的前提下做必要的增减，校对的标准则是比较细节、斟酌用词，具体标准包括以下三点：

1. 法律专业术语需准确

课程翻译工作是一项多人合作的长期性系统工程，翻译表述标准问题是首要的关键问题。原因在于项目组成员的语言表达习惯不同，尤其是英语表达习惯存在较大差异，而作为系统工程，全文表达方式上下文应较为一致，方能体现“慕课”课程国际化的专业性和教育性①，例如具体法律条文的表述、特定法律概念的英文表达、索引著作的权威翻译等方面。由于疫情原因，小组的工作都依托线上平台，成员之间通过“微信”软件参与讨论。校对工作的翻译表述标准由英语专业出身的项目组长牵头制定，围绕权威的翻译文本讨论，最终由项目组长确定标准。项目组力求法律英语的专业性和准确性，整个翻译过程严谨、细致、专业。为了保证法律翻译的准确性，翻译时需要特别注意以下几点：

第一，具体法律条文方面，项目组主要参考的文本是全国人大的《民法典·总则编》官方版英文翻译文件及“威科先行”法律数据库的《民法典·总则编》中英文对照文件，本文将通过表格的形式（见表 13-1）直观地呈现最后商定的部分翻译校对标准。

表 13-1 翻译校对标准范例表

中文表述	校对后确定的英文表述
法律文件的表述	
《民法总则》	General Provisions of Civil Law
《民法通则》	General Rules of Civil Law

① 高海：《爱尔兰法学本科课程设置及其启示》，《中国大学教学》2015 年第 9 期。

续表

中文表述	校对后确定的英文表述
《〈中华人民共和国民法总则〉条文说明立法理由及相关规定》	Legislative Reasons and Relevant Provisions of the General Rules of Civil Law of the People's Republic of China
《民法典》	The Civil Code
特定概念的表述	
马克思主义理论研究和建设工程	Research and Construction Project of Marxist Theory
民法	*Civil Law*
物	Things
期间	Period
当事人	Party
其他	
近代	modern times
现代	contemporary era

第二，特定概念方面。特定概念往往是专业性较强的法律词汇和短句，甚至沿袭罗马法的历史用法，与日常英语表达有所差异，而本课程使用的人工智能翻译软件数据库在此方面存在缺失问题，因此在校对过程中，特定概念的表达是项目组重点关注之处。具体的表述标准除了上述的两个权威文本，还要通过“知网”检索相关中文关键词，在检索结果中挑选法律权威刊物的高引文章，文中一般有相对应的英文关键词，以此作为参考。值得一提的是，不同文章可能存在不同表达，当遇到概念表达多元化的情形时，为确保英文表述得地道，项目组翻阅了同为大陆法系的德国民法典的官方英文版①，同时在法律英语文献网站②输入英文关键词“反向检索”相关英文法律文献。经过“国内权威中英文表述——知网权威学者翻译表述——国外权威文献表述”三步走的校对工作，最大限度地确保了法律概念翻译的准确性。

第三，课程所引用的著作文献方面。该课程项目的绪论部分多次引用了马克思和恩格斯的经典表述，翻译时存在的问题与特定概念部分类似，与前文的“三步走”思路相似，项目组翻阅了马克思、恩格斯的相关英文著作③，保证名人名言的“原汁原味”，校对工作修改之处（部分）参见表13-2。

---

① 参见 http://www.gesetze-im-internet.de/englisch_bgb/，最后访问时间：2020年7月5日。

② 参见 https://www.trans-lex.org/，最后访问时间：2020年7月5日。

③ 参见 https://www.marxists.org/index.htm，该网站收录了马克思、恩格斯的原版著作，最后访问时间：2020年7月5日。

表 13-2　经典表述校对表

中文表述	校对工作前的英文表述	校对工作后的英文表述
把商品生产者社会的第一个世界性法律即罗马法以及它对简单商品占有者的一切本质的法的关系，比如买主和卖主、债权人和债务人、契约、债务等等所作的未必明确的规定作为基础。	Based on the first universal law of commodity producer society, namely Roman law and its relations with all the essential laws of simple commodity possessor, such as buyer and seller, creditor and debtor, contract, debt, etc., which are not necessarily clear-cut provisions.	Roman law, the first world law of a commodity-producing society, with its unsurpassably fine elaboration of all the essential legal relations of simple commodity owners (of buyers and sellers, debtors and creditors, contracts, obligations, etc.) can be taken as the foundation.
商品不能自己到市场去，不能自己去交换。	Commodities cannot go to the market on their own, cannot be exchanged by themselves.	Commodities cannot go to market and make exchanges of their own account
罗马人最先制定了私有财产的权利。	The Romans were the first to establish the right to private property.	The Romans were the first to have formulated the right of private property.

2. 语法语序表达需地道

英文内容是由人工智能根据中文文档翻译的，很多语序和表达有中式英语的弊病，存在句子主谓宾成分缺少、从句使用不当、单复数表达错误的情况，因此需要对语法和语序逐句核对，根据句意进行调整。由于中文表达中常常有长句，直接翻译的话可能会出现冗长和句意混乱的情形，可以适当截为短句，使表达更为清晰。而且考虑到人工智能合成教师声音讲课的体验感，应当尽量避免一些极长且晦涩的句子出现，取而代之的是简洁的英语口语表达，这样更符合正常人的语言习惯和发音方式。

3. 标点符号及大小写的标准适用

校对标点符号是不可或缺的常规步骤，标点符号的正误直接影响着语段的断句。需高度重视中文语句中的逗号和句号，否则人工智能识别时可能会出现错误，进而影响音像生成等后续环节。在校对过程中需要注意标点符号的半角符号与全角符号的转化，这是校对工作容易忽略的细节。英文表达中的大小写使用也需重点检查，具体标准如：首字母大写；英文分号后的句子首字母不大写；冒号后跟句子首字母要大写；短语不需要大写；具体条文翻译“Article”的首字母必须大写；书名中除“of”和“in”等连词以外的单词都需要首字母大写；整个书名都需要适用斜体。

（二）第二轮校对

本轮校对偏重于检查一轮校对结果，一轮校对的质量基本决定了二轮校对的工作量，项目组在一轮校对基础上采用了交叉校对的方式，仍发现较多问题，甚至存在标点符号或者格式错误，导致二轮校对工作量较大，实属教训。在二轮校对过程中，项目组采用了 Word 文档的审阅功能，先由系统识别明显错误，再逐句查看后修改或保留。若翻译文本存在多处相同的问题，如同一个规范性法律文件未采用斜体，可使用查找、替换功能，进行一次性替换，以避免遗漏。除格式上的勘误外，二轮校对的对象还包括语法、专业词汇、法律法规的译法，做法大致是沿着“通读全文+逐句检查”的思路，通读后没有明显问题的先保留，通读后发现语句不通畅或难以判断的，则借助辅助工具翻译查看，最后略读全篇翻译，查看是否还存在没有被校对出的明显语法与单词拼写错误。

（三）PPT 标注

为方便字幕公司后期配合 PPT 生成视频，这一阶段工作主要是将英文文档内容进行分段，与对应的 PPT 文档的页码进行匹配和标注，将同一张 PPT 上的内容放在一段，以便 PPT 翻译小组的翻译工作以及后期合成 PPT 匹配字幕。具体方式是对照 PPT 文本内容和英文译本，首先将对应 PPT 内容的英文译本编辑集中至一个段落，再将 PPT 具体章节页码与对应段落的英文译本进行匹配和标注，标注格式是在对应 PPT 内容前标注“<PPTA><pageB>”，其中 A 为 PPT 序号，B 为对应 PPT 的页码；在对应 PPT 内容后标注“</pageB></PPTA>”，中间均无空格，其中 A 为 PPT 序号，B 为对应 PPT 的页码。本部分的经验总结如下：（1）先复制<PPT><page>放在段首，填入对应的章节页码号，整部分的前段标记完成后，再复制<page></PPT>置于段尾，不容易出错。（2）标记过程中，有字幕但无对应 PPT 的，页面停留在上一页 PPT 来配合这一段字幕；有 PPT 但是没有对应字幕内容的，不保留没有 PPT 的字幕序号，跳过该页 PPT，比如 PPT 第 3 章第 24 页没有对应的字幕内容，可以直接把<PPT3><page24>标记在顺延后的下一段字幕内容上，上述情况都必须记录并反馈给负责人，记录示例为“16.3 PPT16 Page18”。（3）英文译本以 PPT 文档的每一页文本为单位进行划段，标注的章节页码必须正确，格式同样不能错误，否则后面组合字幕和 PPT 时将会出现问题，影响课程效果，给后期人员增加很多负担。

一方面，段落结尾处的“PPT”和“page”的顺序与段落开头是相反的，且符号使用略有不同，结尾处的“page”和“PPT”之前应增加标点符号“/”，否则电脑识别时就会产生错误。还应保持格式的规范性，例如字体为黑色、不加粗、无下划线及无斜体等，这些细节涉及后期人工智能的自动识别，因此应注意识别格式，以降低识别错误率。另一方面，有字幕但没有对应 PPT 或者有 PPT 但没有对应字幕的，应当顺延页码或者跳过 PPT；有 PPT 但没有对应字幕内容的，需要删除该页 PPT，后续 PPT 页码则相应改动，保持字幕标注和 PPT 页码一致。这项工作看起来机械简单，但要求标注者了解内容且细心。

（四）第三轮校对

本轮校对也是提交前的最后一轮校对，与二轮校对一样，目的在于剔除明显错误。经过前两轮校正，本轮所剩错误不多，通读几遍后将格式调整好，检查 PPT 标注正确与否后删除掉文稿中的中文版字幕，制作无标注版，打包给字幕公司使用。

三、PPT 翻译 AI 辅助

PPT 是课程内容的浓缩和总结，需呈现在课程视频中，因此对 PPT 内容要求较严苛，但 PPT 内容大多来自字幕，本项目组翻译过程中主要提炼总结、查缺补漏并排好版式以便后期公司制作。此项工作并非简单地复制粘贴内容，而需要处理许多棘手问题。

（一）英文字幕移植

英文字母移植主要是对照中文 PPT 的段落排版，将已经翻译好的英文字幕文本摘出粘贴到中文 PPT 的下面。这项移植的任务并不是简单地复制粘贴，其间需根据 PPT 中文内容，有选择性地截取英文字幕中的主要内容。同时，在粘贴的过程中，还需要再一次检查英文字幕的翻译在专业词汇、句子语法上是否正确。如果检查出英文文本不正确或者缺失，则需要根据中文内容自行修改，或者借助翻译工具二次翻译，避免出现纰漏。

（二）格式排版

在英文 PPT 制作过程中，排版也是一个重要的问题。原始的英文文本没有分各级标题，所以本项目组在粘贴的过程中还得对照中文标题，将英文文本分成三级标题。项目组将原来中文的三级标题“一、”“（一）”“1.”替换为英文三级标题“1.”“1）”“a.”。此外，英文首字母的大小写问题也十分复杂，在分三级标题的时候需要重新调整。比如，单词中的实词首字母要大写，而虚词首字母要小写，但是出现在句首时首字母全部大写等。

四、音像生成后期配合

校对完毕后将全部英文字幕交给字幕公司，由字幕公司负责生成音视频。但因很多字词在阅读和朗读时的读法有一定区别且有些发音需特别注意，故还需提供给字幕公司某些非常规字词的正确英文发音，纠正一些之前校对时没发现的明显错误，如字幕重复、用词错误等。还有一些人名、拉丁语词汇如 *jus civile*、*etc*、*ie* 等的读法也需要强调。具体分工如下：每人收到几个章节的音频后对应字幕听，有相应的错误就在字幕文稿中修正，宏观和微观错误都需要记录。宏观错误反映给负责人用于提升技术，微观错误制作成表格以供修改，表格格式如图 13-7 所示，音频的编号和 PPT 页数以及所在章节都需要做好标记，错误的细节以及如何修改也都应一目了然，以便工作人员及时修改。一些宏观问题，如音频整体速度过快、句子重音停顿划分错误较多等，也应予以反映，以便最后呈现出相对完美的效果。

	A	B	C	D	E
1	章节		demo	ppt	
2	第二章	2.1	0406	2-3	and Green principle,要停顿后，再读First let's talk about
3		2.1	0480；0481	12	prosperity, democracy, civilization, harmony, freedom, equality, justice, 这几个词要断开，一个词读完要停顿一下
4		2.3	0567	22	which is the core of autonomy of will 少读一个will
5		2.3	0607	24	and strategic security interests that a country enjoys on the whole 少读一个whole
6		2.6	0719	43-44	sports lottery and so on.要停顿一下再读The third category is
7	第三章	3.2	0836	9	In section 2let's talk about the elements of the civil legal relationship 少读了一个2
8	总的来说，语速有点过快				
9					

图 13-7

字幕文件内容缺失与页码记录是本次 PPT 翻译中遇到的最大问题。一页中字幕文件内容部分缺失的，项目组会自行翻译缺失部分，由于时间紧张及存在专业术语，这部分的难度最大，也耗时最多。此外，由于更新不及时等问题，有的内容在字幕中已经被删除但仍存在于 PPT 文档中，导致字幕文件出现内容缺失问题。征求负责教师意见后，项目组将没有对应字幕的 PPT 予以删除，PPT 页码标注也需要相应修改，因此，建议日后慕课制作过程中字幕和 PPT 应同时检查、同步删减，否则后期将出现大量需要返工的内容，耗时耗力且容易导致混乱与错误。

第十四章　一流课程方阵配套课程中心群的建设与运行

第一节　一流课程方阵配套课程中心概述

一、课程中心整体介绍

（一）建设背景

《国家中长期教育改革发展规划纲要（2010—2020）》明确指出，要建立开放灵活的教育资源公共服务平台，创新网络教学模式，使用网络进行教学与管理，实现优质教学资源共享。四川大学于2012年启动了“本科教学与教学管理支持系统（课程中心）”建设计划，搭建了四川大学网络辅助教学及管理平台，拓展教学时空，解决了学校多校区学生的教育公平问题、优质教学资源共享问题、教师信息技术与教学融合问题以及学校内部资源的建设与共享问题，保障了教学质量的提高。

（二）系统功能

课程中心是开放的、自由的数字化网络学习环境①，包括门户展示、课程建设与管理、教学组织与管理、自主学习与交流互动、网上作业与考试、教学过程评价与统计、管理统计等功能模块。

1. 门户展示

门户主要宣传学校的办学思想、教学改革、师资队伍以及教学建设等，展示学校院系专业设置、课程设置、教学资源（包括精品课程、视频公开课、平台热门课程推荐、课程排行榜等）等各方面的内容。可以根据需要从后台自动调整门户要展示的内容及其位置。

2. 课程建设与管理

为教师提供课程制作、上传和建设功能；教师可以为自己所讲授课程建设网站，提交教学大纲、多媒体课件、教案、教学视频、参考书籍、课外资料等；支持在线编辑网页和批量上传文件，支持插入图形、Flash、音频/视频等文件，并一键式上传，还能实现标准课件的迁移。

教师可以自由设置课程属性，如课程开放时间、对象、是否允许浏览或下载等；还可以选择中文或英文的软件操作界面。

3. 教学组织与管理

可有效地组织学生学习的内容（学习资料、配套的作业、测试和其他活动）；对于教学进

---

① 郑勤华、徐珺岩：《在线学习力：结构特征及影响因素》，《开放教育研究》2020年第4期。

程控制很严的课程，教师能够按照教学任务控制学生学习顺序；教师可以对学生进行小组分组教学；支持 PBL 教学，支持实践教学管理，支持临床医学院住院医师管理。

4. 自主学习与交流互动

提供教师、学生互动的教学平台。学生可以通过平台提供的多种交流工具与教师和小组其他学生交流和互动；教师可以在线辅导学生；学生可在线自主学习。

5. 网上作业与考试

在线发布作业，提供创建、编辑作业的管理功能，具有多种灵活的出题方式；提供试题、试卷资料录入生成试题库功能，题库内容可以导入、导出或者形成压缩文件以便教师保存，支持多种试题类型（客观题和主观题）；提供组卷、自动批阅功能，可以从题库中随机生成新的试卷，支持智能组卷，支持网考。考试后能够生成成绩分析表（如难度、区分度、方差、成绩排名、及格率、平均分、最高和最低分等）；考试成绩数据可直接提交教务系统；

6. 教学过程评价与统计

教师可以跟踪学生学习进度，统计学生学习情况，分析学习效果，提供作业、在线测试模块的统计分析报表在线查看功能；提供调查问卷等模块，学生可对教师发布的教学笔记进行评价，也可通过参与调查问卷评价；提供成绩中心管理功能，可针对特定用户、考试进行深入分析，并产生报表。

7. 管理统计

统计师生和各个院系对平台的使用情况；跟踪统计学生的学习进度、分数，并生成统计报告；可以为教师统计生成有关课程使用情况和活动情况的报告；提供系统管理员的管理统计功能，并可以生成各类统计报表（如按时间的使用情况统计、按用户的使用情况统计等）；可根据实际情况设定、添加、管理用户；系统管理员可以管理所有课程和组织的设置，并控制特定的课程和组织网站；管理员可批量添加用户、课程等信息。

（三）应用情况

四川大学课程中心于 2012 年正式启用，总计投入 570 万元，主要用于基础设施和仪器设备等硬件设施、软件支撑环境以及课程网站建设。经过三年的教学使用，结合教师实际教学需求，2016 年在 3.0 基础上推出 4.0 测试版，帮助校内教师开展翻转课堂教学改革与 MOOC 教学体验。

课程中心为师生提供了基于数字化网络环境进行课程建设、教与学互动、教学过程管理、优质教学资源共建共享的教育教学管理平台。截至 2020 年年底，系统总访问量达 1 亿零 80 万次，建成课程网站近 1 600 门，每学年有近 900 名教师和 14 000 名学生应用“课程中心”辅助教学，并基于平台开展了在线作业、网络考试、论坛答疑等在线教学互动活动。自 2013 年起，学校将“课程中心”应用情况作为指标纳入学院本科教学目标任务书中，从制度上鼓励和帮助教师开展线上线下混合式教学，在一流课程建设与运行，推动四川大学信息技术与教育教学融合，促进教学理念改革、教学手段创新等方面产生了重要成效。

四川大学“课程中心”（http://cc.scu.edu.cn）是基于数字化网络环境进行课程建设、教与学互动、教学过程管理、优质教学资源共建共享的教育教学管理平台。通过“课程中心”，教师可以进行课程建设、① 资源管理以及作业、考试、答疑等教学互动，并可以通过在线约束性学习、学习进度跟踪、教学效果分析等功能实现教学管理。

二、建立课程中心的意义

（一）资料共享

建立课程中心的意义在于能够实现资源共享，使学生在课堂之外，还可以通过共享的资料预习、复习课程，达到更好的学习效果。课程中心网站上提供如下两种资源：第一种是网页资源，即将相关资源内容添加在网页界面上，学生点击之后即可查看。第二种是可供下载的学习资源，在取得授课教师同意后，可以直接让公众下载；如果涉及学校的版权问题，学生在登录系统后便可下载。

（二）教学互动

在课程中心网站，学生可以通过“消息”“BBS”以及“作业”等方式与教师沟通、讨论学习中遇到的难题。而授课教师也需要每隔一段时间集中解答学生问题，保持与学生之间的有效沟通，以达到教学相长的目的。

（三）教学效果分析

学生在课程中心提交作业以及参加考试后，在学期末可以对学生分数进行统计，并作为学生平时成绩的参照，分析每位学生的学习表现，针对不同学生的学习效果作出调整。

三、课程中心的要素

以“侵权责任法”课程为例。“侵权责任法”课程中心在原有版块的基础上，结合侵权责任法学的内容特点，共分 8 个版块：（1）课程介绍，包括教师简介、学术著作、学术论文、成果获奖和承担课题。（2）教学大纲，包括本门课程的教学流程，对于学生预习、复习的基本安排。（3）教学日历，精确到每周上课时间安排。由于放假等上课时间发生变化的，需要及时调整。调整后注意通过各种方式提醒学生注意教学日历的变化。（4）PPT 文稿，课程的教案包括 PPT 格式与 PDF 格式，其中 PPT 格式与课堂内容相对照，PDF 格式方便学生打印出来参考。（5）重点、难点指导。本部分主要将授课教师讲授内容中相对比较疑难的问题以及学生疑问相对集中的问题整理后在课程中心发布。（6）实验/实训/实习资料。“侵权责任法”课程是一门注重实训指导的课程，授课教师在课程中心提供《最高人民法院公报》刊载的侵权法案例，分为侵害名誉类，侵害肖像、姓名、名称类，人身损害赔偿类，侵害财产权和合法经济利益类，产品责任类，不正当竞争及侵害商业秘密类，侵害知识产权类，证券、存单、票据侵权类，污染环境、道路交通事故类，海事损害赔偿类，以及不作为侵权等 11 大类型，供学生探讨。（7）作业/试卷。首先，可以在课程中心上传之前的期末试题，供学生参考。其次，通过作业系统让学生提交作业，助教直接在系统上批阅，统计平时作业分数，作为期末评分时的参考。（8）参考资料目录。课程中心的所有资料都要注重版权，如果是从其他地方搜集的参考资料，要予以注明。

---

① 【选用合适的浏览器】在课程中心整体建设过程中，最好使用 IE 浏览器。如果使用 Google Chrome 浏览器，可能在粘贴的网页中，因为 html 格式的兼容性问题，产生错误代码。

四、课程中心的教学模式

（一）学生个性化自主学习模式

教师对学生提出明确的教学目标，让学生自主选择学习难度、安排学习进度，通过浏览开放式课程网站，理解所展示的教学内容，发现问题、解决问题。通过课程中心作业功能，学生可以进行自测，评估学习效果。教师还可以提出有深度的问题供学生思考，组织学生分小组查阅资料，并将汇报材料上传到论坛，实现小组之间的学习交流，促进学生由单纯的知识学习转变为创新能力的培养（见图 14-1、图 14-2、图 14-3）。

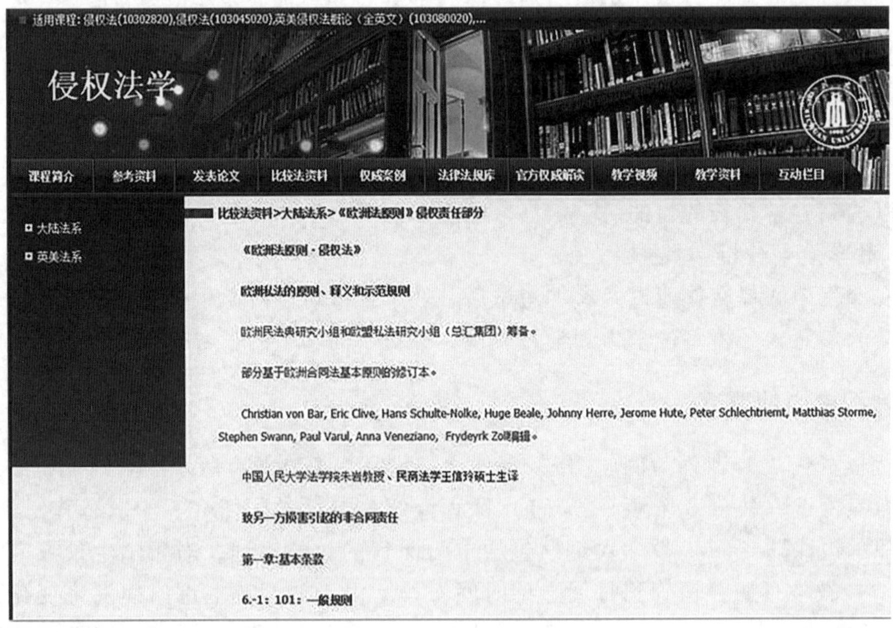

图 14-1

课程简介 | 参考资料 | 发表论文 | 比较法资料 | 权威案例 | 法律法规库 | 官方权威解读 | 教学视频 | 教学资料 | 互动栏目

作业
答疑
论坛
网络考试

互动栏目> 作业

搜索范围 作业名称 搜索内容 搜索 作业互动

作业名称	适用课程	开始日期	截止日期	类型
《侵权法》课堂小论文：特殊侵...	侵权法	2013-12-27	2014-01-13	网上作业(直接出题)
案例探讨之四："五角亭案"	侵权法	2013-12-27	2014-01-13	网上作业(直接出题)
案例探讨之三："五月花案"	侵权法	2013-12-20	2014-01-08	网上作业(直接出题)
《侵权法》课堂小论文：一般侵...	侵权法	2013-11-15	2013-11-30	网上作业(直接出题)
侵权法第二次作业：面包工厂案	侵权法	2013-10-30	2013-11-17	网上作业(直接出题)
侵权法第一次作业：彭宇案	侵权法	2013-09-25	2013-10-08	网上作业(直接出题)

图 14-2

图 14-3

（二）“线上—线下”结合的混合式教学模式

在传统教学的基础上，教师可以通过“课程中心”平台上传相关参考资料供学生课后拓展，同时进行在线作业、网络考试、在线答疑、在线讨论等活动，大大延伸传统课堂的时空，服务教学（见图 14-4、图 14-5）。

图 14-4

现代材料制备科学与技... > 历史作业

[友情提示] 一份作业成绩全部发放给学生后，才会转为历史，可查看作业分析；当作业【结束日期】到达后可在课程网站【互动栏目】的【作业】列表中展示

进行中作业 历史作业

名称 快速搜索

名称	选题方式	发布日期	结束日期	参与人数	最低分	最高分	平均分	< 60%	60% ~ 80%	> 80%	公开状态
作业3-2014级	直接出题	2016-10-10	2016-10-17	0/77/83	70	97	88.57	0	2	73	参与对象公开
作业2-2014级	直接出题	2016-09-18	2016-09-26	0/78/82	0	98	89.17	2	11	65	参与对象公开
作业1-2014级	直接出题	2016-09-13	2016-09-24	0/74/80	60	99	91.93	0	4	70	参与对象公开
作业4-2013级	直接出题	2015-10-22	2015-10-30	0/84/87	79	98	90.32	0	6	78	参与对象公开
作业3-2013级	直接出题	2015-10-14	2015-10-22	0/83/87	75	95	86.53	0	12	71	参与对象公开
作业2-2013级	直接出题	2015-09-24	2015-10-08	0/85/87	82	98	93.16	0	0	85	参与对象公开
作业1--2013级	题库选题	2015-09-08	2015-09-15	0/86/87	80	99	92.20	0	1	85	参与对象公开
作业5	直接出题	2014-10-21	2014-10-29	0/82/85	0	97	90.99	1	1	80	参与对象公开
作业4	直接出题	2014-10-11	2014-10-20	0/83/85	80	97	92.20	0	1	82	参与对象公开
作业3	直接出题	2014-09-25	2014-10-08	0/81/85	80	96	93.63	0	2	79	参与对象公开
作业2	直接出题	2014-09-18	2014-09-26	0/83/85	88	99	93.82	0	0	83	参与对象公开
作业1	直接出题	2014-09-08	2014-09-17	0/83/88	0	99	90.31	1	5	77	参与对象公开
作业3	直接出题	2014-04-08	2014-04-17	0/96/97	30	99	90.80	3	4	89	参与对象公开
作业2	直接出题	2014-03-16	2014-04-01	0/95/97	80	99	94.34	0	1	94	参与对象公开
作业1	直接出题	2014-03-10	2014-03-24	0/97/97	75	98	91.62	0	1	96	参与对象公开

图 14-5

（三）PBL 教学模式

教师可以将学生分组教学，为每一组设定具体任务并提供相关资料供下载。小组学生在“课程中心”开展实时讨论，并将组内成果上传，供教师和其他小组查看打分（见图 14-6）。PBL 教学模式使各组学生围绕某一专题性任务进行广泛深入的学习、分析与研究，极大地增强了学生的创新意识和实践能力。

图 14-6

（四）翻转课堂教学模式

“翻转课堂”是指在信息化环境中，授课教师提供以教学视频为主要形式的学习资源，学生在上课前完成对教学视频等学习资源的观看和学习，师生在课堂上一起完成作业答疑、协作探究和互动交流等活动的一种新型的教学模式。①

① 张金磊：《“翻转课堂”教学模式的关键因素探析》，《中国远程教育》2013 年第 19 期。

例如，“生物材料检验”翻转课程分为课前与课中两个环节。课前需要学生完成资料浏览、在线讨论、课前作业、小组互评；课中，教师则围绕课前作业测试的完成情况与完成质量进行有针对性的讲解。对问题较多的知识点，在课堂上深入讲解；对问题较少或者没有问题的内容，简单介绍即可，并针对知识讲解随时开展 2 次测验，以强化效果。在考核方式上，依据课中相应知识点开展颗粒化测验，以巩固效果（见图 14-7、图 14-8）。

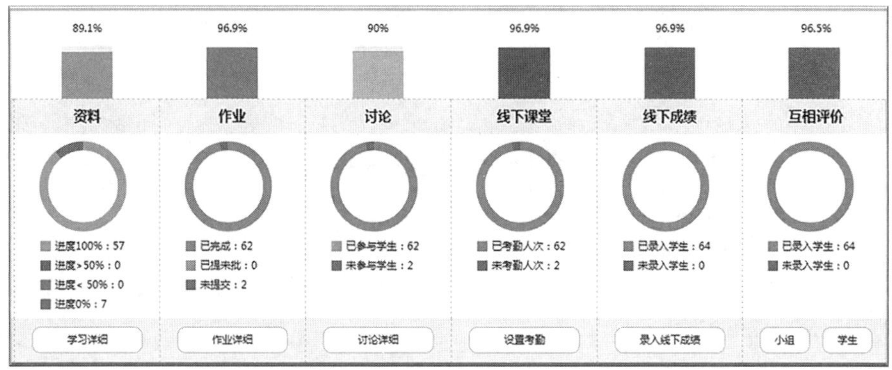

图 14-7

小组学习情况汇总　【说明】小组成绩为学生平均分　导出结果

排名	小组	进度	MOOC 0分	资料 20分	作业 40分	讨论 10分	签到 10分	线下成绩 10分	互评 10分	总成绩 100分
1	榴莲组		0	20	31.65	10	10	9.54	8.85	90.04
2	木瓜组		0	20	33.05	8.75	10	9.69	8.65	90.14
3	菠萝组		0	20	32.95	8.75	10	7.84	8.85	88.39
4	草莓组		0	20	32.95	8.75	10	9.55	9.05	90.3
5	西瓜组		0	17.5	32.85	10	10	8.45	10	88.8
6	樱桃组		0	17.5	30.3	7.5	10	8.29	10	83.59
7	香蕉组		0	15	31.35	7.5	10	8.45	9.95	82.25
8	芒果组		0	12.5	23.5	7.5	7.5	6.59	9.88	67.46

图 14-8

在计算机学院“专业英语”课程中，授课教师课前布置学习任务，并将学生的完成情况直接反馈给教师，以便教师了解学生的学习困难与进度，根据实际情况调整课堂教学内容。课程结束后，以调查问卷方式了解学生对“课程中心”应用于教学的接受程度、满意程度以及有效性。结果如下：

第一，在“翻转课堂”教学方式的接受程度上，73%的学生表示喜欢，愿意接受该种教学方式（见图 14-9）。

第二，在翻转课堂的胜任力方面，25%的学生觉得任务量大，有困难；75%的学生表示自己可以胜任。

接受程度 73%　　胜任力 75%

图 14-9

第三，在“课程中心”教学平台对翻转课堂的支持作用上，75%的学生表示通过“课程中心”平台可以非常方便地获取教师提供的课前学习资料，60%的学生表示

“课程中心”平台能够督促自己按时完成课前预习任务，81.4%的学生则表示借助“课程中心”平台便于提交课后总结或者作业（见图 14-10）。

图 14-10

第二节 一流课程方阵配套课程中心的建设

此处以“民法学”课程中心为例，介绍一流课程方阵配套课程中心的建设。“民法学”课程中心对应课程为“民法总论”和“民法分论”，网址是 http://cc.scu.edu.cn/G2S/civillaw.cc，可以直接访问 www.minfadian.com。

一、宏观设计与目标定位

“民法学”课程中心建设是技术问题、教学方法和学术研究的交叉与集合。课程中心的定位具有功能非单一性、模式多元化等特点。给予课程中心准确的角色定位是后续建设工作开展的前提，也是全部工作的指导思想和终极目标。因此，在开展课程中心建设之前，应当明确其角色定位和功能目标，特别需要考虑课程中心的受众对象，这决定了之后课程中心建设的具体方式、结构体系、资料繁简程度和内容细节。明确了课程中心定位之后，就需要进行宏观设计，即以何种模式、结构和方法开展课程中心的建设工作。考虑到民法学课程中心的多元化定位，初步拟定了课程简介、参考资料、法律法规库、比较法资料、权威案例、立法背景资料、教学视频、学术论文、教学资料和互动栏目等多个一级栏目（见图 14-11）。

图 14-11

上述栏目可分为四大类：第一类是教学类，服务于学生和教师相关教学任务的开展，主要包括参考资料、教学资料、教学视频等；第二类是学术类，主要提供课程的学术参考资料以及时追踪学术动态，包括学术论文、立法背景资料、比较法资料等；第三类是实务类，旨在践行理论结合实践的授课和研究理念，主要包括法律法规库和权威案例；第四类是说明和互动类，帮助受众更全面地了解本课程中心，同时为使用者提供线上的答疑和互动平台，包括课程简介和互动栏目等。通过丰富“民法学”课程中心的教学资料库，增加“民法学”课程中心的学习资源，有助于完善“民法学”课程体系建设和提升“民法学”课程中心教学质量的效果。①

二、团队建设与分工负责

（一）建设思路

完成前述宏观的一级栏目设计后，便需要考虑如何展开下级栏目的设计，体系化和逻辑化地开展课程资料整理和汇总上传工作。这需要考虑课程中心的技术容量、已有的人力资源和可能的资料数目，做到分工明确、交流畅通、配合默契。②

二级栏目的具体资料上传往往非单个人所能完成，需要多人协力，中间可能出现资料不完备和资料格式多样等形式或实质问题。有效的做法是，设立课程中心建设团队，指定高年级中较为细致的学生担任课程中心建设秘书，在教师的指导下，统筹安排资料整理和上传工作。③

（二）工作内容

“民法学”课程中心建设的主要工作内容包括“民法学”权威案例的上传、“民法学”课程的上传、民商法核心期刊论文的上传。对于“民法学”权威案例，具体工作是将我国指导性案例、公报案例、典型案例中所有有关民商法的案例都整理出来，并按照要求上传到“民法学”课程中心。其中，对于公报案例，需要按照《民法典》各分编，对 1985—2018 年的所有案例进行整理归类，然后按照年份分批上传。整理公报案例的工作量非常大，学生可以大致根据标题及裁判摘要进行快速归类，客观上可以节约很多时间。与公报案例相比，指导性案例和典型案例数量则少了许多。对于指导性案例和典型案例，需要按照批次建设栏目，并从 80 篇典型案例中选取与民法相关的案例上传。

（三）分工安排

小组内采取了分工模式，即不同的人按照类型负责不同部分，而每一部分又要与其他类型的子项目相联系。之所以采用此种模式，一方面是因为权威案例的数量多、时间跨度长、整理工作量大；另一方面学生都正处于实习期，实习工作已经挤占了白天的时间，精力难免不足。工作内容主要是对公报案例的整理工作进行拆解，由多名学生共同完成。

三、资料规整

（一）规整工作的思路

课程建设团队组建后，首先应当制订详细的工作计划，并根据不同学生的学术研究领

① 刘坤轮：《论民法学在法学本科专业课程体系中的基础地位》，《中国大学教学》2019 年第 11 期。

② 【设计下级栏目注意事项】下级栏目的设计应当坚持全面原则，即需要将考察视野置于未来的一定时间。因为一旦设计并上传资料，后期改动往往成本极高。

③ 【工作开展方式】在开展资料整合工作的过程中务必保证线上和线下定期会议的召开，并形成书面的会议纪要。因为工作任务量较大，有必要建立定期工作汇报机制，可以每周汇报一次工作进度，集中解决大家在工作中遇到的问题与困难。

域和工作特点安排具体的课程建设任务；其次，在正式上传资料前，课程中心建设秘书应当通过图片加文字说明甚至视频的方式制作课程中心使用指南，方便团队使用，并进行具体的演示；再次，明确具体资料的来源、内容、格式等形式工作，在上传资料前，课程中心建设秘书应当进行必要的审核，确保资料的无瑕疵；最后，通过 Excel 表格严格管理资料上传进度，明确任务开始时间和完成周期。每位学生整理相关案例资料后，统一文档命名格式与文档内容格式，并在两周内完成整理工作，确保无误。对于各分编内容分类有疑问的，应及时在小组群内提出并进行讨论。在整个课程中心建设过程中，项目成员应当保持线上联系，遇到的问题，最好通过群聊的方式在线上提问，为遇到相同问题的其他成员提供参照，统一处理。

（二）案例的规整

“权威案例”是一级栏目，该栏目项下有三个子栏目（二级标题），分别为“指导性案例”“公报案例”“典型案例”。关于权威案例的规整工作主要包括权威案例的分类与上传两个方面。

第一，权威案例的分类与格式调整。指导性案例和公报案例在案件类型上具有明显的典型性与示范性，在司法判决的撰写上也同样具有高度的规范性。若对案件的案情进行详细阅读后再对案件进行定性分类，会消耗大量时间和精力，比较高效的办法是依据裁判文书的说理部分以及承办法官所引用的法律规则确定案件性质。案例本身具有标题的，可以直接依据标题定性，但是为了避免案例中存在同时由不同部门法调整的情况，还需要着重看一下案件的说理部分及案件裁决所适用的主要法律规则，帮助最终确定案件的定性分类。根据案件性质对权威案例分类之后，还需要对案例格式予以调整。①

第二，指导性案例的上传工作。首先，需要将其中的非民商法事案例删除，并将文档名命名为“第×批指导性案例（发布时间，××××年××月××日）”。其次，对于公报案例，需要将其按照民法分则各分编（物权编、合同编、婚姻家庭编、继承编、侵权责任编）以及商事案例建立三级标题，在此基础上按照年份建立四级标题。再次，各年份公报案例中不属于以上类型的案例予以删除。按照上述标准进行分类后，上传至各公报案例所属年份即可。每年的公报案例有 40 个左右，可以先将一年的案例进行分类整理及格式调整，然后上传到网页，再进行下一年的案例整理，再上传；也可以将负责的所有案例全部整理好后，一次上传。②

（三）民商法核心期刊论文的规整

需要上传的文献格式为“序号. 作者：《文献名》，《期刊名》 * 年第 * 期。”，而原始数据内容杂乱，需要利用 Excel 的强大功能进行快捷操作。具体整理过程如下：

首先，在 Excel 中快速得到符合格式要求的参考文献。要得到符合要求的参考文献，将 Excel 的数列内容合并后用标点符号分开，再使用文本连接符 & 就可以了。例如要将 A 列和 B

① 【权威案例的格式调整技巧】对于这种任务量较大的案例，不推荐使用“边修改内容边调整格式”的方式，因为此种方式会降低工作效率，影响工作进度。而且在工作过程中，因为文档页数较多，电脑负荷过重，甚至会出现“卡死”的情况，因此，“边修改边保存”的工作机制对高效完成此工作大有助益。

② 【上传前的准备工作】上传工作开始之前，要做好前期准备工作，比如制作《“民法学”课程中心建设要求》《课程中心操作指南》等指南类文件，最好制作参照图片，便于理解。另外，对于待上传资料要做好分类，熟悉完整的操作步骤以及网站相关功能，以减少不必要的误操作，提高工作效率。

列的数据连接并以逗号分隔，显示在 C 列，可以在 C1 中输入公式“=A1&","&B1”，将 C1 的内容向下填充即可。

如果有四列且需要对某一列添加书名号，则为“=A1&":《"&B1&"》,《"&C1&"》"&D1”。因此，在原始数据 W2 处输入“=H2&":《"&E2&"》,《"&B2&"》"&C2&"。"”即可得到符合格式要求的参考文献“李昊：《大陆法系国家成年人监护制度改革简论》，《环球法律评论》2013 年第 1 期。”，然后选择 W2 表格向下拉，即可得到该工作表的所有参考文献。

其次，在 Word 中编号和处理细节。将上述操作得到的参考文献复制粘贴到 Word 中并整理，格式为宋体、小四号、以“1.”为样式进行连续编号。

由于 Excel 中原始数据不全或有误，粘贴到 Word 后可能会出现参考文献格式有误的情况，需删除多余的标点符号，修改错误的序号；修改完成后与 Excel 中的参考文献总数量对比，检查数量是否一致。①

（四）法律法规的整理

首先，根据千万级案例判决依据的法律法规制作“待上传法律法规清单”的 Excel 表。从表格中筛选出需要上传至“民法学”课程中心的法律法规。按照网站上的分类要求，法律法规库分为法律、行政法规、司法解释与其他四个部分。

整个 Excel 表格收集整理出来的法规文件数量有 17 000 多份，由于是电脑抓取的，也就存在大量的错误和重复。每个抓取的文件，后面都显示了被引用次数，一般被引用 100 次以上的，基本上都是正确的法律法规。按照这个方法，先选取正确的法律法规部分，然后新建一个 Word 或者 Excel 文档，把选取出来的法律法规按上面的四大类进行划分。

其次，筛选过第一遍以后，由于存在部分法律规范名称错误的问题，需要对陌生的法律规范名称进行核对，可以通过北大法宝或者威科先行搜索。

再次，对各部分的法律法规进行排序。可以按生效时间排序，也可以按颁布机构排序，还可以按效力位阶排序，以及先按效力位阶排序，再按首字母排序。

最后，对选取出的法律法规批量添加书名号。②

四、网页框架建设

登录“民法学”课程中心要使用 IE 浏览器，在课程中心上的所有操作也都必须使用 IE 浏览器，否则会造成无法操作、预览效果不一等问题。进入课程中心主页面后，点击右上角“用户登录”，输入账号和密码，成功登录后，需要单独点击教师姓名才能进入教师的教学账号。在“我的网站课程”栏目中点击“民法学”旁边的“教学管理”进入后台管理页面。

建立相关网页架构。点击“课程网站建设”里面的“网站栏目与内容管理”，开始创建“权威案例”（一级标题）下的相关次级标题。在“指导案例”（二级标题）下按照其发布

---

① 【Excel 表在处理复杂数据中的妙用】参考论文的原始数据既庞大又杂乱，如果全靠人工处理，费时费力，借助 Excel 表的计算功能和快捷操作将有助于快速解决问题。设定相应公式对庞大的数据进行处理，能极大提高工作效率。

② 【利用 Excel 表添加书名号】该功能可以通过 Excel 表中快捷键的方式实现。先选中需要添加的单元格，点击右键，选择“设置单元格格式”；将选项卡调整到“数字”，并选择“自定义”；在“自定义”的类型框中键入“《@》”，点击“确认”。

批次建立第三级标题，命名方式为“第×批指导性案例”。删除每一批指导性案例中的非民商事案例后，将案例内容上传至对应标题下。“公报案例”（二级标题）下按照“民法分则各分编+商法案例”（共6个分类）建立第三级标题，各三级标题下按照年份建立第四级标题。在对公报案例内容删减后，按照上述6类分类，最后上传至各分类下的对应年份。“典型案例”（二级标题）下按照典型案例发布批次建立第三级标题，命名方式为“×××典型案例”。

五、内容上传与效果预览

（一）权威案例上传

权威案例的上传通道在“民法学”课程中心的“教学管理”里面，其中的“课程网站建设”里面有一个“网站栏目与内容管理”的栏目，点击进入以后，就可以在“权威案例”栏目下开展上传工作。详细步骤为：输入网址→登录账号→点击教师姓名进入“我的空间”→点击民法学“教学管理”→点击“网站栏目与内容管理”。上传工作不需要使用校园网，在逐个录入时点击绿色的“+”号可新增栏目（例如，要上传“物权编”中2009年的公报案例，则选中“物权编”，该位置呈现黄色，点击“新增栏目”，命名为“2009年”，即可进行下一步操作），点击红色方框内的具体年份，可以进入编辑状态，将分类好的案例粘贴进来，要注意保持字体、格式的统一。在安装好文档处理插件后，将相关内容粘贴至有关页面。由于网页本身自带了一定的主题效果，当Word文档设置了诸如“字体颜色”“行间距”之后，会导致网页内容呈现出千奇百怪的样式。为了避免这种情况发生，建议采取如下操作：（1）Word文档内清除除字体、字号、段落缩进之外的格式，字体颜色设置为自动；（2）文档内容粘贴至网页并保存后，另行以非后台管理方式打开课程中心网页进行浏览并检查。若所涉及网页内容较多，可以由组员分工检查反馈修改。上传完毕后，进入“民法学”课程网站，查看上传的案例能否正常阅读，并确保上传的案例内容完整。

“民法学”课程中心的权威案例上传工作，工作量很大，不能采用逐个案例上传的方式，因为每上传完一个案例，系统就会直接退出到最外面一级，只能重新进入相对应的模块去上传案例，大大降低了工作效率。对此，可采用“先归纳①，后上传②”的方法。

（二）课程上传

上传课程之前，需要先拷贝课程的视频和字幕，对于拷贝的课程视频和字幕要予以保密。课程视频拷贝完成后，要仔细查看每个视频的命名和编号，预估完成这项工作所需要的时间，做好整体规划。③ 视频上传成功后，要回到主界面播放该视频，查看视频画质是否清晰、视频

---

① 【权威案例的归纳整理】每一个权威案例都有标题，如“1. 北京庆丰包子铺与山东庆丰餐饮管理有限公司侵害商标权与不正当竞争纠纷案”中，前面所标的数字是当年公报案例在这一文件中的编号，后面的文字由原被告名称和案由名称组成，根据标题中的案由提取信息以后，对这些案件进行初步分类，建立一个Word文档整理。

② 【权威案例的分类上传】假设该年编号为1、4、11、23的4个案例属于商法部分的，把这4个编号写在标题为“商法”的下面。提取完当年全部案例的信息以后，分类依次上传。如点进“商法”部分的上传通道，直接在案例汇总的文件中使用Word自带的搜索功能，分别输入“1.”“4.”“11.”“23.”找到对应的案例，再复制粘贴。

③ 【网站对视频容量大小的限制】课程中心网站对于视频上传的大小有限制，如果视频容量过大会导致上传失败，待上传的课程视频的大小应在课程中心要求的容量范围内。

运行是否流畅。① 之后，再回到操作界面，对课程内容进行命名和项目链接，这样就完成了一个视频的上传工作。以此类推，逐个上传其他视频。最后，要仔细地校对检查所有上传的课程视频。②

（三）民商法核心期刊论文的上传

按照课程中心操作指南，进入“网站栏目与内容管理”，在“参考资料”下的“参考论文”处即可上传数据。在上传页面直接粘贴待上传数据，粘贴后格式可能会变，需再次进行调整，最后确定上传。

第三节　一流课程方阵配套课程中心的运行

本节以“法律大数据分析”课程中心为例，介绍一流课程方阵配套课程中心的运行。“法律大数据分析”课程依托国家重点研发计划项目群科研成果，融合了四川大学“智慧法治”超前部署学科的法学、数学、统计学、计算机科学与技术、中国语言文学和新闻传播学等学科，授课团队和授课内容具有明显的“文理工大交叉”的特点。“法律大数据分析”课程中心网址为 http://cc.scu.edu.cn/G2S/compjuris.cc，可以直接访问 www.compjuris.com。

一、“法律大数据分析”课程中心的设计与定位

当前课程中心的一级标题分为课程简介、教师简介、教学录像、课程报道、实验室网站、实验室简介、LAIW 研习社和教学资源。“法律大数据分析”课程的主要受众包括本校学生和由微信平台带来的粘性用户，受众具有较强的社会性和广泛性，因此在栏目设计上，出于更好地介绍和展示“法律大数据分析”课程的目的，增加了与之相关的研习社、实验室等栏目。

二、课程中心资料上传更新与管理

“法律大数据分析”课程助教学生，在课程拍摄制作完成后，需要在四川大学“法律大数据分析”课程中心平台上对课程视频予以上传更新。③ 平台需要上传更新的内容主要包括课程介绍、授课团队教师简介、课程新闻、课程内容等几个部分。④ 课程中心资料的上传更新与管理要做好如下几个方面：

首先，要在上一任课程助教的帮助下，熟悉、了解平台上传操作流程步骤，了解需要上传的内容以及课程中心的相关操作流程。

① 【问题共享】很多学生在工作中遇到了问题或困惑，往往会选择单独向某个同学或者直接负责的师兄师姐请教，而不会选择在交流群里发问，这样会大大降低团队的整体工作效率。为避免同样的问题被反复提及，方便将大家形成的工作经验在团队中有效共享，应当及时在交流群中共享问题。

② 【建立交叉检查机制】课程中心建设工作组成员各自的任务基本独立，且贯穿案例阅读、筛选、上传全过程，本人可能难以及时发现所存在的疏漏，建议增设交叉检查这一环节，一方面可增强团队成员对于彼此工作内容的了解，取长补短，相互学习；另一方面也可提升工作质量，保证整体的任务完成度。

③ 【课程中心网页保存】在制作时应先确保网速尚可，然后在制作过程中尽量打开多个网页单独编辑。先前制作好的网页不要覆盖或者关闭，制作好之后先点击“保存”，然后在另外打开的网页之中编辑下一节，让前者有充分的时间等待后台反应。

④ 【课程权限设置】课程权限设置需要询问教务与教师，根据学校课程安排设置能够使用课程的学生群体。

其次，准备好需要上传的资料，对接制作公司拿到课程视频；统一调整好新闻稿件的文字格式，适应平台的背景颜色，字体大小应当保持一致、美观；根据授课内容及时获取授课教师的简历及照片，对课程团队介绍里的教师信息进行更新上传。①

最后，上传内容过多的，需要留足上传时间，并保证电脑和网络正常；由于视频及相关内容不能整体上传，需要特别注意每个视频和文档的编号，在文件夹里命名、分类并做好标记，上传完毕后及时核对、检查，避免上传错误。

三、课程中心的资料完善与维护

完成宏观设计与资料上传后，课程中心建设的基础工作便告一段落，后期的主要任务是对既有的资料不断地进行完善。主要包括两个方面：一是根据法律的立改废等相关情况，及时更新维护已有的法律资料；二是定期追踪科研动态，及时补充相关学术资料。后期需要有专人负责课程中心平台的维护，保证每天登录课程中心，发现并及时修复技术漏洞，同时要做好与学校技术部门的协作与沟通。在人手充足的情况下，尽可能保证每个一级栏目有专人负责维护与更新，保证栏目的统一，做好资料更新。

课程中心建设初期，各级标题的设置及排版较为简单。登录课程中心后，若只点击一级标题，直接对应的是该部分的内容简介而非二级标题，需要点击一级标题之前的“+”才可展开二级标题，再点击二级标题之前的“+”才可进入三级标题，并浏览相关案例。② 课程中心建设的程序性设计与实体内容设计往往需要双管齐下，在保证内容准确性的同时，还需要提升网页设计质量、排版方面的流畅性与操作层面的智能性。

四、课程中心的维护

课程中心的维护分为两种：一种是替换类维护，另一种是新增类维护。但无论哪一种更新都需要按照相关工作手册的规定进行，保持有序更新。③

（一）替换类维护

需要视情况替换的一级标题有课程简介、实验室网站、实验室简介、LAIW 研习社。是否需要替换需向教师请示，询问实验室是否存在人员变动等情况，替换文本由教师提供。

（二）新增类维护

新增内容版块的内容维护要求具体如下：（1）文字部分。课程简介与教师简介由每学期授课教师提供。④ 需要注意的是教师简介，由于教师简介内容及格式都不一致，直接粘贴会导

---

① 【视频、照片的上传和信息的更新】应当要求制作公司按平台课程内容进行剪辑以方便后期上传；由于视频内容较大，需要用容量较大的硬盘去公司拷贝；课程配套文档需要按照平台要求的格式转换后才能上传。部分教师的职称变化、成果变化等都需要更新，同时注意提醒教师提供高清照片。

② 【课程中心的设计问题】版面设计虽然保证了案例系统的有序性，但不利于浏览者较为顺畅地浏览页面信息。建议在课程中心首页更新操作指南，对浏览者提供搜索指引或者更改页面布局，将案例体系的划分标志做得更为醒目，以防浏览者产生该部分内容只包含内容简介而无具体内容的错觉。

③ 【疑难问题的解决方法】岗前培训以及课程中心使用问题可以请负责的教师解决，其他课程中心使用问题，均可在官网的疑难解答版块查找到相关解决方法。

④ 【简介格式修改】负责的学生要事先统一修改教师简介的格式，字体字号设置为“自动”。还要注意更新课程报道的相关内容。

致与网页主题不符合，网页内容会因此呈现出空白、不同色、不同字体字号等问题。（2）课程中心更新任务中工作量最大的是教学录像更新。为提高工作效率，可以由多人负责完成。首先分工合作压缩视频。若上传视频期限为一周，建议发动所在年级全体同学帮忙压缩视频。分配视频时，由于原视频较大，每个视频多达 7G—8G，采用 U 盘或硬盘拷贝更为快捷。压缩视频时，必须使用学校指定的软件 mediacoder①，否则会出现压缩失败、压缩不符合要求无法上传、压缩后视频无声音或卡顿等情况。其次，压缩后的视频应统一命名格式。最后，上传视频。视频部分原有的网页结构是一级页面设置超链接，链接至二级或三级标题下的相关视频。② 但该步骤有时候会出现链接失败或链接出错等问题，对此也可以放弃超链接设置，以分级形式呈现。（3）课件更新。需要将 PPT 转换为 Flash 格式，转换方法也是使用 mediacoder。

五、课程中心的更新

（一）教学计划的更新

更新教学计划需要在开课前或学生登录此网站前完成。教学计划的更新步骤较为简单：用教师账户登录后，在“教学管理”栏目下找到“网站栏目和内容管理”栏目，然后点开，找到对应的页面，把新教学计划以文字/文档形式上传即可。

（二）教学资料的更新

四川大学课程中心上存放的视频资料是有时间限制的，红色的部分是已经过期的③，黑色的部分是正常的。

第四节　全英文一流课程方阵配套课程中心的建设与运行

一、英文课程中心概述

“Comparative Tort Law”英文课程中心适用于四川大学“实践与国际课程周”开设的《比较侵权法》课程。该课程每年邀请一位“世界侵权法学会”的理事到四川大学授课 1 个学分（16 课时），并与本书主编共同探讨比较法视野下的中国侵权法。

“Anglo-American Tort Law”英文课程中心适用于四川大学法学院开设的《英美侵权法》课程。该课程主要介绍英美侵权行为法的一般理论及英美侵权行为法的基本概念。该课程阐述和分析了英美法系的实体侵权法和美国侵权法的裁定程序，致力于让学生掌握英美侵权法的基本思维方法，提升其观察法律趋势的能力与法律英语水平。

四川大学每年均会开设这两门全英文侵权法课程，为了便于学生学习比较侵权法和英美侵权

① 软件下载地址为：http://cc.scu.edu.cn/G2S/Template/View.aspx? courseId = 1002&topMenuId = 189158&action = view&type = &name = &menuType = 1&curfolid = 125725。软件使用手册详见课程中心。

② 【做好二级标题下设内容的更新】“LAIW 研习社”一级标题下还存在“LAIW 研习社活动第 1 期交叉学科课程第一期”之类的二级标题内容，该部分内容虽然是新闻稿，在此处更新可能显得重复，但教师应在这里对研习社相关活动进行持续记录。具体安排如有变动，需要及时向教师请示，以保证统一。

③ 【视频过期问题的解决】对于过期的视频学生没有权限访问，只有教师在授课资料中可以看到。此时如果需要让学生看线上录课，则需要手动更新到期日期。

法知识，方便教师发布信息、观看学生案例讨论、回答学生提出的问题，课程中心的内容需要不断更新。及时、有效地更新网站平台，是比较侵权法和英美侵权法课程得以正常开展的必要条件，可以使师生间的交流更加顺畅，有利于提升课程学习效率，帮助学生更好地学习英美侵权法中的实体性与程序性内容，提升学生法律英语水平，锻炼其比较法逻辑思维，扩展其国际视野。

二、教师简历的翻译

翻译简历过程中，会出现两种情况：（1）已发表论文有英文翻译的标题和简介，可以直接粘贴内容。（2）原作中没有英文翻译，在翻译过程中，可以参照类似已经发表论文的相关内容，对自己翻译的内容进行修改。教师简介翻译属于上述简历翻译的第二种情况，即无原始英文翻译，在翻译时需参考其他教师简历中相应专业术语的使用。为保障英文简历的规范性和统一性，应尽量选择英文水平高、翻译经验丰富的译员。

（一）词汇方面

词汇方面包括如下要点：（1）词义选择。大多数中文词汇是多义的，翻译时必须选择正确的词义，尤其应该注意学术语言和生活语言之间的区别。英文简历中翻译的主要是文章的标题，词义主要根据专业英语的表达习惯和文章的内容选择。①（2）词类转换。汉语中有很多由动词转化而来的名词、动名词以及非谓语动词等，翻译时可将它们转换成名词。如将《〈侵权责任法〉实施中的若干疑难问题研究》译为 Several Difficulties in the Implementation of Tort Liability Law of China，其中的“实施”就译为了名词“Implementation”。②（3）补词。原文已有某种含义但未用词汇直接表达的，译文中需将这些含义补充进去，这样才更通顺易读。（4）省略。原文中某些词在译文中可省略不译，只要不影响意义的完整性即可。如中文中的“量词”译成英语时则可以省略。

（二）句子结构方面

与汉语不同，英语中的时间状语可前可后。不仅如此，英语在表达结果、条件、说明等定语从句、状语从句也很灵活，既可以先述也可以后述。而汉语表达往往是按时间或逻辑的顺序进行的，因此，为了与汉语的习惯相一致，翻译时应注意顺序调整。英语中较短的限定性定语从句、表身份特征等的同位语，往往需要放到先行词（中心词）的后面。

长句子和句子嵌套现象在学术论文的标题中比较普遍，翻译时应先提炼出主干，再组织语言。长句虽然长，但它既称为“句”，毕竟可以提炼成一个主干和由若干个定语从句、状语从句等构成的说明部分。即先把句子的主干译出，然后分别译出其他说明部分，即先归纳后展开。

（三）句子组合方面

有些句子存在“联系词”，虽在形式上是一个句子，但句子中许多成分的意义是独立的，将它们断开分成短句是完全可以的。断开的位置一般可选在这些联系词处。联系词通常由关系

① 【了解学科术语和论文常用表达】法学领域中专业词汇有 Vicarious Liability、Tort Liability、Comparative Law、Joint Liability 等，论文中的常用表述有“论……”“兼论……”“再论……”“……研究”等。对此，可采用预先列表的方式处理，先列出这些常用术语和表达应该怎么翻译，在翻译过程中遇到了就按照列表上的表达进行翻译，并及时调整更新，以保持翻译的统一性。

② 【注意英文的格式】特别是在简历翻译中，学术成果中有大量书名、论文标题。这些书名和论文标题中的实词首字母都应该大写，而虚词则不用首字母大写，如 On the Systematization of Categories and Classes of Securities。

代词、关系副词、独立副词、伴随动词等充当。此外，形式上为两个句子或多个句子，但意思紧密相关的，只要译文不显得冗长，也是可以合译成一个句子的。例如，同主语的简单句、并列句可合成一个句子的并列成分，较短的定语从句、状语从句可由从句缩成主句的修饰成分。

三、参考文献的整理

侵权法全英文课程中心的参考文献主要来自本书主编主持翻译的《美国侵权法：实体与程序（第七版）》（北京大学出版社 2015 年版）中的参考文献，共分为三个类型：书籍、论文、其他。将参考文献在课程中心中分类列出，以便学生在课下阅读相关文献，这对于拓展知识容量、加深对课堂内容的理解具有重要作用。

（一）参考文献的筛选

1. 中文版参考文献的筛选

第一步，打开《美国侵权法：实体与程序》中文翻译书稿的电子版。

第二步，使用 Ctrl+F 在全文搜索“［”（见图 14-12），会出现如下类型的文献：①

James L. Rigelhaupt：《评注：明确排除被保险人意图或预期造成的伤害的责任险条款的构建和运用》［Annotation：Construction and Application of Provision of Liability Insurance Policy Expressly Excluding Injuries Intended or Expected by Insured，31 A. L. R. 4th 957（1984）］。

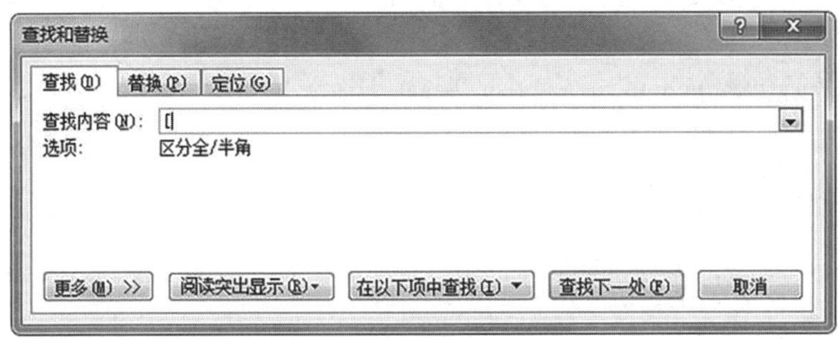

图 14-12

第三步，将搜索到的参考文献，逐个放到一个 Word 文件中，同时将脚注中的参考文献一起列进去②，形成一个中文版的参考文献目录（见图 14-13）③。

2. 英文原版中参考文献的筛选

按照上述步骤整理形成的中文目录，对应地查找英文原文中的文献，不重复地标注出来④。可以直接标注在中文目录的相应位置，形成中英文对照版⑤。

① 【参考文献的搜索】搜索“［”，会有两种情况：一种是页码，如［P1］；另一种是参考文献。此处只需将参考文献性质的筛选出来。

② 【正文引用与脚注引用的区别标注】对于正文与脚注的参考文献应当运用不同的标注形式加以区分。虽然最终上传的文献中需要删除这些标注，但是可以备份未删除版，方便以后教学使用。

③ 【按照章节整理文献】参考文献按照章节进行整理，以便快速在英文版中的相应位置找到参考文献，提高工作效率。

④ 【避免参考文献的重复】需要说明的是，参考文献应避免重复，每个参考文献列一次即可。

⑤ 【中文翻译版的保留】虽然最终要上传的为全英文的参考文献，但为了便于修改，暂且保留中文翻译，形成中英对照版。

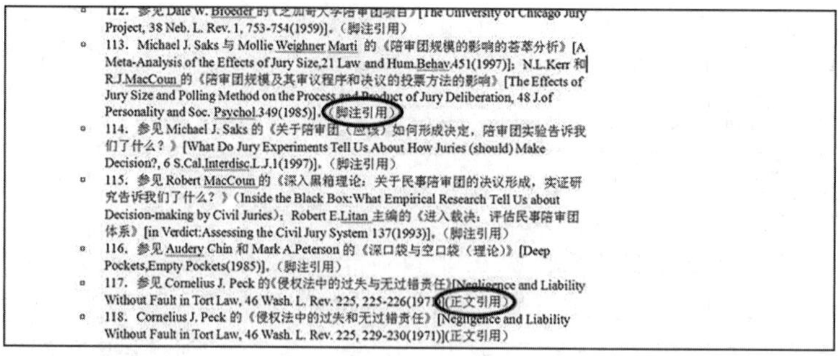

112. 参见 Dale W. Broeder 的《芝加哥大学陪审团项目》[The University of Chicago Jury Project, 38 Neb. L. Rev. 1, 753-754(1959)]。(脚注引用)
113. Michael J. Saks 与 Mollie Weighner Marti 的《陪审团规模的影响的荟萃分析》[A Meta-Analysis of the Effects of Jury Size,21 Law and Hum.Behav.451(1997)]；N.L.Kerr 和 R.J.MacCoun 的《陪审团规模及其审议程序和决议的投票方法的影响》[The Effects of Jury Size and Polling Method on the Process and Product of Jury Deliberation, 48 J.of Personality and Soc. Psychol.349(1985)]。(脚注引用)
114. 参见 Michael J. Saks 的《关于陪审团（应该）如何形成决定，陪审团实验告诉我们了什么？》[What Do Jury Experiments Tell Us About How Juries (should) Make Decision?, 6 S.Cal.Interdisc.L.J.1(1997)]。(脚注引用)
115. 参见 Robert MacCoun 的《深入黑箱理论：关于民事陪审团的决议形成，实证研究告诉我们了什么？》(Inside the Black Box:What Empirical Research Tell Us about Decision-making by Civil Juries)；Robert E.Litan 主编的《进入裁决：评估民事陪审团体系》[in Verdict:Assessing the Civil Jury System 137(1993)]。(脚注引用)
116. 参见 Audery Chin 和 Mark A.Peterson 的《深口袋与空口袋（理论）》[Deep Pockets,Empty Pockets(1985)]。(脚注引用)
117. 参见 Cornelius J. Peck 的《侵权法中的过失与无过错责任》[Negligence and Liability Without Fault in Tort Law, 46 Wash. L. Rev. 225, 225-226(1971)](正文引用)
118. Cornelius J. Peck 的《侵权法中的过失和无过错责任》[Negligence and Liability Without Fault in Tort Law, 46 Wash. L. Rev. 225, 229-230(1971)](正文引用)

图 14-13

（二）参考文献的分类

在中英文对照版的基础上，将所有的参考文献分为“书籍”“论文”“其他”三类，分别整理成 3 个结构文档。

1. 书籍①

例如：

相关概况请参见 J. H. Baker 的《英国法律史介绍》［An Introduction to English Legal History，178-179（3d ed. 1990）］。

整理说明：这种形式的为书籍参考文献，在互联网上检索书名，就可以看到最新版②，然后整理为如下格式：

J. H. Baker，An Introduction to English Legal History（4th ed.），Oxford University Press（2005）.

2. 论文

例如：

参见 Kevin M. Clermont 与 Theodore Eisenberg 的《陪审团的审判抑或法官的审判：经验主义的超越》［Trial by Jury or Judge：Transcending Empiricism，77 Cornell L. Rev. 1124（1992）］。

整理说明：这种形式的为论文参考文献，直接将英文版的论文标题改为斜体，做成如下格式：

Kevin M. Clermont & Theodore Eisenberg，*Trial by Jury or Judge*：*Transcending Empiricism*，77 Cornell L. Rev. 1124（1992）.

3. 其他

对于既不属于书籍又不属于论文的参考文献，应另建一个结构文档作为其他类别。如：“In re Eastern and Southern Districts Asbestos Litigation，772 F. Supp. 1380（E. & S. D. N. Y. 1991）.”

需要说明的是，文献中存在一部分法条引用，如“［之后法院依据《侵权法重述·第二次》第 8A 条认为，如果被保险人希望他的行为产生一定的后果，或者实质确信会出现这样的后果，那么被保险人意图该伤害。］”，以及一部分“本书作者注”，如“Franklin v. McGranahan，119Kan. 786，241 P. 113（1925）（指出在该法庭的判决中陪审团并未权衡指示）［本书

① 【书籍类参考文献的特征】文献中带有诸如“3d ed. 1990”或者页码的，一般为书籍文献。

② 【书籍最新版本的检索】可以通过耶鲁大学或者哈佛大学等国际知名高校的图书馆以及亚马逊、当当、淘宝等网络商城搜索相关书籍的最新版本。

作者注］”，对于此处文献，直接删除即可，无须保留。

四、比较法资料的收集与整理

（一）比较法资料的收集

比较法资料以中国侵权法文件以及其他法系中较有影响力的法律文件的中英对照版本为主，主要在全国人大法工委网站上查找官方翻译文本。除此之外，还可以将授课教师之前做学术研究过程中所做的翻译文件作为上传课程中心的基础文件。

（二）比较法资料的整理

文件收集完毕后，将所需资料分类收集整理在电脑文件夹中，方便上传。

将所有收集到的文件按照英美法系、大陆法系以及中国法律英文译本分成三个大类，依据时间和重要性程度对法律文件排序（见图 14-14）。以便于之后文件的更新。

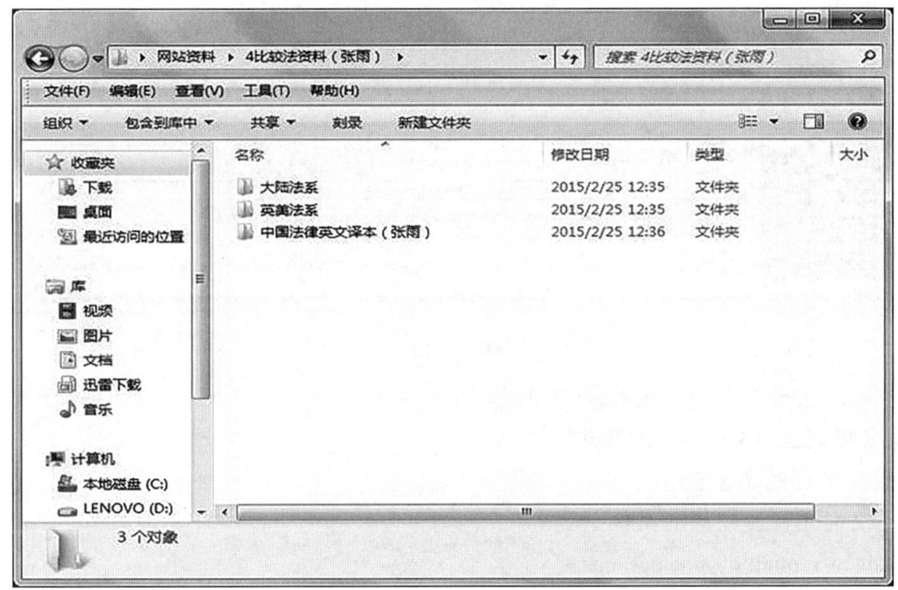

图 14-14

五、中国法资料英文版的整理

为配合教学环节中实践教学的需要，应对中国法资料的英文版本进行相应的分类和整理。教学中所需要的中国法资料主要包括中国侵权法方面的法律法规、司法解释以及最高人民法院的公报案例。

整理中国法资料英文版总体思路如下：英文版的中国法资料主要在中文版资料收集的基础上进行分类和整理，按照相应的中文版资料的分类结构搭建英文版的中国法资料框架，并根据具体情况作出调整。根据资料的分类整理，在数据库中下载并进行编辑。

（一）法律法规（Laws & Docs）的整理

1. 按效力分类建立 Word 结构文档

法律法规按照其效力等级依次分为法律、行政法规、部门规章、地方政府规章和司法解释，作为目录一级标题建立 Word 结构文档。

2. 在法律法规 Word 结构文档下列出对应的法律法规

在中国法律法规信息系统页面的左侧，按“分类浏览查询”中的分类目录查找相关的法律法规，并下载中文版。可按照“法律及有关问题的决定→民商法→民法→公民→人身权”的路径检索，检索结果中会显示颁布时间、标题和相关文件（如《全国人民代表大会常务委员会关于批准法制工作委员会关于对 1978 年底以前颁布的法律进行清理情况和意见报告的决定》）（见图 14-15）。

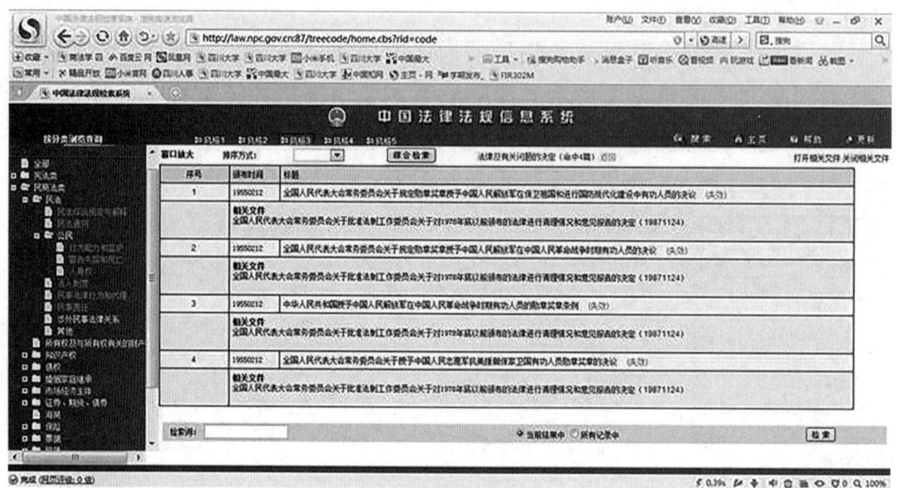

图 14-15

根据该法律法规的类型录入对应的目录项下。

（二）公报案例（Cases）的整理

1. 按侵权责任的类型建立文件夹

根据侵权责任将侵权法的案例分为：

A. Right to reputation damage cases

B. Right to name & portrait damage cases

C. Compensation for personal damage cases

D. Right to property and legitimate economic profit damage cases

E. Product liability cases

F. Unfair competition & right to business secret damage cases

G. Right to intellectual property damage cases

　（1） Copyright & neighboring right damage cases

　（2） Right to patent damage cases

　（3） Right to trademark damage cases

H. Right to securities， negotiable instruments & deposit receipts damage cases

I. Environmental pollution & traffic accident cases

J. Maritime damage cases

K. Non-performance of legal duties cases

2. 将筛选后的案例分类录入不同类型的侵权责任案例

采用 Word 结构文档的形式把《最高人民法院公报》中侵权案件的案例标题分门别类地录入 11 种侵权类型中，格式如下：

A. Right to reputation damage cases

1. Shanghai Xinya Medical Rubber Factory v. Wujin Medical Supplies Factory (RIGHT TO LEGAL PERSON'S REPUTATION DAMAGE CASE), Gazette of the Supreme People's Court of the People's Republic of China, Issue 1, 1988.（《中华人民共和国最高人民法院公报》1988 年第 1 期：上海新亚医用橡胶厂诉武进药疗用品厂损害法人名誉权纠纷案）

2. Wang Faying v. Liu Zhen and Four Magazines Including Women's Literature (RIGHT TO REPUTATION DAMAGE CASE), Gazette of the Supreme People's Court of the People's Republic of China, Issue 2, 1989.（《中华人民共和国最高人民法院公报》1989 年第 2 期：王发英诉刘真及《女子文学》等四家杂志侵害名誉权纠纷案）

……

六、英文课程中心的日常运行

（一）英文课程中心网站结构的设置与熟悉

以"Comparative Tort Law"英文课程中心为例，网站结构清晰，内容充实。点击访问课程中心网址后，出现的是网站的封面，简洁地写明课程中心的名称与适用课程。进入课程中心首页之后，会显示关于课程的简单介绍，包括该课程的内容、考核方式、培养目标，侧边设有对授课教师的简介。课程首页的导航栏包括介绍、引用、论文和 PPT、法律法规、案例、词典、课程录像、教学大纲、互动栏目等，设置一目了然。①

有别于其他网站，课程网站并非时时刻刻都需要变化，而应保持相对稳定。只有课程的内容架构或考核安排出现较大变化时，才需要对其进行改变。因此，为了防止紧急工作突然降临，首先要做的就是熟悉网站的结构。

（二）英文课程中心网址选择与优化

一般网址都是一长串不明含义的字符，而课程中心作为一个大学教育中比较重要的辅助工具，其网址最好让人觉得简洁易懂。② 因此，为网站设置官方的、规律的网址非常重要。

（三）更新教学计划

每一学年的春季学期，"英美侵权法"都会如期开课，但每一年的教学计划，包括指定教材、授课安排、考核方式都会有细微的差别，因此需要根据教师新调整的教学计划持续更新网站的相关内容，为学生学习提供准确可靠的信息。相关教学计划的获取方式则是请教师或学长学姐提供，获取教学计划后向教师或学长学姐询问今年的变化。

---

① 【网站栏目设计与定位】"法律大数据分析"课程网站的一级标题包括课程简介、教师简介、教学录像、课程报道、实验室网站、实验室简介、LAIW 研习社和教学资源。该课程的主要受众为本校学生和微信平台带来的粘性用户，具有较强的社会性和广泛性，因此在栏目设计上，增加了与之相关的研习社、实验室等栏目。

② 【网址的优化】以"Comparative Tort Law"英文课程中心为例，优化后其网址为：http://cc.scu.edu.cn/G2S/comparativetortlaw.cc，其名称准确显示了该网址是四川大学课程中心"比较侵权法"课程的网址，没有任何多余字符，并设立了更短的友好访问地址 www.comparativetortlaw.com，直指课程中心。

（四）更新线上一流课程视频连接

“英美侵权法”课程有相关的线上一流课程学习视频，在课程中心更新有关线上一流课程的访问地址也是必要的。线上一流课程学习是现代化一流课程的重要内容，课程中心及时更新线上一流课程视频链接将帮助学生更好获取第一手学习资料。具体的做法是将旧的网址与线上一流课程名称替换为新的网址与线上一流课程名称。

（五）更新互动栏目

“Comparative Tort Law”英文课程中心的互动栏目主要包括作业、答疑、论坛、网络考试四部分，每一部分都是师生之间实实在在交流的桥梁，部分内容还涉及学生的考核，因此，及时更新互动栏目的信息非常关键。网站更新者主要负责监督该模块的正常运行，而具体的作业发布、考试发布由课程助教完成。由于英文课经常由外籍教师开设，仅有课堂上的交流是无法满足学生需求的，英文 BBS 的开设正好弥补了这一不足。对于英文 BBS 交流版块，更需要注意有无任何不当言论，一经发现要及时处理，以免造成不当影响。

除此之外，为了引发学生的讨论兴趣，BBS 管理员也可以发帖引导学生讨论。对于较集中的话题，可以进行整理，由授课教师在课堂上集中处理。授课教师将下一次学生做报告的相关课件和案例翻译上传到论坛上，由学生就此案例进行提问。案例报告人可以将所有提问整理后，在课堂上集中回答。

第十五章　一流课程方阵配套互联网平台群的建设与运行

第一节　一流课程方阵配套学术资料网站的建设与运行

本节以“中国侵权法网”为例，介绍一流课程方阵配套学术资料网站的建设与运行。“中国侵权法网”是中国人民大学民商事法律科学研究中心侵权法研究所主办的侵权法官方网站（见图 15-1），采用中英文双拼写网址，中文拼写网址为 www.qinquanfa.com，英文拼写网址为 www.chinesetortlaw.com。该网站由本书主编全程策划和建立，稳定运行后由研究生负责管理与更新。①

图 15-1

一、学术资料网站的搭建概述

（一）网站概述

按照前文所述的方法收集完新闻资料、研究资料以及法律法规文件后，可以将这些资料运用到教学过程中，使学生从中得到帮助。之前采用的方式是与学生通过邮件交流，导致这些资料只能在学生中小范围内传播。若建立一个网站传播相关的学术资料，便能够扩大影响，有助于训练更多学生的学术研究能力，提高研究水平。

---

① 【网站管理人员的选用要求】首先，要求有较高的学术能力，最好是民商法专业的硕士研究生或者博士研究生。其次，不同版块可以由不同的人员管理，各方之间可以就对方负责的版块内容提出修改意见，更好完善网页内容。最后，因需要对网页进行维护管理，所以要求管理人员对网页的制作有一定的知识储备。

除了基于不同的平台设计的特色版块外，该网站主页还包括如下内容，以便将此前收集的资料更好地运用在实践中：

1. 新闻动态

该版块主要发布侵权法方面最新的新闻、学术会议以及相关科研项目信息。为了更好地使读者了解新闻内容，最好在新闻中加载图片，做到图文并茂。对于重要的新闻内容，在主页的左上方放置动态图片，吸引网页浏览者的眼光。基于新闻的时效性要求，应将最新的最重要的新闻置顶发布。

2. 学者论坛

该版块主要发布侵权法领域的著名学者对于学术问题的专业性解读。这些解读并非混杂在一起，而是进一步分为一般性的学术理论介绍、经典的学术论文以及法学学者对于法律事件的实事评论。

3. 判解研究

法律学习最为重要的是将法学理论运用于实践，因此需要网页浏览者在实际判例基础上考虑法律适用的问题。最高人民法院的公报案例为学习法律知识的基础，除此之外，关于社会热点的学术讨论也可以开拓视野，相关审判文书可以从中国法律裁判文书网下载，教师也可以根据这些案例进行教学活动。

4. 法律书屋

该版块是出版物集合，可以在相关图书网站上搜索最新出版的侵权法方面图书，并可以选择其中具有代表性的图书予以推荐。

5. 研究资料

该版块为法律法规文件的集合，管理者需要每隔一到两周更新一次全国人大及其常委会、国务院以及各部委的法律、行政法规和规章。

（二）资料上传

关于资料上传的程序，此处以研究资料的上传为例进行说明。

在网址栏输入 www.qinquanfa.com，页面下方有“后台管理”，点击进入后，输入用户名及密码登录后台管理网站（见图 15-2）。

图 15-2

进入系统后页面右侧有一系列不同的编辑选项，点击“研究资料”进入。① 页面顶部有不同的选项，包括文章以及添加等，可以对已发布的资料进行编辑或者删除等操作，也可以添加新的法规资料。

二、《简明中英文侵权法词典》的编写

由于一流课程教学需要匹配一定的侵权责任法英文词汇，因此翻译准确、查询便捷的《简明中英文侵权法词典》（http://www.qinquanfa.com/ct.asp）是必要的教学材料。下文将主要对词典的静态整理与制作进行说明。

（一）词典编纂概述

《简明中英文侵权法词典》编纂时间跨度较长，词汇来源于编纂者日常学习侵权法的积累。其间工作量由小及大，内容也由简及繁。编纂词典的难度并不大，但需要参与的同学认真、细致，有耐心。②

（二）具体编纂步骤

1. 初调格式

词典编纂工作开始较早，2013 年 2 月开始着手，第一步是将《1 索引》和《2 法律翻译关键词表》两个文件合并整理到《0 简明侵权法中英词典》文件中。这一部分耗时较长，可利用闲暇时间整理。基础文件《1 索引》（共 27 页）和《2 关键词表》（共 65 页）顺序、格式杂乱且数量大、内容多（见图 15-3、图 15-4）。

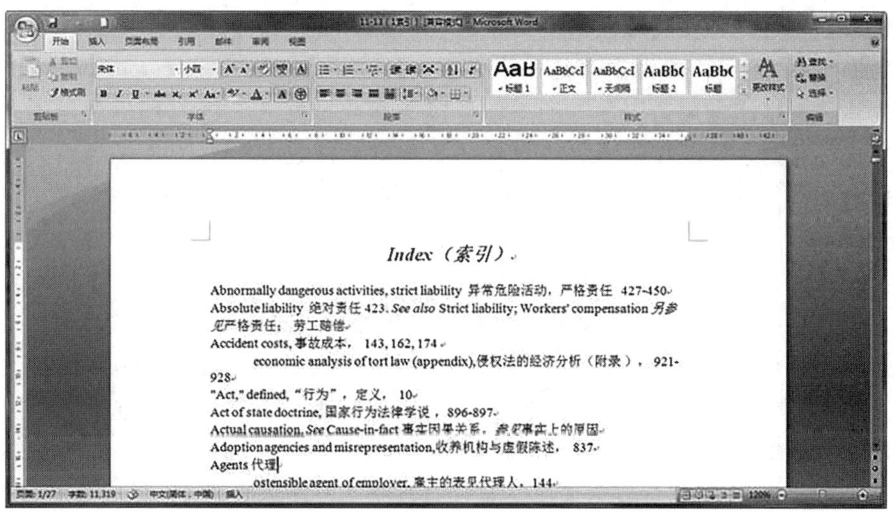

Index（索引）

Abnormally dangerous activities, strict liability 异常危险活动，严格责任 427-450
Absolute liability 绝对责任 423. *See also* Strict liability; Workers' compensation *另参见*严格责任；劳工赔偿
Accident costs, 事故成本， 143, 162, 174
economic analysis of tort law (appendix), 侵权法的经济分析（附录）， 921-928
"Act," defined, "行为"，定义， 10
Act of state doctrine, 国家行为法律学说， 896-897
Actual causation, *See* Cause-in-fact 事实因果关系，参见事实上的原因
Adoption agencies and misrepresentation, 收养机构与虚假陈述， 837
Agents 代理
ostensible agent of employer, 雇主的表见代理人，144

图 15-3

① 【学术资料网站文字格式】学术资料网站在搭建过程中，需要有大量的文件上传到资料加载网页上，虽然由不同的学生对不同的网页版块进行管理，但是所有的网页文字大小以及行间距仍需要统一。

② 【常用办公软件的使用】在编纂词典过程中，调整格式和检查核对都需要编纂人员熟练掌握 Word 和 Excel 的使用功能。例如，通过“数据—排序和筛选”实现按字母升降序排列；通过 Excel 合并制作词典时，还可选择菜单“数据—筛选—高级筛选”实现删除重复项，最后人工检查。

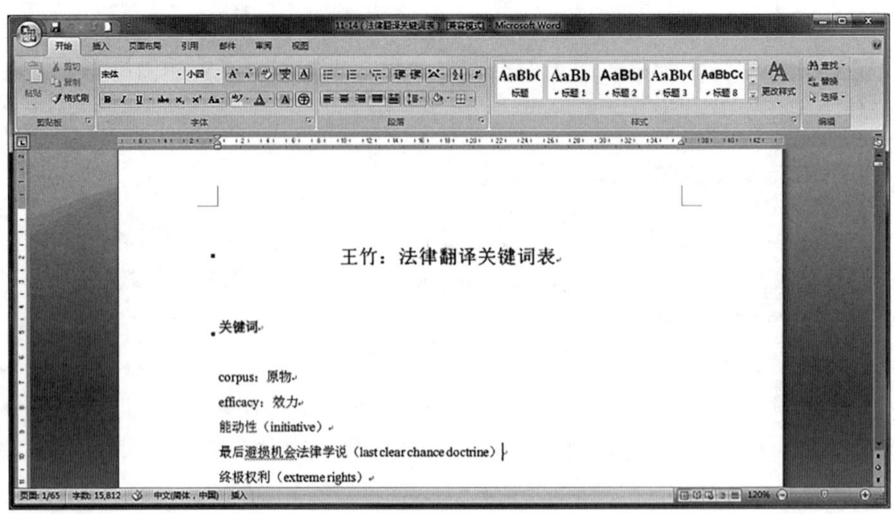

图 15-4

编纂词典要求格式固定，确保标点、拼写、翻译及字母排列顺序正确，因此编纂时必须十分细心且有耐心，逐一调整格式并予以核对。①

具体过程如下：(1) 英文与中文之间用中文“：”区分开。一定要用中文冒号，否则后面难以自动录入系统中。(2) 中文最后加“。”。(3) 正确核对大小写，只有专业术语保持大写，其他均为小写。(4) 因为有些国外索引的格式可能顺序倒错，如“Corporations 法人，applicability to，可适用性”，对此，可以整理出两个词条：“corporations：法人”和“applicability：可适用性”，后者的“to”不用，因为本来是一个索引，即“applicability to corporations”，原书作为索引，是表达“对法人的可适用性”的意思。(5) 删除重复项。(6) 前后翻译不同者，需将两项按英文连续排列，并用红色标记。(7) 注意核对单复数。(8) 对于翻译、大小写、单复数等有疑问拿不准的地方，务必使用特殊标记，以便后续检查及授课教师核对。②

2. 合并表格

经过第一步，可得出格式一致的《1 索引》和《2 关键词》，这样便于合并词典然后调整顺序。这一步有一点需要注意：缩略词的处理。由于缩略词需要按固定格式将简称及全称排列在一起，然而简称和全称的开头字母并不一样，容易在随后全表排序时错开，因此要单独摘出，单独存档于一个表格。也就是说，在合并表格这一步，需要分三步进行，即：合并表格 1、2→排序形成表格 0→人工手动插入缩略词。③

第一步合并表格 1、2 过程较为简单，直接将表格 1 复制入表格 2，形成杂序版词典 0；第

① 【词典编纂时间安排】由于词典编纂工作量较大，一次性完成并不现实，编纂人员需要抽空在课余时间逐步完成，建议最好按字母顺序，有些字母如“A、C、S、T”等项下词汇量较大，可选择一天完成一个；有些如“X、Z”等项下词汇量较少，则可一天完成多个。

② 【词典编纂注意文档保存】在编辑 Word 及 Excel 版词典过程中，由于多次调整、合并、修改、增删、标记，编纂人员需要一遍一遍地在之前编辑的表格基础上不断加工，应注意随时保存。

③ 【合并前熟悉 Office 软件功能】在处理词典排序过程中，刚开始由于对 Office 软件功能不熟悉，手动排序 A 项单词，耗费许多时间，工作效率极低。现在“百度经验”等搜索工具都有清晰简便的图文说明，若有需要，制作者可以参考。

二步排序过程也不复杂，点住 Word 开始页面的图标,[1] 选择按“音节—升序”，即可实现单词 A—Z 的排序;[2] 第三步手动插入过程则较为繁琐，需要编纂人员根据缩略词的固定格式手动逐一根据单词升序完成，这一过程需要编纂人员保持耐心。

3. 检查核对

核对工作对于词典制作的重要性不言而喻。[3] 因为词典要求单词及中文意思务必一一对应且正确无误，一本词典的词汇量是非常大的，动辄几千项，逐一核对的过程要求编纂人员仔细、专注且有较长的时间投入在该项工作上。[4] 该部分需要注意的问题主要包括标点中英文格式区分、删除多余空格[5]、调整字体字号、检查单词单复数、核对缩略词格式及顺序。[6]

以上部分完成后可以得到词典的 Word 文档雏形，而后导入 Excel，就有了表格式的辞典（见图 15-5）。

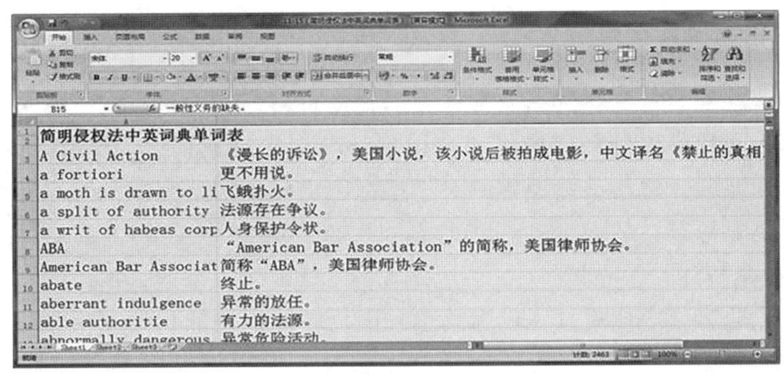

图 15-5

（三）特别处理

第一，缩略词处理：缩略词与原文紧挨，缩略词在前，便于查阅；对于缩略词和原文，应分别说明谁是谁的简称[7]（见图 15-6）。

第二，不同法域术语处理：对于少数术语，欧洲大陆学者使用不同于英美法系的表达方式，对此应该用括号标注，并按照字母升序排列在词典中。例如，solidary liability：连带责任（大陆法系）；joint and several liability：连带责任（英美法系）。

---

① 由于 Word 版本不同，此处图标可能稍有差异。

② 【推荐使用结构文档】结构文档的使用便于我们按照“A—Z”字母顺序查看词典，并且便于翻看和复查，推荐使用。

③ 【编辑过程应及时与组织者沟通】对于分组合作，因词典单词项目较多，难免会遇到存疑的地方，也可能随时有词语需要增删，因此需要及时以邮件或其他方式与组织者沟通，有疑问及时解决，以免耽误工作进度。

④ 【注意修改文档命名】因后期需核对检查数次，建议按修改时间保存文档，以便区分和二次加工。

⑤ 【查找—替换功能的检查使用】将 Word 版词典导入网站及 Excel 时都需要按固定格式编辑，具体为“单词+中文冒号+译意+中文句号”，要注意标点符号的切换，否则在格式转换和导入网站时需要重新返工。此处可以适当使用“查找—替换”功能来实现标点符号格式转换、空白格删除，但事后仍应校对。

⑥ 【词典疑问标注】词典词汇短语量较大，若标注不及时，转眼便不易再找到。对于有疑问的地方，应采用熟悉的标注方式，如色彩区分、字体区分等，以便后期返修。

⑦ 【单独手动插入缩略词】因为缩略词有乱序排列，建议在合并表格后即单独手动将所有缩略词摘出，列于一张独立的表格中，待合并表格并排序完成后，再逐一插入缩略词词组，以提高效率。

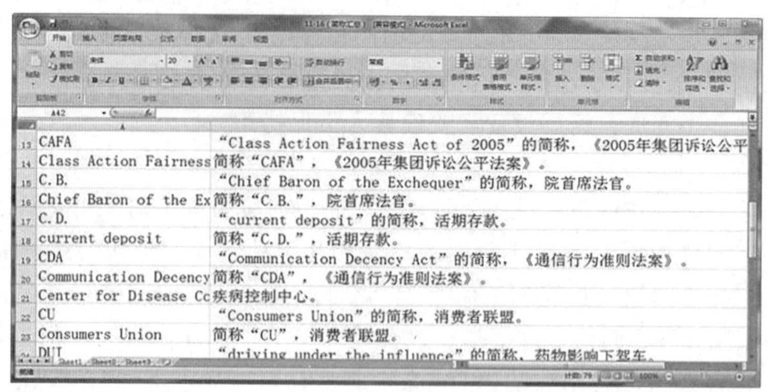

图 15-6

三、侵权法相关课题搜集

侵权法相关课题是学术资料网站非常重要的辅助资料，相关课题的主要来源为国家社科基金项目、教育部人文社科项目、司法部“法治建设与法学理论研究”部级科研项目和中国法学会部级法学研究课题。搜集这些课题，对于把握国内侵权法研究前沿热点问题及了解相关课题的研究进度，是非常有益的。

（一）课题搜集概述

侵权法相关课题第一次搜集过程较为繁琐，因为不同课题的初始立项年份及每年公布时间均不一致。① 这就要求搜集者时刻关注课题公布情况，大致把握每年各门类项目课题的公布时间。②

（二）具体编纂步骤

1. 搜集历年各门类项目资料

课题搜集第一步是找寻历年各门类项目资料，形成完整的各项目门类资料库。③ 由于各个门类项目初始年份不一，在没有汇总资料的情况下，只能人工通过网络、院校、图书馆等搜集。以下将简要介绍国家社科基金项目、教育部人文社科项目、司法部“法治建设与法学理论研究”部级科研项目和中国法学会部级法学研究课题立项资料的搜集过程。

第一，定位网站。例如中国法学会部级法学研究课题的初始年份为 2006 年，就要找全 2006 年以来公布的所有立项资料，形成我们自己的资料库。中国法学会官方网址为 http://www.chinalaw.org.cn（见图 15-7）。

第二，找寻“立项公告”。在主页界面可看到较为醒目的“部级课题”栏目，点击进入，可见诸多关于中国法学会部级课题的新闻。我们要搜集的则是类似《中国法学会 2020 年度部级法学研究课题立项公告》这样的通知所公示的项目（见图 15-8）。

---

① 【各课题门类项目概述】国家社科基金项目初始年份为 1996 年，教育部人文社科项目初始年份为 2005 年，司法部“法治建设与法学理论研究”部级科研项目初始年份为 2003 年，中国法学会部级课题初始年份为 2006 年。

② 【项目中断申报的特殊情况】有些项目并不是每年都有立项申报，例如司法部“法治建设与法学理论研究”部级科研项目曾中断申报过几年，而后于 2012 年恢复申请，我们需对此特殊情况多加留意并进行标注，以便师生明晰。

③ 【历年课题各项目资料库的保存】由于此步骤较为繁琐耗时，建议历年各项目资料库形成后，用单独文件夹保存于移动设备中，以防丢失。

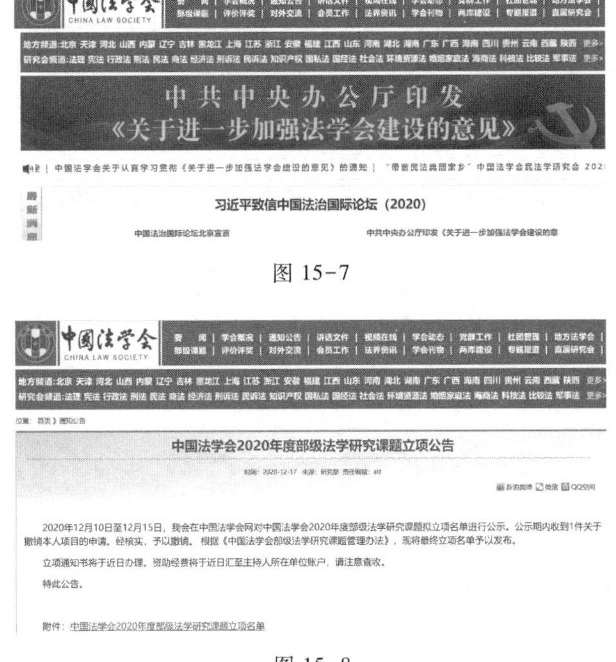

图 15-7

图 15-8

法学会部级课题细分为重大课题、重点课题、一般课题、青年项目及自选课题。其中各课题类别数目不一①，通常自选课题及一般课题较多，重大课题及重点课题较少。同样，国家社科基金项目、教育部人文社科项目及司法部“法治建设与法学理论研究”部级科研项目也是有项目课题类别的区分，其中有些还有西部课题等类别。

第三，保存立项文件②。近年来随着法学研究水平的提高，立项公示及评选标准也都有了细节上的规范。在早期的立项公告中，有以附件方式随附在公告后的，有直接公布在网页中的，有按课题类别分为几个 PDF 文档的。公示方法的不同，会造成我们保存的不便。

2. 摘出侵权法相关课题

在形成历年各门类项目的立项资料库后，再逐年摘出侵权法相关课题③，并单独建立 Word 文档或 Excel 表格，采取“项目门类—侵权法相关课题（初始年度—当前年度）”格式命名。

以“国家社科基金项目中侵权法相关课题”为例，需要搜集的信息有项目名称、负责人、工作省份、工作单位、项目类别、成果形式、完成时间及批准号。但这些信息不是固定的，需

① 【区分课题类别】由于三大项目类别中细分课题类别各有不同，例如青年课题，就在多个项目类别中有。而这些课题类别均需收录在最终的《侵权法有关课题》文件中，因此在保存时注意区分年度及课题类别这两项。

② 【立项文件保存】建议按照“法学会部级课题—年度—课题类别”这样的三级文件夹保存立项文件，以便在后期摘录侵权法相关课题时有所区分，避免重复摘录。

③ 【课题的选择】在学科选择方面，中国法学会部级课题均为法学学科课题，但是国家社科基金项目中，会有历史等其他学科类别课题，应当细心筛选；在课题选择方面，应将内容关键字纳入考量范围，不能因为看似与学科无直接关联，而将其筛除在摘录外；涉及交叉专业或学科的课题可根据研究需要或授课教师要求摘录进去。

要我们筛选及添加。① 因为在“立项公告”中，并非从初始年份至今的课题公告内容都一样，例如在早期的国家社科基金项目中，会公布“完成时间”这一项，然而在近几年的课题公告中，则无此内容。有些年度并无项目批准号，只有一个立项公布的项目顺序编号，而这一信息并非我们需要登记的。因此在摘录侵权法相关课题内容过程中，需要主动识别有用信息，并根据每年公告内容，变动所需登记的信息（见图 15-9）。

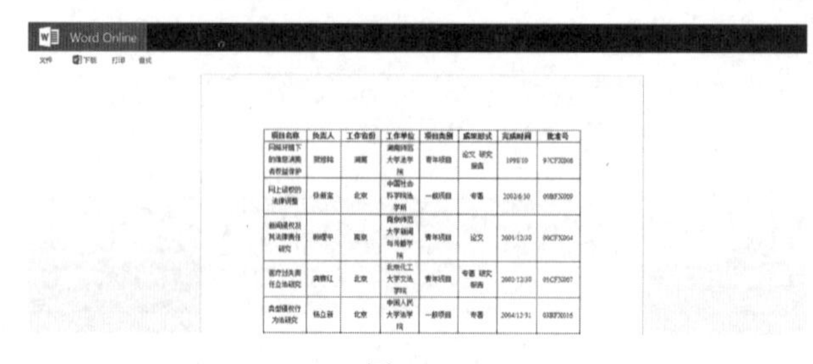

图 15-9

3. 补全课题资料

在搜集历年各门类项目资料库过程中，很可能由于年份较为久远，在相关官方网站及各搜索引擎上无法找到某些年份的“立项公告”，其中有些项目还中断过几年，搜集时需要留意这些问题。② 无法在官网上搜寻到某些年份的“立项公告”时，可采用其他搜索引擎及百度文库、豆丁文库等大众共享文件平台搜寻。

对于有些项目编号、课题负责人信息，通过网络搜寻不到，表格上呈现空白的情况，搜集人员也需力争通过其他的方式搜集课题信息。③

4. 更新处理

在已经完成以“项目门类—侵权法相关课题（初始年度—当前年度）”命名的文件的基础上，发现新的课题信息的，应当及时更新。有些年份的“立项公告”中没有项目批准号等具体信息，但相关信息会在后期公示出来，搜集人员应当对此持续关注，以便及时更新。

四、侵权法网站资料库建设

侵权法网站资料库的内容主要包括学术界的实时新闻动态、学者对于学术问题的专业性解读、出版物集合、所有法律法规文件集合。收集整理这些资料，不仅有助于学生学习这门课程，对授课教师的研究也将有所助益。

① 【选择课题项目筛选人员】每年每个门类项目公布课题都很多，该过程需要细致过滤掉无关的项目，因此建议由较为熟悉专业内容及授课教师研究方向、有一定学术功底的博士生完成此事。

② 【课题项目缺失信息搜集】无论是中国法学会部级课题还是国家社科基金项目等，均为较有影响力和代表性的重大课题。年份久远致相关信息缺失时，搜集人员可在 CNKI 或院校图书馆、专业图书馆中找寻“课题名”或“课题负责人”的论文及专著。相关论文和专著中一般就有课题负责人、参与人、单位、职称、课题批准号等关键信息。

③ 【课题信息标记】由于各课题均是负责人及参与人的学术心血和劳动成果，在搜集过程中务必注意不要填错负责人姓名、职称等信息。对于《立项公告》中没有登出也确实无法找寻到的课题相关信息，应当如实标注“信息缺失”或以空白表示，切勿推测项目批准号、负责人单位职称等信息。

（一）资料收集

1. 学术界的实时新闻动态

新闻动态可以包括第一手资料以及从其他网站转载的资料。为了保障新闻的准确性与及时性，可以由教师负责对新闻整体内容的审核把关，学生专门负责新闻内容的编写以及收集整理。

对于本校召开的学术会议或教师本人的学术成果等，可以自己撰写新闻稿。新闻稿一般包括时间、地点、人物、内容以及原因。新闻写作要注意真实性与时效性，且篇幅要小、容量要大，要有全局性，要让读者对新闻内容一目了然。而对于国内学术界的重要创举，无法获得第一手新闻资料的，可以转载其他网站的新闻。转载新闻标明新闻来源，避免侵害他人著作权。为了获得更多更有效的资料，需要关注国内侵权法相关学术资料网站和新闻网站，如“中国民商法律网”或者最高人民法院官方网站等。

2. 学者对于学术问题的专业性解读

为了使学生更好地了解专业学术论文的发展现状，可以整理本专业已发表的相关论文。除了教师自己发表的论文外，还可以收集整理其他学者对法律文件的解读。在法律判例的基础上，对学生的法律思维探究模式给予正确的引导。法律本身需要在实践中将所学的知识融汇运用。专业性解读可以作为学生论文的规范基础，也可以是学生案例分析的基础来源。如果是为了学生的学习指导，可以直接使用其他教授的论文。四川大学图书馆购买了中国知网的使用权，因此可在校内通过校园网下载相关论文。或者在中国民商法律网对于相关论文进行转载。

3. 出版物集合

可以通过相关图书购买网站搜索已经出版的侵权法图书相关信息，并可以选择其中具有代表性的予以推荐。首先，在搜索栏输入“侵权”，选择类别为法律类图书（见图 15-10）。

图 15-10

将检索到的图书信息予以保存，包括书名、作者、出版日期、目录、简介等内容，最好能够保存图书封面等图片（见图 15-11）。

所有信息分类完成后，可以由教师决定其中若干本作为参考书目向学生推荐。

（二）资料整理

一般新闻标题的命名需要从一定的高度整体概括新闻内容，起到引出正题、说明事实、交待背景、烘托气氛、揭示含义等作用。学者对于学术问题的专业性解读文件的一般命名方式为“作者+标题+文章来源+出版日期”，以便之后在论文写作过程中引用。法律法规文件收集完成

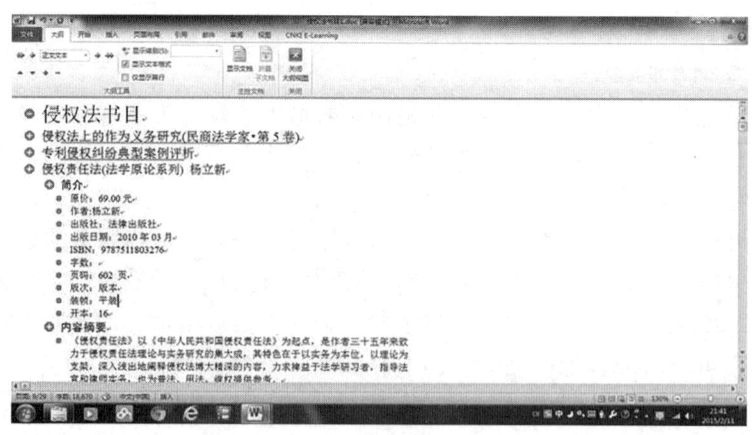

图 15-11

后，将所有文件根据更新时间不同进行一级分类，然后根据法律、法规、司法解释、部门规章进行二级分类。如果有其他的使用要求，也可以其他方式进行分类（见图 15-12）。

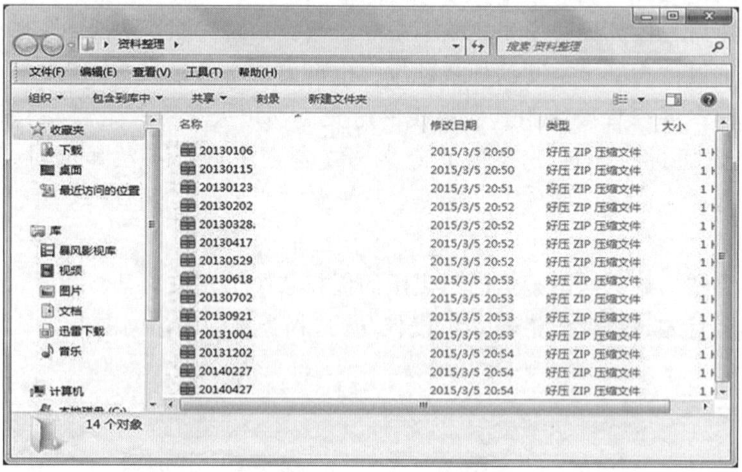

图 15-12

第二节 一流课程方阵配套学科网站的建设与运行

本节以“智慧法治”超前部署学科网站为例，介绍一流课程方阵配套学科网站的建设与运行。为了适应四川大学“智慧法治”超前部署学科发展的需要，学科设立了官方网站“智慧法治超前部署学科”（简称“学科网站”），网址为 laiw.scu.edu.cn。

一、学科网站简介

学科网站有一条清晰的时间轴，所有与学科相关的事情都可通过时间串联起来，归入学科网站的相应日期中。学科网站包含“学科日程”“学科介绍”“研究团队”“学术交流”“资料分享”“实验室”“新闻资讯”“学术成果”“LATW 研习社”“虚拟仿真实验教学课程”“实验室预约”“会议室预约”等主要功能区①，这些功能区都是按照学科网站设计图建设的②。

网站制作公司会按照设计图先制作学科网站的测试版，用于测试网站的功能，协助教师进行网站建设的学生，要组织其他相关学生在各个功能区录入数据，测试各项功能是否都能正常运行，并组织相关学生对网站界面的颜色、字体大小、排版布局等提出意见，汇总测试过程中发现的漏洞，请网站制作公司修改完善③。

二、学科网站上线

（一）提交设立学科网站的相关审批材料

学科网站使用的是四川大学的服务器，在学科网站更新上线前，要与学校信息中心取得联系，向信息中心咨询上线前需要提交的材料，一般需要填写“四川大学云服务器申请表”和“四川大学云服务器管理规范及安全责任书”。每年可能会有变化，要及时咨询信息中心。

（二）整理前身网站的过往资料

学科网站的前身是“法律大数据实验室”网站，需要将以前发布过的内容转移到学科网站的相应功能区。为了方便学科网站录入“法律大数据实验室”网站发布过的内容，需要先根据学科网站现有的功能区进行分类整理，将前身网站发布过的内容逐条放入 Word 文档中。

（三）录入过往资料

学科网站的更新上线由部分学生参与整理④，同时请 LAIW 研习社社长负责 LAIW 研习社资料的上传。

1. 录入标准的确定

参与学科网站更新上线的学生较多，负责更新上线的学生一定要在教师的指导下组织好这项工作，提前规划好更新方式和更新时间，提前制作更新标准，做到整齐划一，通过工作群及时沟通更新上线中遇到的问题。更新上线中遇到的漏洞要及时汇总反馈，完善学科网站的运行。为了保证标准的统一，负责更新上线的学生要对学科网站的每个功能区提前进行实际操作，可以在每个功能区录入一篇文章，作为模板请教师审核。审核通过后，即可让其他参与更新上线的学生按此模板录入其他信息。

录入信息要提前确定好录入标准，如字体、字号、图片的尺寸等。学科网站的字体设置为微软雅黑，18px，并根据文本的需要选择加粗、更换字体颜色等设置，需要加粗或者更换字体颜色的，要提前在待录入的 Word 文档中标明，方便录入者知悉。在向网站粘贴待录入信息时，要选用“只保留文本”的粘贴方法，再进行格式调整。在网站中录入图片时，要选择插

① 【谨慎使用网站管理功能】在网站后台编辑待推送内容时，要特别注意各功能的使用方法，不要误用不合适的功能，比如误点“置顶”功能，会导致部分推送的位置一直处于前列，而将最新推送排在了后面，造成推送顺序上的错乱。网站默认修改后的推送置于前面，因此在系列推送中应特别注意调整修改后的推送顺序。

② 【网站设计思路的领会】在网站建设过程中，最重要的就是领悟教师的设计思路，要在教师讲述与网站设计有关的事情时进行录音，然后反复播放，以免遗漏细节，不理解之处要向教师请教。设计图草稿完成后要多组织相关学生进行讨论，不断改进。

③ 【网站测试的重要性】网站测试对网站后期运营非常重要，有助于发现初步建成的网站中存在的问题。在进行网站测试时，要搞清楚网站每一个功能的运行状态，熟悉学科网站的各功能区，及时发现问题、解决问题。

④ 【配备账号信息】开始录入资料前，要为每一位参与资料录入工作的学生配备登录网站后台的账号和密码，账号和密码要方便参与此项工作的学生记忆，建议以该学生姓名的拼音作为账号。

入图片，正文中插入的图片要与上段和下段文字之间空一行，不要把图片和文字一起复制，否则图片将无法显示。有时候图片会过大，要调整比例后再插入网站。轮播图的图片大小为 760 * 430，研究团队中教师照片的大小 260 * 310。轮播图的图片一般要与相应的已发布文章绑定，点击该轮播图图片即可访问该文章。

2. 研究团队的录入要求

给学科教师进行信息排版时需要注意，教师个人信息文件多是格式文档，粘贴时，不要把格式文档也一同录入网站，要使用“只保留文本”的粘贴方法。在录入研究团队中教师主页的个人信息时，需根据教师的职称录入教授、副教授或讲师（专职博士后可归属至讲师）版块；在“是否 LAIW 研习社”那里均选择“否”，LAIW 研习社是拟制的人，只有在录入 LAIW 研习社相关信息时，才在此处选择“是”；如果待录入的教师是研究团队的学术带头人，请在“是否 PI”选项里选择“是”。将教师个人信息文件中除基本信息以外的信息全部放在“个人简介”专栏，并进行基本的排版，排版效果可从网站主页进入观看，发现录入错误的，需重新录入，系统会自动用新数据覆盖旧数据。

3. 关联人和发生日期的选择

“关联人”是学科网站的一个特色功能，目的是把与学科教师相关的新闻、学术成果、学术讲座等信息都汇总至该学科教师名下，方便网站浏览者查看。一篇推文可以关联多个学科教师，比如一场学术讲座中，A 教师是主讲人，B 教师是主持人，C 教师是评议人，且 A 教师、B 教师、C 教师都是学科教师，则该学术讲座要同时关联 A 教师、B 教师和 C 教师。发生日期选择新闻或者通知的实际发生日期，发生日期与学科日程关联，是学科网站背后“日历”思维的体现，如某篇新闻报道的活动是 2018 年 10 月 9 日发生的，发生日期就选择 2018 年 10 月 9 日。

4. 录入后的检查与核对

在后台录入完成后，一定要进入主页查看录入的效果，若有不合适的立刻去后台修改，以免实际的显示效果与自己录入时的预期效果有出入。负责网站更新上线的学生，一定要对其他学生录入的信息逐一检查，对错误之处进行修改，做到网站录入信息标准的统一。①

（四）文件备份

学科网站会定期进行文件备份。学科网站更新上线时，也对“法律大数据实验室”网站已经发布的内容进行了规整，并以此为契机对过往文件进行了规整备份，以便日后使用。在学科网站的日常管理维护中，也要注意备份资料，以备不时之需。

三、学科网站的日常维护

（一）技术类问题的解决

在学科网站的日常维护中会发现学科网站的些许瑕疵，比如录入学科宣传片后，通过谷歌浏览器访问学科网站时可以播放宣传片，但通过 IE 浏览器访问学科网站时却不能播放宣传片；

① 【上线前检查网站内容】必须进行最后上线前的检查，且要多次检查，对于发现的问题要尽快修改，检查时要注意观看所有的字体大小是否按照标注设置、该加粗的是否已加粗、图片能否正常加载、图片大小是否合适、关联教师是否正确。

在发布文章时，文章标题的加粗方面也出现过瑕疵。总之，遇到此类问题要全部记录，及时反馈，请技术部门对学科网站予以完善。

（二）网站数据的备份

网站数据会定期自动备份，维护网站日常运营的学生，也可以把录入网站的内容以 Word 文档的形式分类逐一保存在自己电脑中。

（三）定期更新

网站为学科研究团队的每个教师都建立了个人主页，如果研究团队中某一位教师的个人信息有所变更，要及时在学科网站“研究团队”下该教师的个人主页予以更新。[①] 学科网站的录入格式有自己的模板，延续了学科网站更新上线时的录入标准。学科网站在录入内容时，要分功能区录入，如将新闻录入“新闻资讯”里，将通知录入“通知公告”里等。学科网站与公众号要基本保持一致，没有特别说明的，公众号发布的内容也要在网站发布。

（四）资料收集

四川大学“智慧法治”超前部署学科是交叉学科，涉及多个学术领域，学科网站的管理者要做好与学科教师的沟通工作，在录入相关信息时多向学科教师请教、汇报，对接好每一位学科教师。

（五）移转交接

学科网站维护工作人员进行移转交接时，要逐步交接，确保学科网站平稳过渡，要把自己负责的已发布内容的备份资料发给接手的工作人员一份，方便其尽快熟悉工作内容，这也体现了日常工作中的备份价值。

第三节　一流课程方阵配套学科微信公众号的建设与运行

在现代社会，信息技术的发展极大改变了人们的生活方式和信息获取方式。通过微信、微博等 APP 平台了解社会新闻、学术新闻、学术知识等成了大多数人的优先选择，微信公众号就是这样一种适合分享社会新闻、学术新闻、学术知识等内容的平台。在公众号的运营、管理和维护过程中，要重点做好规划和布局工作，有规划及布局才会有明确的定位和框架，最终形成本公众号自己的特点和风格。

一、学科微信公众号的建设

（一）公众号运营

1. 公众号推送的基本要求

微信公众号文章的发布是在微信公众平台上进行的。登录微信公众平台后，可以看到自己享有管理权限的微信公众号，“马工程民法学教材配套慕课”微信公众号（以下简称“马工程民法学”公众号）和“智慧法治 LAIW”微信公众号（以下简称“智慧法治”公众号）是订

---

① 【学科网站维护经验】对于日常维护中发现的问题，比如图片的尺寸大小不合适等，要立刻解决。向学科教师沟通、请教、汇报时，要征得教师的同意，掌握方法，注意礼节。对于日常维护中出现的问题，要细心全数记录，归类整理，清晰反馈给技术工作人员，并积极调试，使学科网站能够更好地运转。

阅号，一天只能发送一条推文，编辑好推文后可以发送临时链接供推送者查看推送效果，推荐用手机预览，因为手机用户对于排版的要求要高于电脑。审核临时链接时，要审核推送内容的主文、标题和正文中的插图。需要修改的，则根据修改意见进行修改，修改后再进行预览和审核。审核通过后，方可发布正式链接。公众号推文正式发布后，拥有一次修改机会，可以对标题以外的地方进行有限字数的修改。推文中出现不能修改的重大错误时，可以删除已经发布的推文。公众号推文的正文中不能有超链接，所以正文中不能加入带有超链接的网址，可以将网址放在最下方的原文链接里，起到与超链接相同的效果。

2. 编辑器的选用和推文排版

待推送内容需要从 Word 文档中复制到编辑器里进行编辑。推荐使用的编辑器有两个：秀米编辑器、135 编辑器。在编辑器里可以调整字体大小、间距，进行首行缩进、加粗、斜体、更换字体颜色、使用模板、查找并添加配图等操作。135 编辑器的模板和配图很丰富，具体如何选用模板和配图，由推送者根据文章种类确定；135 编辑器可以与微信公众号绑定，但需要公众号申请者授权，绑定后可以将在 135 编辑器里编辑好的内容直接发送至微信公众号，替代复制编辑器内容并粘贴到微信公众号的操作。秀米编辑器很适合推送简单风格的文案，如果只追求简单的推送模式，推荐使用秀米编辑器。还可在编辑器中设计模板，使微信公众号推送更为标准化和统一化。编辑器虽好，但也不是万能的，常常会出现错位、变形、不能正常显示等情况，因此微信预览功能在微信排版过程中就显得尤为重要，根据预览结果，进行有针对性的调整即可。

在日常运营中，需要适时收集与所运营公众号相匹配的推文模板，并进行整理分类，以便快速提取运用。当然，在运用模板的时候，也需要做到合理运用、整合统一，形成本微信公众号的风格和特点。① 除此之外，多收集与所运营公众号相关的图片也相当重要，好的配图可以将推文排版质量提高几个档次，所以，平时应注意多积累相关素材，以便需要时信手拈来。

3. 推文内容

推文内容大多以 Word 文档的形式提供，运行公众号的学生接到待推送的 Word 文档后，要对文档内容进行校对，记录需要更改的地方，并确定是否修改。正文中插图的段前和段后空一行，图片居中，对于固定的具有公众号标识类别的照片，应当在素材中予以保留，下次可以直接使用，不用再次查找。标识类在首部和尾部出现，考虑排版的需要，最好采取段前、段后空一行的处理方式。尾部需要有落款，落款包括公众号和日期。文末要加上公众号二维码，在图库里可以查找到。②

4. 摘要的选取

对摘要进行编辑是必要的。如果不对摘要内容编辑，公众号会自动选取文章中靠前的一些内容，这些内容可能很片面也不完整。摘要内容根据推送的实际需要确定，主要提炼推文核心

---

① 【固定内容格式模板】目前存在无模板和有模板两种更新模式，需要规范和统一。例如 20200528 “贺巧琳等 | Numerical Study of Compressible Navier-Cahn-Hilliard System” 与 20200603 “王竹 | AI 辅助更新线上一流课程的实践与展望” 这两篇原创文章的内容格式差异极大，不符合公众号排版的规范要求。

② 【推文图片的添加方式】如果公众号绑定了编辑器，可以将在编辑器里编辑好的文字内容和图片直接发送至微信公众号；如果公众号没有绑定编辑器，推文内容中的图片一定要自己手动上传，不能复制粘贴，可以在图库里选择以前使用过的图片，也可以直接上传电脑中的图片。

内容，为扩大宣传效果，一般会将推文题目写在摘要里。

5. 封面图片的选择

封面图片根据推文内容选择①，可以在图库里选择以前使用过的图片，也可以选择正文使用的图片或者下载到电脑中的图片。封面图片在公众号上有矩形和正方形两种显示方式，选择的图片应适合这两种显示方式。

6. 文章原创与转载授权

微信公众号发布的文章通常包括原创文章和转载文章两种。对于原创文章，如有保护版权之必要，需要注明“文章为原创，未经授权请勿转载”等字眼。对于转载文章，则需要确定原文章是否允许转载并获得授权、注明原作者。“马工程民法学”公众号和“智慧法治”公众号作为订阅号，不能直接转载其他公众号推送的文章，可行的方法是复制需要转载的文章，粘贴到公众号里，并注明出处。

（二）公众号管理

1. 账号管理

“马工程民法学”公众号和“智慧法治”公众号对两个以上的学生进行了授权，但负责日常管理的学生只有一位，若负责管理该公众号的学生出现突发状况，其他被授权的学生可以接手对该公众号的管理。②

2. 图库的管理

公众号推文中正文或者封面中使用过的图片（包括制作临时链接使用的图片）都会留存在图库中，要定期进行清理。建议对图库进行分类管理，比如以“新闻”“通知”“学术成果”“公众号标识”等对图库中的图片进行分类。③

3. 公众号菜单

公众号菜单可以自定义设置，“马工程民法学”和“智慧法治”等订阅号类公众号最多能设置三个一级菜单，一级菜单下可以设二级菜单，目前订阅号类公众号的菜单只能与某篇公众号推文联系在一起，不能直接跳转到指定网站。

4. 素材管理

在“素材管理”中可以对“图文消息”“图片”“视频”“音频”进行管理，其中“图文消息”里可以看到以前发送过的推文，可以将其作为模板使用。在素材管理中可以对图片进行管理维护，对图片进行有意识的分类，便于以后查找使用。

5. 消息管理

对于用户通过微信公众号与后台运营者的交流和互动，管理者可以在后台查看并回复用户

---

①【公众号封面图片的选择】封面要根据推文内容选择，精确反映推文的内容，使推文具有一定的辨识度。以“法律大数据分析”课程动态的推送更新为例，对于该课程动态的推送，封面照片以选取授课教师的讲课照片最为合适，以体现推文的时效性。

②【管理者的基本素质】具体包括：（1）仔细认真，如严格区分中文标点、英文标点、全角、半角；对于待发送的Word文档中标红或加粗的内容，在公众号上也要相应标红或加粗。（2）熟练运用与所运营公众号相匹配的编辑器，最好能够掌握PS技术。（3）不断总结维护管理经验，借鉴其他公众号的推文优点，养成收集素材、整理素材、归纳素材的好习惯。

③【分类管理图片的便利】随着推送的增多，图片库中缓存的图片也日益增加。在公众号的更新中，如果未将一般性的宣传照片予以分类管理，每次制作推文都需要重新在图片库查找相关图片，浪费时间。因此，有必要对图片库进行管理，对一般性、通用性图片进行分类，并进行相应标识，方便下次直接使用；对无用的图片则予以删除，以提高查找图片的速度。

的问题。留言要经过筛选后才能在公众号推文下显示，以免出现一些恶意垃圾留言。针对有价值的留言，管理者可以回复并置顶，以提升用户体验感。但用户对公众号文章进行评论、留言等时，管理者并不会收到提醒，因此需要管理者定时到微信公众平台上关注用户的评论并进行回复。①

6. 用户管理

用户管理功能可以对用户进行分组，方便对用户分类管理，在推送消息的时候也可以达到精准推送的效果，从而让公众号推送更具针对性。

7. 数据备份

维护公众号日常运营的学生，可以把公众号发布过的推文以 Word 文档的形式分类逐一保存在自己电脑中，对过往文件进行规整备份，方便以后使用。

二、“马工程民法学”公众号的运行

“马工程民法学”公众号推送的主要是与传统民法学相关的文章，文章的类别包括新闻、通知、学术讲座、论文、著作、课程等。在编辑需要推送的文章时要注意以下几点：

（一）推文标题

微信公众号推文的标题不需要编辑，直接将复制的 Word 文档中的内容粘贴到公众号新建文档的编辑框里即可。“马工程民法学”公众号对标题的设置有固定的格式，分别是“新闻｜+题目”“通知｜+题目”“作者姓名｜+题目”，根据所推送文章的内容选择使用，其中“作者姓名｜+题目”是推送学术成果的文章标题格式。公众号推文标题一经推送不能修改，一定要仔细检查，防止在标题上出现错误。

需要注意标题格式不统一的问题：（1）“｜”的使用规范。“｜”之前应当是对内容类型的分类，例如公告、新闻、讲座、论文、课程动态，“｜”之后应当是内容标题。（2）讲座系列的序号。例如“司法人工智能系列讲座”中，讲座的序号应当延续使用。

（二）学术成果的推送

经授权的文章可以全文上传至“马工程民法学”公众号，并通过编者按对该文章进行简要介绍。其他文章可以只录入摘要和关键词并提供全文下载链接，下载链接以超链接的形式放在原文链接里。②

（三）学术讲座的推送

学术讲座有自己的推文模板，在“马工程民法学”公众号的推文素材里可以查找到，修改相关信息后可以直接使用。一般在讲座结束后，就需要推送与该讲座相对应的新闻稿。

（四）课程类推送

“马工程民法学”公众号推送与民商法学相关的授课安排和课程考核内容，在进行授课安

---

① 【随时关注后台消息】公众号管理者应当随时关注后台消息，对于相关评价可筛选展示和互动，以增加用户粘性，对于合作消息应当及时反馈给教师。

② 【推送学术成果时注释的处理方法】学术成果一般都含有注释，不要自己在公众号里添加注释，而应当把文章全文复制到编辑器里，再从编辑器里复制粘贴到微信公众号里，注释会自动位于文章的最后。

排和课程考核安排类推送时，推文内容做文字校对后可以直接推送。①

（五）推文落款

推送通知时，“马工程民法学”公众号的落款为“四川大学市场经济法治研究所”+“时间”；其他推送一般不需要加“四川大学市场经济法治研究所”落款。

三、“智慧法治”公众号的运行

“智慧法治”公众号的前身是“法律大数据分析”公众号，主要推送有关司法人工智能的文章，推送的类别包括新闻、通知、课程、学术讲座、论文、著作、课程等。② 在编辑需要推送的文章时要注意以下几点：

（一）推文标题

“智慧法治”公众号对标题的设置有固定的格式，分别是“新闻｜+题目”“通知｜+题目”“课程｜+题目”“作者姓名｜+题目”，根据所推送文章的内容选择使用。

（二）新闻类文章的推送

新闻类文章有不同的来源，要根据其来源对文章表达方式进行相应调整：

第一，对于来源于法学院的宣传文稿，在进行同步推送时，需要注意具体表达方式的转换和内容上的删减。比如“学科首席专家王竹教授受聘为最高人民法院网络安全和信息化专家咨询委员会委员（2019.09.09）”这篇推送文章，在新闻标题和正文中，需注明“学科首席专家”，以与“智慧法治”公众号的定位相符合。新闻稿完成后，需要经审核确认。③

第二，对于关于教授讲座和论坛的宣传文稿，在进行同步推送的过程中，需要完成新闻稿的撰写。一般讲座结束后，需要推送与该讲座相对应的新闻稿。新闻稿写作一般采用消息体裁。消息新闻具有真实性、时效性、篇幅小等基本特征。新闻稿中常常插入相关图片，例如PPT图片、现场照片等，插入图片，一方面可以丰富报道内容、帮助读者更好地了解相关事件；另一方面可以提升读者的阅读兴趣。使用非原创图片的，应标明出处。新闻稿一般要在相关课程结束的当天完成。

以“实验室主任王竹教授应邀出席‘2050@2019大会新生论坛’并作主题演讲（2019.04.30）”为例，撰写的基本布局为④：（1）首段介绍时间、地点、与会来宾等信息。（2）主体部分分为两部分：一部分介绍论坛的整体情况，简略说明即可；另一部分重点报道发言情况，注意不可过繁或者过简。⑤（3）在选择正文中的照片时，需要选择清晰度较高、与

① 【核对文本格式】这类推送会涉及一些关键信息的字体是否变颜色与字体是否加粗的问题，在推送之前需要核对此类信息是否已做相应处理。

② 【推文分类与排版固定】要对推文做好分类，不同类别的文章，推送要求也不同，要按类别推送，并对应微信公众号的不同栏目。同一类别栏目下的推文可以在相关编辑器中设计相应模板，以便后续推文直接使用，既节省时间，又保证推文版式的一致性。

③ 【核对发布注意事项】具体包括：一是在会议报道中列举相关与会人员时，最好先核实与会人员的职称以及先后次序；二是注意全角半角的区分使用、英文及数字应使用Times New Roman字体。

④ 【消息新闻稿的写作要求】消息新闻稿的写作应满足6个要素，即When（何时）、Where（何地）、Who（何人）、What（何事）、Why（何故）、How（如何）。上述要素中，最主要的是What（何事）、Who（何人）。

⑤ 【消息新闻稿的结构】消息新闻稿包括标题、导语、主体、结尾几个部分，并可在文中穿插背景。内容安排上一般采取“倒金字塔式”结构，即最重要的材料放在开头，次要材料放在后面。

文字匹配度较高，最好是会议开场时或者讲演时的照片。（4）在选择封面照片时，可以从正文中的照片选择，也可以专门选择一张作为封面，封面照片应注意比例和照片切割后导致的信息受损。①

（三）学术成果的推送

四川大学“智慧法治”超前部署学科涉及多学科的交叉，对于论文类学术成果，可以将经授权的文章全文上传到“智慧法治”微信公众号；对于著作类学术成果，要采纳作者对推送的意见，结合学术性与宣传性，选取合适的图片；对于系列图书，要在推送末尾增加“推荐阅读”的部分，引向该套图书的其他单本。

（四）学术讲座的推送

“智慧法治”公众号对学术讲座的推送有推文模板，学术讲座的标题使用“四川大学‘智慧法治系列讲座’第××期｜+题目”，在“智慧法治”公众号的推文素材里可以查找到。有关学术讲座的推送文章，需包括主讲人、讲座时间、讲座地点、主持人、报告人简介、内容提要等信息②。

若讲座信息中需要插入讲座海报，并将其作为封面，就需要索要原始清晰版的海报，以防清晰度过低，影响宣传效果。海报制作的文案应与讲座信息推送文案基本一致。③

（五）课程类推送

1. 授课安排与课程考核的推送

“智慧法治”公众号推送与四川大学“智慧法治”超前部署学科相关的授课安排和课程考核内容的，对推文内容做文字校对后即可推送。

2. 课程动态的推送

课程动态的推送分为两步，即新闻稿的撰写和待推送文章的编排发布。对于撰写好的新闻稿，在推送前要修改文稿④、调整格式以及对文章进行排版，以满足公众号的推送要求。

（六）推文落款

推送新闻、通知时，“智慧法治”微信公众号的落款为“四川大学智慧法法治超前部署学科”+“时间”；其他推送一般不需要加“四川大学智慧法治超前部署学科”落款。

（七）“智慧法治”公众号与学科网站的衔接

四川大学“智慧法治”超前部署学科网站与“智慧法治”公众号要保持一致，“智慧法治”公众号上推送的内容如果没有特别说明，一般都要在学科网站录入并发布。

---

① 【新闻稿发布的排版工作】对于推送文稿，在发布前，要重点做好排版工作，确保推送中不出现错别字、标点误用等错误，并根据待推送文稿内容选择相应的正文插图和封面配图，以体现新闻的时效性。

② 【讲座信息的编排】对讲座的主讲人和主持人，需要认真核实姓名和职称，不要发生错误。讲座时间需要注明年、月、日和星期几，如“2020年6月14日（星期日）”。讲座地点需要明确具体，如“四川大学江安校区法学院2023会议室”。对于报告人简介和讲座内容，进行文字校对排版即可，无须做具体内容的处理。

③ 【制作海报的注意事项】在与打印社沟通海报时，首先需要确保提供的文案没有文字错误，因为打印社直接复制、粘贴客户提供的内容，不会进行校对；同时，拿到海报后还要第一时间再次校对内容是否有误，应特别注意校对讲座期数与落款信息。

④ 【修改文稿注意事项】包括：（1）充分考虑课程的分布，做到篇幅基本一致；（2）在语言表达上应当注重语言的精炼性，将讲座内容予以消化、总结；（3）对于计算机学院、数学学院相关讲座，应注意选择关键词，并对内容做一定的简单化处理，考虑到受众，切勿过繁、过简。

第四节　一流课程方阵配套“学习强国”资源的建设与运行

一、“学习强国”平台建设的意义

“学习强国”平台是由中共中央宣传部主管，以学习宣传习近平新时代中国特色社会主义思想为主要内容和核心内容，涵盖党的路线方针政策和中央重大决策部署、重要工作动态和重要新闻信息，以及经济、政治、文化、社会、生态、法治、教育、科技、卫生健康、党史、军事、国际等方面知识和资讯的公益性学习平台，是立足全党、面向全社会的科学理论学习阵地、思想文化聚合平台、科学知识传播高地、人民群众精神家园。截止到2020年10月，注册用户已超过两亿，具有良好的群众口碑和威信。法治内容是“学习强国”平台建设的重要内容之一，法治频道涵盖了法治宣传、社会与法、法律课堂和法治微电影栏目，其中法律课堂作为全国高校优秀慕课的展示平台，可以满足广大群众零距离接触法治教育资源的需求，对法律的普及和宣传具有一定的社会意义。

建设“学习强国”平台，是贯彻落实习近平关于加强学习、建设学习大国重要指示精神，推动全党大学习的有力抓手，是新形势下强化理论武装和思想教育的创新探索，是不断深入学习贯彻习近平新时代中国特色社会主义思想的重要举措。① 马工程《民法学》课程资源在“学习强国”平台上线，既是“学习强国”平台“建好用好学习平台，必须突出思想性、新闻性、综合性、服务性”要求的体现，也说明该权威平台对该课程资源在学术性、思想性和专业性等方面的高度肯定。在当前推行在线教育的教学模式和各高校自身的信息化教学改革背景下，通过国家优质平台传播高质量慕课，可以突破传统教育的时空界限和学校的围墙，促进优质学习资源的共享，让平台上广大学习者通过系统学习，了解法律如何保护民事主体的合法权益、调整民事关系、维护社会和经济秩序，也能使学习者更深入理解《民法典》适应中国特色社会主义发展要求，弘扬社会主义核心价值观的立法目的。此举于平台、于高校、于广大的学习者都具有极强的现实意义。

二、课程上线“学习强国”学习平台的操作流程

课程上线“学习强国”学习平台的操作流程具体为以下三步：第一步，由教师与“学习强国”平台编辑初步洽商课程上线事宜，开展课程前期建设工作，沟通上线前建议先向有关部门（如学校教务部门）查询本课程的上线资格等具体情况。第二步，根据课程实际情况及相关资料仔细填写上线申请材料。第三步，由课程助教团队将制作完成并经学校教务部门政审通过的各门课程视频资料按照章节顺序以及统一格式命名，然后整理打包成一个文件夹，以网盘链接的方式发送给“学习强国”平台的责任编辑，交由该平台工作人员将课程上传、审核、发布。②

---

① http://www.qstheory.cn/qssyggw/2019-02/13/c_1124109553.htm，最后访问日期：2020年10月26日。

② 【上传时注意保护知识产权】上传工作操作相对简单，但值得注意的是，为维护各门课程讲授者署名权等相关权益，应在将资料发送给编辑的同时，一并向编辑说明每门课程所涉的讲授者姓名、所在单位、职称等基础信息。

"学习强国" PC 端和手机客户端略有差异。手机客户端仅需要在"学习强国" APP 搜索栏中直接输入"民法总则""侵权责任法""人格权法"等课程名称即可找到由主编团队制作的课程，且可以方便地在视频页面内切换至"法律课堂"频道，观看学习其他相关法律课程。①

三、课程上线"学习强国"平台后的完善与维护

完成课程上传工作后，主要工作是对该平台既有课程资料的不断完善和维护。课程助教团队定期查看平台上学习者的留言反馈，归纳汇总关于改进课程的具有建设性、可行性的建议，并及时与课程制作团队沟通，作为在未来更新维护课程资源的参考资料。此外，如若发现课程播放、评论留言、视频播放顺序出现问题，助教团队也应及时与"学习强国"平台责任编辑沟通，尽快排查和解决出现的问题。

① 【建议使用手机移动端观看学习】在"学习强国" PC 端上，仅输入"民法总则""侵权责任法""人格权法"难以搜索到对应的最新课程。经测试，在 PC 端上能准确搜索到课程的方法是输入课程内每单集的全称。后期助教团队应与平台责任编辑和技术人员沟通，构建一种更加便捷、准确的搜索方式，促进课程的高效传播。

参考文献

1. ［美］萨尔曼·可汗：《翻转课堂的可汗学院：互联网时代的教育革命》，刘婧译，浙江人民出版社2014年版。

2. 苏力：《法治及其本土资源》（修订版），中国政法大学出版社2004年版。

3. 吴剑平、赵可等：《大学的革命：MOOC时代的高等教育》，清华大学出版社2014年版。

4. 梁慧星：《民法总论》（第五版），法律出版社2017年版。

5. 王竹主编：《慕课的制作与运行指南——以“中国大学MOOC”首门法学类课程“侵权责任法”为例》，高等教育出版社2015年版。

6. 孙芳、王凯：《20世纪美国一流大学本科课程变革的“遗产”——兼论对我国“金课”建设的启示》，《黑龙江高教研究》2019年第10期。

7. 谢鑫、张红霞：《一流大学本科教育的课程体系建设：优先属性与基本架构》，《江苏高教》2019年第7期。

8. 林冬华：《如何教与学——美国杜克大学焦点计划的启示》，《中国校外教育》2010年第4期。

9. 孙长永、李燕：《建设一流研究生课程　培养一流法治人才——西南政法大学法学专业研究生课程改革实践探索》，《学位与研究生教育》2017年第8期。

10. 徐国兴、李梅：《一流本科如何建设——基于“双一流”高校本科课程综合改革的实证分析》，《教育发展研究》2018年第17期。

11. 李曼丽：《MOOCs的特征及其教学设计原理探析》，《清华大学教育研究》2013年第4期。

12. 乐毅：《亚洲一流大学本科课程设置与课程管理特点评析》，《中国高教研究》2015年第2期。

13. 康叶钦：《在线教育的“后MOOC时代”——SPOC解析》，《清华大学教育研究》2014年第1期。

14. 陈然、杨成：《SPOC混合学习模式设计研究》，《中国远程教育（下半月）》2015年第5期。

15. 柯政：《“双一流”中的课程建设：上海纽约大学的启示》，《中国高等教育》2016年第13期。

16. 韩宪洲：《以“课程思政”推进中国特色社会主义一流大学建设》，《中国高等教育》2018年第23期。

17. 黄坤锦：《大学通识教育的基本理念和课程规划》，《北京大学教育评论》2006年第3期。

18. 张金磊：《“翻转课堂”教学模式的关键因素探析》，《中国远程教育》2013年第19期。

19. 张建卫等：《疫情防控期高校在线教学与学生发展：基于B大学的案例研究》，《中国高教研究》2020年第6期。

20. 刘婷、陈瑶：《慕课支持下的混合式教学模式实验研究——以“实用日语（上）”慕课为例》，《现代教育技术》2019年第12期。

21. 姚友明、李翔、郑州：《区域化高校在线课程建设与应用机制研究——以重庆市高校在线课程资源中心的设立为例》，《现代教育技术》2020年第8期。

22. 祝士明、郭琰：《深度融合智能技术的金课建设：框架与路径》，《现代教育技术》2020年第8期。

23. 刘徽、滕梅芳、张朋：《什么是混合式教学设计的难点？——基于Rasch模型的线上线下混合式教学设计方案分析》，《中国高教研究》2020年第10期。

24. 李青、王涛：《MOOC：一种基于连通主义的巨型开放课程模式》，《中国远程教育》2012年第3期。

25. 郑勤华、徐珺岩：《在线学习力：结构特征及影响因素》，《开放教育研究》2020年第4期。

26. 周光礼：《“双一流”建设中的学术突破——论大学学科、专业、课程一体化建设》，《教育研究》2016年第5期。

27. 袁力、李志国：《论社会主义核心价值观嵌入法学实践教学及其深度融合》，《黑龙江省政法管理干部学院学报》2017年第6期。

28. 吕姝洁：《以社会主义核心价值观为指引编纂新时代民法典》，《天津日报》2020年2月10日，第9版。

29. 李宏：《社会主义核心价值观融入民法典的理论意蕴》，《河南师范大学学报（哲学社会科学版）》2018年第3期。

30. 王竹、吴涛：《论中国特色社会主义民法核心价值观——基于体系论、层次论和方法论的探讨》，《中国矿业大学学报（社会科学版）》2019年第1期。

31. 钟瑞栋：《社会主义核心价值观融入民法典编纂论纲》，《暨南学报（哲学社会科学版）》2019年第6期。

32. 包姝妹：《法学专业“课程思政”教学改革路径探析——以〈侵权责任法〉课程为例》，《高教学刊》2020年第16期。

33. 王利明、石冠彬：《新中国成立70年来民法学理论研究的发展与瞻望》，《人民检察》2019年第19期。

34. 许耀桐：《论马克思主义的社会主义核心价值观》，《上海行政学院学报》2012年第3期。

35. 韩秀义、陆志刚：《平等社会权的建立：国家对弱势群体之绝对义务》，《河南师范大学学报（哲学社会科学版）》2007年第6期。

36. 张小媚：《公平正义：社会主义核心价值观的价值基础》，《中央社会主义学院学报》2011年第3期。

37. 陈金钊：《对法治作为社会主义核心价值观的诠释》，《法律科学（西北政法大学学报）》2015 年第 2 期。

38. 韩春虎：《社会主义核心价值观“三重倡导”析理》，《辽宁大学学报（哲学社会科学版）》2013 年第 1 期。

39.《全球化背景下中国特色社会主义价值观问题研究》课题组：《全球化背景下中国特色社会主义价值观内容体系的建构》，《湖北社会科学》2006 年第 2 期。

40. 黄士安、戴木才：《富强·民主·文明·和谐——我国社会主义核心价值体系现实目标的形成历程》，《科学社会主义》2010 年第 2 期。

41. 吴圣正：《和谐理念与社会主义核心价值观》，《济南大学学报（社会科学版）》2008 年第 3 期。

42. 孙向军：《论社会主义核心价值观及其培育》，《中共中央党校学报》2013 年第 2 期。

43. 蒋艳、张长立：《文化环境视域下社会主义核心价值观的培育》，《吉首大学学报（社会科学版）》2017 年第 4 期。

44. 程浩：《论中国特色社会主义核心价值观的培育与践行》，《广东社会科学》2013 年第 2 期。

45. 李卓伦：《论中国民法的本位》，《长春大学学报》2018 年第 7 期。

46. 顾其银：《论民法基本原则在法典中的正式确立》，《前沿》2011 年第 23 期。

47. 谢鸿飞：《〈民法总则〉的时代特征、价值理念与制度变革》，《贵州省党校学报》2017 年第 3 期。

48. 邓忠波：《大学课程中“水课”现象审视与“金课”建设进路》，《中国电化教育》2020 年第 4 期。

49. 王宇：《高校慕课学分认定的模式、维度及其拓展性应用》，《现代教育技术》2020 年第 9 期。

50. 韩筠：《以在线课程为重要抓手，促进一流本科专业建设》，《中国高等教育》2019 年第 18 期。

51. 沈欣忆等：《MOOC 学习者在线学习行为和学习绩效评估模型研究》，《中国远程教育》2020 年第 10 期。

52. 金顶兵：《中美两所一流大学本科课程比较分析》，《比较教育研究》2007 年第 3 期。

53. 张丙印、于玉贞：《在线课堂的过程控制与教学效果分析》，《高等工程教育研究》2020 年第 5 期。

54. 王孝金、穆肃：《在线学习中深层次学习影响因素研究》，《电化教育研究》2020 年第 10 期。

55. 蒋瞻、秦希：《财会专业虚拟仿真教学平台构建与保障》，《实验室研究与探索》2019 年第 10 期。

56. 杨志等：《地方民族院校环境工程虚拟仿真实验教学课程的建设与实践》，《云南民族大学学报（自然科学版）》2020 年第 2 期。

57. 牟宗龙等：《基于虚拟仿真技术的实验类课程资源建设及教学模式探索》，《教育教学论坛》2020 年第 1 期。

58. 陈德良、边霞:《一流大学建设视角下本科教学问题的思考》,《中国大学教学》2017年第7期。

59. 冯果:《新理念与法学教育创新》,《中国大学教学》2019年第10期。

60. 高海:《爱尔兰法学本科课程设置及其启示》,《中国大学教学》2015年第9期。

61. 高宁、王喜忠:《全面把握〈高等学校课程思政建设指导纲要〉的理论性、整体性和系统性》,《中国大学教学》2020年第9期。

62. 李芒、申静洁:《何谓分离式金课》,《现代远程教育研究》2020年第3期。

63. 刘坤轮:《论民法学在法学本科专业课程体系中的基础地位》,《中国大学教学》2019年第11期。

64. 刘盛峰等:《我国远程教育研究2019年度进展报告》,《远程教育杂志》2020年第5期。

65. 柳礼泉、陈宇翔:《精品课程建设与一流教师队伍培养》,《高等教育研究》2007年第3期。

66. 倪旭前、魏殿林:《“中国大学MOOC+直播”书法教学的思考与实践》,《中国大学教学》2020年第9期。

67. 田蕊、熊梓吟、Normand Romuald:《疫情之下全球教与学面临的挑战与应对之策——OECD〈2020应对COVID-19教育指南〉解析与思考》,《远程教育杂志》2020年第4期。

68. 田媛、席玉婷:《高校混合课堂教学模式的应用研究》,《中国大学教学》2020年第8期。

69. 王奇才:《论高校法学专业在线教学的要旨与趋势》,《中国大学教学》2020年第8期。

70. 王向东:《基于多问题学习的慕课体系及其潜在优势》,《中国大学教学》2020年第9期。

71. 钟珊:《疫情期间毕业设计(论文)线上组织与实践探索》,《中国大学教学》2020年第9期。

72.《构建中国特色社会主义核心价值观——访李忠杰教授》,《科学社会主义》2005年第2期。

73. 崔亚强、甘启宏、王春艳:《高校智慧教学环境的建设和运行机制思考——以四川大学为例》,《现代教育技术》2020年第3期。

74. 黎生、余淇、田建林:《高校智能教室建设初探——以四川大学“智慧教学环境”建设为例》,《中国信息技术教育》2020年第15期。

75. 余淇:《高校智慧教学环境应用提升的思考及建议》,《软件导刊(教育技术)》2018年第11期。

76. 王春艳:《1∶1数字化环境下课堂教学互动的研究与实践——以四川大学手机互动系统“爱课堂”应用为例》,《中国信息技术教育》2019年第7期。

77. 张蕊:《基于“雨课堂”的O2O智慧教学模式建构》,《文学教育(下)》2020年第6期。

郑重声明